ESTATUTO JURÍDICO DAS EMPRESAS ESTATAIS

AUGUSTO NEVES DAL POZZO
RICARDO MARCONDES MARTINS
(*Coordenadores*)

ESTATUTO JURÍDICO DAS EMPRESAS ESTATAIS

São Paulo

2018

CONTRACORRENTE

Copyright © EDITORA CONTRACORRENTE

Rua Dr. Cândido Espinheira, 560 | 3º andar
São Paulo – SP – Brasil | CEP 05004 000
www.editoracontracorrente.com.br
contato@editoracontracorrente.com.br

Editores

Camila Almeida Janela Valim
Gustavo Marinho de Carvalho
Rafael Valim

Conselho Editorial

Alysson Leandro Mascaro
(Universidade de São Paulo – SP)

Augusto Neves Dal Pozzo
(Pontifícia Universidade Católica de São Paulo – PUC/SP)

Daniel Wunder Hachem
(Universidade Federal do Paraná – UFPR)

Emerson Gabardo
(Universidade Federal do Paraná – UFPR)

Gilberto Bercovici
(Universidade de São Paulo – USP)

Heleno Taveira Torres
(Universidade de São Paulo – USP)

Jaime Rodríguez-Arana Muñoz
(Universidade de La Coruña – Espanha)

Pablo Ángel Gutiérrez Colantuono
(Universidade Nacional de Comahue – Argentina)

Pedro Serrano
(Pontifícia Universidade Católica de São Paulo – PUC/SP)

Silvio Luís Ferreira da Rocha
(Pontifícia Universidade Católica de São Paulo – PUC/SP)

Equipe editorial

Carolina Ressurreição (revisão)
Denise Dearo (design gráfico)
Mariela Santos Valim (capa)

Dados Internacionais de Catalogação na Publicação (CIP)
(Ficha Catalográfica elaborada pela Editora Contracorrente)

D136   DAL POZZO, Augusto Neves; MARTINS, Ricardo Marcondes et al.

Estatuto jurídico das empresas estatais | Augusto Neves Dal Pozzo; Ricardo Marcondes Martins (Coord.) – São Paulo: Editora Contracorrente, 2018.

ISBN: 978-85-69220-39-8

Inclui bibliografia

1. Direito Administrativo. 2. Empresas Estatais. 3. *Compliance*. I. Título.

CDU: 341.3784

Impresso no Brasil
Printed in Brazil

SUMÁRIO

SOBRE OS AUTORES 7

APRESENTAÇÃO – Prof. Celso Antônio Bandeira de Mello 11

INTRODUÇÃO 13

ESTATUTO DAS EMPRESAS ESTATAIS À LUZ DA CONSTITUIÇÃO FEDERAL

Ricardo Marcondes Martins.. 17

REGIME SOCIETÁRIO DAS EMPRESAS PÚBLICAS E SOCIEDADES DE ECONOMIA MISTA

Ana Frazão 113

OS NOVOS PARÂMETROS DE *COMPLIANCE* NA LEI N. 13.303/16

Evane Beiguelman Kramer... 167

A NOVA LEI DAS ESTATAIS: ASPECTOS GERAIS LICITATÓRIOS E CONTRATAÇÃO DIRETA

Ana Cristina Fecuri... 177

NORMAS RELACIONADAS ÀS AQUISIÇÕES E ALIENAÇÕES PELAS EMPRESAS ESTATAIS

Leonardo Carvalho Rangel.. 213

AUGUSTO DAL POZZO; RICARDO MARCONDES MARTINS (COORD.)

PROCEDIMENTO DE LICITAÇÃO APLICÁVEL ÀS EMPRESAS ESTATAIS E SOCIEDADES DE ECONOMIA MISTA: ASPECTOS GERAIS E OUTROS APONTAMENTOS

Fernanda Neves Vieira Machado 225

CONTRATOS NA LEI DAS EMPRESAS ESTATAIS

Augusto Neves Dal Pozzo; Renan Marcondes Facchinatto 243

INFRAÇÕES E SANÇÕES ADMINISTRATIVAS NA LEI N. 13.303/16

Francisco Zardo 271

O CONTROLE DAS EMPRESAS ESTATAIS

Maria Hermínia Penteado Pacheco e Silva.....................................313

GASTOS COM PUBLICIDADE E INCENTIVO

Ricardo Marcondes Martins..347

VACATIO LEGIS DA LEI N. 13.303/16

Ricardo Marcondes Martins..353

OS PROCEDIMENTOS AUXILIARES DE LICITAÇÃO NA LEI DE RESPONSABILIDADE DAS EMPRESAS ESTATAIS

João Negrini Neto...357

SOBRE OS AUTORES

ANA CRISTINA FECURI

Pós-graduanda em Direito Administrativo pela Pontifícia Universidade Católica de São Paulo – PUC/SP. Especialista em Direito Contratual pela PUC/SP. Ex-gerente jurídica do corpo técnico da Editora Nova Dimensão Jurídica – NDJ. Advogada.

ANA FRAZÃO

Mestre em Direito e Estado pela Universidade de Brasília – UnB. Doutora em Direito Comercial pela Pontifícia Universidade Católica de São Paulo – PUC/SP. Especialista em Direito Econômico e Empresarial pela Fundação Getúlio Vargas – FGV. Ex-Conselheira do Conselho Administrativo de Defesa Econômica – CADE (2012-2015). Ex-Diretora da Faculdade de Direito da UnB (2009-2012). Líder do Grupo de Estudos Constituição, Empresa e Mercado – GECEM. Professora de Direito Civil e Comercial da UnB. Advogada.

AUGUSTO NEVES DAL POZZO

Mestre em Direito Administrativo pela Pontifícia Universidade Católica de São Paulo – PUC/SP. Doutorando em Direito Administrativo pela PUC/SP. Especialista em Direito do Estado pela PUC/SP. Professor de Direito Administrativo e Fundamentos de Direito Público na PUC/SP. Professor Convidado do Curso de Pós-graduação em Direito

Administrativo da *Universidad de Belgrano* na Argentina. Professor convidado do *Grupo de Investigación de Derecho Público Global de La Universidade da Coruña* (Espanha) como parte do cadastro permanente do *Curso Euro-Brasileño de Contratación Pública*. Pós-graduado em *Infrastructure in a Market Economy* pela *Harvard University*. Pós-graduado em *Corporate Governance* na *Yale School of Management*. Presidente do Instituto Brasileiro de Estudos Jurídicos da Infraestrutura – IBEJI. Membro do *Comité de Coordinadores Nacionales* da *Red Iberoamericana de Contratación Pública*. Diretor da Revista de Direito Administrativo e Infraestrutura – RDAI. Diretor da Revista Brasileira de Infraestrutura – RBINF. Diretor da Revista Internacional de Direito Público – RIDP. Coordenador da Coleção Fórum Direito e Infraestrutura. Diretor do Instituto de Direito Administrativo Paulista – IDAP. Membro da *Asociación Argentina de Derecho Administrativo* – AADA. Membro da *American Bar Association* – ABA. Membro da *International Bar Association* (IBA). Membro do Instituto de Advogados de São Paulo – IASP. Membro do Instituto Brasileiro de Direito e Ética Empresarial – IBDEE. Membro da Think Tank de Concessões e PPP's do Banco Interamericano de Desenvolvimento – BID no Brasil. Membro da Comissão de Infraestrutura, Logística e Desenvolvimento Sustentável da Ordem dos Advogados do Brasil – OAB/SP. Autor de inúmeras obras no campo do Direito Público e em temas de Infraestrutura. Advogado. Sócio Fundador do Escritório Dal Pozzo Advogados.

EVANE BEIGUELMAN KRAMER

Mestre em Direito pela Pontifícia Universidade Católica de São Paulo – PUC/SP. Doutora em Direito Processual Civil pela Universidade de São Paulo – USP. Professora da Faculdade de Direito da Universidade Presbiteriana Mackenzie e da Universidade São Judas. Diretora jurídica do Escritório Dal Pozzo Advogados. Membro da Comissão de Gestão do Judiciário na Ordem dos Advogados do Brasil – OAB/SP. Autora de artigos no campo do Direito Público. Ex-Chefe de Gabinete e de Secretária Adjunta da Justiça do Estado de São Paulo (2005-2006) e Ex-Presidente da Comissão de Orçamento e Gestão do IASP. Advogada com experiência na área de Direito Público.

JOÃO NEGRINI NETO

Bacharel em Direito pela Fundação Armando Álvares Penteado – FAAP. Mestre em Direito Administrativo pela Pontifícia Universidade Católica de São Paulo – PUC/SP. Especialista em Direito Administrativo pela PUC/SP. Pós-graduado em Direito das Contratações Públicas pela *Universidade de La Coruña* (Espanha).

FERNANDA NEVES VIEIRA MACHADO

Pós-graduada em Direitos Difusos e Coletivos pela Pontifícia Universidade Católica de São Paulo –PUC/SP. Pós-Graduanda em Direito Administrativo pela Faculdade Getúlio Vargas/GVLaw. Advogada do escritório Dal Pozzo Advogados, atuante em temas de Direito Administrativo.

FRANCISCO ZARDO

Mestre em Direito do Estado pela Universidade Federal do Paraná – UFPR. Especialista em Direito Administrativo pelo Instituto de Direito Romeu Felipe Bacellar. Professor de Direito Administrativo em cursos de Pós-graduação. Membro da Comissão de Gestão Pública, Transparência e Controle da Ordem dos Advogados do Brasil – OAB/PR. Advogado.

LEONARDO CARVALHO RANGEL

Mestre em Direito Constitucional pela Pontifícia Universidade Católica de São Paulo – PUC/SP. Especialista em Direito Econômico pela Faculdade Getúlio Vargas – FGV-SP/GVLaw. Professor da Universidade Paulista nas disciplinas de Organização do Estado, Português Instrumental Jurídico, História do Direito, Linguagem e Comunicação Jurídica e Controle de Constitucionalidade. Advogado em São Paulo, atuante em temas de Direito Administrativo, Constitucional e Econômico.

MARIA HERMÍNIA PENTEADO PACHECO E SILVA

Mestre e Doutora em Direito pela Pontifícia Universidade Católica de São Paulo – PUC/SP. Procuradora do Município de São Paulo aposentada. Professora da Pontifícia Universidade Católica de São Paulo.

RENAN MARCONDES FACCHINATTO

Bacharel em Direito pela Pontifícia Universidade Católica de São Paulo – PUC/SP. Pós-graduado em Direito Processual Civil pela Coordenadoria Geral de Especialização, Aperfeiçoamento e Extensão da PUC/SP. Pós-graduado em Direito da Infraestrutura pela Escola de Direito da Fundação Getúlio Vargas – FGV/SP. Aluno especial do curso de Mestrado Profissional em Políticas Públicas da Escola de Economia da FGV. Membro da Comissão Especial de Direito da Infraestrutura do Conselho Federal da Ordem dos Advogados do Brasil – OAB. Membro do Instituto Brasileiro de Estudos Jurídicos da Infraestrutura – IBEJI. Membro do Instituto Brasileiro de Direito e Ética Empresarial – IBDEE. Gestor do Departamento Consultivo e de Infraestrutura no escritório Dal Pozzo Advogados.

RICARDO MARCONDES MARTINS

Mestre e Doutor em Direito Administrativo pela Pontifícia Universidade Católica de São Paulo – PUC/SP. Professor de Direito Administrativo da Graduação, Especialização, Mestrado e Doutorado da PUC/SP. Membro do Instituto de Direito Administrativo Paulista – IDAP. Membro do Instituto Brasileiro de Infraestrutura – IBEJI. Membro do Instituto Brasileiro de Estudos da Função Pública – IBEFP. Membro da Comissão de Direito Administrativo da Ordem dos Advogados do Brasil – OAB. Coordenador da Revista de Direito Administrativo e Infraestrutura – RDAI. Diretor da Revista Brasileira de Infraestrutura – RBINF. Diretor da Revista Internacional de Direito Público – RIDP. Líder do grupo de pesquisa "Ponderação de interesses no Direito Administrativo e contrafações administrativas", certificado pela PUC/SP e pelo CNPQ. Procurador do Município de São Paulo. Advogado consultor em São Paulo.

APRESENTAÇÃO

O art. 173 da Constituição, como se sabe, preconizava lei que dispusesse sobre o estatuto jurídico das empresas estatais. Esta, afinal surgiu em 30 de junho de 2016, sendo a Lei n. 13.303.

É evidente a importância deste diploma. Em boa hora os professores Augusto Neves Dal Pozzo e Ricardo Marcondes Martins organizaram uma coletânea de estudos, na qual esta norma jurídica é analisada e dissecada amplamente, inclusive com a discussão sobre a constitucionalidade de alguns de seus dispositivos.

A robusta experiência teórica e de atuação profissional que instrumenta os vários autores enseja abordagens múltiplas e interessantes, abrindo para o leitor um leque de questões focalizadas segundo o olhar pertinente a suas respectivas formações e vivências jurídicas.

Os organizadores da obra são juristas conhecidos por suas publicações anteriores, o que os credenciou plenamente para o trabalho que ora vem a lume como uma de suas valiosas contribuições para os estudos de Direito. Acreditamos que os leitores apreciarão imensamente a qualidade dos trabalhos que os elucidarão sobre este tema de tanta repercussão no âmbito do Direito Público.

Celso Antônio Bandeira de Mello
Professor Emérito da Pontifícia Universidade Católica de São Paulo PUC/SP.
Professor Titular de Direito Administrativo da PUC/SP.

INTRODUÇÃO

A Emenda Constitucional n. 19, 04 de junho de 1998, alterou a redação do artigo 173, §1º, da Constituição de 1988, e determinou ao Legislador a edição de uma lei instituidora do "estatuto jurídico da empresa pública, da sociedade de economia mista e de suas subsidiárias que explorem atividade econômica de produção ou comercialização de bens ou de prestação de serviços, dispondo sobre: I – sua função social e formas de fiscalização pelo Estado e pela sociedade; II – a sujeição ao regime próprio das empresas privadas, inclusive quanto aos direitos e obrigações civis, comerciais, trabalhistas e tributários; III – licitação e contratação de obras, compras e alienações, observados os princípios da administração pública; IV – a constituição e o funcionamento dos conselhos de administração fiscal, com participação de acionistas minoritários; V – os mandatos, a avaliação de desempenho e a responsabilidade dos administradores". O Congresso Nacional demorou apenas *dezoito anos* para cumprir a exigência. Em 30 de junho de 2016 foi promulgada a Lei Federal n. 13.303/16, apelidada de "Lei das Estatais". Conjectura-se que a apuração de corrupção na Petrobras tenha "apressado" o Congresso Nacional, pois a nova lei só veio à lume após gravíssimas denúncias de desvios de recursos, fraudes de licitações e de contratos da empresa, na operação batizada de "Lava jato".

Este livro reúne uma série de estudos sobre o referido Estatuto. Não se apresenta, porém, como uma coletânea de *comentários* aos dispositivos legais. Há nas páginas que seguem um esforço coletivo para *compreensão científica* do regime jurídico das Empresas Estatais. Para tanto, reuniu-se um grupo heterogêneo de juristas: Professores de Direito Administrativo, Professores de Direito Comercial e experientes Advogados. A teoria acadêmica e a prática profissional de mãos dadas, em prol de um objetivo comum: trazer luzes para o novedio Estatuto.

Primeiro no Estado Novo e, depois, na Ditadura Militar, as Empresas Estatais multiplicaram-se no Brasil de modo descomunal: centenas de empresas foram instituídas em todos os cantos do país. A maioria delas sobreviveu ao processo de privatização empreendido na década de noventa. Tornaram-se, muitas vezes com o beneplácito da comunidade jurídica especializada, palco da mais assombrosa corrupção. Os desvios foram acompanhados de controvérsias teóricas sobre o regime jurídico incidente, muitos deram ênfase ao aspecto empresarial, muitos outros ao aspecto estatal. Como resultado, o tema desembocou em acirradas divergências acadêmicas.

Nesse cenário, a compreensão do novo diploma exige cuidado e seriedade. Pede mais do que a análise literal do texto, exige o aprofundamento teórico, sem desprezo à realidade. Para essa empreitada, formou-se um grupo plural, integrado por juristas de diferentes formações teóricas. A bagagem profissional dos autores é, em seu conjunto, riquíssima. As diversas formações aliadas à densa experiência dão ao leitor um rico material. Dos estudos aqui reunidos, extraem-se: a perspectiva acadêmica estatal, a perspectiva acadêmica empresarial e a perspectiva de quem lida com licitações e com o controle da Administração no dia a dia profissional.

Espera-se que o resultado contribua para a aplicação do Estatuto. Mais especificamente: espera-se que estes estudos, por um lado, facilitem a compreensão do texto normativo, com o aclaramento do correto sentido e alcance das normas por ele introduzidas, e, por outro, desperte a atenção para eventuais inconstitucionalidades nele contidas. Deseja-se que esta obra contribua para que as Empresas Estatais deixem de ser mecanismos de enriquecimento de corruptos, e cumpram seu verdadeiro papel constitucional: serem instrumentos do Estado para o atendimento dos imperativos de segurança nacional e o relevante interesse coletivo. Se, com esse desiderato, o presente livro contribuir para o amadurecimento jurídico-institucional das Empresas Públicas e das Sociedades de Economia Mista, terá cumprido seu papel.

Augusto Neves Dal Pozzo

Ricardo Marcondes Martins

ESTATUTO DAS EMPRESAS ESTATAIS À LUZ DA CONSTITUIÇÃO FEDERAL

RICARDO MARCONDES MARTINS

Sumário: 1. Por que divergimos? 2. Diretriz hermenêutica fundamental. 3. Regime jurídico das empresas estatais. 3.1 Primeira fase: regime privado. 3.2 Segunda fase: regime híbrido. 3.3 Terceira fase: retrocesso neoliberal. 3.4 Quarta fase: purificação científica. 3.4.1 Fuga para o Direito privado. 3.4.1.1 Contrafações de autarquias. 3.4.1.2 Concessão de serviço público. 3.4.2 Exploração de atividade econômica. 3.4.2.1 Reserva legal. 3.4.2.2 Monopólios federais. 3.4.2.3 Atividade concorrencial. 3.4.2.3.1 Reserva legal. 3.4.2.3.2 Segurança nacional e relevante interesse coletivo. 3.4.2.3.3 Regulação econômica. 3.4.2.4 SEM e EP. 3.4.2.4.1 Contrafações de empresas públicas. 3.4.2.4.2 Empresas estatais de segundo grau. 3.4.2.4.3 Participação em empresa privada. 3.4.2.4.4 Natureza federativa. 3.4.2.4.5 Empresas federais. 3.4.2.4.6 Capital privado. Referências bibliográficas.

1. POR QUE DIVERGIMOS?

Em 30 de junho de 2016 foi promulgada a Lei Federal n. 13.303, disciplinadora do regime jurídico das empresas públicas, das sociedades de economia mista, e de duas subsidiárias, logo apelidada de "Estatuto Jurídico das Empresas Estatais". A Lei já conta com duas excelentes obras dedicadas a comentar seus dispositivos.[1] Os respectivos autores tiveram a principal preocupação de entender o sentido e o alcance das novas regras legislativas, produziram obras práticas, de inestimável valor para os operadores do direito. Editado um novo diploma normativo, a preocupação dos juristas em geral é entendê-lo; é muito compreensível que o primeiro olhar seja para o diploma em si, com a leitura de cada um dos dispositivos individualmente considerados. Essa atitude é uma inclinação natural de todo jurista que se depara com uma nova lei. Pode, contudo, gerar desastrosos equívocos.

Como afirma o ínclito jusfilósofo argentino Carlos Santiago Nino, a dogmática jurídica impõe ao intérprete pressupor que o conjunto normativo seja *coerente*.[2] Em sentido uníssono, para Ronald Dworkin existem dois *princípios de integridade política*, um destinado ao editor normativo, outro destinado ao aplicador, segundo os quais as normas jurídicas devem ser vistas como um "sistema único e coerente de justiça e equidade na correta proporção".[3] A doutrina desses autores da moda, porém, apenas retoma uma velha lição, difundida pelos doutos na mais aprazível das harmonias. Friedrich Karl von Savigny, em aula proferida, segundo informado por Karl Larenz, no Curso de Inverno de 1802-1803, que resultou na obra "Metodologia Jurídica"[4], já assentava que a

---

[1] A pioneira foi a obra organizada por JUSTEN FILHO, Marçal (coord.). *Estatuto jurídico das empresas estatais*: Lei 13.303/2016. São Paulo: Revista dos Tribunais, 2016, em que, além do coordenador, participam trinta juristas. Pouco depois, foram editados os comentários de GUIMARÃES, Edgar; SANTOS, José Anacleto Abduch. *Lei das estatais*: comentários ao regime jurídico licitatório e contratual da Lei 13.303/2016. Belo Horizonte: Fórum, 2017.

[2] *Introdução à análise do direito*. Tradução de Elza Maria Gasparotto. São Paulo: WMF Martins Fontes, 2015, p. 387. Segundo a teoria do legislador racional, exposta pelo autor, o intérprete deve pressupor que o Legislador seja único, imperecível, consciente, onisciente, operante, justo, coerente, onicompreensivo e preciso (pp. 386-387).

[3] DWORKIN, Ronald. *O império do direito*. Tradução Jefferson Luiz Camargo. São Paulo: Martins Fontes, 2003, p. 264.

[4] *Cf. Metodologia da Ciência do Direito*. Tradução de José Lamego. 3ª ed. Lisboa: Calouste

ESTATUTO DAS EMPRESAS ESTATAIS À LUZ DA CONSTITUIÇÃO...

"legislação apenas expressa um todo".[5] Poucas décadas depois, em outubro de 1829, Friedrich D. E. Schleiermacher enunciou as bases da *teoria do círculo hermenêutico*, segundo a qual, em síntese, tanto as partes são compreendidas a partir do todo, como o todo é compreendido a partir das partes.[6] A teoria foi aprofundada, na hermenêutica, por Hans–Georg Gadamer[7] e difundida na seara jurídica por Karl Larnez.[8] Com base na contribuição do último, José Joaquim Gomes Canotilho, ao indicar o caráter circular da interpretação normativa, afirma, com absoluta propriedade, que as normas jurídicas estão num "processo bi-unívoco de esclarecimento recíproco".[9] A lição não é desprezada pela doutrina pátria: Raimundo Bezerra Falcão enfatiza que, como a ordem jurídica constitui um sistema, e é da natureza deste ser uma unidade, a consideração do todo, na interpretação de cada texto normativo, há de ser tida como inafastável;[10]

Gulbenkian, 1997, p. 8. A publicação do Curso deu-se em 1951, a partir dos apontamentos feitos por Jakob Grimm (Idem, ibidem).

[5] SAVIGNY, Friedrich Karl von. *Metodologia jurídica*. Tradução de Hebe A. M. Caletti Marenco. Campinas: Edicamp, 2001, p. 18. Em seguida, complementa: "A interpretação do particular também deve ser tal que, para poder compreender o particular, este se deve amoldar ao todo. A exposição do todo não pertence a este ponto propriamente, mas ao sistema. Porém, desde que cada parte não é inteligível sem o todo, deve ser concebida em relação com o todo, tarefa semelhante àquela que existe no sistema, mas com objetivos opostos" (p. 18).

[6] SCHLEIERMACHER, Friedich D. E. *Hermenêutica*: arte e técnica da interpretação. Tradução de Celso Reni Braida. Bragança Paulista: Editora Universitária São Francisco, 2003, p. 47. Nas palavras dele: "O princípio hermenêutico, exposto e desenvolvido em várias direções pelo Sr. Ast, que assim como o todo seguramente é compreendido a partir do particular, também o particular apenas pode ser compreendido a partir do todo, é de tal alcance para esta arte, e tão indiscutível que já as primeiras operações não podem ser estabelecidas sem o seu emprego, visto que uma grande quantidade de regras hermenêuticas repousa mais ou menos sobre ele". (Idem, ibidem). O autor refere-se ao filólogo Friedrich Ast, cuja contribuição para a hermenêutica foi pouquíssimo difundida.

[7] GADAMER, Hans-Georg. *Verdade e método II*. Tradução de Ênio Paulo Giachini. Petrópolis: Vozes, 2002, p. 72 ss.

[8] LARENZ, Karl. *Metodologia da Ciência do Direito*. Tradução de José Lamego. 3ª ed. Lisboa: Calouste Gulbenkian, 1997, p. 286.

[9] CANOTILHO, José Joaquim Gomes. *Direito constitucional e teoria da Constituição*. 4ª ed. Coimbra: Almedina, 2000, p. 1139.

[10] *Hermenêutica*. 2ª ed. São Paulo: Malheiros, 2013, p. 187.

a mesma lição é apresentada, em linguagem mais informal, por Eros Roberto Grau, ao enfatizar que "não se interpreta o direito em tiras".[11]

Após os avanços do *constitucionalismo*, hoje o tradicional *método lógico* ou *sistemático* de interpretação recebe uma releitura. Cada dispositivo legal, de fato, deve ser examinado a partir do conjunto de textos normativos – e cada norma dele extraída deve ser formulada tendo em vista todo o sistema –, mas sempre tendo por norte a Constituição. É o que Paulo Ricardo Schier chamou de *filtragem constitucional*: a interpretação deve sempre passar pelo *filtro* do Texto Maior.[12] Também muito acertadamente, Juarez Freitas considera necessária uma *reconceituação da interpretação sistemática do direito*, em que a aplicação da norma dá-se na aplicação do sistema inteiro, mas a partir de uma "rede hierarquizável, máxime na Constituição, tecida de princípios, regras e valores considerados dialeticamente".[13]

Em síntese, por uma imposição dogmática, o intérprete deve partir do pressuposto de que o Direito é um todo coerente, as normas extraídas dos textos normativos devem ser consideradas como integrantes de uma unidade, de um sistema, de um ordenamento. Mas não só! Esse ordenamento é hierarquizado a partir das normas constitucionais, de modo que toda norma deve ser considerada integrada ao sistema constitucional vigente.[14] Disso se extraem duas imposições hermenêuticas.

---

[11] *Ensaio e discurso sobre a interpretação/aplicação do direito*. São Paulo: Malheiros, 2002, p. 34. O autor, após ter ocupado o cargo de Ministro do STF, reescreveu a obra, negando boa parte do que havia assentado, mas manteve, sem ressalvas, essa lição. *Cf.* GRAU, Eros Roberto. *Por que tenho medo dos juízes*. 7ª ed. São Paulo: Malheiros, 2016, pp. 86/87.

[12] SCHIER, Paulo Ricardo. *Filtragem constitucional*: construindo uma nova dogmática jurídica. Porto Alegre: Sérgio Antonio Fabris Editor, 1999, p. 101 ss.

[13] FREITAS, Juarez. *A interpretação sistemática do direito*. 3ª ed. São Paulo: Malheiros, 2002, p. 80.

[14] Para Paulo de Barros Carvalho, a hierarquia é um axioma do sistema jurídico: "Sem hierarquia não há sistema de direito, pois ninguém poderia apontar o fundamento de validade das unidades componentes, não se sabendo qual deva prevalecer. Uma regra há de ter, para desfrutar de juridicidade, seu fundamento em outra que lhe seja superior. (...) Daí ser possível afirmar, peremptoriamente, que o princípio da hierarquia é um axioma". (*Direito tributário, linguagem e método*. São Paulo: Noeses, 2008, p. 216).

ESTATUTO DAS EMPRESAS ESTATAIS À LUZ DA CONSTITUIÇÃO...

Primeira: entre duas interpretações, deve-se adotar a que seja mais compatível com a Constituição, decorrência da interpretação conforme ou, mais ainda, da interpretação orientada à Constituição.[15] Segunda: a interpretação normativa não pode descurar da *ideologia constitucional*, vinculante para o intérprete; se o Texto Constitucional, como produção humana, possui uma ideologia própria, esta se apresenta como vinculante para o intérprete das normas infraconstitucionais.[16]

Essas considerações são fundamentais para correta compreensão das Empresas Estatais. Conforme adiante exposto, quem examina a Lei n. 13.303/16 sem atenção às bases conceituais impostas pela Constituição, dará a ela uma extensão absolutamente indevida. E há um complicador: essas bases conceituais não decorrem da literalidade constitucional, estão implícitas. Nos termos já assentados pelos clássicos, aqui referenciados, a interpretação literal, muitas vezes, deve ceder às exigências sistemáticas. O sentido e o alcance das normas não são ditados, tão somente, pela literalidade, mas pela compreensão delas a partir do todo. Ocorre que vem crescendo, cada vez mais, na doutrina brasileira, uma posição *cética*, defensora da inexistência da *coerência* preconizada pelos doutos.

Nunca se supôs que os textos normativos sejam, em si, coerentes. Numa democracia, observa Paulo de Barros Carvalho, o Parlamento é formado por representantes das mais diversas atividades sociais, e, não sendo

---

[15] A interpretação conforme a Constituição impõe que entre uma interpretação considerada inconstitucional e outra considerada constitucional, adote-se, necessariamente, a segunda; a interpretação orientada para a Constituição impõe que entre duas interpretações compatíveis com a Constituição adote-se a que melhor corresponda à axiologia constitucional. *Cf.* MEDEIROS, Rui. *A decisão de inconstitucionalidade*: os autores, o conteúdo e os efeitos da decisão de inconstitucionalidade da lei. Lisboa: Universidade Católica Editora, 1999, p. 290; MARTINS, Ricardo Marcondes. *Regulação administrativa à luz da Constituição Federal*. São Paulo: Malheiros, 2012, p. 43.

[16] *Cf.* MARTINS, Ricardo Marcondes. *Regulação administrativa à luz da Constituição Federal*. São Paulo: Malheiros, 2012, pp. 48-57. Nas palavras de Gadamer, "quem quer compreender um texto deve estar disposto a deixar que este lhe diga alguma coisa". (*Verdade e método I*. Tradução de Flávio Paulo Meurer. 5ª ed. Petrópolis: Vozes, 2003, p. 358). Assim, se, por um lado, é fato que a pré-compreensão do intérprete interfere na interpretação, por outro, deve o intérprete travar uma luta consigo: identificar a sua própria ideologia e não se deixar enganar por ela; se a ideologia do texto é contrária à sua, deve o intérprete, na exegese, posicionar-se em prol da ideologia do texto.

integrado por juristas, é absolutamente natural que os textos normativos sejam repletos de atecnias e incoerências.[17] É o intérprete, ao efetuar a exegese, que deve fazê-los coerentes. O que negam os céticos é a pressuposição da coerência. Afirmam que o conjunto de normas, extraído dos textos normativos pelos intérpretes, não deve ser coerente; se os textos não são, e se quem os elaborou não teve a intenção de sê-lo, não há, argumentam, razão para que as normas o sejam. Consequentemente, segundo eles, não há *interpretação correta*, mas interpretação em prol de determinado *interesse*. O Direito não seria uma Ciência, mas uma técnica de defesa de certo interesse.

Por um lado, os partidários dessa posição têm sua razão: a assunção do Direito como Ciência não é ontológica, vale dizer, não é uma imposição da natureza. A existência de uma interpretação que seja mais coerente do que outra – tendo em vista a maior compatibilidade com os demais textos normativos e a axiologia deles extraída, sobretudo com o texto constitucional –, e, nesses termos, de uma interpretação que seja mais *correta* do que outra, não é explicada em termos similares à ocorrência de um fenômeno químico ou físico comprovado em um laboratório. A referida *assunção* não é, dessarte, uma exigência da Natureza, mas uma opção do jurista.

O fato de não ser *necessário* – uma imposição da natureza – que seja assim, não é razão suficiente para não ser. Se assumida a posição contrária – de que o Direito não é Ciência e de que não existe interpretação correta, mas apenas um *jogo de interesses* –, o Direito perde o *sentido*[18], torna-se

---

[17] CARVALHO, Paulo de Barros. *Curso de direito tributário*. 14ª ed. São Paulo: Saraiva, 2002, pp. 4/5.

[18] Viktor E. Frankl, a partir de sua experiência em um campo de concentração nazista, concluiu que a falta de sentido faz a vida insuportável, premissa básica da logoterapia, por ele desenvolvida (*Em busca de sentido*. Tradução de Walter O. Schlupp e Carlos C. Aveline. 25ª ed. São Leopoldo: Sinodal; Petrópolis: Vozes, 2008, passim). Em sentido próximo, afirma Tércio Sampaio Ferraz Junior: "a carência de sentido torna a vida insuportável" (*Estudos de filosofia do direito*. 3ª ed. São Paulo: Atlas, 2009, p. 253). Sobre o tema vide: MARTINS, Ricardo Marcondes. "Justiça deôntica". *In:* PIRES, Luis Manuel Fonseca; MARTINS, Ricardo Marcondes. *Um diálogo sobre a justiça*. Belo Horizonte: Fórum, 2012, pp. 231-234.

ESTATUTO DAS EMPRESAS ESTATAIS À LUZ DA CONSTITUIÇÃO...

apenas um instrumento de opressão.[19] O Direito Administrativo e as propostas hermenêuticas sobre as empresas estatais passam apenas a ser uma técnica em prol de certos interesses, do titular do poder econômico ou do poder político. Em última análise, tudo que se afirma sobre o Direito Administrativo, pela postura cética, dá-se em prol do enriquecimento de alguém: do empresário, do corrupto e do respectivo advogado. Com todo respeito pelos seus defensores, não há razão plausível para se adotar a posição cética. Por isso, em suma, adota-se a pressuposição de que o sistema normativo compõe um sistema uno, coerente, íntegro. Sendo o Direito Administrativo um ramo dogmático, essa pressuposição é aqui assumida como verdadeiro *dogma*.[20]

A perda do sentido acarretada pela posição cética faz questionar como é possível que tantos juristas a defendam. Alguns fatores justificam-na. Primeiro: o Direito Administrativo, em relação, por exemplo, ao Direito civil, é um ramo recente. No Brasil, a sistematização científica só se intensificou de 1950 para cá.[21] Segundo, e mais importante: o Direito Administrativo está diretamente relacionado ao exercício cotidiano do poder político. A depender da exegese das normas de Direito Administrativo, os agentes públicos devem ou não ser punidos, os particulares obtêm ou não acentuado lucro. As interpretações interferem diretamente, primeiro, na atuação dos agentes públicos, e, segundo, nos gastos públicos. Logo, a hermenêutica no Direito Administrativo está ostensivamente associada ao interesse dos corruptos e ao interesse dos agentes econômicos. Por isso, seja em decorrência do incipiente desenvolvimento científico, seja em decorrência dos interesses

---

[19] *Cf.* MARTINS, Ricardo Marcondes. "Jurista, de que lado você está?". *Revista Colunistas de Direito do Estado*, Salvador, n. 193, 17.06.2016. Disponível em: http://goo.gl/BcNY9v. Acesso em 15.03.2017.

[20] Sobre a diferença entre a perspectiva dogmática, que assume alguns pontos de partida como imunes à discussão, e a perceptiva zetética, que permite a discussão sobre todas as premissas, vide, por todos: FERRAZ Jr., Tércio Sampaio. *Introdução ao estudo do direito*: técnica, decisão, dominação. 5ª ed. São Paulo: Atlas, 2007, pp. 39-51.

[21] Boa parte da produção anterior tinha uma preocupação mais técnica – explicar o exercício da função administrativa – do que científica – identificar o conjunto normativo vigente a partir da pressuposição da coerência.

políticos e econômicos envolvidos, o fato é que a posição cética ganha cada vez mais espaço na doutrina. Este estudo tem a pretensão de ser uma reação enfática a esse avanço.

Dessarte, a falta de literalidade, no texto constitucional, das *bases conceituais* das empresas estatais, e a existência de uma corrente doutrinária que nega o dever imposto ao intérprete de pressupor que o sistema normativo seja coerente, levam boa parte da doutrina brasileira a equívocos desastrosos na compreensão do regime jurídico das sociedades de economia mista e das empresas públicas. Eis o ponto de partida: as normas referentes às empresas estatais devem ser compreendidas como fazendo parte de um sistema normativo uno, coerente, íntegro, hierarquicamente estabelecido, que tem no ápice as normas constitucionais. A análise sistemática deve ter por norte a preeminência linguística, axiológica e ideológica do Texto Constitucional. Todas as regras infraconstitucionais desse regime devem, por isso, ser submetidas à filtragem constitucional, ou seja, compreendidas como elementos funcionalmente integrantes desse sistema hierarquizado. Assentadas essas premissas, passa-se ao exame da diretriz fundamental do regime jurídico das empresas estatais.

2. DIRETRIZ HERMENÊUTICA FUNDAMENTAL

Há uma diretriz hermenêutica básica para compreensão do regime das empresas estatais. A expressão "empresa estatal" é composta de dois signos, "empresa" e "estatal". É possível examiná-las atribuindo ênfase ao primeiro ou ao segundo. Vale dizer, é possível estudar o regime jurídico das empresas estatais partindo do pressuposto de que elas são *empresas*, apesar de serem estatais, ou do pressuposto de que elas são *estatais*, apesar de serem empresas. Boa parte da doutrina vem seguindo a primeira diretriz, em triste equívoco hermenêutico. A Constituição impõe a segunda: são *estatais*, apesar de *empresas*. A forma, nelas, é apenas *instrumental* para realização do *interesse público*.

O Estado não pode, por definição, valer-se da forma empresarial para, simplesmente, atuar como *empresário*, pois a atuação empresarial é, em si, incompatível com as finalidades estatais. Para entender o porquê

ESTATUTO DAS EMPRESAS ESTATAIS À LUZ DA CONSTITUIÇÃO...

dessa assertiva, deve-se examinar, ainda que brevemente, o conceito jurídico de *empresa*. Estabelece o artigo 966 do Código Civil vigente: "considera-se empresário quem exerce profissionalmente atividade econômica organizada para a produção ou circulação de bens ou serviços". Tecnicamente, empresa é uma *atividade* e empresário é a *pessoa* que a exerce. Segundo Fábio Ulhoa Coelho, "conceitua-se empresa como sendo atividade, cuja marca essencial é a obtenção de lucros com o oferecimento ao mercado de bens ou serviços, gerados estes mediante a organização dos fatores de produção (força de trabalho, matéria-prima, capital e tecnologia)".[22] Perceba-se: a marca *essencial* é a obtenção de *lucro*. Em sentido próximo, para Haroldo Malheiros Duclerc Verçosa a empresa é indissociável da atividade *econômica* e esta tem sempre *fins econômicos*, ou seja, busca o lucro.[23] Daí o "objetivo da empresa" ser, segundo Verçosa, a busca e a apropriação do lucro.[24] Ora, se a empresa, conceitualmente, tem por finalidade a busca do lucro, a empresa estatal sequer pode ser considerada uma empresa propriamente dita.

O fato é que boa parte dos juristas que estudam o tema despreza o conceito de lucro. O que vem a ser, tecnicamente, *lucro*? Em setembro de 1993, o Instituto Internacional de Direito Público e Empresarial – IDEPE promoveu, em São Paulo, um Seminário para debater a questão do "lucro" nas prestadoras de serviço público. Do seminário, coordenado por Adilson Abreu Dallari, participaram Aires Barreto, Carlos Ari Sundfeld, Eros Grau, Geraldo Ataliba e José Artur Lima Gonçalves. Nessa oportunidade, esses notáveis publicistas fixaram o conceito jurídico de lucro. Segundo Carlos Ari Sundfeld, "lucro é o saldo econômico positivo de atividade destinada a obtê-lo".[25] Logo em seguida, complementa: "uma

---

[22] *Curso de direito comercial*. vol. 1. 3ª ed. São Paulo: Saraiva, 2000, p. 18.

[23] *Curso de direito comercial*. vol. 1. São Paulo: Malheiros, 2004, p. 123.

[24] VERÇOSA, Haroldo Malheiros Duclerc. *Curso de direito comercial*. vol. 1. São Paulo: Malheiros, 2004, p. 124.

[25] "Entidades administrativas e noção de lucro". *Revista Trimestral de Direito Público –* RTDP, São Paulo, vol. 6, pp. 263-268, 1994, p. 264.

RICARDO MARCONDES MARTINS

atividade produz lucro (ou prejuízo) quando a obtenção de resultados econômicos positivos seja seu fim principal".[26] No mesmo sentido, afirmam Geraldo Ataliba e J. A. Lima Gonçalves: "o excedente contábil denominado 'lucro' decorre de vontade dos próprios agentes econômicos, que o perseguem e realizam no plano fenomênico (do ser)".[27] E, em seguida, asseveram: "o lucro é o fim em relação à atividade, que é instrumento".[28] Em texto mais recente, Lafayete Josué Petter chegou às mesmas conclusões: "o lucro é o objetivo do empreendimento privado".[29] A partir da melhor doutrina, é praticamente indiscutível: lucro é *juridicamente* um conceito *finalístico*, é o resultado da atividade que tem por finalidade principal obter maior vantagem econômica.

A atividade estatal, por definição, não pode ter por desiderato *principal* obter maior vantagem econômica. Trata-se de uma imposição constitucional implícita: o Estado não pode perseguir *fins privados*, não pode atuar visando, precipuamente, à obtenção de mais dinheiro. Nunca é demais rememorar esta velha lição: o Estado não é um fim em si mesmo, é um meio para realização do bem comum.[30] Assim, a atividade estatal

---

[26] "Entidades administrativas e noção de lucro". *Revista Trimestral de Direito Público – RTDP*, São Paulo, vol. 6, pp. 263-268, 1994. O autor complementa: "Os termos lucro e prejuízo destinam-se a qualificar, positiva ou negativamente, atividades cuja finalidade seja a obtenção de saldos econômicos positivos. Mas não servem para qualificar atividades de fins diversos, pela óbvia razão de, se não pretendem resultados econômicos, não poderem ter seus resultados avaliados, positiva ou negativamente, por critério voltado a aferir o atingimento de fins que lhe são estranhos". (SUNDFELD, Carlos Ari. "Entidades administrativas e noção de lucro". *Revista Trimestral de Direito Público – RTDP*, São Paulo, vol. 6, pp. 263-268, 1994, p. 264).

[27] "Excedente contábil: sua significação nas atividades pública e privada". *Revista Trimestral de Direito Público*, São Paulo, vol. 6, pp. 277-280, 1994, p. 277.

[28] "Excedente contábil: sua significação nas atividades pública e privada". *Revista Trimestral de Direito Público*, São Paulo, vol. 6, pp. 277-280, 1994, p. 277.

[29] PETTER, Lafayete Josué. *Princípios constitucionais da ordem econômica*. 2ª ed. São Paulo: Revista dos Tribunais, 2008, p. 311. E complementa: "O agente econômico promove a atividade econômica almejando à obtenção do maior volume de receitas possível e do menor volume de despesas. Tudo a fim de obter, em seu favor, o máximo de proveito, isto é, o máximo de lucro". (Idem, ibidem).

[30] *Cf.* NOGUEIRA, Ataliba. *O Estado é meio e não fim.* 3ª ed. São Paulo: Saraiva, 1955, pp. 148-154. Prevalece o conceito quadripartito de Estado, abarcante, além do território,

ESTATUTO DAS EMPRESAS ESTATAIS À LUZ DA CONSTITUIÇÃO...

não pode perseguir o superávit econômico como sua finalidade principal. Em relação à exploração estatal da atividade econômica, o artigo 173 da Constituição é expresso: só é permitida para atender aos imperativos da segurança nacional ou o relevante interesse coletivo. Noutras palavras: ela visa, precipuamente, a realizar ao menos um desses dois objetivos, segurança nacional ou relevante interesse coletivo. Sendo essa a finalidade principal, e não a obtenção de superávit econômico, eventual superávit não pode ser considerado *lucro*. Trata-se da conclusão de um simples silogismo: se lucro é o resultado final de uma atividade que tem por finalidade principal obter maior vantagem econômica possível (premissa maior), se a atividade estatal não pode ter por objetivo principal a obtenção de maior vantagem econômica (premissa menor), o resultado da atividade estatal jamais pode ser qualificado como lucro (conclusão). Por conseguinte, eventual superávit econômico da atividade estatal, mesmo quando se tratar da exploração de atividade econômica, não terá natureza jurídica de *lucro*. Atividade estatal e lucro são, em suma, conceitos incompatíveis.

Ora, se o aspecto fundamental do conceito de empresa é a busca do lucro, e essa busca é incompatível com a atividade estatal, é fácil perceber: as chamadas "empresas estatais" não são, propriamente, empresas.[31] Se nem propriamente *empresa* são, torna-se evidente que a

---

do povo e da soberania, também da finalidade, entendida como a busca do bem comum. Por todos: DALLARI, Dalmo de Abreu. *Elementos de teoria geral do Estado.* 19ª ed. São Paulo: Saraiva, 1995, p. 61.

[31] Haroldo Malheiros Duclerc Verçosa reconhece, sem chegar às conclusões aqui apresentadas, a problemática da expressão "empresa estatal": "No Direito Brasileiro a empresa pública, mesmo com este nome, e que tem fim econômico, ainda não é 'empresa' do ponto de vista da aplicação de diversos institutos do Direito Comercial, tais como a concordata e a falência; e nem seu titular (o Estado) é considerado empresário. Custa aceitar, portanto, que a atividade econômica organizada (empresa) possa ser entendida como aquele elemento unificador de que fala Buonocore, reconhecendo este autor ser a empresa pública 'um elemento de perturbação do mercado'". (*Curso de direito comercial.* vol. 1. São Paulo: Malheiros, 2004, p. 123). Sem desprestigiá-lo, discorda-se, por um lado, de que a empresa pública possui fim econômico: o fim dela é, nos termos aqui expostos, por imposição constitucional, ou a defesa da segurança nacional ou a realização de relevante interesse coletivo. Por outro, discorda-se de que a falência e a concordata não se aplicam às empresas estatais (exploradoras de atividade

ênfase na expressão "empresa estatal" deve ser dada à palavra "estatal" e não à palavra "empresa".

O tema envolve dois *vícios de pressupostos metodológicos*, vícios de *premissas teóricas*, decorrentes do apego dos doutrinadores ao Direito privado. O primeiro deles é identificado muito claramente na doutrina de Otto Mayer. Para o memorável jurista, a Administração Pública pode assumir dois papéis distintos: desenvolver uma atividade voltada à satisfação de interesses públicos ou assumir a "situação de um empresário privado" e procurar seus "interesses econômicos".[32] Em relação ao segundo papel, Otto Mayer é enfático: "Afirma-se que a administração pública não busca neste caso interesses públicos, mas seus interesses privados".[33] Chama o Estado de "Administração Pública" quando exerce o primeiro papel e de "Administração Fiscal" quando exerce o segundo; a primeira está submetida presumidamente ao *direito público*, a segunda está submetida presumidamente ao *Direito privado*.[34] A doutrina de Otto Mayer sintetiza o *primeiro vício metodológico*: supor que o Estado possa assumir a *situação jurídica de um particular* e, pois, submeter-se ao *regime de Direito privado*.

O regime privado é baseado na *liberdade individual* e na *autonomia da vontade*, na assegurada possibilidade de busca de interesses egoísticos, na prerrogativa de decidir pelo *livre-arbítrio*. Esse regime é incompatível com a natureza do Estado.[35] Por definição, o Estado é um ente

---

econômica). Por razões adiante explicadas, considera-se inconstitucional o art. 2º da Lei 11.101/05. Nesse sentido: CARVALHO FILHO, José dos Santos. *Manual de direito administrativo*. 30ª ed. São Paulo: Atlas, 2016, p. 546; BANDEIRA DE MELLO, Celso Antônio. *Curso de direito administrativo*. 33ª ed. São Paulo: Malheiros, 2016, p. 210.

[32] *Derecho administrativo alemán*. tomo I. Tradução de Horacio H. Heredia e Ernesto Krotoschin. Buenos Aires: Depalma, 1949, p. 188.

[33] *Derecho administrativo alemán*. tomo I. Tradução de Horacio H. Heredia e Ernesto Krotoschin. Buenos Aires: Depalma, 1949, tradução nossa.

[34] MAYER, Otto. *Derecho administrativo alemán*. tomo I. Tradução de Horacio H. Heredia e Ernesto Krotoschin. Buenos Aires: Depalma, 1949, pp. 189/190.

[35] A Administração Pública não goza de *autonomia privada*. Alguns doutrinadores buscaram exaustivamente uma associação dos conceitos. José Manuel Sérvulo Correia propôs a expressão *autonomia pública* para designar um suposto espaço de liberdade administrativa

ESTATUTO DAS EMPRESAS ESTATAIS À LUZ DA CONSTITUIÇÃO...

instrumental, existe para o cumprimento de uma *função*, vale dizer, para a busca do *bem comum*, para a concretização do interesse público. O Estado jamais, e não há exceção a essa assertiva, pode buscar a realização de *interesses privados*, só pode buscar o interesse público. Mesmo quando se submete às regras de Direito privado, mesmo quando se aproxima da situação de proprietário, de empresário, de comerciante, o Estado não se apresenta como "Administração Fiscal", mas como Administração Pública. Por conseguinte, jamais se afasta do *regime de direito público*, mesmo quando se submete às regras de Direito privado. Submeter-se a um regime consiste em se sujeitar a determinados *princípios fundamentais*.[36]

(CORREIA, José Manuel Sérvulo. *Legalidade e autonomia contratual nos contratos administrativos*. 1. reimpr. Coimbra: Almedina, 2003, pp. 469/470). Incidiu no equívoco comum mencionado acima: não existe, por mais que alguns queiram que exista, *espaço de liberdade administrativa* similar ao *espaço de liberdade privada*. A Administração não é *livre para decidir*, pode, quando muito, ter a possibilidade de *escolher*: liberdade para escolher consiste em poder escolher pelo livre-arbítrio (arbitrariamente); possibilidade discricionária de escolher significa poder escolher entre duas ou mais alternativas, mas sempre tendo em vista a máxima realização do interesse público. Como se vê, a possibilidade de escolha entre duas ou mais alternativas igualmente admitidas pelo Direito, quer dizer, a *discricionariedade*, nada tem a ver com a *autonomia privada*, pois a "escolha" da Administração sempre deve buscar a melhor forma de concretizar o interesse público e, também, deve atentar para todas as *regras* e, principalmente, para todos os *princípios* jurídicos existentes no sistema. Em suma, não há "campos livres de atuação", inexiste "autonomia". Sobre o tema vide: MARTINS, Ricardo Marcondes. *Teoria jurídica da liberdade*. São Paulo: Contracorrente, 2015, p. 106 ss.

[36] A expressão "princípio jurídico" é, na linguagem jurídica, reconhecidamente polissêmica. Genaro R. Carrió discriminou, em trabalho originalmente publicado em 1970, onze empregos diferentes (*Notas sobre derecho y lenguaje*. 4. ed. Buenos Aires: Abeledo-Perrot, 1998, pp. 209-212). Longe de pretender uma enumeração exaustiva, destacam-se apenas três significados, identificados aqui por "fases". Na primeira, a expressão foi utilizada no Direito tendo em vista o sentido da palavra na linguagem comum ou natural: como princípio significa origem, início, a expressão foi utilizada para se referir às questões gerais de uma dada Disciplina, aos temas que devem ser apresentados a quem inicia seu estudo. Essa *primeira fase* está hoje absolutamente superada: ninguém mais emprega, na Teoria do Direito, a expressão com esse significado. Na segunda, a palavra foi dissociada do sentido comum ou natural e passou a ser empregada em sentido técnico para identificar apenas as ideias-chave, as vigas-mestras, os alicerces do sistema normativo (*princípio-elemento estruturante*). Trata-se de um conceito da Teoria Geral dos Sistemas: os sistemas possuem uma *parte-dirigente* e tendem a centralizar-se ao redor dela (*Cf.* BERTALANFFY, Ludwig von. *Teoria geral dos sistemas*. Tradução de Francisco M. Guimarães. 3ª ed. Petrópolis: Vozes, 2008, p. 103). Na doutrina brasileira

É possível se sujeitar a regras de direito civil, trabalhista, comercial sem se afastar do *regime de Direito Administrativo*. Administração Pública e regime de Direito privado são expressões inconciliáveis.[37]

O *segundo vício metodológico* é mais grave do que o primeiro. A maioria dos juristas pensa o direito público a partir do Direito privado e considera a teoria geral do Direito privado uma verdadeira teoria geral do direito. Apenas para dar alguns exemplos: é comum buscar o conceito de ato administrativo no conceito de ato jurídico privado ou, pior, no de negócio jurídico; examinar a relação jurídica administrativa à luz da relação jurídica obrigacional do Direito privado; perscrutar os vícios de vontade a partir da teoria dos vícios de vontade positivada no Código Civil; estudar a responsabilidade pelas infrações administrativas à luz da responsabilidade obrigacional positivada no Código Civil; entender a aquisição e a perda de propriedade pela Administração Pública à luz da aquisição e perda da propriedade privada. Trata-se de um vício terrível: os juristas pensam o Direito Administrativo a partir do Direito privado e, assim, estendem ao direito público conceitos sintetizadores de um

---

a segunda fase foi difundida por Celso Antônio Bandeira de Mello ("Criação de secretarias municipais: inconstitucionalidade do art. 43 da Lei Orgânica dos Municípios do Estado de São Paulo". *Revista de Direito Público*, São Paulo, ano IV, vol. 15, pp. 284-288, jan.-mar. 1971; *Curso de direito administrativo*. 33ª ed. São Paulo: Malheiros, 2016, pp. 53/54) e por Geraldo Ataliba (*Sistema constitucional tributário brasileiro*. São Paulo: Revista dos Tribunais, 1968, pp. 4-21). Na *terceira fase* a expressão passa a ser utilizada para denominar as normas jurídicas que apenas estabelecem uma razão para uma decisão ou, noutros termos, que impõem a concretização de um valor na maior medida possível (*princípio-valor positivado*). Eis, respectivamente, os conceitos propostos por Ronald Dworkin (*Levando os direitos a sério*. Tradução de Nelson Boeira. São Paulo: Martins Fontes, 2002, p. 36) e Robert Alexy (*Teoria dos direitos fundamentais*. Tradução de Virgílio Afonso da Silva. São Paulo: Malheiros, 2008, p. 90). Sobre as três fases vide: MARTINS, Ricardo Marcondes. "Teoria dos princípios formais". *In:* FERNANDES, Felipe Gonçalves (coord.). *Temas atuais de direito administrativo*. São Paulo: Intelecto, 2016, pp. 1-5. Quando se afirma que o *regime jurídico* é caracterizado pelos seus *princípios fundamentais*, a expressão é utilizada no sentido próprio da *segunda fase*. Sobre o regime de direito administrativo vide, por todos: BANDEIRA DE MELLO, Celso Antônio. "O conteúdo do regime jurídico-administrativo e seu valor metodológico". *Revista de Direito Público*, São Paulo, n. 2, ano I, pp. 44-61, out.-dez. 1967.

[37] *Cf.* MARTINS, Ricardo Marcondes. *Teoria jurídica da liberdade*. São Paulo: Contracorrente, 2015, p. 122.

ESTATUTO DAS EMPRESAS ESTATAIS À LUZ DA CONSTITUIÇÃO...

regime absolutamente estranho a ele. Os conceitos desenvolvidos pelos privatistas foram-no tendo em vista o regime de Direito privado e, por isso, nem sempre são adequados para o Direito público.[38]

O tema das *empresas estatais* – como boa parte dos temas do Direito Administrativo – é marcado pelos dois vícios referidos. O primeiro é mais claramente perceptível: pensar que a Administração Pública possa assumir a *situação jurídica* de um particular e atuar como se possuísse a esfera jurídica da *liberdade* – na qual as decisões são pautadas pelo livre-arbítrio, na busca da máxima realização de interesses próprios, desvinculados da análise global dos valores jurídicos incidentes. A

---

[38] Maria Sylvia Zanella Di Pietro, ao examinar em sua tese de livre-docência a relação entre o Direito privado e o Direito Administrativo, menciona três métodos principais: a) o método da *transposição*, pelo qual são utilizadas matrizes do direito civil para o enquadramento de institutos do direito público; b) o método da *autonomia total*, pelo qual se nega que os institutos desenvolvidos pelos privatistas refiram-se a noções gerais, próprias da teoria geral do direito; c) e o método das *categorias jurídicas*, pelo qual existem categorias próprias da teoria geral do direito, igualmente pertinentes ao direito público e ao Direito privado. DI PIETRO, Maria Sylvia Zanella. *Do Direito privado na administração pública*. São Paulo: Altas, 1989, pp. 79-88; Introdução: do Direito privado na administração Pública. *In*: DI PIETRO, Maria Sylvia Zanella (coord.). *Direito privado administrativo*. São Paulo: Atlas, 2013, pp. 3/4. Nos dois trabalhos a ilustre administrativista defende o método da categoria geral. Nas palavras dela: "Pode-se concluir, portanto, que o superconceito ou noção categorial dos vários institutos jurídicos, comuns nas diferentes ramificações, deve ser colocado na teoria geral do direito e não no Código Civil, sob pena de produzir-se o erro de método, ainda hoje bastante comum, de considerar-se como exclusivas do direito civil determinadas figuras, como o contrato, a propriedade e os demais direitos reais, as fundações, submetendo-se ao direito civil figuras que podem ter regime jurídico de direito público, quando criadas pela Administração Pública". (*Do Direito privado na administração pública*. São Paulo: Altas, 1989, p. 88). Sem desprestigiar os defensores da primeira e da terceira corrente, considera-se haver aí um típico *vício metodológico*, de premissa teórica, decorrente do apego dos doutrinadores ao direito civil, apego esse gerado pela indiscutível antecedência histórica do Direito privado em relação ao direito público. Como se sabe o Direito Administrativo foi construído após a Revolução Francesa, sobretudo pela jurisprudência do Conselho de Estado Francês. O apego, sem dúvida, é maior na primeira corrente do que na terceira, mas esta, ainda que em menor medida, também incide no referido vício. Os supostos *conceitos gerais* ou *superconceitos*, ao contrário do que sustenta a maioria da doutrina, não foram elaborados tendo em vista a teoria geral do direito, foram-no por privatistas, tendo em vista as premissas do Direito privado. O *contrato* é um bom exemplo: é instituto que pressupõe a *autonomia da vontade* e, pois, a *liberdade*. Não se trata de uma "categoria" inicialmente pensada para as hipóteses em que inexiste liberdade.

Administração Pública – seja a direta, integrada pelos órgãos das pessoas políticas – seja a indireta – integrada pelos entes criados pelas pessoas políticas – não pode ser equiparada juridicamente ao particular. Ela, por definição, não possui liberdade; não possui, ao contrário do particular, interesses próprios. E essa imposição conceitual decorre da própria Constituição: é atentatório ao texto constitucional toda pretensão de transformar a Administração Pública num particular, com espaço decisório livre, alicerçado no livre-arbítrio dos agentes.

A doutrina italiana propôs a diferenciação entre o *interesse primário*, decorrente do correto cumprimento da Constituição e das leis vigentes, e o *interesse secundário*, próprio da pessoa jurídica.[39] Na doutrina brasileira, a distinção foi difundida por Celso Antônio Bandeira de Mello: o interesse primário é a dimensão pública do interesse privado, refere-se ao plexo de interesses dos indivíduos enquanto partícipes da sociedade, o secundário é o interesse particular, individual, do Estado enquanto pessoa jurídica autônoma.[40] Parte da doutrina e da jurisprudência brasileiras considera, a partir dessa distinção, possível que a Administração Pública persiga interesses próprios, campo dos *interesses secundários*, que seriam *disponíveis*, ao contrário dos *primários*. Os interesses das *empresas estatais*, seguindo essa leitura, seriam secundários, disponíveis. Nada mais equivocado! Tanto Alessi quanto Bandeira de Mello insistem numa

---

[39] A distinção foi inicialmente efetuada por CARNELUTTI, Francesco. *Sistema de direito processual civil.* 2ª ed. vol. 1. Tradução de Hiltomar Martins Oliveira. São Paulo: Lemos e Cruz, 2004. Posteriormente, os conceitos foram invocados no Direito Administrativo por Renato Alessi: "Questi interessi pubblici, collettivi, dei quali l'amministrazione deve curare il soddisfacimento, non sono, si noti bene, semplicemente, l'interesse dell'amministrazione intesa come apparato organizzativo, sibbene quello che è stato chiamato l'interesse collettivo *primario*, formato dal complesso degli interessi individuali prevalenti in una determinata organizzazione giuridica della collettività, mentre l'interesse dell'apparato, se può esser concepito un interesse dell'apparato unitariamente considerato, sarebbe semplicemente uno degli interessi *secondari* che si fanno sentire in seno alla collettività, e che possono essere realizzati soltanto in caso di coincidenza, e nei limiti di siffatta coincidenza, con l'interesse collettivo primario". (ALESSI, Renato. *Principi di diritto amministrativo.* vol. I. Milano: Giuffrè, 1966, §126, pp. 200/201).

[40] *Curso de direito administrativo.* 33ª ed. São Paulo: Malheiros, 2016, Cap. I-§§43-44, pp. 65/66.

ESTATUTO DAS EMPRESAS ESTATAIS À LUZ DA CONSTITUIÇÃO...

observação importantíssima: o interesse secundário só pode ser perseguido pela Administração quando for *coincidente* com o primário.[41] Noutras palavras: o interesse estatal secundário só é reconhecido pelo Direito quando for coincidente com o interesse primário.

Coincidir, do latim medieval *coincidere*, significa *ser igual* em formas ou dimensões, ter *ajustamento perfeito*, apresentar a *mesma identidade*, caráter, sentido.[42] Não basta que o interesse secundário da Administração seja *compatível* com o primário, ele deve ser coincidente, quer dizer, ele deve ser igual ao primário! Posta assim a questão, o interesse público secundário, enquanto interesse juridicamente reconhecido, *não* possui *autonomia*. Como ele só é juridicamente acatado pelo ordenamento quando for *coincidente* com o primário, é possível dizer que o interesse secundário será um interesse juridicamente reconhecido somente quando for também um interesse primário. Trata-se de uma *armadilha conceitual*: a Administração só pode perseguir o interesse primário e, por isso, só pode perseguir o chamado interesse secundário quando este for o interesse primário.[43]

À vista do exposto, empresa estatal não é empresa privada, não possui liberdade de atuação, não pode perseguir interesse secundário que não seja *coincidente* com o primário. Supor que a empresa estatal possa atuar como uma empresa privada é supor que o Estado – ou qualquer de seus órgãos, entes, agentes que o tornam presente nas relações jurídicas – possa

---

[41] Nas palavras de Alessi: "Anche potendosi concepire un interesse, secondario, dell'amministrazione considerata come apparato organizzativo, esso non potrebbe esser realizzato se non in caso di *coincidenza* con l'interesse primario, pubblico". (*Principi di diritto amministrativo*. vol. I. Milano: Giuffrè, 1966, p. 201, grifamos). No mesmo sentido, BANDEIRA DE MELLO, Celso Antônio, *Curso de direito administrativo*. 33ª ed. São Paulo: Malheiros, 2016, Cap. I-§45, p. 67.

[42] HOUAISS, Antônio; VILLAR, Mauro de Salles (coord.). *Dicionário Houaiss da língua portuguesa*. Rio de Janeiro: Objetiva, 2001, p. 755.

[43] Sobre o tema vide: MARTINS, Ricardo Marcondes. *Estudos de direito administrativo neoconstitucional*. São Paulo: Malheiros, 2015, pp. 67-73. Com absoluta razão, Daniel Wunder Hachem enfatiza que os interesses secundários só podem ser qualificados como públicos quando forem interesses primários (*Princípio constitucional da supremacia do interesse público*. Belo Horizonte: Fórum, 2011, pp. 157/158).

atuar como se particular fosse, em busca de interesses próprios, desvinculados do correto cumprimento da Constituição e das leis. Trata-se do primeiro grave equívoco metodológico apontado.

Ademais, as empresas estatais não estão livres do segundo equívoco referido. Nele incide quem pensa a empresa estatal a partir do conceito privado de empresa. O Direito Administrativo exige uma reformulação conceitual, tendo em vista as particularidades da Administração Pública. Nos termos aqui expostos, como o *lucro* é incompatível com a atuação pública, o conceito de "empresa", tal qual formulado no Direito privado, não se encaixa bem quando se trata da atuação administrativa. Em rigor, não se trata de "empresa"; vale dizer, não se trata do conceito privado de empresa. Como antecipado, o fenômeno não se restringe a esse tema. A título de exemplo, é exatamente o que ocorre com o conceito "contrato": formulado no Direito privado, para nominar os ajustes decorrentes do encontro de vontades privadas a partir do exercício bilateral da autonomia de vontade, o conceito não se adequa bem ao Direito Administrativo, em que uma parte não possui autonomia de vontade.[44]

Em virtude dessas considerações, na expressão "empresas estatais" a ênfase está no segundo termo: são entidades estatais – pertencentes à Administração Pública, que tornam presente o Estado nas relações jurídicas – apesar de serem empresas. A forma é secundária. O regime jurídico incidente é estabelecido mais pelo fato de serem *estatais* do que pelo fato de serem *empresas*. Essa diretriz foi percebida, há muito, pela boa doutrina. O saudoso Prof. Caio Tácito já sustentava essa diretriz em estudo doutrinário muito anterior à Constituição de 1988:

> Dominada pelos objetivos que lhe são traçados na lei institucional própria, a empresa estatal tem como norma primária a lei administrativa e como norma subsidiária a lei comercial, a que aquela remete. Trata-se de um escalonamento de valores e prioridades, em que a finalidade da empresa estatal prevalece sobre

---

[44] *Cf.* MARTINS, Ricardo Marcondes. *Estudos de direito administrativo neoconstitucional.* São Paulo: Malheiros, 2015, pp. 373/374.

sua funcionalidade. É precisamente para alcançar seus fins públicos que a empresa estatal deve aplicar, na exploração da atividade econômica a que se destina, a mecânica e a dinâmica privada.[45]

Celso Antônio Bandeira de Mello também afirma a referida prevalência do aspecto *estatal* sobre o *empresarial* na compreensão do regime jurídico das empresas estatais. *In verbis*:

> Empresas públicas e sociedades de economia mista são, fundamentalmente e acima de tudo, instrumentos de ação do Estado. O traço essencial caracterizador destas pessoas é o de se constituírem em *auxiliares* do Poder Público; logo, são entidades voltadas, por definição, à busca de interesses transcendentes aos meramente privados.[46]

Enfatiza-se: a *forma empresarial* é apenas um *instrumento* do Estado para cumprir seus *deveres*, realizar sua missão institucional, qual seja, atender ao interesse público. Com pena de ouro, Bandeira de Mello registra, de modo preciso, direto e didático, a diretriz fundamental aqui sustentada:

> O traço nuclear das empresas estatais, isto é, das empresas públicas e sociedades de economia mista, reside no fato de serem coadjuvantes de misteres estatais. Nada pode dissolver este signo insculpido em suas naturezas. Dita realidade jurídica representa o mais certeiro norte para a intelecção destas pessoas. Consequentemente, aí está o critério retor para interpretação dos princípios jurídicos que lhe são obrigatoriamente aplicáveis, pena de converter-se o *acidental* – sua personalidade de Direito privado – em *essencial*, e o essencial – seu conteúdo de sujeitos auxiliares do Estado – em acidental.[47]

---

[45] "Direito Administrativo e Direito privado nas empresas estatais". *Revista de Direito Administrativo*, Rio de Janeiro, vol. 151, pp. 22-28, jan.-mar. 1983, p. 24.

[46] BANDEIRA DE MELLO, Celso Antônio. *Curso de direito administrativo*. 33ª ed. São Paulo: Malheiros, 2016, Cap. IV-§50, p. 198.

[47] *Curso de direito administrativo*. 33ª ed. São Paulo: Malheiros, 2016, Cap. IV-§51, p. 199.

À guisa de conclusão, as "empresas estatais" não são "empresas", no sentido preconizado pelos privatistas, pois são incompatíveis com a atividade lucrativa. São entidades estatais e, como tais, não podem ter por finalidade principal obter maior vantagem econômica. O conceito de "empresa", em relação a elas, exige uma *mutação de significado*, uma *reconstrução*, tendo em vista o regime de Direito Administrativo que preside a atuação estatal. Se nem empresas são, o signo que orienta o regime jurídico, na expressão "empresas estatais", não é "empresa", mas "estatal". São estatais – essa é a essência –, apesar de "empresas" – esse é o acidente, o instrumento, o secundário, o acessório. São estatais, apesar de empresas.

Boa parte da produção doutrinária é viciada, pois viola essa diretriz fundamental e compreende as empresas estatais com ênfase no aspecto empresarial. Considera-as "empresas", apesar de "estatais". Não percebe a necessária *mutação* do conceito de empresa, quando o signo é aplicado a entes públicos, e defende a extensão a elas do conceito privado de empresas. Os resultados são desastrosos: atribui-lhes regime jurídico absolutamente equivocado. O atentado à Constituição é manifesto: o Estado é equiparado a um particular, torna-se um "empresário a mais no mercado" em busca de "lucro". É a total incompreensão do conceito de Estado e do regime da função pública. Afastado esse equívoco, é possível dar um passo adiante: empresas estatais são, segundo consagrado pela doutrina, "pessoas jurídicas de Direito privado". Não é bem assim!

3. REGIME JURÍDICO DAS EMPRESAS ESTATAIS

As empresas estatais são consideradas *pessoas jurídicas de Direito privado*, mas essa natureza é deveras *problemática*, tendo em vista seu caráter *estatal*, vale dizer, o fato de integrarem a Administração Pública. "Estado" e "Direito privado" são, a princípio, nos termos adiante explicados, inconciliáveis. Por isso, o tema das empresas estatais, antecipa-se, envolve um aparente *paradoxo*: como é possível conciliar o fato de serem entes estatais, integrantes da Administração Indireta, e, ao mesmo tempo, serem de "Direito privado"? Pode-se dizer que esse paradoxo passou na doutrina brasileira por *quatro fases*.

ESTATUTO DAS EMPRESAS ESTATAIS À LUZ DA CONSTITUIÇÃO...

3.1 Primeira fase: regime privado

A *primeira fase* é paradigmaticamente representada pela doutrina de Hely Lopes Meirelles.[48] Para o autor, tanto as empresas públicas como as sociedades de economia mista eram típicas *pessoas de Direito privado*, submetidas integralmente ao regime de Direito privado. Coerentemente, qualificava-as como *entidades paraestatais*, entes paralelos ao Estado, que atuam ao lado dele. Sendo paraestatais, tendo natureza privada, a elas não são aplicáveis nem as *prerrogativas* próprias do Poder Público, nem, também, as *restrições*. Só lei expressa pode excetuar essa regra, afirma Hely.[49] O autor não observa a diretriz fundamental estabelecida no item anterior; pelo contrário, subverte-a integralmente. De conseguinte, sobre a *empresa pública*, afirma: "sua personalidade é de Direito privado e suas atividades se regem pelos preceitos comerciais; é uma empresa, mas uma empresa estatal por excelência, constituída, organizada e controlada pelo Poder Público".[50] Por meio dela, diz, o Estado atua como verdadeiro "empresário" (*Der Staat Unternehmer*).[51] Esse entendimento em relação às empresas públicas (EP) – que, por definição, não possuem capital privado – é, por evidente, mais enfático em relação à sociedade de economia mista (SEM) – em que, por definição, parte do capital é privado. Para Hely, as SEM são típicas empresas privadas, perseguidoras de *lucro*.[52] O autor é coerente com sua premissa: sendo as empresas estatais

---

[48] *Direito administrativo brasileiro*. 8ª ed. São Paulo: Revista dos Tribunais, 1981, p. 335 ss.

[49] *Direito administrativo brasileiro*. 8ª ed. São Paulo: Revista dos Tribunais, 1981, p. 335 ss.

[50] MEIRELLES, Hely Lopes. *Direito administrativo brasileiro*. 8ª ed. São Paulo: Revista dos Tribunais, 1981, p. 337.

[51] MEIRELLES, Hely Lopes. *Direito administrativo brasileiro*. 8ª ed. São Paulo: Revista dos Tribunais, 1981, p. 337.

[52] Nas palavras dele: "Como pessoa jurídica privada, a sociedade de economia mista deve realizar, em seu nome, por sua conta e risco, atividades de utilidade pública, mas de natureza técnica, industrial e econômica, suscetíveis de produzir renda e lucro, que o Estado tem interesse na sua execução, mas reputa inconveniente ou inoportuno ele próprio realizar, e, por isso, outorga ou delega, a uma organização empresarial privada, com a sua participação no capital e na direção de empresa, tornando-a mista, e fomentando-a na sua criação e desenvolvimento". (*Direito administrativo brasileiro*. 8ª ed. São Paulo: Revista dos Tribunais, 1981, p. 343).

típicas empresas privadas, não se sujeitam às leis de licitação[53], não precisam realizar *concurso público*, não estão sujeitas, enfim, às amarras do regime de direito público, protetoras do interesse público contra o mau exercício funcional.

A primeira fase tem hoje apenas valor histórico. Para um estudante de Direito Administrativo, pode ser surpreendente que tenha sido defendida pela doutrina brasileira. Sendo o dinheiro das empresas estatais, regra geral, público, como admitir que ele seja gerido tal qual o dinheiro privado? Sem a obrigatoriedade de licitar, realizar concursos, respeitar todas as restrições à realização de despesas públicas, é fácil perceber, mesmo para o mais alienado, ingênuo e ignorante da realidade brasileira, que as empresas estatais se tornaram um poderoso instrumento para o desvio de recursos públicos. Sua criação importou num eficaz expediente para a corrupção, pois a fuga do Direito Administrativo não era considerada ilícita, mas perfeitamente legítima. Deveras, o desvio de recursos públicos era, simplesmente, legitimado pelos doutrinadores. Felizmente, essa primeira fase está superada; inexiste doutrinador, hoje, que afirme a submissão integral de um ente estatal ao Direito privado.

As empresas estatais foram, de início, concebidas para exploração estatal de *atividade econômica*. A Constituição de 1934 não as previu expressamente, mas tornou expressa a possibilidade de o Poder Público "monopolizar determinada indústria ou atividade econômica" (artigo 116). A Constituição de 1937 também não as previu expressamente, mas admitiu a "gestão direta" da atividade econômica (artigo 135), e a "nacionalização de indústrias consideradas básicas ou essenciais à defesa econômica ou militar da Nação" (artigo 144). A Constituição de 1946, seguindo a tradição, também previu, no artigo 146, que a União poderia "monopolizar determinada indústria ou atividade", e resgatou a reserva

---

[53] Em estudo específico sobre o tema, Hely Lopes Meirelles, após conceituar as empresas estatais como "entidades paraestatais", reputou aplicável a elas a *inexigibilidade de licitação*: "No consenso da doutrina e da jurisprudência pátrias não é exigível licitação nas entidades paraestatais, para qualquer de suas contratações; a regra é a *livre escolha de seus contratantes*, ou seja, a contratação direta com empreiteiros, fornecedores e adquirentes de seus bens e produtos". ("A licitação nas entidades paraestatais". *Revista de Direito Administrativo*, Rio de Janeiro, vol. 132, pp. 32–40, abr.-jun. 1978, p. 35).

ESTATUTO DAS EMPRESAS ESTATAIS À LUZ DA CONSTITUIÇÃO...

legal prevista na CF/1934 ao condicionar a monopolização à prévia edição de lei especial. A Constituição de 1967 inovou no tema e fez, no artigo 163, expressa referência às empresas públicas e às sociedades de economia mista, dispositivo integralmente reproduzido no artigo 170 da Constituição de 1969. A referência constitucional expressa às empresas públicas e sociedades de economia mista deu-se, então, com a Constituição de 1967. Previu-as para exploração de atividade econômica, e apenas a título subsidiário, vale dizer, para suplementar a iniciativa privada.[54] Coerente com o texto constitucional, o Decreto-Lei n. 200/67 previu, nos incisos I e II do artigo 5º, as empresas estatais para o "exercício da atividade de natureza mercantil", finalidade depois substituída, pelo Decreto-Lei n. 900/69, para a "exploração de atividade econômica".[55]

O Decreto-Lei n. 200/67 dispôs sobre a organização administrativa da União e, por isso, não tratou das administrações estaduais e municipais. Consequentemente, as empresas públicas foram conceituadas como possuindo apenas capital da União e as sociedades de economia mista como possuindo capital privado e controladas pela União ou por sua Administração Indireta. Por evidente, Estados e Municípios também podem, por simetria, instituir empresas estatais e participar das empresas instituídas pela União. Coube à doutrina ampliar as definições legais: empresas públicas são entidades com capital exclusivo do Poder Público,

---

[54] Eis a redação do referido art. 163 da CF/1967: "Às empresas privadas compete preferencialmente, com o estímulo e apoio do Estado, organizar e explorar as atividades econômicas. §1º – Somente para suplementar a iniciativa privada, o Estado organizará e explorará diretamente atividade econômica. §2º – Na exploração, pelo Estado, da atividade econômica, as empresas pública, as autarquias e sociedades de economia mista reger-se-ão pelas normas aplicáveis às empresas privadas, inclusive quanto ao direito do trabalho e das obrigações. §3º – A empresa pública que explorar atividade não monopolizada ficará sujeita ao mesmo regime tributário aplicável às empresas privadas".

[55] Empresa pública é assim conceituada: "a entidade dotada de personalidade jurídica de Direito privado, com patrimônio próprio e capital exclusivo da União, criado por lei para a exploração de atividade econômica que o Governo seja levado a exercer por força de contingência ou de conveniência administrativa, podendo revestir-se de qualquer das formas admitidas em direito". E sociedade de economia mista: "a entidade dotada de personalidade jurídica de Direito privado, criada por lei para a exploração de atividade econômica, sob a forma de sociedade anônima, cujas ações com direito a voto pertençam, em sua maioria, à União ou a entidade da Administração Indireta".

seja capital exclusivo da União, seja de um Estado, seja de um Município, seja de uma Autarquia federal, estadual ou municipal, seja de duas ou mais entidades públicas, v. g., parte da União e parte de um Estado e/ ou de um Município. A exigência é que, para ser empresas pública (EP), a personalidade seja de Direito privado e só haja capital público. As sociedades de economia mista (SEM), ao revés, tem necessariamente a conjugação de capital público e de capital privado, sendo, por definição, controladas pelo Poder Público, ou pela União, ou por um Estado, ou por um Município ou por uma entidade da Administração Indireta federal, estadual ou municipal. Empresas públicas podem assumir qualquer forma societária, inclusive a sociedade unipessoal, sociedades de economia mista admitem apenas a forma da sociedade anônima.

Apesar de todos esses textos normativos restringirem a previsão das empresas estatais à exploração de *atividade econômica*, foram criadas dezenas, senão centenas, de entidades para exercer outro tipo de atividade estatal: prestar serviços públicos, executar obras públicas, exercer função pública. O fato teve o apoio do próprio Hely Lopes Meirelles, que defendeu a possibilidade de todas as entidades federativas criarem empresas estatais para prestar serviços públicos; a única restrição seria a ditada pelo princípio da livre-concorrência, pois as empresas estatais não poderiam ser criadas para explorar atividade econômica quando esta não fosse necessária.[56] Pode-se, assim, dividir as *empresas estatais* em dois grupos: a) as *exploradoras de atividade econômica*; b) e, por *sinédoque*, as *prestadoras de serviço público*, que abrangem não apenas as que prestam serviços públicos, mas as que realizam toda atividade estatal diversa da exploração da atividade econômica. Para Hely Lopes Meirelles, todas, independentemente das atividades que exercem, são entidades paraestatais, empresas privadas, regidas pelo Direito privado.

---

[56] MEIRELLES, Hely Lopes. "O Estado e suas empresas". *Revista de Direito Administrativo*. Rio de Janeiro, vol. 147, pp. 1-6, jan.-mar. 1982. Nas palavras dele: "Nós mesmos ao cuidarmos das entidades paraestatais sustentamos a liberdade de sua criação por qualquer forma e por qualquer das entidades estatais (União, estados, municípios) tanto para executar serviços públicos quanto para realizar atividades econômicas, mas neste último caso ressalvando sempre o seu caráter *suplementar* da iniciativa privada". ("O Estado e suas empresas". *Revista de Direito Administrativo*. Rio de Janeiro, vol. 147, pp. 1-6, jan.-mar. 1982, p. 4).

ESTATUTO DAS EMPRESAS ESTATAIS À LUZ DA CONSTITUIÇÃO...

Segundo Belmiro Valverde Jobim Castor, a "época de ouro das empresas estatais" inaugurou-se com a Revolução de 30 e foi reforçada com o movimento militar de 1964.[57] Mario Engler Pinto Junior informa que a primeira experiência brasileira com as empresas estatais deu-se com a criação do Banco do Brasil, em 1808, sociedade de economia mista, cujo controle acionário pertencia à Coroa Portuguesa[58] Muito após, houve o ingresso do Estado brasileiro no setor ferroviário, sendo que a estatização mais ampla deu-se no Governo Vargas com a criação da Rede Ferroviária Federal AS.[59] A qualificação do Governo Vargas (1930-1945 e 1951-1954) efetuada por Jobim Castor como "época de ouro" não é exagerada: nele foi criada em 1941 a Companhia Siderúrgica Nacional; em 1942, a Companhia Vale do Rio Doce; em 1953, a Petrobras e a COSIPA; em 1954, foi proposta a criação da ELETROBRÁS, criada em 1961.[60] Se no Governo Vargas as empresas estatais destinaram-se aos setores estratégicos, no Governo Militar estenderam-se a praticamente todos os setores. Houve o que Jobim Castor chamou de "processo oncogênico de multiplicação celular descontrolado"[61], não sendo, segundo ele, exagero dizer que, "em certo momento, o governo federal era incapaz de saber, exatamente, quantas empresas lhe pertenciam"[62], fato que levou, em 1979, à criação da Secretaria de Controle das Empresas Estatais – SEST para, justamente, tentar "pôr ordem na bagunça".[63]

---

[57] *O Brasil não é para amadores*: Estado, governo e burocracia na terra do jeitinho. Curitiba: IBQP-PR, 2000, pp. 58/59.

[58] *Empresa estatal*: função econômica e dilemas societários. São Paulo: Atlas, 2010, p. 17.

[59] PINTO Jr., Mario Engler. *Empresa estatal*: função econômica e dilemas societários. São Paulo: Atlas, 2010, p. 18.

[60] PINTO Jr., Mario Engler. *Empresa estatal*: função econômica e dilemas societários. São Paulo: Atlas, 2010, p. 27 ss; DAIN, Sulamis. *Empresa estatal e capitalismo contemporâneo*. Campinas: UNICAMP, 1986, p. 134 ss.

[61] *O Brasil não é para amadores*: Estado, governo e burocracia na terra do jeitinho. Curitiba: IBQP-PR, 2000, p. 60.

[62] *O Brasil não é para amadores*: Estado, governo e burocracia na terra do jeitinho. Curitiba: IBQP-PR, 2000, p. 61.

[63] *O Brasil não é para amadores*: Estado, governo e burocracia na terra do jeitinho. Curitiba: IBQP-PR, 2000, p. 61.

RICARDO MARCONDES MARTINS

Todas essas empresas foram consideradas até a Constituição de 1988, pela doutrina prevalente, "privadas", regidas integralmente pelo Direito privado. Não é exagero dizer que a história brasileira é marcada pela mais assombrosa corrupção.

3.2 Segunda fase: regime híbrido

Em 1969, a Escola da PUC São Paulo, chefiada por Celso Antônio Bandeira de Mello e Geraldo Ataliba, fortaleceu-se com a criação do primeiro programa de pós-graduação do país. Ambos os juristas se voltaram arduamente contra a orientação da primeira fase. Foram vários trabalhos publicados, com ênfase na impossibilidade de um ente estatal ser integralmente regido pelo Direito privado. Passaram a defender duas teses: a) toda empresa estatal submete-se, ao menos parcialmente, ao Direito Administrativo; b) a submissão é maior em relação às prestadoras de serviço público do quem em relação às exploradoras de atividade econômica. O regime jurídico de uma e de outras, afirmaram à exaustão, não pode ser equiparado. Na visão deles, toda empresa estatal, por ser estatal, submete-se em grande medida ao Direito Administrativo, mas não na mesma medida: a incidência é maior em relação às prestadoras de serviços públicos do que em relação às exploradoras de atividade econômica. Sem embargo, ambas são "empresas" e, pois, submetidas parcialmente ao Direito privado. A segunda fase é caracterizada pela defesa de um *regime híbrido*, decorrente da reunião de normas de direito público e de Direito privado.

Em 1973, Celso Antônio Bandeira de Mello publica monografia intitulada "Prestação de serviços públicos e administração indireta" em que dissocia o regime dos serviços públicos do regime das atividades econômicas e, por força dessa dissociação, defende a diferença de regimes das empresas estatais exploradoras de atividade econômica e das prestadoras de serviço público; ambas, em maior e em menor medida, afastadas do regime mercantil.[64] Alguns anos depois, ambas as teses são objeto da

---

[64] *Prestação de serviços públicos e administração indireta*. São Paulo: Revista dos Tribunais, 1987, p. 102 ss.

42

ESTATUTO DAS EMPRESAS ESTATAIS À LUZ DA CONSTITUIÇÃO...

dissertação de mestrado de Lúcia Valle Figueiredo, defendida em 1977, sob a orientação de Celso Antônio Bandeira de Mello.[65] No segundo semestre de 1984, Celso Antônio Bandeira de Mello publica um importante trabalho, "Natureza essencial das sociedades mistas e empresas públicas", no qual observa que todas as empresas estatais são coadjuvantes do Estado, "instrumentos personalizados da ação do Poder Público em suas missões institucionais". Após essa premissa, observa a dicotomia já referida: há empresas estatais que exploram atividade econômica e há as que prestam serviços públicos; nenhuma delas tem regime idêntico ao das empresas privadas, mas as segundas sofrem uma maior influência dos princípios e regras do Direito Administrativo. E defende, na contramão de boa parte da doutrina, o dever de todas as empresas estatais de realizar *licitação*. Afirmou o que já se assentou neste estudo: as empresas estatais, ao assumirem a forma de pessoas de Direito privado, não podem deixar de ser estatais. Pela importância da lição, transcreve-se:

> Para recusar esta conclusão, ter-se-ia de sufragar uma tese incompatível com os postulados do Estado de Direito; a saber: que é dado ao Poder estatal, eximir-se de todo o aparato jurídico montado em prol da defesa dos interesses e valores que nele se consagram. Ficar-lhe-ia facultado ladear o modelo defensivo dos administrados, o esquema avalizador de seu ajustamento às regras protetoras do interesse público e do cauteloso meneio de recursos provenientes dos cofres governamentais. Para obter este salvo-conduto, esta carta de isenção a uma ordem normativa que foi estatuída em favor de interesses superiores, nada mais lhe seria necessário senão que se 'travestisse', adotando, para fins esconsos, a roupagem, adereços e ademanes de pessoa de Direito privado.[66]

Em 09.03.1987, em Seminário realizado em São Paulo pela Associação de Dirigentes de Empresas Estatais, Almiro do Couto e Silva,

---

[65] FIGUEIREDO, Lúcia Valle. *Empresas públicas e sociedades de economia mista*. São Paulo: Revista dos Tribunais, 1973.

[66] BANDEIRA DE MELLO, Celso Antônio. "Natureza essencial das sociedades mistas e empresas públicas". *Revista de Direito Público*, São Paulo, vol. 71, pp. 111-117, jul.-set. 1984, p. 116.

Carlos Roberto Pellegrino, Carlos Velloso, Celso Antônio Bandeira de Mello, Geraldo Ataliba, José Francisco Resek, Seabra Fagundes e Sérgio Ferraz debateram o regime jurídico das empresas estatais.[67] Quase todos defenderam a impossibilidade de integral submissão das empresas estatais ao Direito privado. Se antes, a posição prevalente na doutrina era a submissão praticamente total das empresas estatais ao Direito privado, passou a prevalecer, cada vez mais, a posição oposta.

Essa orientação saiu-se vencedora na Constituinte de 1988: apenas a título de exemplo, no *caput* do artigo 37, determinou-se a observância dos princípios do Direito Administrativo tanto pela Administração direta quanto pela indireta; no inciso II do artigo 37 determinou-se a realização de concurso público no inciso XXI do artigo 37 determinou-se a realização de processo licitatório; no artigo 71, II, III, IV, atribuiu-se ao Tribunal de Contas competência para apreciar seus gastos. A letra expressa da Constituição vigente sepulta de modo indiscutível a orientação anterior.

Coerentemente, Celso Antônio Bandeira de Mello, ao contrário do que fazia Hely Lopes Meirelles, seguindo a posição de Oswaldo Aranha Bandeira de Mello, afasta das empresas estatais o epíteto de "entes paraestatais"[68]: não são entes paralelos ao Estado, atuantes ao lado dele, mas, sim, integrantes da Administração; se são *Administração indireta*, não podem ser *paraestatais*.

A Constituição de 1988, no §1º do artigo 173, referiu-se às EP e SEM com texto muito próximo ao do artigo 177 da CF/1969. Pelo texto originário: "a empresa pública, a sociedade de economia mista e

---

[67] O seminário foi taquigrafado e publicado no vol. 83 da Revista de Direito Público.

[68] *Curso de direito administrativo*. 33ª ed. São Paulo: Malheiros, 2016, Cap. III-§22, pp. 162/163. Seguiu a lição de Oswaldo Aranha Bandeira de Mello, que, ao discorrer sobre o tema, não arrola entre as entidades paraestatais as da Administração Indireta, mas sim as escolas privadas oficializadas, ou equiparadas, de ensino, os serviços sociais autônomos, os sindicatos e os partidos políticos (BANDEIRA DE MELLO, Oswaldo Aranha. *Princípios gerais de direito administrativo*. vol. II: das pessoas. Rio de Janeiro: Forense, 1969, p. 274).

ESTATUTO DAS EMPRESAS ESTATAIS À LUZ DA CONSTITUIÇÃO...

outras entidades que explorem atividade econômica sujeitam-se ao regime jurídico próprio das empresas privadas, inclusive quanto às obrigações trabalhistas e tributárias". Celso Antônio e Geraldo Ataliba[69] enfatizam à exaustão que dessa regra não se extrai a submissão integral das empresas estatais ao Direito privado. A Constituição é um todo coerente, de modo que a interpretação de uma regra não pode ser divorciada da interpretação das demais. Se no artigo 37 impõe-se a submissão aos princípios de Direito Administrativo, ao dever de realizar concurso e licitação, não pode o §1º do artigo 173 ser interpretado de modo a contrariar esses dispositivos.

Em 1991, no estudo "Sociedades mistas, empresas públicas e o regime de direito público", Bandeira de Mello apresenta o *critério hermenêutico* fundamental para exegese do dispositivo constitucional. Por força do *caput* do artigo 173 a exploração da atividade econômica cabe, regra geral, aos particulares, é um campo privado. A Constituição abre duas exceções: a) os *monopólios federais*, discriminados no artigo 177; b) a exploração para atendimento dos imperativos de segurança nacional ou do relevante interesse coletivo.[70] No caso dos monopólios federais, como o próprio nome diz, a exploração dá-se sem concorrência; na exploração fundamentada no *caput* do artigo 173, dependente de lei específica, dá-se em concorrência. Eis o critério fundamental para compreensão do referido §1º: a submissão ao Direito privado das empresas estatais exploradoras de atividade econômica dá-se apenas na medida necessária para evitar a *concorrência desleal*. Nas palavras de Celso Antônio:

> Já as exploradoras de atividade econômica protagonizam seu empenho em um campo que é, por definição, o terreno próprio dos particulares, das empresas privadas, e ao qual o Estado, só por

---

[69] Há dois importantes trabalhos de Geraldo Ataliba sobre o tema: "Empresas estatais e regime administrativo". *Revista Trimestral de Direito Público*, São Paulo, vol. 4, pp. 55-70, 1993; "Patrimônio administrativo – Empresas estatais delegadas de serviço público – Regime de seus bens – Execução de suas dívidas". *Revista Trimestral de Direito Público*, São Paulo, vol. 7, pp. 21-40, 1994.

[70] Sobre os dois campos vide: MARTINS, Ricardo Marcondes. *Teoria jurídica da liberdade*. São Paulo: Editora Contracorrente, 2015, p. 175 et seq; *Regulação administrativa à luz da Constituição Federal*. São Paulo: Malheiros, 2012, p. 237 ss.

exceção pode acorrer na qualidade de personagem empreendedor; ainda assim, este papel lhe é facultado apenas quando houver sido acicatado por motivos de alta relevância. Em tal hipótese, contudo, justamente para que não se instaure uma 'concorrência desleal' com os particulares, a entidade governamental terá de comparecer despojada de atributos que acompanham os entes governamentais.[71]

Trata-se de um critério racional, justificador do parcial afastamento do regime de Direito Administrativo da atuação estatal: quando o Estado explora atividade econômica nos termos do *caput* do artigo 173 da CF, não afasta os particulares do mercado, mas *concorre* com eles; para que a concorrência não seja desleal, o Estado não pode atuar com as prerrogativas inerentes à supremacia do interesse público sobre o privado. Assim, empresas estatais (exploradoras de atividade econômica) não têm prazo em dobro no processo jurisdicional, a execução de seus débitos não segue o regime de precatórios, não possuem, regra geral, responsabilidade objetiva pelos danos decorrentes de sua atuação. Em suma: sujeitam-se, na medida necessária para que a concorrência não seja desleal, ao mesmo regime jurídico das empresas privadas. Quando esse critério não estiver presente, incide o Direito Administrativo: por isso elas também, devem licitar, realizar concurso público etc.

Belmiro Valverde Jobim Castor compreendeu, como ninguém, a "reforma-contra-reforma" da Administração Brasileira: há, durante toda história da Administração brasileira, um embate entre duas forças, que ele chama de "burocracia formalista" e "correntes modernizantes".[72] A escolha dessas denominações é evidentemente marcada por uma inclinação ideológica. Sem embargo, Jobim Castor percebeu a essência do problema: o *ethos modernizante* e a, dele decorrente, "elevada autonomia operacional", que passa a ser concebida às organizações públicas, resultam na "criação de privilégios corporativistas, práticas de

---

[71] BANDEIRA DE MELLO, Celso Antônio. "Sociedades mistas, empresas públicas e o regime de direito público". *Revista de Direito Público*, São Paulo, ano 24, n. 97, pp. 29-36, jan.-mar. 1991, p. 31.

[72] *O Brasil não é para amadores*: Estado, governo e burocracia na terra do jeitinho. Curitiba: IBQP-PR, 2000, p. 150.

ESTATUTO DAS EMPRESAS ESTATAIS À LUZ DA CONSTITUIÇÃO...

favorecimento e de clientelismo, quando não de pura e simples corrupção".[73] Após a consagração de uma maior "liberdade de atuação", segue-se um avassalador aumento da corrupção, e uma reação burocrática. Diz Jobim Castor, "o poder e o prestígio da burocracia tradicional e centralizadora (...) renasce, como a fênix, na fogueira alimentada pelo *ethos moralizante*".[74] Em nome da restauração da moralidade administrativa, diz Castor, eliminam-se a flexibilidade e a autonomia.

A dinâmica do processo de "reforma-contra-reforma" da Administração brasileira, apresentada por Jobim Castor, é absolutamente correta. As restrições impostas pelo Direito Administrativo – dever de licitar, de realizar concurso, denso controle da realização de despesas – dificultam o agir da Administração. Desse cenário, surgem os "modernizantes", propugnadores de maior autonomia, de maior flexibilidade, da maior submissão ao regime privado, ou seja, do afastamento das amarras e restrições ditadas pelo Direito Administrativo. Consciente ou inconscientemente, por má-fé ou absoluta alienação da realidade brasileira, esses arautos da flexibilização tornam-se, na verdade, legitimadores da corrupção. Quanto mais se afastam as restrições administrativas à atuação estatal, em verdadeira progressão geométrica, aumenta-se a corrupção. Não tarda, historicamente, a aparecerem vozes dissonantes. É o *ethos moralizante* a que se refere Jobim Castor. No cenário de catastrófica corrupção propiciada pela flexibilização, passa-se a defender a volta das amarras, das restrições administrativas, contentoras dos abusos, impedidoras dos desvios. Segue-se, então, uma nova submissão ao Direito Administrativo. Infelizmente, porém, o embate não cessa. Diante das dificuldades impostas ao agir administrativo, os paladinos da flexibilização reaparecem – como gafanhotos que de tempos em tempos ressurgem nas lavouras. Eis a dinâmica das reformas-contra-reformas administrativas brasileiras.

A primeira fase aqui apresentada era o momento do ethos modernizante, da submissão ao Direito privado, do atuar estatal nos

---

[73] CASTOR, Belmiro Valverde Jobim. *O Brasil não é para amadores*: Estado, governo e burocracia na terra do jeitinho. Curitiba: IBQP-PR, 2000, p. 151.

[74] *O Brasil não é para amadores*: Estado, governo e burocracia na terra do jeitinho. Curitiba: IBQP-PR, 2000. p. 151.

termos da atuação privada, sem amarras, sem restrições, sem impedimentos aos abusos e desvios. As empresas estatais não precisavam licitar nem realizar concurso. Seus dirigentes atuavam como empresários privados, com a infeliz diferença de que geriam recursos alheios, recursos públicos. Seguiu-se a segunda fase, do *ethos* moralizante, defendeu-se a incidência sobre as empresas estatais do Direito Administrativo: têm, sim, que licitar, têm, sim, que realizar concurso, suas despesas devem constar de um orçamento aprovado pelo Legislativo. É fácil intuir a tônica da nova fase.

3.3 Terceira fase: retrocesso neoliberal

A terceira fase foi uma reação à segunda. A submissão das empresas estatais às amarras do Direito Administrativo, apesar de necessária para evitar a corrupção, foi logo criticada por muitos. O Estado, ao atuar no mercado, deveria ter mais flexibilidade. O regime autárquico, em boa parte estendido pelo texto constitucional originário às empresas estatais, impedia uma atuação "eficiente". Esse discurso ganhou força com o avanço da política neoliberal, sobretudo no Governo de Fernando Henrique Cardoso (1995 a 2003).[75]

Sem embargo, a vontade do Poder Executivo, de implementar o modelo neoliberal no país, não teve apoio político suficiente, o que resultou numa implementação apenas *parcial*. A título de exemplo, flexibilizou-se o monopólio do petróleo, admitindo-se a contratação de empresas privadas para explorá-lo, mas não se acabou com o monopólio (nova redação dada ao §1º do artigo 177 pela EC n. 09/1995)[76]; flexibilizou-se a prestação de serviços públicos em vários setores, admitindo-se a outorga da prestação de serviços de telecomunicação (nova redação dada ao inciso XI do artigo 21 pela EC n. 08/1995) e do serviço de gás canalizado (nova redação dada ao §2º do artigo 25 pela

---

[75] Sobre o neoliberalismo vide: MARTINS, Ricardo Marcondes. *Regulação administrativa à luz da Constituição Federal*. São Paulo: Malheiros, 2012, p. 154 ss.

[76] Sobre a flexibilização efetuada pela Emenda Constitucional n. 09/1995 vide: MARTINS, Ricardo Marcondes. *Regulação administrativa à luz da Constituição Federal*. São Paulo: Malheiros, 2012, p. 337 ss.

ESTATUTO DAS EMPRESAS ESTATAIS À LUZ DA CONSTITUIÇÃO...

EC n. 05/95) a empresas privadas, mas não se privatizaram os respectivos serviços. Dessarte: a vontade neoliberal era privatizar os serviços públicos, mas não houve apoio político para tanto, o que se conseguiu foi autorizar a privatização da prestação; a vontade neoliberal era acabar com o monopólio de petróleo, mas, da mesma forma, o que se conseguiu foi privatizar a exploração.

Em relação à organização administrativa, a reforma deu-se em 1998, com a Emenda Constitucional n. 19. A vontade era o retorno à primeira fase, a submissão completa das empresas estatais ao Direito privado. Não houve, também, apoio para tanto. Todas as regras constitucionais que impunham a incidência do Direito Administrativo às empresas estatais foram mantidas.

A EC n. 19/98 alterou o §1º do artigo 173 para prever a edição de um estatuto especial definidor do regime jurídico das empresas estatais que explorem atividade econômica.[77] A Emenda alterou também o inciso XXVII do artigo 22, que prevê a competência da União para editar normas gerais de licitação e contratos administrativos, para fazer expressa referência ao estatuto previsto no referido §1º do artigo 173.[78] Diante

---

[77] O §1º do art. 173 da CF/88 passou a ter a seguinte redação: "§ 1º A lei estabelecerá o estatuto jurídico da empresa pública, da sociedade de economia mista e de suas subsidiárias que explorem atividade econômica de produção ou comercialização de bens ou de prestação de serviços, dispondo sobre: I – sua função social e formas de fiscalização pelo Estado e pela sociedade; II – a sujeição ao regime jurídico próprio das empresas privadas, inclusive quanto aos direitos e obrigações civis, comerciais, trabalhistas e tributários; III – licitação e contratação de obras, serviços, compras e alienações, observados os princípios da administração pública; IV – a constituição e o funcionamento dos conselhos de administração e fiscal, com a participação de acionistas minoritários; V – os mandatos, a avaliação de desempenho e a responsabilidade dos administradores".

[78] O inciso XXVII do art. 22 da CF/88 possuía a seguinte redação: "Compete privativamente à União legislar sobre: normas gerais de licitação e contratação, em todas as modalidades, para a administração pública, direta e indireta, incluídas as fundações instituídas e mantidas pelo Poder Público, nas diversas esferas de governo, e empresas sob seu controle". E passou, por força da EC 19/98, a dispor: "normas gerais de licitação e contratação, em todas as modalidades, para as administrações públicas diretas, autárquicas e fundacionais da União, Estados, Distrito Federal e Municípios, obedecido o disposto no art. 37, XXI, e para as empresas públicas e sociedades de economia mista, nos termos do art. 173, § 1°, III".

da nova redação, surgiram basicamente duas correntes doutrinárias. Muitos passaram a defender que as empresas estatais, fossem exploradoras de atividade econômica, fossem prestadoras de serviços públicos, não estariam mais sujeitas à legislação de licitação aplicável à Administração direta (a Lei n. 8.666/93; posteriormente, a Lei n. 10.520/05; depois, a Lei n. 12.462/11). Foi, por exemplo, a posição do saudoso Prof. Antônio Carlos Cintra do Amaral, segundo a qual a alteração empreendida no referido inciso XXVII do artigo 22 só poderia ter por consequência o afastamento da incidência sobre as empresas estatais da legislação federal de licitação então vigente.[79] Na omissão do Congresso em editar o estatuto especial, para Cintra do Amaral, caberia às empresas editarem "regulamentos próprios de licitações e contratos". A partir da Emenda Constitucional n. 19/98 ressurgiu, portanto, a corrente doutrinária que preconizava um *regime jurídico único* para todas as empresas estatais.

Celso Antônio Bandeira de Mello continuou defendendo a dicotomia de regimes. Em relação ao estatuto especial, previsto na nova redação do §1º do art. 173 da CF/88, sustentou que, por exigência da moralidade administrativa, enquanto ele não sobreviesse, não se poderia entender que as empresas estatais estariam dispensadas de licitar. Outrossim, por força do princípio da legalidade, não se poderia admitir que elas disciplinassem seu processo licitatório por regulamentos. Continuariam, assim, até a superveniência do estatuto especial, regidas pela legislação de licitações aplicável à Administração direta, autárquica e fundacional.[80]

O aclamado professor paulista manifestou-se também sobre a abrangência do estatuto especial, quando fosse editado. Apresentou uma diretriz hermenêutica fundamental sobre a *ratio* da edição do estatuto:

---

[79] CINTRA DO AMARAL, Antônio Carlos. *Comentando as licitações públicas*. Rio de Janeiro: Temas & Ideias, 2002, pp. 15/16; CINTRA DO AMARAL, Antônio Carlos. *Licitação e contrato administrativo*: estudos, pareceres e comentários. 2ª ed.Belo Horizonte: Fórum, 2009, pp. 87-101.

[80] *Curso de direito administrativo*. 33ª ed. São Paulo: Malheiros, 2016, Cap. IV-§§80-83, pp. 218-221.

ESTATUTO DAS EMPRESAS ESTATAIS À LUZ DA CONSTITUIÇÃO...

garantir um desempenho mais expedito aos entes estatais que exploram atividade econômica. Dessa diretriz extraiu dois desdobramentos: 1) o estatuto especial não poderá ser aplicado às empresas estatais prestadoras de serviço público; 2) ele não se aplicará a todas as licitações das exploradoras de atividade econômicas, mas somente àquelas em que o referido critério estiver presente.[81]

O primeiro critério decorre não apenas da interpretação teleológica, mas também da literal: o artigo 173, §1º, da CF/88 refere-se expressamente à exploração da atividade econômica. Ademais, não haveria razão para distinguir, em relação às licitações, as prestadoras de serviço público das autarquias. De outra parte, essa necessidade de procedimentos mais céleres, em decorrência da concorrência com os particulares no mercado, não estaria presente em muitas contratações feitas pelas empresas exploradoras de atividade econômica, sendo, nesses casos, impertinente a invocação do estatuto especial. Bandeira de Mello dá como exemplos a construção da fábrica em que se instalarão, a aquisição do prédio em que funcionarão, da maquinaria necessária para sua produção ou dos bens móveis e equipamentos de suas sedes e filiais[82]. Em todos esses casos, argumenta, não haveria razão plausível para afastar a legislação regente da Administração direta.

As duas posições foram acolhidas pelos órgãos de controle. O Superior Tribunal de Justiça, mesmo após a EC n. 19/98, manifestou-se pela imposição às sociedades de economia mista do dever de licitar.[83] Em relação à Petrobras, o Tribunal de Contas da União considerou inconstitucional o Decreto n. 2.745/98, que aprovou seu regulamento de

---

[81] *Curso de direito administrativo.* 33ª ed. São Paulo: Malheiros, 2016, Cap. IV-§§70-72, pp. 213/214.

[82] *Curso de direito administrativo.* 33ª ed. São Paulo: Malheiros, 2016, p. 214.

[83] "A obrigatoriedade de observar o regime de licitações decorre do disposto no art. 37, XXI, da Constituição Federal, e, antes mesmo do advento da Lei 8.666/93, as sociedades de economia mista já estavam subordinadas ao dever de licitar. Malgrado sejam regidas pelo Direito privado, as sociedades de economia mista, ainda que explorem atividade econômica, integram a administração pública estando jungidas aos princípios norteadores da atuação do Poder Público, notadamente a impessoalidade e a moralidade". (STJ, 2ª Turma, REsp 80.061/PR, Rel. Min. Castro Meira, j. 24.08.2004, DJ 11.10.2004, p. 244).

RICARDO MARCONDES MARTINS

licitações, e o artigo 67 da Lei n. 9.478/97[84], que autorizou a empresa a editá-lo, e determinou que, até o advento da lei prevista no artigo 173, §1º, da CF/88, a Petrobras observasse os preceitos da Lei n. 8.666/93.[85] A decisão do TCU, proferida no Acórdão n. 39/2006, que considerou inconstitucional o referido artigo 67, foi suspensa, em decisão monocrática, pelo Min. Gilmar Mendes.[86] Apesar de não ter apreciado o mérito, a Corte, por força dessa decisão monocrática, acabou permitindo que, por décadas, a Petrobras não se submetesse à Lei de licitações, mas a seu regulamento interno aprovado por decreto pelo Presidente da República.

É perceptível na doutrina brasileira, nas obras mais recentes, o fortalecimento da corrente doutrinária contrária à dicotomia de regimes jurídicos: muitos passaram a sustentar que tanto as exploradoras de atividade econômica como as prestadoras de serviços públicos deveriam se submeter ao mesmo regime, em frontal oposição ao defendido por décadas, na PUC/SP, por Geraldo Ataliba e Celso Antônio Bandeira de Mello. Vitor Rhein Schirato, por exemplo, em recente monografia sobre o tema, defende a inexistência da dicotomia.[87] Alexandre dos Santos Aragão, em sua tese de titularidade, também defendeu a superação da dicotomia, considerando que a adoção da forma privada para prestação estatal de serviços públicos teve, justamente, o propósito de adotar métodos mais ágeis e flexíveis de gestão.[88] Carolina Barros Fidalgo, em

---

[84] Dispunha o art. 67 da Lei n. 9.478/97: "Os contratos celebrados pela Petrobrás, para aquisição de bens e serviços, serão precedidos de procedimento licitatório simplificado, a ser definido em decreto do Presidente da República". O dispositivo foi revogado pelo inciso II do art. 96 da Lei n. 13.303/16.

[85] TCU, Pleno, TC-005.609/2005-5, Acórdão n. 1125/2005, Rel. Min. Guilherme Palmeira, j. 10.08.2005; TCU, pleno, TC-008.210/2004-7, Acórdão n. 39/2006, Rel. Min. Benjamin Zymler, j. 25.01.06; TCU, Pleno, TC 016.176/2000-5, Acórdão n. 560/2010, Rel. Min. Augusto Nardes, j. 24.03.10; TCU, Pleno, TC-020.434/2005-9, Acórdão 1548/2011, Rel. Min. José Múcio Monteiro, j. 08.06.2011.

[86] STF, Medida cautelar no Mandado de Segurança 25.888 MC/DF, Decisão monocrática, Rel. Min. Gilmar Mendes, j. 22.03.2006, DJ 29.03.06, p. 11.

[87] *As empresas estatais no direito administrativo econômico atual*. São Paulo: Saraiva, 2016, p. 103.

[88] *Empresas estatais*: o regime jurídico das empresas públicas e sociedades de economia mista. Rio de Janeiro: Forense, 2017, p. 208.

dissertação de mestrado, defende também a incidência do regime previsto no artigo 173, §1º, da CF/88 para as prestadoras de serviço público.[89]

Em assonância com essa forte tendência doutrinária, o legislador federal propõe a *uniformização de regimes*. Após oito anos da edição da EC n. 19/08, e a previsão, por força dela, da edição do estatuto jurídico das empresas estatais, foi finalmente editada, em 30.06.16, a Lei n. 13.303. Logo no *caput* de seu artigo 1º, ela, desastrosamente, afirma a incidência do mesmo regime jurídico para todas as empresas estatais, sejam as exploradoras de atividade econômica, sejam as prestadoras de serviço público. Essa fase atual, pelos motivos já antecipados e retomados adiante, consiste num atentado à Constituição. Propugna-se, então, por uma nova fase, mais afinada com uma leitura científica do ordenamento jurídico.

3.4 Quarta fase: purificação científica

A equiparação de regimes assenta-se em duas propostas doutrinárias, uma explícita, outra absconsa. A primeira fundamenta-se na classificação sustentada por Eros Roberto Grau, de que a atividade econômica em sentido amplo corresponde à atividade econômica em sentido estrito e aos serviços públicos.[90] Alicerçados nessa teoria, muitos sustentam, contra a posição do próprio Eros Grau[91], que, quando o §1º do artigo 173 refere-se à exploração da atividade econômica, tem em vista o sentido *amplo* e não o sentido *estrito*.[92] Assim, não contrariaria a Constituição, estabelecer, tal como pretendeu a Lei n. 13.303/16, para as empresas estatais prestadoras de serviço público, o mesmo regime jurídico das exploradoras de atividade econômica.

---

[89] *O Estado empresário*. São Paulo: Almedina, 2017, p. 237 ss.

[90] GRAU, Eros Roberto. *A ordem econômica na Constituição de 1988*. 6ª ed. São Paulo: Malheiros, 2001, §53, pp. 134/135.

[91] Eros Grau sustenta a tese contrária: "Por certo que, no art. 173 e seu §1º, a expressão conota atividade econômica em sentido estrito (*A ordem econômica na Constituição de 1988*. 6ª ed. São Paulo: Malheiros, 2001, §54, p. 135).

[92] Por todos: FIDALGO, Carolina Barros. *O Estado empresário*. São Paulo: Almedina, 2017, p. 241.

RICARDO MARCONDES MARTINS

A teoria é obviamente equivocada. O fato de o artigo 175 da CF/88 estar inserido no Capítulo I do Título VII, que trata dos princípios gerais da atividade econômica, não é razão suficiente para considerar que os serviços públicos são atividade econômica em sentido amplo. Se fossem, ambos – serviços públicos e atividade econômica – sujeitar-se-iam a um regime comum. Ao contrário, os princípios gerais da ordem econômica, discriminados no artigo 170 da CF/88, são incompatíveis com os serviços públicos. A explicação topográfica é simples: as atividades materiais em geral são atividades econômicas, ressalvadas as qualificadas como serviço público, quer dizer, o artigo 175 estabelece uma exceção em relação à temática do Capítulo VII. Logo, serviços públicos não são, no direito brasileiro, atividade econômica, nem em sentido amplo.[93]

A proposta esconsa assenta-se num projeto neoliberal. Muitos pretenderam transportar para o Brasil a nova concepção europeia sobre os serviços públicos. Os europeus, com a assinatura do Tratado da União Europeia, eliminaram os serviços públicos, tal como eram até então entendidos, ou seja, como atividades de titularidade do Estado.[94] Transformaram-nos em atividades econômicas sujeitas a uma regulação estatal mais incisiva e chamaram as obrigações impostas pelo Estado a essas, agora, atividades privadas de "novo serviço público". Quer dizer, os europeus transformaram os serviços públicos em *public utilities*, atividades privadas sob regime especial.

No Brasil, pretendeu-se o mesmo, por via absconsa: sem alterar a Constituição, buscou-se, por normas infraconstitucionais, atribuir aos serviços públicos o mesmo regime jurídico das atividades econômicas. Determinou-se a outorga a mais de um prestador com o intuito de estabelecer concorrência entre eles; pretendeu-se que fossem controlados pelo CADE – órgão encarregado de defesa da concorrência –; defendeu-se a submissão do usuário do serviço ao mesmo regime incidente sobre o

---

[93] *Cf.* MARTINS, Ricardo Marcondes. *Regulação administrativa à luz da Constituição Federal.* São Paulo: Malheiros, 2012, Cap. IV-2, pp. 197-200.

[94] MARTINS, Ricardo Marcondes. *Regulação administrativa à luz da Constituição Federal.* São Paulo: Malheiros, 2012, Cap. III, p. 137 ss.

ESTATUTO DAS EMPRESAS ESTATAIS À LUZ DA CONSTITUIÇÃO...

consumidor; propugnou-se qualificar de "regulação" o controle exercido pelo titular do serviço, equiparando esse controle à ingerência estatal sobre os agentes econômicos.[95] Coerentes com esse projeto, muitos defendem que a prestação de serviços públicos pelo Estado siga o mesmo regime jurídico da exploração estatal da atividade econômica.

Ao atribuir o mesmo regime, obtém-se, por vias esconsas, a transformação dos serviços públicos em atividades econômicas. Conforme já antecipado, não houve, no Brasil, apoio político para alterar os artigos 173 e 175 da Constituição Federal. Continua subsistindo na ordem constitucional brasileira a divisão entre as atividades materiais tal qual estabelecida no texto originário: regra geral, as atividades materiais são privadas, integram o campo da ordem econômica, mas algumas delas são imputadas ao Estado, são de titularidade dele, qualificando-se como serviços públicos.[96] É de obviedade ululante que toda pretensão legislativa ou doutrinária de atribuir aos serviços públicos o regime jurídico das atividades econômicas viola o texto da Constituição brasileira vigente. Todas as teses referidas são inadmissíveis: concorrência pressupõe liberdade de atuação e, por isso, é impossível no campo dos serviços públicos; o CADE nada tem a ver com eles, pois são atividades estatais excluídas da ordem econômica; o usuário do serviço público possui regime jurídico acentuadamente diverso do consumidor; o controle do titular do serviço é muito mais abrangente do que a regulação estatal da ordem econômica[97] e, finalmente, o regime jurídico da prestação direta ou indireta do serviço nada tem a ver com o regime jurídico da exploração estatal ou privada da atividade econômica.

Nos termos já antecipados, a referência à prestação de serviços públicos, quando do exame do regime das empresas estatais, dá-se por

---

[95] MARTINS, Ricardo Marcondes. *Regulação administrativa à luz da Constituição Federal.* São Paulo: Malheiros, 2012, Cap. V, p. 290 ss.

[96] *Cf.* MARTINS, Ricardo Marcondes; DAL POZZO, Augusto Neves. "A obra de *Le service public* à luz do Direito Brasileiro". *In:* CHEVALIER, Jacques. *O serviço público.* Belo Horizonte: Fórum, 2017, pp. 09-17.

[97] *Cf.* MARTINS, Ricardo Marcondes. *Regulação administrativa à luz da Constituição Federal.* São Paulo: Malheiros, 2012, pp. 296-312.

sinédoque. Trata-se de um tipo de metonímia *pars pro todo* – parte pelo todo.[98] Com efeito: muitas empresas estatais foram criadas para desempenhar outras atividades que nada tem a ver com o serviço público. Um bom exemplo é a Companhia de Engenharia de Tráfego – CET, Sociedade de Economia Mista do Município de São Paulo, que tem por atribuição principal gerir o sistema viário, típico exercício de *poder de polícia*. É pacífico que o poder de polícia – função pública – nada tem a ver com a prestação de serviço público – atividade material.[99] Outro exemplo é a São Paulo Transporte – SPTRANS, outra sociedade de economia mista do Município de São Paulo, que tem a missão principal de exercer o controle das concessionárias do serviço de transporte coletivo. Quer dizer: exerce as prerrogativas do poder concedente, função que não se confunde com a própria prestação do serviço. Mais um exemplo é a Companhia de Desenvolvimento Habitacional e Urbano – CDHU, sociedade de economia mista do Estado de São Paulo, que tem por finalidade executar programas habitacionais e, portanto, tem como missão principal realizar obras públicas.

Os três exemplos são suficientes para demonstrar que muitas empresas estatais no Brasil foram criadas para exercer atividades típicas da Administração Pública que não se confundem com a exploração de atividade econômica, mas que também não configuram prestação de serviço público: exercício de poder de polícia, controle de concessionários, realização de obras públicas. Daí a afirmação: quando Celso Antônio

---

[98] Explica José Luiz Fiorin: "A sinédoque é um tipo de metonímia, em que a relação de contiguidade é do tipo *par pro todo* (parte pelo todo), o que significa que a transferência sêmica se faz entre dois sentidos que constituem um todo. Sinédoque, em grego, quer dizer 'compreensão simultânea', ou seja, o que apresenta traços que coocorrem necessariamente num significado. Nela, há uma inclusão, um englobamento. Assim, podemos dizer que são sinédoques a coexistência de parte e todo ('As velas enchiam a baía'); matéria e objeto ('Na batalha, ouvia-se o ruído do ferro'), singular e plural ('O brasileiro é, em geral, simpático'); gênero e espécie ('Os mortais têm sempre uma angústia existencial'; 'Em casa onde falta pão, todos falam e ninguém tem razão'), etc.". (*Figuras de retórica*. São Paulo: Contexto, 2014, p. 38).

[99] Por todos: BANDEIRA DE MELLO, Celso Antônio. "Serviço público e poder de polícia: concessão e delegação". *Revista Trimestral de Direito Público*, São Paulo, n. 20, pp. 21-28, 1997.

ESTATUTO DAS EMPRESAS ESTATAIS À LUZ DA CONSTITUIÇÃO...

Bandeira de Mello e Geraldo Ataliba valeram-se do rótulo "prestadoras de serviço público" para contraporem certas empresas estatais às exploradoras de atividade econômica, na verdade, estabeleceram uma sinédoque, "serviço público" é apenas uma espécie das atividades públicas, uma parte das atividades contrapostas às atividades econômicas. Utilizaram a *parte* para se referir ao *todo*.

Feito esse esclarecimento, retoma-se o problema: é constitucionalmente possível estabelecer a essas empresas estatais o mesmo regime das exploradoras de atividade econômica? É de uma obviedade ululante que não. O tema diz respeito à aplicação de regras de Direito privado à Administração, problema atinente à razão de ser do Direito Administrativo.

O Direito Administrativo é um *direito estatutário*: é o *estatuto da Administração Pública*.[100] A magna missão de boa parte das normas administrativas é blindar a coisa pública contra o uso desatado do poder. Como o interesse é alheio, em relação aos agentes públicos, ou seja, é do povo – assertiva que se aplica a tudo que se refere à Administração, os bens, o dinheiro, etc. são do povo –, o Direito impõe uma série de *restrições* à atuação dos agentes públicos, necessárias para proteger esses interesses. Por isso, o regime de Direito Administrativo é um regime protetor dos interesses do administrado. Consequentemente, sempre que a Administração Pública estiver presente numa relação jurídica, incidirá, em maior ou menor medida, o Direito Administrativo, para proteger os interesses do administrado, verdadeiro titular dos interesses, dos bens e dos recursos estatais.

Em absoluto respeito a essa permissa, Celso Antônio Bandeira de Mello retificou, quando da publicação, em 2011, da 28ª edição de seu Curso, sua teoria, originariamente elaborada em 1967, para acrescentar

---

[100] É o que afirmam GARCÍA DE ENTERRÍA, Eduardo; FERNÁNDEZ, Tomás-Ramón. *Curso de direito administrativo*. vol. I. Tradução de José Alberto Froes Cal. São Paulo: Revista dos Tribunais, 2014, p. 59. Em sentido mais abrangente: MARTINS, Ricardo Marcondes. "Princípio da liberdade das formas no Direito Administrativo". *In:* BANDEIRA DE MELLO, Celso Antônio; FERRAZ, Sérgio; ROCHA, Silvio Luís Ferreira da; SAAD, Amauri Feres. *Direito administrativo e liberdade*. São Paulo: Malheiros, 2014, pp. 659/660.

RICARDO MARCONDES MARTINS

como desdobramento da supremacia do interesse público sobre o privado o estabelecimento de uma série de restrições, necessárias para bem proteger do mau exercício da função pública os interesses do administrado. Nas palavras dele:

> Por força dela [da supremacia do interesse público sobre o privado], o Direito Administrativo desvenda não ser um instrumento de atuação estatal marcado tão só pelas prerrogativas de autoridade, conquanto defensivas do interesse público, mas exibe a sua marca mais expressiva: a do comprometimento com os interesses da sociedade (como o queria Duguit), em nome dos quais erige barreiras defensivas contra quem quer que esteja no desempenho de atividade estatal.[101]

Se é possível que a Administração Pública, em certas situações jurídicas, despoje-se de sua autoridade, de sua posição extroversa, e afaste-se, em relação aos administrados, de sua posição vertical, não é admissível, ao revés, que ela abdique das restrições estabelecidas em prol da proteção do interesse público. Logo, os alicerces fundamentais do regime de Direito Administrativo – a supremacia do interesse público sobre o privado e a indisponibilidade do interesse público – estarão sempre presentes quando a Administração Pública atuar numa relação jurídica. Trata-se da *teoria da imputação*, elaborada por Hans J. Wolff: a incidência do Direito Administrativo dá-se não por força das hipóteses normativas, nem por força dos efeitos jurídicos, mas em decorrência da "diferença dos sujeitos de imputação" (*Zuordnungssubjekte*).[102] Contudo, ao contrário do que supôs Wolff, não se deve exigir a presença da "autoridade" para que haja essa incidência. Adota-se o critério estatutário

---

[101] *Curso de direito administrativo*. 33ª ed. São Paulo: Malheiros, 2016, Cap. I-§55-A, p. 74, esclarecimento nosso. Sobre o tema vide: MARTINS, Ricardo Marcondes. "Princípio da liberdade das formas no Direito Administrativo". *In*: BANDEIRA DE MELLO, Celso Antônio; FERRAZ, Sérgio; ROCHA, Silvio Luís Ferreira da; SAAD, Amauri Feres. *Direito administrativo e liberdade*. São Paulo: Malheiros, 2014, pp. 656-660.

[102] WOLFF, Hans J.; BACHOF, Otto; STOBER, Rolf. *Direito administrativo*. vol. I. Tradução António F. de Sousa. Lisboa: Fundação Calouste Gulbenkian, 2006, p. 268.

ESTATUTO DAS EMPRESAS ESTATAIS À LUZ DA CONSTITUIÇÃO...

de modo radical. Impende insistir: sempre que a Administração Pública estiver presente, o Direito Administrativo incidirá.[103]

Posto isso, o que importa para definir um regime jurídico não é a aplicação de uma regra isolada, mas dos elementos estruturantes, dos alicerces desse regime. Se a indisponibilidade do interesse público e a supremacia do interesse público estão sempre presentes quando a Administração atuar, esta jamais será regida pelo Direito privado, cujo alicerce fundamental é o princípio da autonomia da vontade, autonomia, aliás, incompatível com o exercício da função pública. Sem embargo, é possível que a atuação da Administração Pública seja regida em maior ou menor medida por *regras de Direito privado*.

Se as regras de direito público existem, em grande medida, para proteger os interesses do administrado, para blindar a atuação administrativa contra o uso desatado do poder, é intuitivo que seu afastamento, regra geral, seja ilícito. Apesar disso, o afastamento é tão comum que em 1933 Fritz Fleiner cunhou uma denominação para o fenômeno: "fuga para o Direito privado" (*Flucht ins Privatrecht*)[104]. Essa "fuga" é inválida, contrária à Constituição. Não se pode aceitar que, de modo arbitrário, afastem-se as amarras, as restrições, os obstáculos impostos pelo sistema normativo ao exercício da função pública, defensivos dos interesses dos administrados. Daí uma importante *diretriz hermenêutica*: o afastamento só é válido quando justificado por *fundamento racional*. Somente quando houver um motivo racional para a incidência de regras de Direito privado sobre a Administração, descaracteriza-se a *fuga*.[105]

---

[103] *Cf.* MARTINS, Ricardo Marcondes. "Princípio da liberdade das formas no Direito Administrativo". *In*: BANDEIRA DE MELLO, Celso Antônio; FERRAZ, Sérgio; ROCHA, Silvio Luís Ferreira da; SAAD, Amauri Feres. *Direito administrativo e liberdade*. São Paulo: Malheiros, 2014, pp. 654-660; MARTINS, Ricardo Marcondes. "Qual é o critério para a incidência do Direito Administrativo?". *Revista Colunistas de Direito do Estado*, n. 257, 16.09.2016. Disponível em: https://goo.gl/j3mP0H. Acesso em 15.03.17.

[104] FLEINER, Fritz. *Instituciones de derecho administrativo*. Tradução de Sabino A. Gendin. Barcelona: Labor, 1933, p. 263.

[105] MARTINS, Ricardo Marcondes. "Princípio da liberdade das formas no Direito Administrativo". *In*: BANDEIRA DE MELLO, Celso Antônio; FERRAZ, Sérgio; ROCHA, Silvio Luís Ferreira da; SAAD, Amauri Feres. *Direito administrativo e liberdade*. São Paulo: Malheiros, 2014, pp. 660/661.

3.4.1 Fuga para o Direito privado

Quando a empresa estatal não explora atividade econômica, inexiste *fundamento racional* para submetê-las às regras de Direito privado. A submissão implica evidente *fuga para o Direito privado*, sendo toda fuga desse tipo inválida. No Seminário realizado em 1987, aqui já referido, pela Associação dos Dirigentes de Empresas Públicas, muitos dos presentes chegaram a essa conclusão. Carlos Velloso, por exemplo, observou com absoluta propriedade que o fato de o legislador as chamar de "empresas" não as transforma em "empresas":

> O fato dessas entidades serem chamadas de empresas não muda a natureza das coisas. O fato dessa atividade ter sido deslocada para a Administração indireta foi, talvez, simplesmente, com a finalidade de dar a essas entidades uma maior maleabilidade. O certo é que a natureza das coisas não será modificada.[106]

Após, concluiu: "se estão prestando serviço público, estão prestando atividade puramente estatal; então, não devem se distinguir em termos gerais dos princípios das entidades da Administração direta".[107] Celso Antônio Bandeira de Mello reconheceu expressamente a impropriedade da utilização das empesas estatais para exercício de outras atividades que não sejam a exploração de atividade econômica:

> É que se fez, a meu ver, uso incorreto da sociedade mista e da empresa pública. Fez-se uso delas para prestarem serviços que tinham de ser prestados pelas autarquias, porém através de um regime que não fosse cópia-carbono da administração central, um regime que fosse adaptado àquela específica autarquia.[108]

---

[106] "Regime jurídico das empresas estatais". *Revista de Direito Público*, São Paulo, ano XX, n. 83, pp. 151/152 e 192-194, jul.-set. 1987, p. 152.

[107] "Regime jurídico das empresas estatais". *Revista de Direito Público*, São Paulo, ano XX, n. 83, pp. 151/152 e 192-194, jul.-set. 1987, p. 193.

[108] "Regime jurídico das empresas estatais". *Revista de Direito Público*, São Paulo, ano XX, n. 83, pp. 174-179 e 189-191, jul.-set. 1987, p. 178.

ESTATUTO DAS EMPRESAS ESTATAIS À LUZ DA CONSTITUIÇÃO...

Ao final, foi taxativo:

> A exploração de atividade econômica, esta sim, a meu ver, cabe prestá-la através de sociedades mistas e empresas públicas (...). Por isso, entendo que serviço público não é para ser prestado por sociedade de economia mista, nem por empresa pública. É para ser prestado através de autarquias, segundo regime especial, todo ele marcado por prerrogativas de autoridade, por restrições especiais na prestação dos serviços e sem nenhuma espécie de expectativa de lucro.[109]

Pedro Paulo de Almeida Dutra, em sua tese de doutoramento sustentada em 14.12.1988 na Université de Droit, d'Économie et de Sciences Sociales de Paris – Paris 2, restringiu, à luz da Constituição de 1969, a atuação das empresas estatais à exploração da atividade econômica.[110] Tudo indicava que boa parte da doutrina iria, após 1988, tendo em vista a redação do artigo 173, defender a invalidade jurídica da adoção do modelo para outras finalidades.

Não foi o que ocorreu. Nos termos já explicados, Celso Antônio Bandeira de Mello e Geraldo Ataliba defenderam a possiblidade da existência de empresas estatais prestadoras de serviços público. Afirmaram que o Direito Administrativo incide sobre todas as empresas estatais, mas a sua incidência é maior quando elas prestam serviço público do que quando exploram atividade econômica. Em nenhum momento deixam claro em que medida admitem a incidência das regras privadas para as prestadoras de serviços públicos, mas é inequívoco que consideram válida a adoção da forma das empresas estatais e, por conseguinte, a incidência, em alguma medida, de regras de Direito privado.[111]

A segunda orientação, aqui aludida, apesar de importar num avanço científico em relação à primeira, é equivocada quando admite, como

---

[109] "Regime jurídico das empresas estatais". *Revista de Direito Público*, São Paulo, ano XX, n. 83, pp. 151/152 e 192-194, jul.-set. 1987, p. 189.

[110] *Controle de empresas estatais*. São Paulo: Saraiva, 1991, p. 44.

[111] É a posição que Celso Antônio segue até o presente (*Curso de direito administrativo*. 33ª ed. São Paulo: Malheiros, 2016, Cap. IV, p. 192 ss.).

RICARDO MARCONDES MARTINS

válida, a adoção do modelo para a prestação de serviços públicos e, por sinédoque, para o exercício de função pública e para a realização de obras públicas. Trata-se de uma impropriedade que só se explica tendo em vista o momento histórico em que os dois notáveis juristas, líderes da Escola de Direito Administrativo da PUC/SP, elaboraram suas teorias. Foram, certamente, influenciados pelo *legalismo*.[112] Sem embargo, é mister reconhecer, ambos contribuíram para superá-lo: primeiro, pela inequívoca contribuição para a consolidação do *constitucionalismo* entre nós; segundo, pela defesa, com brilho, da interpretação objetivista – e não subjetivista –, segundo a qual a "vontade" do ordenamento deve ser buscada na análise dos próprios textos normativos e não na suposta intenção do agente normativo. Contudo, ainda havia grande apego, próprio do momento histórico, à letra da lei; era difícil, para o jurista da época, simplesmente desconsiderar o texto legal.

Apesar desse apego, há que se fazer uma ressalva. Geraldo Ataliba proferiu, em 20.09.1967, precioso parecer afastando-se dos dogmas do legalismo e, pois, dos textos normativos expressos sobre a qualificação de ente público como empresa estatal. No caso, o Decreto-Lei n. 60/1966 reorganizou o Banco Nacional de Crédito para dar-lhe a forma de "sociedade anônima". Sustentou Ataliba não se tratar de sociedade de economia mista, mas de verdadeira autarquia. Observou causar "perplexidade" reconhecer caráter autárquico a uma entidade cujo capital social é formado por ações 'nos moldes da lei de sociedades anônimas, e disso extraiu inexistir dúvida de que o Legislador *quis* criar uma empresa estatal.[113] Porém, esse propósito, argumentou Ataliba, é irrelevante para

---

[112] O Legalismo é associado à *Escola exegética*. Para Norberto Bobbio, cinco são as características da Escola: a) inversão das relações entre o direito positivo e o direito natural, dando proeminência ao primeiro em relação ao segundo; b) concepção rigidamente estatal do direito; c) interpretação da lei fundada na intenção do legislador; d) culto ao texto da lei, estando o intérprete religiosamente subordinado às disposições legais; d) respeito ao princípio da autoridade, em que a justiça dá-se com o respeito à decisão legislativa (*O positivismo jurídico*: lições de filosofia do Direito. São Paulo: Ícone, 1995, pp. 84-89).

[113] "Autarquia sob forma de sociedade anônima: Banco Nacional de Crédito Cooperativo – natureza jurídica – intenção da lei e intenção do legislador". *Revista de Direito Público*, São Paulo, ano I, vol. 3, pp. 137-149, jan.-mar. 1968, p. 142.

ESTATUTO DAS EMPRESAS ESTATAIS À LUZ DA CONSTITUIÇÃO...

a definição da natureza jurídica da entidade, o que importa é a "vontade da lei", e esta é determinada "pelo resultado da combinação dos princípios gerais do sistema e dos princípios particulares do ramo em que a ela se insere, com o seu conteúdo mandamental próprio".[114] Nesse parecer, Geraldo Ataliba resolveu o problema com absoluta percuciência científica. Resta estender essa exegese a todos os textos normativos que, de modo expresso ou implícito, deem a entidades públicas que não tenham a missão de explorar a atividade econômica a forma de empresa pública ou de sociedade de economia mista.

3.4.1.1 Contrafações de autarquias

A utilização da forma da "empresa estatal" para finalidade diversa da exploração da atividade econômica é ilícita. Por certo, se a lei autoriza a criação de uma empresa pública ou de uma sociedade de economia

---

[114] "Autarquia sob forma de sociedade anônima: Banco Nacional de Crédito Cooperativo – natureza jurídica – intenção da lei e intenção do legislador". *Revista de Direito Público*, São Paulo, ano I, vol. 3, pp. 137-149, jan.-mar. 1968, p. 146. A explicação de Ataliba é de um primor digno de registro: "O exegeta, diante do direito, ao interpretá-lo deve haver-se como quem contempla uma pintura. É irrelevante saber qual foi a intenção do artista. Não tem a menor importância o que quis (momento subjetivo e psicológico) o autor, senão na medida em que traduziu o seu querer, idoneamente, na sua obra. Um quadro vale pelo que é. O espírito do pintor entra em cogitação, só na medida em que ele efetivamente se expressou com felicidade, no produto de seu trabalho. A tela vale pelo que resultou; expressa o que nela intencionalmente se contém. Diante dela, só é lícito considerar a volição artística, na proporção em que esta volição (ou o sentimento do autor) estejam realmente expressadas na sua obra, tal como afinal resultou. Uma pintura que expressa alegria só pode revelar a intenção de manifestá-la, por parte de seu autor. De nada vale pretender argumentar que tal não foi o intento do artista. Outra que revele tristeza, traduz necessariamente este sentimento. Será frustrado o empenho de se pretender provar ter o pintor sido movido por inspiração diversa. Em suma: a intenção do artista é relevante só na medida em que se traduz efetivamente na sua obra. E se contrastarem a intenção e a obra, não tem o menor cabimento pretender prevaleça aquela sobre esta. Todas estas considerações são apropriadas à exegese jurídica e à discussão do problema da vontade de lei e da vontade do legislador". (p. 144). E, logo em seguida, conclui: "Do exame detido e sistemático do Decreto-Lei n. 60, como um todo – o que, aliás, convém à boa exegese jurídica – só pode brotar sólida a conclusão de que a invocação da lei de sociedades anônimas resultou de engano do legislador, engano este que não pode prevalecer sobre as conclusões do exame sistemático do texto legal".

mista para prestar serviço público, realizar obra pública ou exercer função pública, é inconstitucional. Na doutrina brasileira, essa tese foi sustentada, com primor, por Toshio Mukai, em seu doutoramento defendido, em 1982, na Universidade de São Paulo. Em 2004, o publicista republicou a obra, considerando-a integramente acolhida pela Constituição de 1988.[115] Com pena de ouro, observou: "é evidente que aqui, mais do que em qualquer outra hipótese, a personalidade privada é uma fachada que esconde propósitos para afastar o regime jurídico de Direito Administrativo".[116] Em seguida, afastou a aplicação da teoria da desconsideração da personalidade societária.

Há principalmente duas formulações sobre a desconsideração da personalidade jurídica: pela *subjetiva* os elementos autorizadores são a fraude e o abuso de direito; pela *objetiva*, é a confusão patrimonial.[117] Um dos percursores do tema, na doutrina brasileira, foi Fabio Konder Comparato, defensor da formulação objetiva.[118] O Código Civil vigente, ao disciplinar o assunto em seu artigo 50, elege como pressupostos para desconsideração ou o "desvio de finalidade" ou a "confusão patrimonial", mas restringe seu efeito jurídico a "certas e determinadas relações de obrigações".[119]

---

[115] *O direito administrativo e o regime jurídico das empresas estatais.* 2ª ed. Belo Horizonte: Fórum, 2004.

[116] MUKAI, Toshio. *O direito administrativo e o regime jurídico das empresas estatais.* 2ª ed. Belo Horizonte: Fórum, 2004, p. 265.

[117] *Cf.* COELHO, Fabio Ulhoa. *Curso de direito comercial.* vol. 1. 3ª ed. São Paulo: Saraiva, 2000, p. 44.

[118] Nas palavras dele: "É talvez, por essa razão que uma larga corrente teórica e jurisprudencial tem procurado justificar esse efeito de afastamento de personalidade com as noções de abuso do direito e de fraude à lei. A explicação não nos parece inteiramente aceitável. Ela deixa de lado os casos em que a ineficácia da separação patrimonial ocorre em benefício do controlador, sem qualquer abuso ou fraude (...)". (COMPARATO, Fábio Konder. *O poder de controle na sociedade anônima.* 4ª ed. Rio de Janeiro: Forense, 2005, pp. 355/356). À frente, esclarece: "O verdadeiro critério parece-nos ligado à interpretação funcional do instituto, decisiva nessa matéria, como acima frisamos". (Idem, ibidem). E conclui: "A desconsideração da personalidade jurídica é operada como consequência de um desvio de função, ou disfunção, resultante sem dúvida, no mais das vezes, de abusou ou fraude, mas que nem sempre constitui um ato ilícito". (Idem, ibidem).

[119] Eis a redação do dispositivo: "Em caso de abuso da personalidade jurídica, caracterizado pelo desvio de finalidade, ou pela confusão patrimonial, pode o juiz

ESTATUTO DAS EMPRESAS ESTATAIS À LUZ DA CONSTITUIÇÃO...

A desconsideração da personalidade jurídica não decorre da ilicitude, em si, da própria utilização da forma jurídica, mas de uma utilização equivocada dessa forma. Noutros termos, trata-se de uma ineficácia da personificação jurídica para certos atos e fatos e não a ilicitude da própria personificação. Foi o que evidenciou, em clássica monografia, Marçal Justen Filho ao assim defini-la: "é a ignorância, para casos concretos e sem retirar a validade de ato jurídico específico, dos efeitos da personificação jurídica validamente reconhecida a uma ou mais sociedades, a fim de evitar um resultado incompatível com a função da pessoa jurídica".[120] O conceito revela o porquê de sua inaplicabilidade no tema das empresas estatais: a própria personificação jurídica delas é ilícita, não se trata de negar eficácia da personificação para certos atos, trata-se de negar a validade da própria forma jurídica. Nesse sentido, com absoluto primor, manifesta-se Toshio Mukai:

> Seja como for, porém, no caso das empresas públicas de que tratamos, não nos parece que seja suficiente a aplicação da teoria da desconsideração da pessoa jurídica, sendo, ao contrário, e na realidade, um verdadeiro caso de simulação jurídica ou abuso de forma, que compete ao direito repelir.
>
> Isto porque a desconsideração da pessoa jurídica tem relação com o desconhecimento da personalidade para efeitos certos e determinados, enquanto que na simulação ou na 'aparência' (ou na 'interposição de pessoas') o afastamento do valor jurídico da personalização se dá no plano do permanente.[121]

---

decidir, a requerimento da parte, ou do Ministério Público quando lhe couber intervir no processo, que os efeitos de certas e determinadas relações de obrigações sejam estendidos aos bens particulares dos administradores ou sócios da pessoa jurídica". Para Leonardo Toledo da Silva é visível no dispositivo a influência doutrinária de Comparato (*Abuso da desconsideração da personalidade jurídica*. São Paulo: Saraiva, 2014, p. 63).

[120] *Desconsideração da personalidade societária no Direito brasileiro*. São Paulo: Revista dos Tribunais, 1987, p. 57.

[121] *O direito administrativo e o regime jurídico das empresas estatais*. 2ª ed. Belo Horizonte: Fórum, 2004, p. 266. Em relação às exploradoras de atividade econômica, o autor defende sua quase que integral submissão ao Direito privado (p. 283). Pelos motivos aqui já expostos e retomados adiante, não se pode concordar com

Deveras, trata-se aí de uma *simulação jurídica* ou de um "abuso de formas jurídicas em direito". A utilização da forma empresarial pelo Estado para desiderato diverso da exploração de atividade econômica viola o artigo 173, §1º, da CF/88, o artigo 5º, incisos II e III, do Decreto-Lei n. 200/67, além de todos os alicerces do regime de Direito Administrativo. Essa conclusão apoia-se na *argumentação literal*, pois os referidos dispositivos referem-se claramente apenas à exploração da atividade econômica, na *argumentação sistemática*, porque a restrição é mais coerente com o sistema normativo globalmente considerado, e com a *interpretação teleológica*, porque a missão das normas de Direito Administrativo é, nos termos aqui expostos, blindar a coisa pública contra o uso desatado do poder, e não há fundamento racional para afastar essa blindagem. Apesar disso, é fato inquestionável, dezenas, senão centenas, de empresas estatais foram criadas no Brasil para finalidade diversa da exploração de atividade econômica. O abuso de forma foi reiterado à exaustão. *Quid juris*? Trata-se de um caso paradigmático de *contrafação administrativa*.

Dá-se uma contrafação administrativa quando se emprega um conceito no Direito Administrativo equivocadamente e, ao fazê-lo, invoca-se, consciente ou inconscientemente, um regime jurídico incompatível com a situação qualificada pelo conceito.[122] Nela, a situação real fica disfarçada pelo conceito equivocadamente empregado. O efeito da contrafação é mascarar, disfarçar, esconder o conceito, de fato, aplicável e, pois, o regime jurídico, de fato, incidente. É justamente o que ocorre no tema das empresas estatais: utiliza-se o conceito de "empresa pública" ou de "sociedade de economia mista" para esconder o conceito de "autarquia". Isso para esconder o regime de Direito Administrativo associado ao conceito de "autarquia", e fazer supor incidente o regime associado às empresas estatais. Nos termos aqui explicados, não há fundamento racional para incidência das regras privadas

---

o autor: mesmo as empresas estatais válidas submetem-se em grande medida ao Direito Administrativo.

[122] *Cf.* MARTINS, Ricardo Marcondes. "Teoria das contrafações administrativas". A&C *Revista de Direito Administrativo & Constitucional*, Belo Horizonte, ano 16, n. 64, pp. 115-148, abr./jun. 2016, p. 118.

ESTATUTO DAS EMPRESAS ESTATAIS À LUZ DA CONSTITUIÇÃO...

próprias do regime das empresas estatais. Daí a conclusão: as empresas estatais prestadoras de serviço público, realizadoras de obras públicas e exercentes de função pública não passam de *contrafações de autarquias*, de autarquias *disfarçadas* de empresas estatais.

Há dois tipos de contrafações administrativas: 1) as *aparentes* são aquelas em que, apesar do elemento normativo textual que lhes dá arrimo, é possível uma interpretação conforme a Constituição, sendo a interpretação suficiente para resolver o problema; 2) as *reais* são aquelas em que dos elementos textuais que lhes dão arrimo extraem-se normas jurídicas inválidas, não bastando a interpretação conforme. No primeiro caso, ao final da atividade interpretativa, conclui-se que do texto normativo, apesar de sua literalidade, constam normas válidas. O intérprete não é tolhido pela interpretação literal, pode afastar-se da literalidade em prol de uma solução compatível com a Constituição.[123] No segundo caso, ao final da atividade exegética, conclui-se que do texto normativo constam normas inválidas. A interpretação conforme, nesse caso, não é suficiente para resolver o problema, exigindo-se uma declaração de inconstitucionalidade.[124] As empresas estatais criadas para finalidade diversa da exploração da atividade econômica podem ser *contrafações reais* ou *aparentes*, a depender do texto normativo que autorizou sua instituição.

Quando for possível interpretar o texto de modo que dele se extraia a criação de uma autarquia, apesar da inapropriada utilização do rótulo "empresa pública" ou "sociedade de economia mista", tratar-se-á de uma contrafação aparente, solúvel pela interpretação conforme. É bastante comum a existência de atecnias nos textos normativos, de palavras equivocadamente empregadas. Bastará ao intérprete perceber

---

[123] Sobre os limites impostos pela interpretação literal e a possibilidade de superá-los vide: MARTINS, Ricardo Marcondes. "Paradoxo da interpretação literal". *Revista Colunistas de Direito do Estado*, n. 102, 07.03.2016. Disponível em: http://goo.gl/bneUDH. Acesso em 15.03.17.

[124] *Cf.* MARTINS, Ricardo Marcondes. "Teoria das contrafações administrativas". A&C *Revista de Direito Administrativo & Constitucional*, Belo Horizonte, ano 16, n. 64, pp. 115-148, abr./jun. 2016, pp. 127/128.

que o uso do rótulo foi mal empregado; quando o Legislador se referiu à EP ou à SEM, na verdade referiu-se à autarquia.

Há casos, contudo, em que do texto normativo instituidor da empresa estatal não se pode extrair a instituição de uma autarquia. Na preciosa lição de Rui Medeiros, a interpretação conforme não pode contrariar o "sentido inequívoco que se extrai da fórmula normativa objetivada no texto".[125] Se do texto normativo em questão extrai-se, inequivocamente, a autorização para criação de uma empresa estatal, há nele normas inconstitucionais. Nesse caso, exige-se a declaração de inconstitucionalidade.

Está absolutamente superada a ideia de que atos nulos não produzem efeitos.[126] A criação ilícita dessas empresas estatais pode surtir efeitos, e muitos. Cabe à comunidade jurídica minimizar a consequência da invalidade. Esta, por óbvio, não pode ser um salvo-conduto para a fuga do Direito Administrativo. A única solução compatível com a moralidade administrativa é invocar, a despeito da invalidade, o *regime jurídico* correto: incide sobre essas autarquias ilicitamente disfarçadas de empresas estatais o regime autárquico.

À guisa de conclusão deste item, enfatiza-se: empresas estatais prestadoras de serviço público, construtoras de obras públicas e exercentes de função pública são contrafações de autarquias e, como tais, regem-se integralmente pelo Direito Administrativo, tais como todas as autarquias. Aplicam-se a elas as leis de licitação incidentes sobre as contratações autárquicas; seus atos são típicos atos administrativos e seus contratos típicos contratos administrativos. Elas possuem todas as prerrogativas da Administração em juízo: possuem prazos em dobro, prazos especiais de prescrição, sujeitam-se à execução por precatório. Seu regime de pessoal é o

---

[125] MEDEIROS, Rui. *A decisão de inconstitucionalidade*: os autores, o conteúdo e os efeitos da decisão de inconstitucionalidade da lei. Lisboa: Universidade Católica Editora, 1999, p. 313. Sobre o tema vide: MARTINS, Ricardo Marcondes. *Regulação administrativa à luz da Constituição Federal*. São Paulo: Malheiros, 2012, pp. 43-45.

[126] Sobre a superação desse equívoco secular vide: MARTINS, Ricardo Marcondes. *Efeitos dos vícios do ato administrativo*. São Paulo: Malheiros, 2008, p. 261 ss.

ESTATUTO DAS EMPRESAS ESTATAIS À LUZ DA CONSTITUIÇÃO...

estatuário e não o celetista. Sempre que fugirem desse regime, configurar-se-á uma ilicitude. Cabe à comunidade jurídica reagir à fuga. Por conseguinte, a recente Lei n. 13.303/16 é absolutamente inaplicável a elas; o *caput* de seu artigo 1º, por todas as razões aqui apresentadas, é inconstitucional.

3.4.1.2 Concessão de serviço público

Como boa parte da doutrina brasileira considera as empresas estatais verdadeiras *empresas*, apesar de *estatais*, consolidou-se o entendimento de que elas podem ser *concessionárias* ou *permissionárias* de serviço público. A própria Lei n. 8.987/95, no §1º do artigo 17, admite expressamente a outorga, mesmo quando a entidade não seja da mesma esfera do titular do serviço.[127] Abrem-se duas possibilidades: a) a empresa estatal é da mesma esfera do titular do serviço – como por exemplo, uma Empresa do Município "X" recebe outorga para prestar o serviço do Município "X" –; b) a empresa estatal é de esfera jurídica diversa do titular do serviço – uma Empresa do Estado "Y" recebe outorga para prestar serviço do Município "X", do Estado "W", ou da União.

Nos termos aqui já explicados a empresa estatal não é um empresário a mais no mercado, habilitada a perseguir lucro. A busca de mais vantagem econômica, como desiderato principal da entidade, viola a Constituição. A empresa estatal, mesmo quando criada para explorar atividade econômica, deve ter por finalidade principal a realização dos imperativos da segurança nacional ou o atendimento de relevante interesse coletivo. Assim, quando uma entidade federativa instaura um processo licitatório para outorga, por concessão ou permissão, de um serviço de sua titularidade, as entidades de outras esferas federativas não têm *interesse jurídico* de participar do

---

[127] Reza o art. 17, §1º, da Lei n. 8.987/95: "Considerar-se-á, também, desclassificada a proposta de entidade estatal alheia à esfera político-administrativa do poder concedente que, para sua viabilização, necessite de vantagens ou subsídios do poder público controlador da referida entidade". *A contrario sensu*, não será desclassificada a proposta que não necessite de vantagens ou subsídios da administração direta.

certame. A capacidade jurídico-administrativa de uma entidade federativa restringe-se à sua órbita territorial, regra extensível igualmente às suas entidades. Por certo, tanto a Administração Direta como a Indireta estão restringidas pelo seu âmbito de competência. Assim, um Município ou um Estado – sua Administração Direta e Indireta – nada têm a ver com as questões de outro Município ou Estado. Poder-se-ia argumentar: o interesse está em obter mais "lucro". Mas, como aqui já se explicou, a finalidade dessas entidades não é obter mais "lucro", mas garantir a segurança nacional ou o relevante interesse coletivo. Em suma: é, regra geral, ilícita a participação de uma entidade pública na licitação aberta por outra.[128]

Celso Antônio Bandeira de Mello admite a outorga de concessão de serviço público a empresa estatal desde que sejam preenchidos os seguintes pressupostos: a) se da mesma esfera da do titular do serviço, tratar-se de autêntica sociedade de economia mista; b) se de esfera diversa da do titular do serviço, tratar-se de um serviço público federal e a entidade for empresa pública ou sociedade de economia mista do Estado ou do Município onde será prestado o serviço.[129] Discorda-se do aclamado Professor paulista em ambas as situações. Na primeira, não há, tecnicamente, outorga, ainda que se trate de SEM, mas *delegação*. Na segunda, não há tecnicamente outorga, mas *convênio* ou *consórcio*, e, nos casos em que estes são possíveis, inexiste razão jurídica para impor o limite territorial.

A questão foi bem elucidada por Marçal Justen Filho, para quem as duas hipóteses configuram casos de "*concessão-imprópria*", vale dizer, são impropriamente chamadas de concessão.[130] Trata-se, mais uma vez, do emprego equivocado dos conceitos jurídicos. Não há aí outorga por concessão ou permissão, mas um uso inapropriado dessas formas jurídicas. Marçal divide as concessões impróprias em dois tipos:

---

[128] *Cf.* BANDEIRA DE MELLO, Celso Antônio. *Curso de direito administrativo*. 33ª ed. São Paulo: Malheiros, 2016, Cap. XII-rodapé 23, pp. 748/749.

[129] *Curso de direito administrativo*. 33ª ed. São Paulo: Malheiros, 2016, Cap. IV-§56, pp. 204/205 e Cap. XII-rodapé 23, pp. 748/749.

[130] *Teoria geral das concessões de serviço público*. São Paulo: Dialética, 2003, pp. 117-129.

ESTATUTO DAS EMPRESAS ESTATAIS À LUZ DA CONSTITUIÇÃO...

concessão-descentralização (ou concessão-delegação) e concessão-conjugação de esforços (concessão-convênio).

Pela ordem, a prestação dos serviços públicos, nos termos do artigo 175 da CF/88, pode ser direta ou indireta. A prestação direta pode dar-se de modo centralizado, pelos próprios órgãos da respectiva entidade federativa, ou de modo descentralizado, por autarquias criadas por ela. Quando a Administração autoriza a criação de uma entidade pública para prestação de um de seus serviços públicos, realiza inequívoca *descentralização*, e por meio desta *delega* sua competência ao ente descentralizado.

Nos termos aqui explicitados, quando autorizada a criação de empresa estatal para prestar serviço público, a autorização é ilícita, pois a entidade é uma contrafação de autarquia. Sem embargo, ainda que afastado o entendimento aqui defendido, a empresa estatal, mesmo quando seja SEM, não pode ser considerada uma concessionária ou permissionária. Suponha-se que uma empresa privada, vencedora do certame licitatório, descumpra gravemente as cláusulas regulamentares da concessão. Caberá ao poder concedente extinguir a concessão – hipótese extintiva denominada de *caducidade* ou *decadência*[131] – sancionar a empresa inadimplente, e adotar medidas para a continuidade do serviço, como a assunção direta ou a contratação de terceiros. Suponha-se que se trate uma sociedade de economia mista, criada apenas e tão somente para prestar o referido serviço. Ora, nesse caso, é absolutamente descabido falar de "extinção da concessão". Pelo princípio do paralelismo das formas, se a criação de um ente público depende de autorização legislativa, sua extinção também dependerá. Se a entidade foi criada para isso, retomar o serviço importa em extingui-la, e a Administração Pública não pode fazê-lo sem autorização do Legislador. Caberá a ela, pelo controle, intervir na entidade e sanear as ilegalidades eventualmente perpetradas. O exemplo evidencia que a suposta outorga de serviço público por concessão ou permissão da Administração Direta a um ente

---

[131] Por todos: BANDEIRA DE MELLO, Celso Antônio. *Curso de direito administrativo.* 33ª ed. São Paulo: Malheiros, 2016, Cap. XII-§71, p. 778.

RICARDO MARCONDES MARTINS

de sua Administração Indireta, mesmo quando se trate de SEM, é – caso se considere possível o emprego da forma da "empresa estatal" para prestação de serviços públicos – uma autêntica *delegação*, e os regimes jurídicos da delegação e da concessão/permissão são absolutamente distintos.

No federalismo cooperativo, quando uma entidade federativa não estiver, por motivo temporário, conseguindo cumprir sua missão constitucional, é dever das demais entidades ajudá-la. Nesse caso, a título de colaboração federativa, uma entidade federativa pode prestar os serviços que incumbem a outra. É de evidência solar que, nesses casos, não haverá outorga de serviço por concessão ou permissão, mas um ajuste – de interesses paralelos e não contrapostos.[132] No passado, era comum a celebração de um *convênio* entre as entidades federativas para viabilizar essa colaboração.[133] Após a edição da Lei Federal n. 11.107/05, disciplinadora dos consórcios públicos, a forma do convênio, apesar de ainda ser aceita pela doutrina em geral, tornou-se hoje bastante questionável. Pela famosa regra de Black, "onde os meios para o exercício de um poder outorgado forem especificados, todos os outros meios reputam-se excluídos".[134] A forma hoje institucionalizada, no direito positivo brasileiro, de colaboração federativa para prestação de serviços públicos é a gestão associada mediante instituição de um consórcio público e a celebração de um "contrato de programa", nos termos da Lei n. 11.107/05.[135] A prestação do serviço

---

[132] Sobre a distinção vide: MARTINS, Ricardo Marcondes. *Estudos de direito administrativo neoconstitucional*. São Paulo: Malheiros, 2015, p. 376.

[133] Daí a lição de Marçal Justen Filho: "Ao atribuir os serviços a entidade da Administração indireta, as diversas pessoas políticas estarão dando seguimento a compromissos pactuados em convênios (ainda que implícitos). Não lhes caberá atuar, relativamente à entidade criada para desenvolvimento dos serviços, tal como se passaria com uma concessão". (*Teoria geral das concessões de serviço público*. São Paulo: Dialética, 2003, pp. 124/125). E conclui: "Portanto, as concessões sob as quais se oculta um convênio não se subordinam ao modelo próprio correspondente, delineado a partir do art. 175 da Constituição Federal". (Idem, p. 125).

[134] *Cf.* MEIRELLES TEIXEIRA, José Horácio. *Curso de direito constitucional*. Rio de Janeiro: Forense Universitária, 1991, p. 277.

[135] Sobre os consórcios vide, por todos: CARVALHO FILHO, José dos Santos. *Consórcios públicos*. Rio de Janeiro: Lumen Juris, 2009. Sobre os contratos de programa vide: HOHMANN, Ana Carolina. *O contrato de programa na Lei Federal 11.107/05*. Rio de Janeiro: Lumen Juris, 2016. A autora reconhece expressamente a inadequação, após a

ESTATUTO DAS EMPRESAS ESTATAIS À LUZ DA CONSTITUIÇÃO...

público por entidade federativa diversa da entidade incumbida constitucionalmente de prestá-lo, ainda que por meio de gestão compartilhada, só é válida se for provisória, realizada a título de colaboração federativa, ou seja, se ocorrer a título de *troca de sujeito* voluntária ou impositiva. Do contrário, viola a forma federativa petrificada na Constituição de 1988.[136]

A criação de empresa estatal para prestação de serviço público, retoma-se, é inválida, pois essa atividade só pode ser exercida pelo modelo autárquico. Mesmo se rejeitada essa tese, porém, a concessão ou permissão de serviço público a empresa estatal de entidade federativa diversa da titular do serviço não pode ser entendida como autêntica "concessão" ou "permissão". Trata-se de um ajuste de interesses paralelos. Antes da Lei n. 11.107/05 esse ajuste tinha a natureza de um *convênio*; hoje, esse ajuste tem a natureza de um contrato de consórcio combinado com um contrato de programa. Por óbvio, há várias formalidades a serem adotadas para a celebração de um consórcio público e de um contrato de programa. Sua validade depende de vários fatores. A concessão ou a permissão, no caso, não consistem apenas numa utilização equivocada de rótulos, mas na fuga, ilícita, do regime correto.

Na prática administrativa brasileira tornou-se comum a fuga das regras aplicáveis mediante utilização de uma forma inapropriada. Ao invés de instituir um consórcio e celebrar um contrato de programa, o Poder Público, para fugir de todos os condicionamentos jurídicos exigidos, afirma celebrar uma "concessão". Aceitar esse ardil é retirar a seriedade das normas de direito público vigentes. Dito isso, o que fazer diante das "concessões" celebradas com EP e SEM?

Se a EP e a SEM pertencerem à esfera do titular do serviço, deve-se aplicar o regime jurídico da delegação própria da descentralização administrativa mediante a criação de uma autarquia. Se a EP e a SEM

---

instituição dos contratos de programa, da figura do convênio para a gestão associada de serviços públicos (Idem, p. 225).

[136] *Cf.* MARTINS, Ricardo Marcondes. *Estudos de direito administrativo neoconstitucional.* São Paulo: Malheiros, 2015, p. 435 ss.

RICARDO MARCONDES MARTINS

pertencerem à esfera alheia a do titular do serviço, deve-se aplicar o regime jurídico dos consórcios públicos e dos contratos de programa.[137] Em nenhum dos casos, insiste-se, é possível a aplicação do regime jurídico da concessão.

3.4.2 Exploração de atividade econômica

As empresas estatais são instrumentos utilizados pelo Estado para explorar atividade econômica. Nos termos aqui defendidos, a utilização desse instrumento para outra finalidade viola a Constituição Federal. São pessoas jurídicas "de Direito privado", com personalidade jurídica própria, fruto de descentralização administrativa, integrantes da Administração indireta. Conforme aqui também explicado, sempre que a Administração Pública, seja direta ou indireta, estiver presente numa relação jurídica, haverá incidência do regime de Direito Administrativo, pois a relação será regida pela indisponibilidade do interesse público e pela supremacia do interesse público. Por isso, a expressão "de Direito privado", qualificadora das empresas estatais, não se refere ao regime de Direito privado, regime esse alicerçado na autonomia de vontade. Só pessoas privadas possuem autonomia de vontade, e só elas, por isso, podem ser regidas pelo Direito privado.[138] Ser "pessoa jurídica de Direito privado", quando se trata de uma empresa estatal, é ser regida pelo direito público. A expressão é, por isso, bastante inapropriada, mas está consolidada no jargão do Direito Administrativo. O "Direito privado" aí refere-se a um conjunto de regras privadas.

---

[137] A Lei n. 11.107/05, no art. 6º, prevê a possibilidade de instituição de consórcios com personalidade de direito público, ou seja, de autarquias, e de consórcios com personalidade de Direito privado. A forma privada dos consórcios públicos, por todos os motivos explicados neste estudo, é inconstitucional. Assim, para que o consórcio público seja válido, ele tem que ter, necessariamente, personalidade jurídica de direito público.

[138] Sobre a autonomia de vontade das pessoas jurídicas privadas vide: MARTINS, Ricardo Marcondes. *Teoria jurídica da liberdade*. São Paulo: Contracorrente, 2015, pp. 56-59. Sobre a incompatibilidade da autonomia da vontade com as pessoas públicas: Idem, pp. 112/123.

ESTATUTO DAS EMPRESAS ESTATAIS À LUZ DA CONSTITUIÇÃO...

Nos termos aqui explicados, a submissão da Administração Pública, seja direta, seja indireta, a regras de Direito privado constitui, quando não alicerçada num fundamento racional, "fuga para o Direito privado". A fuga é ilícita, pois inconstitucional. No caso das *empresas estatais* exploradoras de atividade econômica há dois fundamentos racionais para a incidência de regras privadas. Primeiro: sempre que as regras públicas inviabilizarem a própria exploração da atividade econômica, incidirão as regras privadas. Se a Constituição Federal autorizou a exploração, não se pode, por via transversa, impedi-la. Segundo: sempre que as regras públicas tornarem a concorrência com as empresas privadas desleal, incidirão as regras privadas. Esta última é, como aqui já assentado, a chave para a compreensão do inciso II do §1º do artigo 173 da CF/88: a "sujeição ao regime próprio das empresas privadas" dá-se para possibilitar a leal concorrência entre as empresas estatais e as privadas. Apenas o *primeiro critério* aplica-se aos *monopólios federais,* à exploração da atividade econômica fundamentada no artigo 177 da CF/88. Ambos os critérios se aplicam à exploração da atividade econômica fundamentada no *caput* do artigo 173 da CF/88. Nos dois casos inexiste "fuga para o Direito privado", mas válida incidência de regras privadas. Quando não presentes esses critérios, as empresas estatais são regidas pelo direito público.

3.4.2.1 Reserva legal

Para que a instituição de empresa estatal seja válida, não basta que seu objeto principal seja a exploração de atividade econômica. O inciso XIX do artigo 37 da CF/88 estabeleceu uma *reserva legal*: a criação depende de *autorização legislativa específica*. A expressão "reserva legal" não é utilizada aqui no sentido atribuído por Otto Mayer, pois, ao contrário do que ocorre em outras searas, no direito brasileiro inexistem campos excluídos da disciplina legislativa.[139] Em vários dispositivos,

---

[139] Para Otto Mayer havia matérias atribuídas a competência administrativa, sendo impertinente a disciplina legal (*Derecho administrativo alemán*. tomo I. Tradução de Horacio H. Heredia e Ernesto Krotoschin. Buenos Aires: Depalma, 1949, §6-2, p. 98). A "reserva legal", nesse sentido, foi consagrada nos arts. 34 e 37 da Constituição Francesa, de 1958. Não há dispositivos similares na Constituição de 1988: a

porém, o constituinte excluiu a possibilidade da imputação de certos efeitos jurídicos pela ponderação administrativa sem que haja prévia ponderação legislativa.[140] Assim, por exemplo, quando os princípios que justificam a realização da licitáção tiverem, no plano abstrato, peso equivalente aos princípios contrariados pela realização do certame, a dispensa da licitação só é admitida caso tenha sido expressamente autorizada pelo Legislador (artigo 37, XXI).[141] Ademais, a tipificação de uma conduta como crime (artigo 5º, XXXIX) ou a cobrança de um tributo (artigo 150, I) não podem ocorrem sem prévia edição de uma lei. São hipóteses de *reserva legal*: os efeitos jurídicos não podem fundamentar-se na aplicação *direta* da Constituição, à luz das circunstâncias do caso concreto, pela ponderação administrativa. Exige-se a prévia ponderação legislativa.

Para ser criada uma empresa pública ou uma sociedade de economia mista faz-se necessária a prévia autorização legislativa. O tema exige algumas observações. Primeira: a criação não se dá *ex lege*. A lei cria a autarquia, mas autoriza a criação da empresa estatal. Logo, não é dispensada a inscrição dos atos constitutivos no respectivo Registro, nos termos do artigo 45, *caput*, do Código Civil e do artigo 94 da Lei Federal n. 6.404/76. A criação dá-se, portanto, com o registro e não com a edição da lei.

Segunda: a lei autorizadora não vincula a Administração, trata-se de uma "autorização" legislativa e não de uma imposição. É perfeitamente possível que o Chefe do Executivo encaminhe um projeto de lei ao Parlamento solicitando autorização para instituir uma EP ou uma SEM, o Parlamento aprove a lei e, por fato superveniente, o Poder Executivo

---

competência do Congresso Nacional, nos termos do *caput* do art. 48 abrange toda matéria de competência da União; por simetria, as competências da Assembleia Legislativa, todas as matérias de competência do Estado; e as competências da Câmara dos Vereadores, todas as matérias de competência dos Municípios.

[140] Sobre esse conceito de *reserva legal* vide: MARTINS, Ricardo Marcondes. *Efeitos dos vícios do ato administrativo*. São Paulo: Malheiros, 2008, pp. 72-74.

[141] *Cf.* MARTINS, Ricardo Marcondes. *Estudos de direito administrativo neoconstitucional*. São Paulo: Malheiros, 2015, pp. 354-358.

opte por não dar continuidade à descentralização administrativa proposta. Nesse caso, surge o difícil problema da manutenção no mundo jurídico da lei autorizadora. Não é razoável supor que a autorização legislativa tenha efeitos eternos. Apesar do silêncio da doutrina sobre o assunto, considera-se que a lei autorizadora só subsiste até o final da respectiva legislatura. Assim, suponha-se que o Governo encaminhe projeto de lei ao Parlamento propondo a criação de uma SEM ou de uma EP e o Parlamento aprove a lei. Editada a lei autorizadora, o Poder Executivo tem até o final da respectiva legislatura para levar a registro os atos constitutivos da entidade. No final da legislatura são realizadas novas eleições e a composição do Parlamento é alterada. Diante disso, caso o Poder Executivo ainda pretenda instituir a entidade, deverá encaminhar novo projeto de lei ao Parlamento.

Terceira: a autorização legal exigida deve ser *específica*, ou seja, exige-se uma lei para cada SEM ou EP criada. É inconstitucional uma autorização legal genérica. O inciso XX do artigo 37 da CF/88 exige autorização legal específica também para criação de subsidiárias de empresas ou para participação de qualquer delas em empresas privadas. Os artigos 64 e 65 da Lei n. 9.478/97, que atribuíram genérica autorização a Petrobras para instituir subsidiárias, são, portanto, inconstitucionais.[142] Apesar disso, o Supremo Tribunal Federal considerou-os válidos e, em violação frontal ao referido inciso XX do artigo 37, dispensou a autorização legislativa específica para criação de subsidiárias das empresas estatais.[143]

Quarta: as empresas estatais criadas sem autorização legislativa são ilícitas. Trata-se das chamadas *empresas clandestinas*. Em relação a elas, é

---

[142] *Cf.* BANDEIRA DE MELLO, Celso Antônio. *Curso de direito administrativo.* 33ª ed. São Paulo: Malheiros, 2016, Cap. IV-§60, p. 209.

[143] "A Lei n. 9.478/97 não autorizou a instituição de empresa de economia mista, mas sim a criação de subsidiárias distintas da sociedade-matriz, em consonância com o inciso XX, e não com o XIX do artigo 37 da Constituição Federal. É dispensável a autorização legislativa para a criação de empresas subsidiárias, desde que haja previsão para esse fim na própria lei que instituiu a empresa de economia mista matriz, tendo em vista que a lei criadora é a própria medida autorizadora. Ação direta de inconstitucionalidade julgada improcedente". (STF, Pleno, ADI 1649/DF, Rel. Min. Maurício Corrêa, j. 24.03.04, DJ 28.05.04, p. 03).

inaplicável o parágrafo único do artigo 45 do Código Civil, segundo o qual decai no prazo de 3 anos o direito de anular a constituição de pessoas jurídicas de Direito privado por defeito do ato respectivo. A invalidação de atos administrativos pela própria Administração, no âmbito federal, decai no prazo de cinco anos, se de efeitos favoráveis e de boa-fé, e em dez anos, se de efeitos desfavoráveis ou de má-fé, nos termos do art. 54 da Lei Federal n. 9.784/99.[144] Está absolutamente superada a tese de que atos nulos não produzem efeitos. É de obviedade ululante que a empresa clandestina, ainda que ilicitamente instituída, pode gerar uma série infindável de efeitos jurídicos.

Regra geral, o vício do ato de instituição da entidade não se estende, automaticamente, aos autos por ela proferidos. Feita essa ressalva, indaga-se: qual é o regime jurídico aplicável a elas? É o mesmo regime aplicável às empresas validamente constituídas. Como bem elucida Celso Antônio Bandeira de Mello, "seria o maior dos contrassensos entender que a violação do Direito, ou seja, sua mácula de origem, deva funcionar como passaporte para que se libertem das sujeições a que estariam submissas se a ordem jurídica houvesse sido respeitada".[145] Esse entendimento já foi perfilhado pelo STF.[146] Aplica-se aqui o mesmo raciocínio adotado para as empresas estatais prestadoras de serviço público, verdadeiras contrafações de autarquias: a ilicitude da instituição não obsta a incidência do regime jurídico correto.

3.4.2.2 Monopólios federais

O Estado pode explorar a atividade econômica com fundamento nos artigos 173 e 177, ambos da CF/88. A ressalva do *caput* do artigo 173

---

[144] Sobre o limite temporal de correção de atos administrativos inválidos vide: MARTINS, Ricardo Marcondes. *Efeitos dos vícios do ato administrativo*. São Paulo: Malheiros, 2008, VIII-10, p. 423 ss.

[145] BANDEIRA DE MELLO, Celso Antônio. *Curso de direito administrativo*. 33ª ed. São Paulo: Malheiros, 2016, Cap. IV-§62, p. 209.

[146] STF, 1ª Turma, RMS 24.249/DF, Rel. Min. Eros Grau, j. 14.09.04, DJ 03.06.05, p. 45, RTJ 194-1, p. 196; STF, Pleno, Rel. Min. Eros Grau, MS 26117/DF, Rel. Min. Eros Grau, j. 20.05.09, DJe-208, divulg. 05.11.09.

ESTATUTO DAS EMPRESAS ESTATAIS À LUZ DA CONSTITUIÇÃO...

refere-se justamente às hipóteses discriminadas no artigo 177. A diferença de regimes é bastante acentuada: a exploração do artigo 173 dá-se em concorrência com os particulares, a do artigo 177 dá-se sem concorrência. A segunda hipótese é bem menos abrangente: refere-se aos *monopólios federais*. O artigo 176 da CF/88 dissocia a propriedade do solo da propriedade dos recursos minerais. Estes pertencem à União, que pode outorgar o uso do bem público aos particulares, por concessão ou autorização. Caso outorgue o uso do bem ao particular, a exploração do recurso mineral é atividade econômica, campo privado regido pela livre iniciativa. Se o Estado quiser explorar recursos minerais, deverá fazê-lo nos termos do artigo 173. Em relação às atividades discriminadas no artigo 177 − referentes ao petróleo, ao gás e aos minérios e minerais nucleares − o constituinte atribuiu o monopólio à União.

É inaplicável, em relação aos monopólios federais, o princípio da simetria: descabe a instituição dos monopólios na Constituição Estadual e na Lei Orgânica Municipal. Só há monopólio estatal, no direito brasileiro, no âmbito federal.[147] Diversamente do admitido pela Constituição de 1969, descabe atualmente a chamada *regulação por absorção*, quer dizer, a instituição de novos monopólios por lei.[148] No direito vigente, em suma, só existem os monopólios estatais discriminados no artigo 177 da CF/88. O constituinte não inseriu essas atividades no artigo 21 da CF/88, mas as qualificou, em dispositivo específico, como monopólios. Consequentemente, não são serviços públicos, mas atividades econômicas, exploradas sem concorrência com os particulares.[149]

É possível instituir empresa estatal para explorar o monopólio federal? Pelo texto originário do §1º do artigo 177 da CF/88 era vedado à União ceder ou conceder qualquer tipo de participação, em espécie

---

[147] *Cf.* MARTINS, Ricardo Marcondes *Regulação administrativa à luz da Constituição Federal*. São Paulo: Malheiros, 2012, p. 327.

[148] *Regulação administrativa à luz da Constituição Federal*. São Paulo: Malheiros, 2012, pp. 324/325. Em sentido contrário: GRAU, Eros Roberto. *A ordem econômica na Constituição de 1988*. 6ª ed. São Paulo: Malheiros, 2001, p. 147.

[149] *Cf.* MARTINS, Ricardo Marcondes. *Regulação administrativa à luz da Constituição Federal*. São Paulo: Malheiros, 2012, pp. 321/322.

RICARDO MARCONDES MARTINS

ou em valor, na exploração de jazidas de petróleo ou gás natural, ressalvados os royalties previstos no artigo 20, § 1º Logo, não podia a União contratar empresa privada para explorar o monopólio. A Emenda Constitucional n. 09/95 alterou a redação do dispositivo para expressamente prever a possibilidade de a União contratar "empresas estatais ou privadas" para a exploração dos monopólios. Com fundamento na nova redação do dispositivo, a Lei n. 9.478/97 previu a concessão do monopólio. Apesar de o STF ter considerado a reforma – e a lei dela decorrente – válida[150], houve frontal violação aos limites do poder de reforma. A Emenda restringiu, injustificadamente, a soberania nacional.[151] Diante disso, faz-se necessário enfrentar o problema antes da reforma (inválida) e após a reforma.

Ao interpretar o art. 163 da Constituição de 1969, dispositivo que tratava dos monopólios federais, Pontes de Miranda defendeu a impossibilidade de criação de empresa estatal. Argumentou que a Constituição previa a prestação direta e indireta de serviços públicos, mas não previa a prestação indireta de monopólios.[152] Consolidou-se, todavia, o entendimento contrário: a Lei n. 2004/1956, que no art. 5º autorizou a instituição de uma sociedade de economia mista federal, a Petróleo Brasil SA – Petrobras, foi considerada recepcionada pelas Constituições de 1967, 1969 e 1988.[153]

---

[150] STF, Pleno, ADI 3.273-DF, Rel. Min. Carlos Britto, Rel. p/acórdão Min. Eros Grau, j. 16.03.2005, DJ 02.03.07, p. 25. Para uma crítica o julgado vide: MARTINS, Ricardo Marcondes. *Regulação administrativa à luz da Constituição Federal*. São Paulo: Malheiros, 2012, p. 339.

[151] *Cf.* MARTINS, Ricardo Marcondes. *Regulação administrativa à luz da Constituição Federal*. São Paulo: Malheiros, 2012, pp. 337-339.

[152] *Comentários à Constituição de 1967* com a Emenda n. 1 de 1969 . 2ª ed. tomo VI. São Paulo: Revista dos Tribunais, 1972, pp. 87/88. Nas palavras dele: "A União não pode estabelecer o monopólio a favor de qualquer empresa, mesmo de economia mista. Monopólio somente pode haver exercido pela União". (Idem, p. 88).

[153] *Cf.* TÁCITO, Caio. "Gás – monopólio – concessão". *Revista Trimestral de Direito Público*, São Paulo, vol. 7, pp. 51-57, 1994, pp. 55/56; COMPARATO, Fábio Konder. Monopólio do transporte de gás natural, *Revista Trimestral de Direito Público*, São Paulo, vol. 13, pp. 112-116, 1996, p. 115.

ESTATUTO DAS EMPRESAS ESTATAIS À LUZ DA CONSTITUIÇÃO...

Pontes de Miranda, nesse tema, equivocou-se. A prestação indireta de serviços refere-se à outorga por concessão ou por permissão e não à descentralização administrativa. Quando se cria uma autarquia para prestar um serviço público, a prestação continua sendo *direta*. Da mesma forma, quando se cria uma empresa estatal para explorar monopólio federal, a exploração continua sendo direta. Em suma, o exercício direto da atividade dá-se quando inexiste outorga a particulares, e pode ocorrer de modo *concentrado*, pelos próprios órgãos do ente federativo, ou de modo *descentralizado*, por entidades da Administração Indireta criadas pelo ente federativo titular da competência.

Se afastada a inconstitucionalidade da EC n. 09/95, a nova redação do §1º do artigo 177 leva a supor que a União pode "contratar" empresas estatais para explorar o monopólio. Em relação à atividade-fim – a exploração do monopólio –, a outorga por concessão só pode dar-se em relação às empresas privadas, não integrantes da Administração Indireta. De mesma forma que ocorre na concessão de serviço público, a concessão da exploração do monopólio à empresa federal constitui uma *concessão imprópria*, na modalidade de concessão-descentralização. Se a União optar, como o fez, por instituir uma empresa estatal para explorar o monopólio, haverá *descentralização administrativa* e, pois, delegação do monopólio à entidade integrante da Administração Indireta. O regime da delegação, nos termos já explicados, é absolutamente distinto do regime da concessão.

Explicitada a possibilidade de criação de empresa estatal para explorar o monopólio federal, impõe-se um breve exame de seu *regime jurídico*: não há que se confundir o regime jurídico da exploração da atividade econômica alicerçada no *caput* do artigo 173 com o regime da atividade econômica alicerçada no artigo 177, ambos da CF/88, pois o fato de a última ser explorada *sem* concorrência com os particulares afasta um dos fundamentos racionais para a incidência de regras privadas. Dessarte: em relação aos monopólios federais, para que a concorrência não seja desleal, não incidem as regras invocadas na exploração do artigo 173. Assim, não há por que, por exemplo, submeter a empresa da União, no caso, a Petrobras, às regras privadas de responsabilidade civil. Sem embargo, o regime dos monopólios não é idêntico ao regime dos serviços públicos, pois incide o primeiro critério racional dantes mencionado: sempre que a incidência de regras de direito público inviabilize o próprio exercício da atividade econômica, incidem as regras de Direito privado. Carece de sentido, por exemplo, a exportação das comodidades ou utilidades proporcionadas pelo serviço público, mas é perfeitamente possível a exportação do petróleo decorrente da exploração do monopólio federal. Tendo em vista essa diferença de regimes jurídicos, é possível estabelecer uma *gradação*: o influxo das *regras de direito público* é *menor* na exploração direta da atividade econômica fundada no artigo 173 do que nos monopólios estatais e é menor nestes do que nos serviços públicos.

Dito isso, retoma-se a premissa já fixada neste estudo: quando a União, ou empresa estatal instituída por ela, explora monopólios federais, não o faz como um empresário no mercado. Sua finalidade principal não é a busca do máximo superávit econômico possível. A exploração dos monopólios federais, sendo atividades públicas, deve dar-se em prol da realização do interesse nacional. Uma empresa privada exploradora de recursos minerais tem interesse em extrair o máximo de recursos para, com isso, obter o maior lucro possível. A empresa estatal, mesmo se sociedade de economia mista, deve atuar em prol dos interesses nacionais, e é perfeitamente possível que seja de interesse nacional diminuir a extração dos recursos para assegurar o adequado consumo interno das gerações futuras.

3.4.2.3 Atividade concorrencial

A exploração estatal da atividade econômica fundamentada no *caput* do artigo 173 da CF/88 dá-se em concorrência com os particulares. Quando o Poder Público decide intervir na economia, nesse caso, não afasta os particulares do *mercado*, mas atua em *concorrência* com eles. De conseguinte, estão presentes dois fundamentos racionais para incidência de regras privadas: o não impedimento da própria exploração e a não configuração de concorrência desleal. Sempre que as regras de direito público inviabilizem a exploração da atividade ou tornem, de alguma forma, a situação do Poder Público mais vantajosa para os consumidores, elas não incidem. Como o

ESTATUTO DAS EMPRESAS ESTATAIS À LUZ DA CONSTITUIÇÃO...

Estado tem que se submeter parcialmente às regras de Direito privado, o constituinte previu uma forma apropriada para a exploração: a *empresa estatal*. Em suma, nos termos aqui explicitados, a "submissão ao regime próprio das empresas privadas", previsto no §1º do artigo 173, dá-se apenas e tão somente para viabilizar a exploração da atividade econômica e evitar a concorrência desleal. No mais, o regime é público.

3.4.2.3.1 Reserva legal

Regra geral, a exploração de atividade econômica é *vedada* ao Estado. Daí a expressão constitucional "só será permitida"; *a contrario sensu*, a regra é não ser permitida. Trata-se de um campo eminentemente privado, próprio do direito fundamental à liberdade econômica. A livre iniciativa é um dos fundamentos da República (CF/88, art. 1º, IV) e da ordem econômica (CF/88, art. 170). A liberdade econômica é um *direito de liberdade específico*[154] (CF, art. 170, parágrafo único) sensivelmente "reforçado", dotado de um peso abstrato significativo. Por isso, deve haver razões jurídicas sólidas para viabilizar a assunção estatal da exploração da atividade econômica e, mesmo quando estiverem presentes, ela, insiste-se, não afasta, nem prejudica, a atuação privada. Se o Estado assume a exploração da atividade econômica, sem estar alicerçado em sólidas razões justificadoras, restringe de modo desproporcional o direito fundamental à livre exploração da atividade econômica e incide em inconstitucionalidade.

A exploração estatal concorrencial exige, portanto, rígidos pressupostos para ser viabilizada. Dentre eles, incide, aqui também, uma *reserva legal*. O *caput* do artigo 173 refere-se expressamente à exigência de "definição legal". Quer dizer, não basta autorização legal específica para instituição da SEM ou da EP, faz-se necessária uma autorização legal específica para própria exploração da atividade econômica. Na doutrina, Celso Antônio Bandeira de Mello considera necessária a edição

---

[154] Sobre os direitos de liberdade específicos vide MARTINS, Ricardo Marcondes. *Teoria jurídica da liberdade*. São Paulo: Contracorrente, 2015, p. 67.

de lei complementar.[155] Argumenta o aclamado professor paulista que não faria sentido a exigência de lei ordinária para exploração de atividade econômica se já é exigida lei específica para criação de uma empresa estatal; logo, a "lei", exigida no *caput* do artigo 173, só pode ser a *complementar*. O professor não se refere à lei complementar em sentido amplo, decorrente da natureza programática de um dispositivo constitucional, mas da lei complementar em sentido estrito, exigente, nos termos do artigo 69, do quórum qualificado para ser aprovada (maioria absoluta).[156] Sem desprestigiar o ilustre professor, discorda-se: as exigências de lei complementar em sentido estrito são *numerus clausus*, exigem expressa discriminação constitucional.[157] Não há indicação textual da Constituição de que a lei referida no *caput* do artigo 173 seja complementar; logo, só pode ser ordinária. O fato de a Constituição exigir no inciso XIX do artigo 37 lei ordinária específica para instituição de empresa estatal não afasta esse entendimento. Ocorre que a função legislativa, em parte por culpa da própria doutrina, é equivocadamente exercida. A atuação legislativa deve ser sempre motivada: na exposição de motivos deve o Legislador explicitar a *ponderação* realizada por ele no plano abstrato.[158]

Dessarte, cabe ao Legislador não apenas se manifestar expressamente sobre a instituição da empresa estatal, como também se manifestar expressamente sobre a própria exploração da atividade econômica. Se apenas autorizar a exploração da atividade econômica, ela é inviabilizada pela não autorização para criação de empresa estatal; se apenas se

---

[155] BANDEIRA DE MELLO, Celso Antônio. *Curso de direito administrativo*. 33ª ed. São Paulo: Malheiros, 2016, Cap. XIII-§27, pp. 838/839.

[156] Sobre a distinção: SILVA, José Afonso da. *Comentário contextual à Constituição*. São Paulo: Malheiros, 2005, p. 461; ATALIBA, Geraldo. *Lei complementar na Constituição*. São Paulo: Revista dos Tribunais, 1971, p. 29.

[157] *Cf.* SILVA, José Afonso da. *Comentário contextual à Constituição*. São Paulo: Malheiros, 2005, p. 491; ATALIBA, Geraldo. *Lei complementar na Constituição*. São Paulo: Revista dos Tribunais, 1971, p. 29.

[158] Sobre a ponderação legislativa vide: MARTINS, Ricardo Marcondes. *Efeitos dos vícios do ato administrativo*. São Paulo: Malheiros, 2008, pp. 68-70; *Estudos de direito administrativo neoconstitucional*. São Paulo: Malheiros, 2015, pp. 118-121.

ESTATUTO DAS EMPRESAS ESTATAIS À LUZ DA CONSTITUIÇÃO...

manifestar sobre a criação da empresa, a atuação desta é inviabilizada pela não autorização para a exploração da atividade. Perceba-se: são análises distintas, fundadas em razões jurídicas e políticas diferentes. Além dos pressupostos constitucionais a serem atendidos (análise jurídica), para que o Estado possa explorar atividade econômica faz-se necessário um juízo de conveniência e oportunidade sobre a questão (análise política). Autorizada a exploração, esta pode ocorrer pela instituição de uma empresa pública, em que não há capital privado, ou pela instituição de uma sociedade de economia mista, em que há capital privado. A decisão por um ou por outro modelo exige outra análise, jurídica e política. Em suma: para explorar atividade econômica, faz-se necessária prévia previsão em lei ordinária e não em lei complementar.

3.4.2.3.2 Segurança nacional e relevante interesse coletivo

O constituinte restringiu a discricionariedade dos Poderes Legislativo e Executivo na deliberação pela exploração de atividade econômica. Toda atividade estatal, por definição, só é válida se predisposta a realizar o *interesse público*.[159] Se não houvesse regra constitucional expressa, ainda assim a exploração estatal da atividade econômica deveria dar-se para o cumprimento do interesse público. Nos termos aqui explicados, a assunção de fins privados – busca do lucro – pelo Estado é inconstitucional. Contudo, há regras constitucionais expressas: a exploração só é permitida quando "necessária aos imperativos da segurança nacional" ou a "relevante interesse coletivo".

A "segurança nacional" é um conceito jurídico-dogmático. A Lei Federal n. 7.170/83 define os "crimes contra a segurança nacional" e, em seu artigo 1º, estabelece que os crimes nela definidos lesam ou expõem a perigo de lesão "a integridade territorial e a soberania nacional", "o regime representativo e democrático, a Federação e o Estado de Direito" e "a pessoa dos chefes dos Poderes da União". Sempre que a exploração de atividade econômica do Estado atender à necessidade de "proteção"

---

[159] *Cf.* MARTINS, Ricardo Marcondes. *Efeitos dos vícios do ato administrativo*. São Paulo: Malheiros, 2008, Cap. VI-§6.1, pp. 191/192.

desses *bens jurídicos*, poderá ser legalmente autorizada. Há que se ter um cuidado exegético: não basta que a atividade, de alguma forma, concretize, *v. g.*, o "Estado de Direito". Toda atividade econômica, regra geral, pode ser subsumida aos referidos conceitos, haja vista possuírem alargada abertura semântica. O que se exige é o desiderato da "segurança nacional", ou seja, a necessidade de "proteção" desses bens jurídicos. Se corretamente interpretada, a hipótese de admissibilidade é bastante reduzida.

A segunda hipótese é ainda mais problemática: "relevante interesse coletivo". Tudo leva a crer que o constituinte adotou a proposta doutrinária de Celso Antônio Bandeira de Mello, apresentada em sua monografia "Prestação de serviços públicos e administração indireta": conforme se extrai da 3ª tiragem da 2ª edição, publicada em março de 1987, pouco antes da promulgação da Constituição de 1988, o doutrinador defendeu que os serviços públicos fundamentavam-se no *interesse público*, e os *serviços governamentais*, expressão utilizada por ele para se referir à exploração estatal da atividade econômica, no *interesse coletivo relevante*.[160] No artigo 170 da CF/1969 não constava a expressão "relevante interesse coletivo". Trata-se de uma inovação da Constituição de 1988, inovação da Constituição de 1988. Como o autor não apresenta elementos seguros para dissociação entre as categorias, a opção do constituinte gerou um difícil problema exegético.

Rodolfo de Camargo Mancuso, em excelente monografia, distingue três acepções do interesse coletivo: a) interesse pessoal do grupo; b) interesse coletivo como soma de interesses individuais; c) interesse

---

[160] "O importante, contudo, conforme se assinalou ao examinarmos a distinção entre serviços públicos e serviços governamentais, é discernir entre sociedades de economia mista volvidas à satisfação de 'interesses públicos', ou seja, sociedades prestadoras de serviços públicos, e sociedades mistas que se dispõem à satisfação de *'interesses coletivos'* – *relevantes* para a sociedade, mas que não chegaram a ser qualificados como públicos. Estas últimas, por não serem prestadoras de serviços públicos, configuram intervenções do Estado no domínio econômico – área em princípio reservada à livre iniciativa, conforme orientação constitucional (art. 170 e §§)". (*Prestação de serviços públicos e administração indireta*. São Paulo: Revista dos Tribunais, 1987, p. 101, grifo nosso).

ESTATUTO DAS EMPRESAS ESTATAIS À LUZ DA CONSTITUIÇÃO...

coletivo como síntese de interesses individuais[161]. Considera que o interesse na primeira acepção não é propriamente coletivo, mas individual da pessoa jurídica; o interesse na segunda acepção é só coletivo na forma pela qual é exercido e corresponde ao conceito legal de interesses individuais homogêneos (Lei n. 8.078/90, artigo 81, parágrafo único, inciso III).[162] Resta a última acepção, em que os "interesses individuais, atraídos por semelhança e harmonizados pelo fim comum, se amalgamam no grupo; é síntese, antes que mera soma".[163]

Hugo Nigro Mazzilli diferencia os interesses coletivos em sentido amplo e os interesses coletivos em sentido estrito: em sentido amplo, abrangem todos os "interesses metaindividuais"; em sentido estrito, distinguem-se dos *interesses difusos* – que possuem "titulares indetermináveis", ligados por "circunstância de fato" –, dizem respeito a "grupo, categoria ou classe de pessoas determinadas ou determináveis", "ligadas pela mesma relação jurídica base".[164] O Código de Defesa do Consumidor consagrou, no inciso II do parágrafo único do artigo 81, o conceito estrito.[165] É possível, de plano, fixar uma conclusão: é certo

---

[161] *Interesses difusos*: conceito e legitimação para agir. 5ª ed. São Paulo: Revista dos Tribunais, 2000, pp. 49-51.

[162] MANCUSO, Rodolfo de Camargo. *Interesses difusos*: conceito e legitimação para agir. 5ª ed. São Paulo: Revista dos Tribunais, 2000, pp. 49-50.

[163] MANCUSO, Rodolfo de Camargo. *Interesses difusos*: conceito e legitimação para agir. 5ª ed. São Paulo: Revista dos Tribunais, 2000, p. 51.

[164] *A defesa dos interesses difusos em juízo*. 11ª ed. São Paulo: Saraiva, 1999, pp. 41/42. Didaticamente, o autor diferencia: os *interesses difusos* pertencem a grupo indeterminado, são indivisíveis e tem origem em situação de fato; os *interesses coletivos em sentido estrito* pertencem a grupo determinável, são indivisíveis e têm origem em relação jurídica; os *individuais homogêneos* pertencem a grupo determinável, são divisíveis e têm origem em situação de fato (Idem, p. 43).

[165] Reza o parágrafo único do art. 81 da Lei n. 8.078/90: "A defesa coletiva será exercida quando se tratar de: I – interesses ou direitos difusos, assim entendidos, para efeitos deste código, os transindividuais, de natureza indivisível, de que sejam titulares pessoas indeterminadas e ligadas por circunstâncias de fato; II – interesses ou direitos coletivos, assim entendidos, para efeitos deste código, os transindividuais, de natureza indivisível de que seja titular grupo, categoria ou classe de pessoas ligadas entre si ou com a parte contrária por uma relação jurídica base; III – interesses ou direitos individuais homogêneos, assim entendidos os decorrentes de origem comum".

que a Constituição, no *caput* do artigo 173, não consagrou o conceito estrito de interesse coletivo. Trata-se, sem dúvida, de interesses coletivos em sentido amplo, vale dizer, de interesses metaindividuais, *indivisíveis*. Resta diferenciá-los do interesse público.

O interesse público é, conforme doutrina Celso Antônio Bandeira de Mello, a dimensão pública dos interesses individuais.[166] A proposta de Mancuso para compreensão do interesse coletivo é perfeitamente extensível ao interesse público: não se trata de soma, mas de *síntese*. O interesse público é o *resultado* da ponderação ótima de todos os princípios materiais e formais incidentes.[167] Quer dizer, deve a Administração ponderar todos os valores constitucionais, levando em consideração os pesos dos princípios materiais, sejam os relativos a direitos subjetivos, sejam os relativos a bens coletivos, os princípios formais, e dentre eles o princípio formal que dá primazia, no plano abstrato, aos princípios materiais relativos a bens coletivos (supremacia do interesse público sobre o privado)[168], e o princípio formal que dá primazia às ponderações do legislador.[169] O resultado dessa ponderação é o interesse público a ser perseguido pelo Estado. Em suma: o interesse público é a *síntese* de todos os interesses, individuais e coletivos.

Fixado o conceito de interesse público, é possível estabelecer o conceito de interesse coletivo para os fins do *caput* do artigo 173 da CF/88. Por uma exigência textual da Constituição, não são conceitos equivalentes. "Interesse coletivo", nesse dispositivo, diz respeito aos princípios materiais

---

[166] *Curso de direito administrativo*. 33ª ed. São Paulo: Malheiros, 2016, Cap. I-§34-36, pp. 60-63.

[167] *Cf.* MARTINS, Ricardo Marcondes. *Abuso de direito e constitucionalização do Direito privado*. São Paulo: Malheiros, 2010, pp. 58/59; *Teoria jurídica da liberdade*. São Paulo: Contracorrente, 2015, pp. 108/109.

[168] Sobre o princípio formal da supremacia do interesse público vide: MARTINS, Ricardo Marcondes. *Teoria jurídica da liberdade*. São Paulo: Contracorrente, 2015, pp. 123-126.

[169] Sobre o princípio formal que dá primazia às ponderações do Legislador vide: MARTINS, Ricardo Marcondes. Teoria dos princípios formais". *In:* FERNANDES, Felipe Gonçalves (coord.). *Temas atuais de direito administrativo*. São Paulo: Intelecto, 2016, p. 15 e 18-22.

ESTATUTO DAS EMPRESAS ESTATAIS À LUZ DA CONSTITUIÇÃO...

relativos a bens coletivos.[170] O bem coletivo equivale ao conceito econômico de bem público, vale dizer, refere-se aos bens de consumo não rival ou não disputável e não excludente ou não exclusivo.[171] São exemplos didáticos: o meio ambiente, a segurança nacional, a estabilidade econômica. Interesse coletivo é, pois, o interesse decorrente da tutela dos princípios relativos a bens coletivos. Dito isso, é mister perceber: não basta um "interesse coletivo", ele deve ser "relevante". A relevância é um conceito relacional: "x" é relevante para "y"; se algo é relevante, é para alguma coisa. Como se trata de uma atividade estatal, a única exegese possível é que a relevância seja para o interesse público. Logo, a tutela do princípio material relativo a bens coletivos deve ser relevante para a tutela do interesse público. Quando o for, será possível a exploração estatal da atividade econômica.

3.4.2.3.3 Regulação econômica

Nos termos do *caput* do artigo 174 da CF/88, o Estado é agente regulador da ordem econômica. A regulação administrativa é o nome dado à intervenção da Administração Pública na atividade econômica privada com a finalidade de obter maior equidade econômica – um mercado mais justo – ou maior eficiência econômica – um mercado mais equilibrado.[172] A doutrina majoritária nega a possibilidade de a

---

[170] Sobre eles vide: ALEXY, Robert. *Direito, razão, discurso*: estudos para a filosofia do direito. Tradução Luís Afonso Heck. Porto Alegre: Livraria do Advogado, 2010, pp. 176-198. O aclamado constitucionalista alemão sustenta que os princípios relativos a bens coletivos têm, no plano abstrato, peso menor do que os princípios relativos a direitos subjetivos (Idem, pp. 197/198). Equivoca-se: por força da supremacia do interesse público sobre o privado dá-se o contrário. *Cf.* MARTINS, Ricardo Marcondes. *Teoria jurídica da liberdade*. São Paulo: Contracorrente, 2015, pp. 125-127.

[171] Sobre o conceito econômico de bem público vide, por todos: MARTINS, Ricardo Marcondes. *Regulação administrativa à luz da Constituição Federal*. São Paulo: Malheiros, 2012, pp. 95/96. Na economia, por todos: BROWNING, Edgar K.; ZUPAN, Mark A. *Microeconomia*. Tradução Bruna Catarine Caloi e Leila Almeida Rangel. Rio de Janeiro: LTC, 2004, pp. 393-398; MANKIW, N. Gregory. *Introdução à economia*. Tradução Allan Vidigal Hastings. São Paulo: Cengage Learning, 2008, pp. 224-237.

[172] Sobre o conceito de regulação vide: MARTINS, Ricardo Marcondes. *Regulação administrativa à luz da Constituição Federal*. São Paulo: Malheiros, 2012, pp. 135/136; *Teoria jurídica da liberdade*. São Paulo: Contracorrente, 2015, pp. 176-189.

regulação ser efetuada mediante participação direta do Estado na economia. Trata-se, contudo, de um equívoco alicerçado numa premissa ideológica: a maioria dos doutrinadores que escreveu sobre a regulação assumiu uma postura neoliberal. Superado o entrave ideológico, é inegável: a regulação dá-se: por *direção* (regulação por ordenação), por *indução* (regulação por fomento) ou por *participação* (regulação por exploração direta), sempre que possível de forma planejada.[173] Interessa para este estudo a regulação por *participação*.

O Estado pode intervir na ordem econômica para fins regulatórios. Aliás, no âmbito das Constituições de 1967 e 1969 a exploração estatal tinha precipuamente finalidade regulatória. Suponha-se que os particulares deixem de produzir um importante bem de consumo. Como a atividade econômica é inerente ao espaço privado, não há obrigatoriedade de explorá-la nem de continuar a fazê-lo. Logo, é perfeitamente possível que os agentes econômicos percam o interesse de explorar certa atividade e interrompam a exploração. Se o bem é importante para a sociedade (*relevante interesse coletivo*), o Estado deve instituir uma empresa estatal para produzi-lo. Nesse caso, perceba-se, a atuação estatal dá-se na falta da atuação privada, para manter o *equilíbrio do mercado*. Tem nítido propósito *regulador*.

A exploração da atividade econômica para fins regulatórios (*regulação por participação*) é regida pelo *princípio da subsidiariedade*.[174] Quando o sistema econômico for perfeito, tanto do ponto de vista da equidade quanto do ponto de vista da eficiência, a regulação estatal é impertinente. Se houver uma ótima distribuição de recursos e um ótimo

---

[173] *Teoria jurídica da liberdade*. São Paulo: Contracorrente, 2015, pp. 176-189.

[174] Sobre o tema vide: MARTINS, Ricardo Marcondes. *Teoria jurídica da liberdade*. São Paulo: Contracorrente, 2015, pp. 197/198; MARTINS, Ricardo Marcondes. *Regulação administrativa à luz da Constituição Federal*. São Paulo: Malheiros, 2012, pp. 268/269. A palavra "subsidiariedade" não consta do vernáculo, é um neologismo derivado do adjetivo "subsidiário", que, por sua vez, deriva do latim "subsidiarius, a, um", "que é da reserva", "de reforço". *Cf.* FARIA, Ernesto. *Dicionário Latino-Português*. Belo Horizonte: Garnier, 2003, p. 957. Daí a famosa metáfora utilizada por Nelson Hungria: o tipo subsidiário atua como "soldado de reserva". (HUNGRIA, Nélson. *Comentários ao Código Penal*. 4ª ed. vol. I. tomo. I. Rio de Janeiro: Forense, 1958, p. 139).

equilíbrio e, por força dele, uma ótima concorrência, não há que se falar de regulação.[175] Esta pressupõe a necessidade da atuação estatal em decorrência da insuficiência da atuação exclusiva dos particulares. Bem por isso, a atuação estatal é *subsidiária* da atuação privada;[176] o Estado atua como "soldado de reserva", na falta ou insuficiência dos agentes privados.

Correlato à subsidiariedade, vigora o *princípio da temporariedade*: como a exploração é condicionada à insuficiência privada, caso os particulares voltem a explorar a atividade a contento, o Estado deve retirar-se do mercado.[177] Retomando-se o exemplo: os particulares deixam de produzir um bem de consumo importante; para suprir a falta, o Estado institui uma SEM ou uma EP; após, os particulares retomam a produção; restabelecido o equilíbrio no mercado, deve o Estado extinguir a SEM ou a EP.

O tema exige algumas observações. A subsidiariedade que precise a regulação por participação não se refere apenas à insuficiência da atividade privada para a eficiência econômica, vale dizer, para o equilíbrio do mercado mediante ótima concorrência.[178] É perfeitamente possível a atuação estatal para suprir a equidade econômica, ou seja, quando não haja justa alocação de recursos. A propósito, pela análise global da Constituição é possível concluir que a regulação para a equidade é prioritária em relação à regulação para eficiência.[179]

---

[175] A afirmação diz respeito à regulação normal e não à excepcional. Esta última refere-se às atividades privadas sob regime especial e tem por finalidade proteger o bem jurídico justificante de seu caráter especial. Sobre o tema: MARTINS, Ricardo Marcondes. *Regulação administrativa à luz da Constituição Federal*. São Paulo: Malheiros, 2012, pp. 114-121 e 257-261.

176 *Cf.* MARTINS, Ricardo Marcondes. *Regulação administrativa à luz da Constituição Federal*. São Paulo: Malheiros, 2012, p. 270.

[177] *Cf.* MARTINS, Ricardo Marcondes. *Teoria jurídica da liberdade*. São Paulo: Contracorrente, 2015, p. 201.

[178] *Cf.* MARTINS, Ricardo Marcondes. *Regulação administrativa à luz da Constituição Federal*. São Paulo: Malheiros, 2012, pp. 270/271; *Teoria jurídica da liberdade*. São Paulo: Contracorrente, 2015, p. 200.

[179] *Teoria jurídica da liberdade*. São Paulo: Contracorrente, 2015, p. 120.

RICARDO MARCONDES MARTINS

Outrossim, é impertinente a invocação da subsidiariedade na prestação de serviços públicos. Apesar de neste estudo considerar-se a prestação de serviços públicos incompatível com as empresas estatais, o fato é que, conforme dantes afirmado, vem prevalecendo o entendimento contrário. Por força disso, é mister enfatizar: a prestação estatal não decorre da insuficiência privada, mas de exigência constitucional; os particulares são proibidos, regra geral, de prestar os serviços públicos; só podem fazê-lo se houver outorga por concessão ou permissão.[180] Mesmo em relação aos serviços sociais – que podem ser explorados economicamente pelos particulares[181] – a decisão sobre a prestação não é presidida pela subsidiariedade: a Constituição impõe ao Estado prestá-los independentemente da atuação privada. Sem embargo, ela preside –, ressalvado o mínimo existencial, em que a subsidiariedade é absolutamente inaplicável –, a própria prestação dos serviços sociais: se não for possível, pela insuficiência de recursos, prestar os serviços a todos, o Estado deve, subsidiariamente, prestar a quem mais necessite.[182]

A Constituição de 1967, no artigo 163, §1º, e a Constituição de 1969, no artigo 170, §1º, só admitiam a exploração estatal da atividade econômica para fins regulatórios.[183] Ambos os dispositivos eram expressos: a exploração estatal direta só era admitida em "caráter suplementar". A regra não foi reproduzida na Constituição de 1988. Ademais, a exploração direta não foi prevista no artigo 174, que trata da regulação, mas em dispositivo autônomo, no artigo 173. O motivo é simples: a Constituição de 1988 admite a exploração estatal direta para fins regulatórios e para

---

[180] *Cf.* MARTINS, Ricardo Marcondes. *Regulação administrativa à luz da Constituição Federal*. São Paulo: Malheiros, 2012, p. 271; *Teoria jurídica da liberdade*. São Paulo: Contracorrente, 2015, pp. 200/201.

[181] Sobre os serviços sociais vide: MARTINS, Ricardo Marcondes. *Regulação administrativa à luz da Constituição Federal*. São Paulo: Malheiros, 2012, pp. 232-235.

[182] *Cf.* MARTINS, Ricardo Marcondes. *Teoria jurídica da liberdade*. São Paulo: Contracorrente, 2015, pp. 204-206.

[183] Rezava o §1º do art. 163 da CF/1967: "Somente para suplementar a iniciativa privada, o Estado organizará e explorará diretamente atividade econômica". Já o §1º do art. 170 da CF/1969 dispunha: "Apenas em caráter suplementar da iniciativa privada o Estado organizará e explorará diretamente a atividade econômica".

ESTATUTO DAS EMPRESAS ESTATAIS À LUZ DA CONSTITUIÇÃO...

fins *não regulatórios*. Por certo, os imperativos da segurança nacional ou o relevante interesse coletivo podem justificar a exploração direta da atividade econômica mesmo havendo suficiente atuação privada. Um ótimo exemplo é a atividade financeira: não há, em relação a ela, que se falar em subsidiariedade. A existência do Banco do Brasil, *v. g.*, não se justifica pela falta ou insuficiência de bancos privados. Independentemente do equilíbrio do sistema e da justa distribuição dos recursos, o interesse coletivo e a segurança nacional exigem a manutenção de bancos estatais. A atuação do Estado, na exploração direta de atividade financeira, não é, pois, regulatória e não se sujeita aos princípios da subsidiariedade e da temporariedade.

3.4.2.4 SEM e EP

Conforme já antecipado, há dois tipos de empresas estatais: as sociedades de economia mista (SEM) e as empresas públicas (EP). Ambas possuem um conceito constitucional, assertiva que exige esclarecimento. O texto constitucional não define expressamente o que vem a ser uma ou outra. Contudo, refere-se em vários dispositivos a elas: a) do texto originário permanente, artigos 37, XVII, XIX; 54, I; 173, §§1º e 2º; b) do ADCT, artigo 8º, §5; c) do texto reformado, artigos 21, XXVII; 37, §9º; 169, II; 202, §§3º e 4º. Como as palavras constitucionais são signos e não ruídos, quando o constituinte originário utiliza uma palavra, constitucionaliza-se o significado atribuído a ela quando de seu uso.[184] O significado de uma palavra é seu uso na linguagem, na lição de Wittgenstein.[185] Quando se trata de expressões técnicas, não havendo indicação textual em sentido contrário (*postulado da prioridade do texto*), presume-se que o constituinte usou as palavras no sentido técnico que possuíam quando da promulgação da Constituição (*postulado da prioridade do sentido pretérito*).[186] Havendo mais de um significado técnico, um

---

[184] *Cf.* MARTINS, Ricardo Marcondes. *Regulação administrativa à luz da Constituição Federal*. São Paulo: Malheiros, 2012, p. 57 ss.

[185] *Investigações filosóficas*. 4ª ed.Tradução Marcos G. Montagnoli. Petrópolis: Vozes, 2005, §43, p. 38.

[186] WITTGENSTEIN, Ludwig. *Investigações filosóficas*. 4ª ed.Tradução Marcos G. Montagnoli. Petrópolis: Vozes, 2005, pp. 62/63.

pretérito à Constituição e um posterior a ela, o constituinte só pode ter utilizado a palavra no significado pretérito (*postulado do significado pretérito*). Se houver mais de um significado técnico pretérito, o intérprete deve buscar descobrir em qual deles a palavra foi empregada, a partir do exame do contexto da Constituição e das fontes históricas.[187]

O Min. Eros Grau, no RMS 24.249, afirmou existirem, antes de 05.10.88, vários conceitos de sociedade de economia mista. Por força do artigo 5º, III, do Decreto-Lei n. 200/67, com a redação atribuída pelo Decreto-Lei n. 900/69, haveria sociedades de economia mista de primeiro grau e sociedades de economia mista de segundo grau: as primeiras seriam controladas pela União, as de segundo grau seriam controladas pelas entidades da Administração Indireta da União, empresas federais ou sociedades de economia mista federais. Eros Grau considerou, no Acórdão, que legislar sobre sociedade de economia mista é matéria privativa da União, por se tratar de Direito Comercial. Discorda-se: trata-se de Direito Administrativo, organização administrativa, matéria de competência comum, pois inerente à autonomia federativa. Se a CF/88 consagrou, a partir da legislação federal vigente, um conceito de SEM e EP, esse conceito aplica-se a todas as entidades federativas, por simetria.[188] Ademais, afirmou o Ministro: por força do artigo 235, §2º, da Lei Federal n. 6.404/76, as companhias de que participem as SEM, ainda que majoritariamente, não seriam SEM e, por isso, o conceito de SEM da Lei n. 6.404/76 seria mais restrito do que o conceito do Decreto-Lei n. 200/67. Outrossim, afirmou que, por força do artigo 6º da Lei Federal n. 6.264/75, SEM é aquela que possui controle governamental. Lembrou, além disso, antigo precedente do STF, o RE 91.035-2/RJ, em que a Corte distinguiu a SEM da sociedade sob controle acionário do Estado: o elemento essencial da primeira não é o controle, mas a outorga legal de prerrogativas especiais.[189] É surpreendente

---

[187] WITTGENSTEIN, Ludwig. *Investigações filosóficas*. 4ª ed.Tradução Marcos G. Montagnoli. Petrópolis: Vozes, 2005, pp. 64/65.

[188] Sobre o princípio da simetria vide: MARTINS, Ricardo Marcondes. *Estudos de direito administrativo neoconstitucional*. São Paulo: Malheiros, 2015, p. 92 ss.

[189] "Sociedade de economia mista (conceito) – Sociedade de economia mista. Com ela não se confunde a sociedade sob o controle acionário do Poder Público. É a situação especial que o Estado se assegura, através da lei criadora da pessoa jurídica, que a

ESTATUTO DAS EMPRESAS ESTATAIS À LUZ DA CONSTITUIÇÃO...

e assombrosa a quantidade de equívocos hermenêuticos cometidos pela Corte brasileira.

O entendimento consolidado há muito na doutrina é que a distinção entre as SEM e as EP assenta-se na existência ou não de capital privado. O capital das EP é *exclusivamente* público, enquanto o capital das SEM é necessariamente *misto*, parte é público e parte é privado. Chamar de SEM uma empresa que tenha só capital público é erro técnico grave. Pouco importa a origem dos recursos, se houver participação federal, estadual e municipal, de empresas federais, estaduais e municipais, e não houver capital privado, tratar-se-á de EP e não de SEM. Aliás, se o Poder Público optar por aceitar a participação privada, deverá, necessariamente, criar uma Sociedade Anônima. Esse entendimento assenta-se na exegese do artigo 5º, incisos II e III, do Decreto-Lei n. 200/67 e no princípio da simetria.

3.4.2.4.1 Contrafações de empresas públicas

Foram criadas empresas estatais com participação privada irrisória apenas para submissão ao regime das SEM. Por exemplo: empresa com apenas 1% de capital privado. É evidente, no caso, a *fraude*: trata-se de uma *contrafação de empresa pública*, ou seja, uma EP disfarçada de SEM. Nesse caso, por evidente, segue-se a solução dada para todas as contrafações, qual seja, aplica-se o regime correto. Assim, as SEM que possuem capital privado irrisório são contrafações de EP e seguem o regime destas.[190] Ressalvada essa hipótese, toda empresa que possui parcial capital privado e é controlada pelo Poder Público é uma SEM.

3.4.2.4.2 Empresas estatais de segundo grau

Na SEM o controle da sociedade deve estar necessariamente nas mãos do Poder Público (União, Estado, Município, Distrito Federal ou

---

caracteriza como sociedade de economia mista". (STF, 1ª Turma, RE 95.554/RJ, Min. Rafael Mayer, j. 02.03.1982, DJ 02.04.1982, p. 2887).

[190] Parece ser essa a posição de BANDEIRA DE MELLO, Celso Antônio. *Curso de direito administrativo*. 33ª ed. São Paulo: Malheiros, 2016, Cap. IV-§56, p. 204.

pessoas criadas pelos entes federativos). Noutras palavras, uma pessoa estatal, da Administração Direta ou Indireta, deve ter a maioria das ações que deem direito a voto e ter a prerrogativa de escolher o dirigente da companhia, nos termos do artigo 116 da Lei n. 6.404/76.[191] Interessa aqui observar que essa regra não decorre propriamente da Lei n. 6.404/76. A Constituição de 1967, vigente a partir de 16.03.1967, portanto anterior à Lei n. 6404/76 e posterior ao Decreto-Lei n. 200, de 25.02.1937, também se referiu, em vários dispositivos à SEM e EP (artigos 36, I, "a"; 94, §§4º e 5º; 97, §2º; 146, I, "b", II, "d"; 152, §2º, "f"; 163, §2º). Pelas razões já explicadas, já havia, portanto, na CF/67, um conceito constitucional de SEM e EP. Nos termos do Decreto-Lei n. 200/67, ambas eram empresas estatais, integrantes da Administração Indireta, diferenciadas pelo fato de inexistir capital privado, no caso das EP, ou haver parcial capital privado, apesar de o controle pertencer ao Poder Público, no caso das SEM.

Dito isso, é fácil perceber que o artigo 235, §2º, da Lei n. 6.404/76 violou a CF/67 ao estabelecer que as entidades controladas por SEM não seguem o regime das SEM. Ora, se presentes os dois critérios conceituais – a) entidade controlada pelo Poder Público; b) parcial capital privado –, a entidade é uma SEM e o Legislador não tem competência para desqualificá-la. É de evidência solar que esse dispositivo legal, inválido, não teve o condão de alterar o conceito consagrado de SEM. Dessarte: nada indica que o constituinte de 1988, quando utilizou a expressão em diversos dispositivos, empregou-a a partir do significado fixado pela regra ilícita do referido artigo 235, §2º, da Lei de Sociedades Anônimas.

Assim, equivocou-se o Min. Eros ao supor validamente existentes no direito positivo brasileiro vários conceitos de SEM. Subsiste apenas

---

[191] Reza o dispositivo: "Entende-se por acionista controlador a pessoa, natural ou jurídica, ou o grupo de pessoas vinculadas por acordo de voto, ou sob controle comum, que: a) é titular de direitos de sócio que lhe assegurem, de modo permanente, a maioria dos votos nas deliberações da assembleia-geral e o poder de eleger a maioria dos administradores da companhia; e b) usa efetivamente seu poder para dirigir as atividades sociais e orientar o funcionamento dos órgãos da companhia". O art. 238 da Lei n. 6.404/76 determina a aplicação dos deveres e responsabilidades do acionista controlador ao ente público que controla a SEM, mas ressalva sua prerrogativa de "orientar as atividades da companhia de modo a atender ao interesse público que justificou a sua criação".

ESTATUTO DAS EMPRESAS ESTATAIS À LUZ DA CONSTITUIÇÃO...

um conceito. Não há pertinência jurídica na distinção entre empresas estatais *de primeiro grau* e empresas estatais *de segundo grau* por um motivo simples: ambas seguem o mesmo *regime jurídico*. Um conceito jurídico só tem pertinência se identificar um regime jurídico específico.[192] Se ambas se submetem ao mesmo regime, não há razão para diferenciá-las. Pouco importa qual a entidade estatal que detenha o capital social: se todo o capital for público, trata-se de uma EP; se é parcialmente privado, trata-se de uma SEM. O controle desta, insiste-se, pode estar nas mãos da União, ou de um Estado, ou de um Município, ou de uma entidade criada por eles, Autarquia, Fundação, EP ou SEM. O regime jurídico de uma SEM controlada por outra SEM e o de uma SEM controlada diretamente pela União é rigorosamente o mesmo. Por fim, a Lei tributária, disciplinadora do IR, em nada alterou os respectivos conceitos constitucionais. Para compreensão da última assertiva são necessários mais alguns esclarecimentos.

3.4.2.4.3 Participação em empresa privada

Não é permitido ao Poder Público criar uma "empresa privada". Por mais que alguns juristas teimem em não entender este truísmo, o Estado não pode comportar-se como um particular. Não atende ao interesse público e, por isso, viola a Constituição, a criação, pelo Poder Público, de uma entidade para ser controlada pelos particulares. Assim, sob pena de manifesta invalidade, toda entidade criada pelo Poder Público deve ser controlada por ele. Se admitida a participação privada, tratar-se-á de SEM; se não admitida, de EP. Sem embargo, é possível que o Poder Público resolva participar de uma entidade privada já existente (*rectius*, não criada pelo próprio Poder Público), sem que a participação seja suficiente para que ele assuma o controle da companhia.

Nesse caso, a entidade continua sendo privada, mas com participação estatal. A Constituição de 1988, em seu texto originário, prevê expressamente a possibilidade de uma empresa estatal participar

---

[192] *Cf.* BANDEIRA DE MELLO, Celso Antônio. *Ato administrativo e direitos dos administrados*. São Paulo: Revista dos Tribunais, 1981, pp. 2-5.

de uma empresa privada (sem a controlar). Vigora, porém, uma *reserva legal*: para que o Poder Público, por meio de uma de suas empresas estatais, participe de uma empresa privada, faz-se necessária autorização legislativa específica (CF, artigo 37, XX). Se a Constituição especificou o *meio* de atuação, descabe a utilização de outro meio. Assim, é possível asseverar que se o Poder Público decidir participar de uma empresa privada sem assumir seu controle, deverá fazê-lo por meio de uma empresa estatal. É, pois, vedado constitucionalmente a uma entidade federativa, uma autarquia ou uma fundação participar de uma empresa privada sem que a participação importe na assunção do controle da empresa.

A distinção feita pelo STF no RE 91.035-2/RJ não é compatível com a CF/88. Se o Poder Público assume o controle da sociedade anônima e parte do capital é privado, trata-se de SEM. O que define esta, ao contrário do que constou desse infeliz Acórdão, não é o fato de a lei ter atribuído prerrogativas ao Poder Público. Aliás, essas prerrogativas, nos termos aqui assinalados, regra geral, tratando-se de exploração de atividade econômica, são inconstitucionais. Sempre que a lei estabelecer uma prerrogativa a uma empresa estatal que explore atividade econômica, contribuirá para tornar a concorrência com as empresas privadas desleal e, por isso, violará a Constituição. Assim, a Lei n. 11.101/05, ao isentar da falência as empresas estatais exploradoras de atividade econômica, criou uma prerrogativa inconstitucional. O que define uma empresa estatal, portanto, não é o fato de ter prerrogativas legais que as empresas privadas não possuam, mas o fato de ser uma empresa controlada pelo Poder Público, integrante da Administração Indireta.

O artigo 37, XX, da CF/88 prevê a possibilidade de que uma empresa estatal, seja EP, seja SEM, crie uma subsidiária. Impõe, também, uma reserva legal: para tanto há que se ter autorização legislativa específica. Como o acessório segue o principal – *accessorium sequitur principale* –, as subsidiárias da EP e da SEM têm a mesma natureza destas e seguem seus regimes.

3.4.2.4.4 *Natureza federativa*

Suponha-se que todo capital da empresa estatal seja de uma das entidades da Administração Indireta da União (SEM, EP, Autarquia ou

ESTATUTO DAS EMPRESAS ESTATAIS À LUZ DA CONSTITUIÇÃO...

Fundação). Qual é a natureza jurídica da empresa? Inexistindo capital privado, só pode ser uma *empresa pública*. Porém, sendo federal a totalidade do capital, ainda que da Administração Indireta da União, a entidade é federal. Pelo argumento *a maiori ad minus*, se parte do capital da empresa for da União e parte do capital da empresa for de uma das entidades da Administração Indireta da União, a entidade é federal e integra a Administração Indireta da União.[193]

Suponha-se que parte do capital da empresa seja da União ou das entidades da Administração Indireta da União e parte do capital seja de um Estado ou de um Município. Qual é a natureza jurídica da empresa? Inexistindo capital privado, só pode ser uma *empresa pública*. Será *federal*, se a maioria do capital for federal (pouco importando se da Administração direta ou indireta da União); será *estadual*, se a maioria do capital for estadual (pouco importando se da Administração direta ou indireta do Estado); será *municipal*, se a maioria do capital for municipal (pouco importando se da Administração direta ou indireta do Município). A maioria precisa ser superior a 50% do capital? Não necessariamente. Supondo-se que vários entes públicos participem da entidade e nenhum detenha mais do que 50%. A natureza jurídica será definida por quem detenha o maior capital social. Por exemplo: a União detém 40% do capital e os Estados "A", "B" e "C" detêm, cada um, 20%; a empresa pública será federal.

Suponha-se que parte do capital da sociedade anônima seja federal, parte estadual e parte privado. Qual a natureza jurídica da entidade? Havendo capital privado (desde que não irrisório), trata-se de sociedade de economia mista. Será federal, se o controle pertencer à União ou a

---

[193] Nesse sentido, com o costumeiro brilho, doutrina Celso Antônio Bandeira de Mello: "Segue-se que o legislador ordinário careceria da possibilidade de formular noção de empresa pública em virtude da qual ficasse obliterado (não importa se deliberadamente ou não) um propósito constitucional. Eis por que se deve entender bastante que a supremacia acionária esteja retida na esfera federal e que o remanescente provenha de outras órbitas governamentais para ter-se como configurado o substrato de capital caracterizador de empresa pública federal. É despiciendo, pois, que dita prevalência acionária esteja diretamente em poder da própria União". (*Curso de direito administrativo.* 33ª ed. São Paulo: Malheiros, 2016, Cap. IV-§42, p. 194).

um integrante da Administração Indireta da União; será estadual, se o controle pertencer ao Estado ou a um integrante da Administração Indireta do Estado; será municipal, se o controle pertencer ao Município ou a um integrante da Administração Indireta do Município.

Feitas todas essas considerações, tendo em vista a análise científica do ordenamento jurídico brasileiro, pode-se resumir:

Empresa Pública é uma empresa criada pelo Poder Público, seja pela União, pelos Estados, pelo Distrito Federal, pelos Municípios, ou por uma das pessoas criadas por eles, autarquias, fundações, sociedades de economia mista ou empresas públicas. Pode ter qualquer forma societária, inclusive a forma de sociedade unipessoal. Pode, portanto, ser integrada apenas por uma entidade federativa ou por uma das pessoas da respectiva Administração Indireta (unipessoal), ou pode ser integrada por duas ou mais entidades federativas ou por duas ou mais entidades da Administração Indireta. Não importa qual pessoa estatal integre a empresa, nem a forma societária adotada. O importante é que todo o capital social seja público, inexistindo participação privada.

Sociedade de economia mista, ao contrário, tem que ter a forma de sociedade anônima e, por definição, possuir capital misto, parte público, seja pertencente a uma ou mais das entidades federativas, seja pertencente a uma ou mais das entidades da Administração Indireta, e parte privado. Empresa pública e sociedade de economia mista, se houver autorização específica, podem criar *subsidiárias*, que terão a natureza jurídica da empresa que as criou.

Participação estatal em empresas privadas ocorre quando uma empresa estatal – EP ou SEM –, desde que autorizada em lei específica, participe de uma empresa privada (já constituída pelos próprios particulares), sem que a participação lhe possibilite controlar a empresa. Se a participação garantir o controle da empresa estatal, a empresa privada transformar-se-á numa sociedade de economia mista. Se não garantir o controle, a empresa privada manterá sua natureza jurídica, não estatal e, pois, não integrante da Administração Indireta. Sobre a participação estatal, fazem-se duas observações: é vedado ao Poder Público constituir empresas para serem controladas pelos particulares; só empresas estatais podem participar de empresas privadas.

ESTATUTO DAS EMPRESAS ESTATAIS À LUZ DA CONSTITUIÇÃO...

3.4.2.4.5 Empresas federais

Tornou-se corrente na doutrina e na jurisprudência uma diferenciação específica para as empresas federais. As empresas públicas federais submetem-se à Justiça Federal, as sociedades de economia mista federais submetem-se à Justiça Estadual. Esse entendimento está, há muito, pacificado no Judiciário, conforme se extrai das Súmulas 42 do STJ[194]; 508[195], 517[196] e 556[197] do STF. As Cortes Superiores prenderam-se ao argumento literal: o inciso I do artigo 109 da CF/98 preceitua competir aos juízes federais processar e julgar "as causas em que a União, entidade autárquica ou empresa pública federal forem interessadas na condição de autoras, rés, assistentes ou oponentes". Aplicaram o argumento *a contrario*: se o constituinte se referiu às empresas públicas e não se referiu às sociedades de economia mista, foi porque não quis se referir a elas. Pelo *silêncio constitucional*, haveria uma regra constitucional implícita proibitiva de que as causas referentes às SEM fossem julgadas pela Justiça Federal.[198]

Ocorre que nem sempre o argumento *a contrario* é aplicável. Muitas vezes, da análise sistemática e teleológica do texto constitucional extrai-se uma *lacuna constitucional*.[199] Quer dizer: a questão não consta do texto expresso por equívoco do constituinte, mas está implícita, em virtude da extensão ou restrição do texto literal. Exemplo didático de lacuna é a aplicação dos direitos fundamentais aos estrangeiros não residentes no

---

[194] "Compete à Justiça Comum Estadual processar e julgar as causas cíveis em que é parte sociedade de economia mista e os crimes praticados em seu detrimento".

[195] "Compete à Justiça Estadual, em ambas as instâncias, processar e julgar as causas em que for parte o Banco do Brasil S. A.".

[196] "As sociedades de economia mista só têm foro na Justiça Federal, quando a União intervém como assistente ou oponente".

[197] "É competente a Justiça comum para julgar as causas em que é parte sociedade de economia mista".

[198] Sobre o silêncio constitucional vide: MARTINS, Ricardo Marcondes. *Regulação administrativa à luz da Constituição Federal*. São Paulo: Malheiros, 2012, pp. 66-68.

[199] Sobre a lacuna constitucional vide: MARTINS, Ricardo Marcondes. *Regulação administrativa à luz da Constituição Federal*. São Paulo: Malheiros, 2012, pp. 68/69.

Brasil. Tudo leva a crer que há uma lacuna no artigo 109, inciso I, da CF/88. Viola o bom senso negar o interesse federal nas ações que envolvam as sociedades de economia mista federal; submetê-las à Justiça Estadual é algo irracional. Dá-se por apego à literalidade, ainda que esse apego viole a coerência e a racionalidade da Constituição.[200] Apesar disso, é mister reconhecer que a questão está praticamente superada na jurisprudência. O equívoco, repetido à exaustão pelos Tribunais, já tem ares de acerto até para os mais brilhantes cientistas.

Há que se fazer uma ressalva: o STJ pacificou o entendimento de que estando o Ministério Público Federal no polo da ação, desloca-se a competência para a Justiça Federal. Assim, entendeu a Corte que a ação de improbidade em face de atos praticados por dirigente de sociedade de economia mista federal, quando proposta pelo Ministério Público Federal, é da competência da Justiça Federal, pois "o mero ajuizamento da ação pelo Ministério Público Federal fixa a competência na Justiça Federal".[201] O STF vem adotando o mesmo entendimento.[202] Se a posição das Cortes fosse correta – de que a competência para processar as ações relativas às SEM é da Justiça Estadual –, essa ressalva seria bastante criticável. Como, nos termos aqui expostos, a tese sumulada é cientificamente incorreta, a ressalva merece aplausos, pois minimiza o desacerto.

3.4.2.4.6 Capital privado

É comum o entendimento de que nas sociedades de economia mista o capital privado tem o condão de transformar a natureza jurídica

---

[200] Sobre a interpretação literal vide: MARTINS, Ricardo Marcondes. "Paradoxo da interpretação literal". *Revista Colunistas de Direito do Estado*, n. 102, 07.03.2016. Disponível em: http://goo.gl/bneUDH. Acesso em 15.03.17.

[201] STJ, 1ª Seção, AgRg no CC 122.629/ES, Rel. Min. Benedito Gonçalves, j. 13.11.13, DJe 02/12/2013; STJ, 2ª Turma, REsp 1.249.118/ES, Rel. Min. Herman Benjamin, j. 26.08.14, DJe 28.11.14; STJ, 2ª Turma, AgRg no REsp 1.383.054/RS, Rel. Min. Herman Benjamin, j. 13.12.16, DJe 19.12.16.

[202] STF, Pleno, RE 228.955/RS, Rel. Min. Ilmar Galvão, j. 10.02.2000, DJ 24.03.01, p. 70; STF, 2ª Turma, RE 822.816 AgR/DF, Rel. Min. Teori Zavascki, j. 08.03.16, DJe-123, Divulg. 14. 06.16.

ESTATUTO DAS EMPRESAS ESTATAIS À LUZ DA CONSTITUIÇÃO...

da entidade. Tratar-se-ia de uma empresa privada, apesar de estatal, justamente porque possui sócios privados. Esse entendimento é absolutamente equivocado. O capital privado da SEM não afasta sua natureza de "empresa estatal" integrante da Administração Indireta. Sendo integrante da Administração, é um "braço" do Estado. Por certo, ela não se torna uma autêntica "empresa privada"; nos termos aqui explicados, não é nem propriamente empresa, nem propriamente privada.

A interpretação aqui preconizada não desrespeita os interesses dos sócios privados. A razão é simples: quem opta por adquirir ações de uma empresa estatal sabe que ela é estatal. Sendo estatal, sabe que sua situação jurídica é incompatível com a "liberdade"; que os interesses da entidade, ao contrário do que ocorre com uma empresa privada, não são os interesses dos sócios, mas do povo. Sabe que a finalidade principal da entidade não é obter maior vantagem econômica possível (lucro), mas realizar os imperativos de segurança nacional ou o relevante interesse coletivo. E, sabendo de tudo isso, ainda assim, aceita investir na referida empresa.

Poder-se conjecturar: por que alguém investiria numa empresa estatal? A questão não é jurídica, mas é passível de ser respondida: há várias explicações para o móvel do investidor, seu patriotismo e, por força dele, sua vontade de investir nos braços do Estado; a percepção de que o investimento numa empresa estatal seja mais seguro, pois, ainda que constitucionalmente possível, é muito difícil que ela vá à falência. Juridicamente, não importa se o faz por ser um investidor "conservador" ou "patriota"; seu investimento não tem o condão de descaracterizar o caráter estatal da entidade e afastar todos os desdobramentos desse caráter.

A participação dos *lucros* numa empresa privada difere da participação dos *resultados* numa empresa estatal, porque esta, nos termos aqui explicados, não tem "lucro". A Lei Federal n. 10.101/00 assegura a participação dos trabalhadores nos lucros e resultados da empresa. Em relação aos empregados de uma SEM ou de uma EP, é possível que a lei lhes assegure uma similar ou equivalente participação nos resultados da empresa. Tratar-se-á, porém, de uma "vantagem pecuniária" submetida ao princípio da estrita legalidade (CF, artigo 169, §1º).[203] A participação dos sócios nos resultados da SEM segue a mesma lógica: trata-se de despesa pública, também submetida ao princípio da estrita legalidade. A forma da participação não apenas deve estar disciplinada na lei, mas também autorizada na lei orçamentária. A propósito, o artigo 165, §5º, I, da CF/88 exige que as empresas estatais tenham todas suas despesas autorizadas na lei orçamentária anual. Regra geral, o Direito Financeiro rege a Administração Direta e a Indireta.[204]

Em suma, o capital privado da SEM não é empecilho à incidência do Direito Administrativo, pois não descaracteriza a natureza estatal da entidade. Ela é Administração Pública (Indireta, mas é). Seus interesses são interesses do povo e não dos sócios.

---

[203] Dispõe o art. 169, §1º: A concessão de qualquer vantagem ou aumento de remuneração, a criação de cargos, empregos e funções ou alteração de estrutura de carreiras, bem como a admissão ou contratação de pessoal, a qualquer título, pelos órgãos e *entidades da administração direta ou indireta*, inclusive fundações instituídas e mantidas pelo poder público, só poderão ser feitas: I – se houver prévia dotação orçamentária suficiente para atender às projeções de despesa de pessoal e aos acréscimos dela decorrentes; II – se houver autorização específica na lei de diretrizes orçamentárias, ressalvadas as empresas públicas e as sociedades de economia mista". O dispositivo aplica-se à Administração direta e à Indireta, ou seja, estende-se às estatais.

[204] Em sentido contrário, manifesta-se Mario Engler Pinto Junior: "Já a movimentação financeira das empresas estatais ocorre à margem do orçamento público, o que lhes assegura maior autonomia administrativa e financeira. A adoção da forma societária pressupõe – pelo menos do ponto de vista da lógica econômica – a autossuficiência financeira. Somente em caráter excepcional admite-se a transferência de verbas públicas, a título de subvenção econômica para a cobertura de déficit operacional. Apenas o orçamento de investimentos das empresas estatais será retratado na lei orçamentária anual, conforme determina o artigo 165, §5º, II, da Constituição Federal de 1988". (*Empresa estatal*: função econômica e dilemas societários. São Paulo: Atlas, 2010, p. 120). Sem desprestigiá-lo, discorda-se: o inciso II do §5º do art. 165 não isenta as SEM e as EP do orçamento público, mas enfatiza a necessidade de que os respectivos investimentos constem do orçamento. O inciso I do mesmo dispositivo exige essa interpretação: "§ 5º A lei orçamentária anual compreenderá: I – o orçamento fiscal referente aos Poderes da União, seus fundos, órgãos e entidades da *administração direta e indireta*, inclusive fundações instituídas e mantidas pelo Poder Público". (Grifo nosso). O orçamento anual refere-se à Administração Direta e Indireta, ou seja, estende-se às empresas estatais.

ESTATUTO DAS EMPRESAS ESTATAIS À LUZ DA CONSTITUIÇÃO...

REFERÊNCIAS BIBLIOGRÁFICAS

ALESSI, Renato. *Principi di diritto amministrativo.* vol. I. Milano: Giuffrè, 1966.

ALEXY, Robert. *Teoria dos direitos fundamentais.* Tradução de Virgílio Afonso da Silva. São Paulo: Malheiros, 2008.

_____. *Direito, razão, discurso:* estudos para a filosofia do direito. Tradução Luís Afonso Heck. Porto Alegre: Livraria do Advogado, 2010.

ARAGÃO, Alexandre Santos de. *Empresas estatais:* o regime jurídico das empresas públicas e sociedades de economia mista. Rio de Janeiro: Forense, 2017.

ATALIBA, Geraldo. *Sistema constitucional tributário brasileiro.* São Paulo: Revista dos Tribunais, 1968.

_____; GONÇALVES, J. A. Lima. "Excedente contábil: sua significação nas atividades pública e privada". *Revista Trimestral de Direito Público,* São Paulo, vol. 6, pp. 277-280, 1994.

_____. "Empresas estatais e regime administrativo". *Revista Trimestral de Direito Público,* São Paulo, vol. 4, pp. 55-70, 1993.

_____. "Patrimônio administrativo – Empresas estatais delegadas de serviço público – Regime de seus bens – Execução de suas dívidas". *Revista Trimestral de Direito Público,* São Paulo, vol. 7, pp. 21-40, 1994.

_____. "Autarquia sob forma de sociedade anônima: Banco Nacional de Crédito Cooperativo – natureza jurídica – intenção da lei e intenção do legislador". *Revista de Direito Público,* São Paulo, ano I, vol. 3, pp. 137-149, jan.-mar. 1968.

_____. *Lei complementar na Constituição.* São Paulo: Revista dos Tribunais, 1971.

BANDEIRA DE MELLO, Celso Antônio. *Curso de direito administrativo.* 33ª ed. São Paulo: Malheiros, 2016.

_____. "Criação de secretarias municipais: inconstitucionalidade do art. 43 da Lei Orgânica dos Municípios do Estado de São Paulo". *Revista de Direito Público,* São Paulo, ano IV, vol. 15, pp. 284-288, jan.-mar. 1971.

_____. "O conteúdo do regime jurídico-administrativo e seu valor metodológico". *Revista de Direito Público,* São Paulo, n. 2, ano I, pp. 44-61, out.-dez. 1967.

_____. *Prestação de serviços públicos e administração indireta*. 2ª ed. São Paulo: Revista dos Tribunais, 1987.

_____. "Natureza essencial das sociedades mistas e empresas públicas". *Revista de Direito Público*, São Paulo, vol. 71, pp. 111-117, jul.-set. 1984.

_____. "Sociedades mistas, empresas públicas e o regime de direito público". *Revista de Direito Público*, São Paulo, ano 24, n. 97, pp. 29-36, jan.-mar. 1991.

_____. "Serviço público e poder de polícia: concessão e delegação". *Revista Trimestral de Direito Público*, São Paulo, n. 20, pp. 21-28, 1997.

_____. "Regime jurídico das empresas estatais". *Revista de Direito Público*, São Paulo, ano XX, n. 83, pp. 174-179 e 189-191, jul.-set. 1987.

_____. *Ato administrativo e direitos dos administrados*. São Paulo: Revista dos Tribunais, 1981.

BANDEIRA DE MELLO, Oswaldo Aranha. *Princípios gerais de direito administrativo.* vol. II: das pessoas. Rio de Janeiro: Forense, 1969.

BERTALANFFY, Ludwig von. *Teoria geral dos sistemas.* Tradução de Francisco M. Guimarães. 3ª ed. Petrópolis: Vozes, 2008.

BOBBIO, Norberto. *O positivismo jurídico*: lições de filosofia do Direito. São Paulo: Ícone, 1995.

BROWNING, Edgar K.; ZUPAN, Mark A. *Microeconomia*. Tradução Bruna Catarine Caloi e Leila Almeida Rangel. Rio de Janeiro: LTC, 2004.

CANOTILHO, José Joaquim Gomes. *Direito constitucional e teoria da Constituição*. 4ª ed. Coimbra: Almedina, 2000.

CARNELUTTI, Francesco. *Sistema de direito processual civil.* vol. 1. Tradução de Hiltomar Martins Oliveira. 2ª ed. São Paulo: Lemos e Cruz, 2004.

CARRIÓ, Genaro R. *Notas sobre derecho y lenguaje*. 4ª ed. Buenos Aires: Abeledo-Perrot, 1998.

CARVALHO FILHO, José dos Santos. *Manual de direito administrativo*. 30ª ed. São Paulo: Atlas, 2016.

_____. *Consórcios públicos*. Rio de Janeiro: Lumen Juris, 2009.

ESTATUTO DAS EMPRESAS ESTATAIS À LUZ DA CONSTITUIÇÃO...

CARVALHO, Paulo de Barros. *Direito tributário, linguagem e método.* São Paulo: Noeses, 2008.

_____. *Curso de direito tributário.* 14ª ed. São Paulo: Saraiva, 2002.

CASTOR, Belmiro Valverde Jobim. *O Brasil não é para amadores*: Estado, governo e burocracia na terra do jeitinho. Curitiba: IBQP-PR, 2000.

CINTRA DO AMARAL, Antônio Carlos. *Comentando as licitações públicas.* Rio de Janeiro: Temas & Ideias, 2002.

_____. *Licitação e contrato administrativo*: estudos, pareceres e comentários. 2ª ed. Belo Horizonte: Fórum, 2009.

COELHO, Fábio Ulhoa. *Curso de direito comercial.* vol. 1. 3ª ed. São Paulo: Saraiva, 2000.

COMPARATO, Fábio Konder. *O poder de controle na sociedade anônima.* 4ª ed. Rio de Janeiro: Forense, 2005.

_____. "Monopólio do transporte de gás natural", *Revista Trimestral de Direito Público*, São Paulo, vol. 13, pp. 112-116, 1996.

CORREIA, José Manuel Sérvulo. *Legalidade e autonomia contratual nos contratos administrativos.* Coimbra: Almedina, 2003.

DAIN, Sulamis. *Empresa estatal e capitalismo contemporâneo.* Campinas: UNICAMP, 1986.

DALLARI, Dalmo de Abreu. *Elementos de teoria geral do Estado.* 19ª ed. São Paulo: Saraiva, 1995.

DI PIETRO, Maria Sylvia Zanella. *Do Direito privado na administração pública.* São Paulo: Altas, 1989.

_____. "Introdução: do Direito privado na administração pública". *In:* DI PIETRO, Maria Sylvia Zanella (coord). *Direito privado administrativo.* São Paulo: Atlas, 2013, pp. 1-20.

DUTRA, Pedro Paulo de Almeida. *Controle de empresas estatais.* São Paulo: Saraiva, 1991.

DWORKIN, Ronald. *O império do direito.* Tradução Jefferson Luiz Camargo. São Paulo: Martins Fontes, 2003.

_____. *Levando os direitos a sério*. Tradução de Nelson Boeira. São Paulo: Martins Fontes, 2002.

FALCÃO, Raimundo Bezerra. *Hermenêutica*. 2ª ed. São Paulo: Malheiros, 2013.

FARIA, Ernesto. *Dicionário Latino-Português*. Belo Horizonte: Garnier, 2003.

FERRAZ JÚNIOR, Tércio Sampaio. *Estudos de filosofia do direito*. 3ª ed. São Paulo: Atlas, 2009.

_____. *Introdução ao estudo do direito*: técnica, decisão, dominação. 5ª ed. São Paulo: Atlas, 2007.

FIDALGO, Carolina Barros. *O Estado empresário*. São Paulo: Almedina, 2017.

FIGUEIREDO, Lúcia Valle. *Empresas públicas e sociedades de economia mista*. São Paulo: Revista dos Tribunais, 1973.

FIORIN, José Luiz. *Figuras de retórica*. São Paulo: Contexto, 2014.

FLEINER, Fritz. *Instituciones de derecho administrativo*. Tradução de Sabino A. Gendin. Barcelona: Labor, 1933.

FRANKL, Viktor E. *Em busca de sentido*. Tradução de Walter O. Schlupp e Carlos C. Aveline. 25ª ed. São Leopoldo: Sinodal; Petrópolis: Vozes, 2008.

FREITAS, Juarez. *A interpretação sistemática do direito*. 3ª ed. São Paulo: Malheiros, 2002.

GADAMER, Hans-Georg. *Verdade e método* II. Tradução de Ênio Paulo Giachini. Petrópolis: Vozes, 2002.

_____. *Verdade e método* I. Tradução de Flávio Paulo Meurer. 5ª ed. Petrópolis: Vozes, 2003.

GARCÍA DE ENTERRÍA, Eduardo; FERNÁNDEZ, Tomás-Ramón. *Curso de direito administrativo*. vol. I. Tradução de José Alberto Froes Cal. São Paulo: Revista dos Tribunais, 2014.

GRAU, Eros Roberto. *Ensaio e discurso sobre a interpretação/aplicação do direito*. São Paulo: Malheiros, 2002.

_____. *Por que tenho medo dos juízes*. 7ª ed. São Paulo: Malheiros, 2016.

ESTATUTO DAS EMPRESAS ESTATAIS À LUZ DA CONSTITUIÇÃO...

_____. *A ordem econômica na Constituição de 1988*. 6ª ed. São Paulo: Malheiros, 2001.

GUIMARÃES, Edgar; SANTOS, José Anacleto Abduch. *Lei das estatais*: comentários ao regime jurídico licitatório e contratual da Lei 13.303/2016. Belo Horizonte: Fórum, 2017.

HACHEM, Daniel Wunder. *Princípio constitucional da supremacia do interesse público*. Belo Horizonte: Fórum, 2011.

HOHMANN, Ana Carolina. *O contrato de programa na Lei Federal 11.107/05*. Rio de Janeiro: Lumen Juris, 2016.

HOUAISS, Antônio; VILLAR, Mauro de Salles (coord.). *Dicionário Houaiss da língua portuguesa*. Rio de Janeiro: Objetiva, 2001.

HUNGRIA, Nélson. *Comentários ao Código Penal*. 4ª ed. vol. I. tomo. I. Rio de Janeiro: Forense, 1958.

JUSTEN FILHO, Marçal (coord.). *Estatuto jurídico das empresas estatais*: Lei 13.303/2016. São Paulo: Revista dos Tribunais, 2016.

_____. *Desconsideração da personalidade societária no Direito brasileiro*. São Paulo: Revista dos Tribunais, 1987.

_____. *Teoria geral das concessões de serviço público*. São Paulo: Dialética, 2003.

LARENZ, Karl. *Metodologia da Ciência do Direito*. Tradução de José Lamego. 3ª ed. Lisboa: Calouste Gulbenkian, 1997.

MANCUSO, Rodolfo de Camargo. *Interesses difusos*: conceito e legitimação para agir. 5ª ed. São Paulo: Revista dos Tribunais, 2000.

MANKIW, N. Gregory. *Introdução à economia*. Tradução Allan Vidigal Hastings. São Paulo: Cengage Learning, 2008.

MARTINS, Ricardo Marcondes. *Regulação administrativa à luz da Constituição Federal*. São Paulo: Malheiros, 2012.

_____. "Justiça deôntica". *In:* PIRES, Luis Manuel Fonseca; MARTINS, Ricardo Marcondes. *Um diálogo sobre a justiça*. Belo Horizonte: Fórum, 2012, pp. 149-244.

_____. "Jurista, de que lado você está?" *Revista Colunistas de Direito do Estado,*

Salvador, n. 193, 17.06.2016. Disponível em: http://goo.gl/BcNY9v. Acesso em 15.03.2017.

_____. *Teoria jurídica da liberdade*. São Paulo: Contracorrente, 2015.

_____. "Teoria dos princípios formais". *In:* FERNANDES, Felipe Gonçalves (coord.). *Temas atuais de direito administrativo*. São Paulo: Intelecto, 2016, pp. 02-33.

_____. *Estudos de direito administrativo neoconstitucional*. São Paulo: Malheiros, 2015.

_____; DAL POZZO, Augusto Neves. "A obra de *Le service public* à luz do Direito Brasileiro". *In:* CHEVALIER, Jacques. *O serviço público*. Belo Horizonte: Fórum, 2017, pp. 09-17.

_____. "Princípio da liberdade das formas no Direito Administrativo". *In:* BANDEIRA DE MELLO, Celso Antônio; FERRAZ, Sérgio; ROCHA, Silvio Luís Ferreira da; SAAD, Amauri Feres. *Direito administrativo e liberdade*. São Paulo: Malheiros, 2014, pp. 641-687.

_____. "Qual é o critério para a incidência do Direito Administrativo?". *Revista Colunistas de Direito do* Estado, n. 257, 16.09.2016. Disponível em: https://goo.gl/j3mP0H. Acesso em 15.03.17.

_____. "Teoria das contrafações administrativas". A&C *Revista de Direito Administrativo & Constitucional*, Belo Horizonte, ano 16, n. 64, pp. 115-148, abr./jun. 2016.

_____. "Paradoxo da interpretação literal". *Revista Colunistas de Direito do Estado*, n. 102, 07.03.2016. Disponível em: http://goo.gl/bneUDH. Acesso em 15.03.17.

_____. *Efeitos dos vícios do ato administrativo*. São Paulo: Malheiros, 2008.

MAYER, Otto. *Derecho administrativo alemán*. tomo I. Tradução de Horacio H. Heredia e Ernesto Krotoschin. Buenos Aires: Depalma, 1949.

MAZZILLI, Hugo Nigro. *A defesa dos interesses difusos em juízo*. 11ª ed. São Paulo: Saraiva, 1999.

MEIRELLES, Hely Lopes. *Direito administrativo brasileiro*. 8ª ed. São Paulo: Revista dos Tribunais, 1981.

ESTATUTO DAS EMPRESAS ESTATAIS À LUZ DA CONSTITUIÇÃO...

_____. "A licitação nas entidades paraestatais". *Revista de Direito Administrativo*, Rio de Janeiro, vol. 132, pp. 32-40, abr.-jun. 1978.

_____. "O Estado e suas empresas". *Revista de Direito Administrativo*. Rio de Janeiro, vol. 147, pp. 1-6, jan.-mar. 1982.

MEIRELLES TEIXEIRA, José Horácio. *Curso de direito constitucional*. Rio de Janeiro: Forense Universitária, 1991.

MEDEIROS, Rui. *A decisão de inconstitucionalidade*. Lisboa: Universidade Católica, 1999.

MUKAI, Toshio. *O direito administrativo e o regime jurídico das empresas estatais*. 2ª ed. Belo Horizonte: Fórum, 2004.

NOGUEIRA, Ataliba. *O Estado é meio e não fim*. 3ª ed. São Paulo: Saraiva, 1955.

PETTER, Lafayete Josué. *Princípios constitucionais da ordem econômica*. 2ª ed. São Paulo: Revista dos Tribunais, 2008.

PINTO JUNIOR, Mario Engler. *Empresa estatal*: função econômica e dilemas societários. São Paulo: Atlas, 2010.

PONTES DE MIRANDA, Francisco Cavalcanti. *Comentários à Constituição de 1967*: com a Emenda n. 1 de 1969. 2ª ed. tomo VI. São Paulo: Revista dos Tribunais, 1972.

SANTIAGO NINO, Carlos. *Introdução à análise do direito*. Tradução de Elza Maria Gasparotto. São Paulo: WMF Martins Fontes, 2015.

SAVIGNY, Friedrich Karl von. *Metodologia jurídica*. Tradução de Hebe A. M. Caletti Marenco. Campinas: Edicamp, 2001.

SCHIER, Paulo Ricardo. *Filtragem constitucional*: construindo uma nova dogmática jurídica. Porto Alegre: Sérgio Antonio Fabris Editor, 1999.

SCHIRATO, Vitor Rhein. *As empresas estatais no direito administrativo econômico atual*. São Paulo: Saraiva, 2016.

SCHLEIERMACHER, Friedich D. E. *Hermenêutica*: arte e técnica da interpretação. Tradução de Celso Reni Braida. Bragança Paulista: Editora Universitária São Francisco, 2003.

SILVA, José Afonso da. *Comentário contextual à Constituição*. São Paulo: Malheiros, 2005.

SILVA, Leonardo Toledo da. *Abuso da desconsideração da personalidade jurídica.* São Paulo: Saraiva, 2014.

SUNDFELD, Carlos Ari. "Entidades administrativas e noção de lucro". *Revista Trimestral de Direito Público* – RTDP, São Paulo, vol. 6, pp. 263-268, 1994.

TÁCITO, Caio. "Direito Administrativo e Direito privado nas empresas estatais". *Revista de Direito Administrativo,* Rio de Janeiro, vol. 151, pp. 22-28, jan.–mar. 1983.

_____. "Gás – monopólio – concessão". *Revista Trimestral de Direito Público,* São Paulo, vol. 7, pp. 51-57, 1994.

WITTGENSTEIN, Ludwig. *Investigações filosóficas.* 4ª ed. Tradução Marcos G. Montagnoli. Petrópolis: Vozes, 2005.

WOLFF, Hans J.; BACHOF, Otto; STOBER, Rolf. *Direito administrativo.* vol. I. Tradução António F. de Sousa. Lisboa: Fundação Calouste Gulbenkian, 2006.

VELLOSO, Carlos. "Regime jurídico das empresas estatais". *Revista de Direito Público,* São Paulo, ano XX, n. 83, pp. 151/152 e 192-194, jul.–set. 1987.

VERÇOSA, Haroldo Malheiros Duclerc. *Curso de direito comercial.* vol. 1. São Paulo: Malheiros, 2004.

Informação bibliográfica deste texto, conforme a NBR 6023:2002 da Associação Brasileira de Normas Técnicas (ABNT):

MARCONDES MARTINS, Ricardo. "Estatuto das empresas estatais à luz da Constituição Federal". *In*: DAL POZZO, Augusto; MARTINS, Ricardo Marcondes (Coord.). *Estatuto jurídico das empresas estatais.* São Paulo: Editora Contracorrente, 2018, pp. 17-112. ISBN. 978-85-69220-39-8.

REGIME SOCIETÁRIO DAS EMPRESAS PÚBLICAS E SOCIEDADES DE ECONOMIA MISTA

ANA FRAZÃO

Sumário: Introdução. 1. Coesão e extensão do regime societário das estatais. 1.1 Grau de uniformidade do regime societário das estatais. 1.2 Alcance do regime societário das estatais. 2. Visão sistemática do regime societário das estatais: objeto social e interesse social das estatais a partir da Constituição Federal e da Lei das S/A. 3. Lei n. 13.303/2016: objeto social e interesse social das estatais a partir da delimitação explícita da sua função social. 3.1 Reforço da importância da lei autorizadora e dos estatutos na delimitação do objeto social e previsão da carta anual para a sua execução. 3.2 Delimitação clara e precisa da função social das estatais. 4. Regime societário específico das estatais. 4.1 Regime de governança corporativa. 4.2 Regime de transparência. 4.3 Regime de gestão de riscos e controle interno. 4.4 Regime organizativo. 4.4.1 Órgãos obrigatórios. 4.4.2 Requisitos para a assunção de cargos nos órgãos das estatais. 5. Deveres gerais e responsabilidade de controladores, administradores e membros de órgãos das estatais. 5.1 Deveres e responsabilidades do controlador. 5.2 Deveres e responsabilidades dos administradores. 5.3 Deveres e responsabilidades dos membros do Conselho Fiscal e do

INTRODUÇÃO

A Lei n. 13.303/2016 ingressou no mundo jurídico com a missão espinhosa de disciplinar o estatuto das empresas públicas e das sociedades de economia mista, o que se estende às suas controladas e, em certo grau, também às sociedades em que mantêm investimentos.

Verdade seja dita que a Lei das S/A já instituía regime de governança para as sociedades de economia mista, até porque estas, ao adotarem obrigatoriamente a forma de sociedade anônima, se equiparavam às companhias privadas em vários aspectos.[1] Ocorre que tal regime jurídico nunca foi implementado amplamente na prática, seja por falta de vontade política e por ausência de fiscalização e controle efetivos, seja em razão das dificuldades naturais de compatibilizar organizações de finalidades lucrativas com os propósitos de interesse público que justificam a sua criação.

Entretanto, mais recentemente, resultados econômicos controversos e escândalos de corrupção deixaram clara a fragilidade da organização e gestão das estatais, o que fez surgir interesse renovado na reconfiguração do seu modelo de governança a partir de uma lei específica.[2]

---

[1] Daí Trajano de Miranda Valverde ("Sociedades anônimas ou companhias de economia mista". *Revista de Direito Administrativo*. vol. 1, n. 2, pp. 429-441, 1945. p. 437) considerar que seria até mesmo dispensável a criação de lei específica para disciplinar as sociedades de economia mista, bastando a aplicação das diretrizes gerais referentes às sociedades anônimas.

[2] Conforme apontado por Arnoldo Wald ("As sociedades de economia mista e a nova lei das sociedades anônimas". *Revista de Informação Legislativa*. vol. 14, n. 54, pp. 99-114, abr./jun. 1977, p. 100), já é antiga a discussão sobre a necessidade de um diploma destinado a disciplinar as estatais: de um lado, posicionam-se aqueles que defendiam a edição de uma lei orgânica capaz de conferir maior segurança nas relações jurídicas desses entes; de outro lado, encontram-se os que defendem a implantação de um sistema casuístico de regulamentação de cada entidade, conferindo maior flexibilidade a essas empresas. Ensina o autor: "Na realidade, tanto o legislador quanto a autoridade

REGIME SOCIETÁRIO DAS EMPRESAS PÚBLICAS E SOCIEDADES...

É nesse contexto que deve ser entendido o novo regime societário das sociedades de economias mista e empresas públicas implementado pela Lei n. 13.303/2016, cujas principais questões serão objeto do presente artigo, para se delinear, ao final, qual será o real impacto das alterações legislativas sobre a gestão de tais entes.

1. COESÃO E EXTENSÃO DO REGIME SOCIETÁRIO DAS ESTATAIS

1.1 Grau de uniformidade do regime societário das estatais

Por mais que a Lei das Estatais tenha pretendido criar regime uniforme entre as sociedades de economia mista e as empresas públicas, certamente que não haverá identidade perfeita entre os dois modelos, em razão das diferenças naturais que os separam.

Com efeito, enquanto as empresas públicas apenas podem ser constituídas por capitais públicos, incluindo aí entes da administração indireta (Lei n. 13.303/2016, art. 3º, parágrafo único), as sociedades de economia mista são constituídas por uma combinação entre capitais públicos e privados. Tais características obviamente se projetam tanto no controle como no modelo societário e, consequentemente, terão impacto no regime societário.

Como as sociedades de economia mista, nos termos do artigo 4º da Lei n. 13.303/2016, só podem ser constituídas como sociedades anônimas, estando submetidas amplamente às disposições da Lei das S/A[3], têm regime jurídico mais uniforme e de fácil identificação. O fato de poderem ter como controlador tanto um ente federativo como um ente

---

administrativa oscilam entre a necessidade de dar a tais empresas a necessária flexibilidade e liberdade de ação e, por outro lado, o imperativo do controle e da moralidade pública".

[3] O Decreto n. 8.945/2016 é claro ao afirmar, no seu art. 10, a ampla sujeição das sociedades de economia mista à Lei das S/A salvo nas hipóteses por ele especificadas, a saber: (i) no que toca à quantidade mínima de membros do Conselho de Administração; (ii) ao prazo de atuação dos membros do Conselho Fiscal; e (iii) às pessoas aptas a propor ação de reparação por abuso de poder de controle e ao prazo prescricional para sua propositura.

ANA FRAZÃO

da administração indireta lhes dá igualmente maior flexibilidade para a sua constituição e gestão.[4]

Distinta é a situação das empresas públicas, cujo capital apenas pode ser detido por entes públicos (incluindo a administração indireta), sendo que a maioria do capital votante precisa ser necessariamente titularizada por algum ente federativo (Lei n. 13.303/2016, art. 3º, *caput* e parágrafo único). Acresce que não há obrigatoriedade de que as empresas públicas sejam sociedades anônimas, motivo pelo qual, pelo menos em tese, elas poderão adotar qualquer modelo de sociedade personificada, nos termos do que já preconizava o inciso II do artigo 5º do Decreto-Lei n. 200/67[5], ou mesmo criar novos modelos societários.[6]

---

[4] Contrariamente ao texto da Lei n. 13.303/2016, o Decreto n. 8.945/2016 define sociedade de economia mista como "empresa estatal cuja maioria das ações com direito a voto pertença diretamente à União" (art. 2º, III), não mencionando a possibilidade de controle por meio de entidade da administração indireta. Entretanto, até diante do princípio da legalidade, não há outra interpretação senão a de que deve prevalecer o conceito legal, que admite igualmente o controle por entidade da administração indireta.

[5] Segundo o Decreto-Lei n. 200/67, as empresas públicas poderão "revestir-se de qualquer das formas admitidas em direito", nos termos do que já defendia Bilac Pinto ("O declínio das sociedades de economia mista e o advento das modernas empresas públicas. *Revista de direito administrativo*". vol. 32, pp. 1-15, 1953). Nesse sentido, autores como Maria Sylvia Zanella Di Pietro (*Direito administrativo*. 27ª ed. São Paulo: Atlas, 2014, p. 523) e Sérgio de Andréa Ferreira ("O direito administrativo das empresas governamentais brasileiras". *Revista de Direito Administrativo*. vol. 136, pp. 1-33, 1979, pp. 11/12) defendem ser possível a instituição de empresas públicas na forma de sociedade civil ou qualquer sociedade empresária, inclusive de sociedades unipessoais, quando for titularizada exclusivamente pela pessoa jurídica de direito público que a instituiu. Segundo José Cretella Jr. (*Empresa pública*. São Paulo: Bushatsky, 1974, p. 212), a possibilidade de a empresa pública constituir-se em sociedade unipessoal representa afastamento do modelo tradicional de sociedade empresária, o que se justifica em razão de ser instrumento do Estado.

[6] Conforme Vitor Schirato (*As empresas estatais no Direito Administrativo Econômico atual*. São Paulo: Saraiva, 2016. p. 48), "o fato de não haver um tipo empresarial predeterminado para a constituição das empresas públicas faz com que possa, inclusive, haver a criação de novos tipos empresariais para determinadas empresas públicas a serem constituídas pela União Federal (...)". É o que também sustenta Maria Sylvia Zanella di Pietro (*Direito administrativo*. 27ª ed. São Paulo: Atlas, 2014, p. 523), para quem a empresa pública pode adotar "forma inédita prevista na lei singular que a instituiu". Exemplo paradigmático é o da Caixa Econômica Federal que, mesmo segundo seu estatuto mais

REGIME SOCIETÁRIO DAS EMPRESAS PÚBLICAS E SOCIEDADES...

Isso pode gerar problemas, pois, a depender do tipo societário escolhido, haverá a aplicação supletiva de regras diferentes, com todas as controvérsias daí decorrentes. Mencione-se, a título de exemplo, a sociedade limitada, que ainda pode adotar tanto a regência supletiva das sociedades simples, como das sociedades anônimas, nos termos do artigo 1.053, do Código Civil.

Tal aspecto é relevante porque a Lei n. 13.303/2016 obviamente não esgota todos os assuntos relacionados à gestão das estatais, motivo pelo qual deverá ser sempre aplicada de forma conjugada ou com a Lei das S/A ou com a legislação específica do modelo societário adotado pela empresa pública, caso tenha optado por outro que não a sociedade anônima.[7]

Até para evitar tais riscos e buscar maior homogeneidade no regime jurídico das estatais, o Decreto n. 8.945/2016, em seu artigo 11, determina que "a empresa pública adotará, preferencialmente, a forma de sociedade anônima, que será obrigatória para suas subsidiárias". Entretanto, não se pode afastar a possibilidade da utilização de outros modelos societários por empresas públicas.

Não obstante, é certo que a Lei n. 13.303/2016 procura assegurar um núcleo comum de organização e governança para todas as estatais, em todos os níveis federativos, com considerável grau de estruturação e complexidade. Por essa razão, o regime societário delineado pela lei refere-se às empresas públicas e às sociedades de economia mista de todos os entes federativos, com as ressalvas já mencionadas anteriormente.[8]

---

recente (Dec. n. 7.973/2013), não dispõe de assembleia-geral, mas tão somente de Conselho de Administração composto por membros indicados pelo Estado.

[7] Daí a acertada conclusão de Vitor Schirato (*As empresas estatais no Direito Administrativo Econômico atual*. São Paulo: Saraiva, 2016, p. 48) de que: "O fato de as empresas públicas poderem ser constituídas sob qualquer das formas empresariais previstas na legislação de Direito privado faz com que os requisitos para sua efetiva existência dependam do regime jurídico insculpido na legislação civil". Mais preocupante seriam os casos em que houvesse a criação de modelo original pela lei autorizadora, caso em que apenas se poderia socorrer das soluções previstas em outros modelos por meio da analogia.

[8] Vale ressaltar que, nos termos do artigo 91 da Lei n. 13.303/2016, "A empresa pública e a sociedade de economia mista constituídas anteriormente à vigência desta Lei deverão,

Dessa maneira, qualquer que seja o modelo societário escolhido pela empresa pública, terá ele que comportar a base normativa de regras imperativas previstas pela Lei n. 13.303/2016, inclusive no que diz respeito à existência de órgãos obrigatórios, tais como o Conselho de Administração e o Comitê de Auditoria Estatutário, como se verá adiante.[9]

A única flexibilização permitida pela lei foi a de possibilitar regime mais simplificado para as estatais de menor porte, nos termos do §1º do artigo 1º, que excetua das previsões gerais da lei as empresas públicas e sociedades de economia mista que, em conjunto com suas subsidiárias, tenham tido no exercício social anterior receita operacional bruta inferior a R$ 90.000.000,00 (noventa milhões de reais).[10] Neste caso, o §3º do artigo 1º autoriza que o Poder Executivo de cada um dos entes federativos edite regras de governança próprias[11], desde que observadas as diretrizes gerais da lei, sendo mantidas, mesmo em relação a elas, as regras constantes dos artigos 2º ao 8º, 11 e 12 e 27.[12] No âmbito federal, o Decreto n. 8.945/2015 estabelece as diretrizes do tratamento diferenciado a ser concedido às empresas estatais federais.[13]

1.2 Alcance do regime societário das estatais

A Lei das Estatais faz um corte preciso entre as estatais – empresas controladas pelo Estado – e empresas privadas nas quais o Estado apenas

---

no prazo de 24 (vinte e quatro) meses, promover as adaptações necessárias à adequação ao disposto nesta Lei".

[9] No caso do Conselho de Administração, a única exceção prevista pelo Decreto n. 8.945/2016 diz respeito às subsidiárias de capital fechado (art. 31).

[10] O Decreto n. 8.945/2016 trata do cálculo do valor da receita operacional bruta nos §§2º e 3º do artigo 51.

[11] Vale mencionar o exemplo do Decreto n. 62.349/2016, do Estado de São Paulo, que afastou a aplicação de alguns dispositivos da lei federal para instituir regime especial às empresas estatais de menor porte.

[12] Caso não o façam no prazo de 180 dias, nos termos do §4º, devem ser submetidas às mesmas regras previstas para as demais estatais.

[13] O tratamento diferenciado conferido pelo decreto às estatais de menor porte (arts. 51 a 57) consiste, em suma, na definição de parâmetros diversos para a composição dos seus órgãos, dispensando ou mitigando exigências do regime geral.

REGIME SOCIETÁRIO DAS EMPRESAS PÚBLICAS E SOCIEDADES...

atua como investidor – empresas não controladas pelo Estado ou "sociedades privadas", de acordo com a terminologia do artigo 2º, VI, do Decreto n. 8.945/2016. Vale ressaltar que o §7º do artigo 1º define a "mera participação" ou investimento como a situação em que a empresa pública, a sociedade de economia mista e suas subsidiárias não tenham o controle acionário da sociedade investida.

Como se pode observar, a noção de controle é o ponto de partida para a definição das estatais, motivo pelo qual podem ser assim consideradas, para efeitos da aplicação do regime previsto na Lei n. 13.303/2016:

(i) as sociedades de economia mista e empresas públicas;

(ii) as sociedades controladas por estatais, denominadas pelo Decreto n. 8.945/2016 de "subsidiárias"[14], o que se estende às sociedades de propósito específico (§6º do art. 1º); e

(iii) as sociedades controladas por subsidiárias, que também serão consideradas também subsidiárias.[15]

A lei também determina a aplicação do regime nela previsto aos consórcios em que as estatais apareçam como operadoras (§5º do art. 1º).

Não obstante a preocupação do legislador em oferecer uma diferenciação precisa entre as estatais e as sociedades privadas em que o Estado é investidor, subsistem dúvidas sobre o tema. A primeira delas refere-se ao critério do controle para a identificação das subsidiárias, já que a lei menciona apenas o "controle acionário", enquanto o decreto exige a maioria do capital votante – controle majoritário –, afastando consequentemente o controle minoritário.[16]

---

[14] A lei é clara ao afirmar que o regime jurídico nela previsto aplica-se igualmente às subsidiárias, sendo o seu artigo 1º expresso no sentido de que: "Esta Lei dispõe sobre o estatuto jurídico da empresa pública, da sociedade de economia mista e de suas subsidiárias (...)". As subsidiárias, por sua vez, são descritas pelo artigo 2º, IV, do Decreto n. 8.945/2016.

[15] O Decreto n. 8.945/2016 define subsidiária a partir da titularidade direta ou *indireta* da maioria do capital votante (art. 2º, IV).

[16] Com efeito, o artigo 1º, §7º, da Lei n. 13.303/2016 é claro ao utilizar o critério do

ANA FRAZÃO

Se é certo que o decreto não pode contrariar a lei, pode-se argumentar, em defesa da legalidade da regulamentação, que esta acolheu o critério de controle majoritário previsto na própria lei para a definição das sociedades de economia mista e empresas públicas.[17] Dessa maneira, até por uma questão de simetria, também se exigiria o controle majoritário para a definição das subsidiárias, de modo que a expressão "controle acionário", mencionada pelo §7º do artigo 1º da Lei n. 13.303/2016, apenas poderia ser interpretada nesse sentido.

De toda sorte, uma conclusão é certa: por mais que se saiba que a identificação do controle minoritário seja tormentosa, não há razão legítima para afastar a existência de subsidiária estatal sempre que ele estiver presente, observação que se projeta igualmente sobre a própria definição de empresa pública e sociedade de economia mista, que não deveria se basear apenas no controle majoritário.

Outra discussão é saber se a Lei das Estatais se aplica quando a estatal participa de controle conjunto, hipótese que foi confirmada por recente decisão da CVM, que entendeu ser necessário que as exigências da nova lei se imponham igualmente na indicação de administradores de sociedades privadas controladas em conjunto por empresas estatais e privadas.[18]

---

controle acionário, o que englobaria as suas três espécies – controle totalitário, controle majoritário e controle minoritário – afastando apenas os controles não acionários, como o gerencial e o externo. Entretanto, o artigo 2º, IV, do Decreto n. 8.945/2016 é claro ao afastar o controle minoritário, na medida em que exige que a maioria das ações com direito a voto pertença direta ou indiretamente a alguma estatal.

[17] Como já se esclareceu anteriormente, o artigo 3º, parágrafo único, da Lei n. 13.303/2016 define a empresa pública a partir da propriedade da maioria do capital votante por ente federativo, enquanto que o artigo 4º define a sociedade de economia mista a partir da propriedade da maioria do capital votante por ente federativo ou entidade da administração indireta.

[18] Foi o que entendeu a CVM em caso no qual a Companhia Energética de Minas Gerais (CEMIG) indicou integrante de comitê de campanha nas eleições presidenciais de 2014 para o cargo de conselheiro da Light, empresa privada não submetida à Lei n. 13.303/2016. Dessa forma, conclui a CVM que, ainda que a Light não estivesse submetida ao regime do diploma de 2016, a CEMIG, sociedade de economia mista, deve observar as regras de governança constantes da Lei n. 13.303/2016 e, por isso,

REGIME SOCIETÁRIO DAS EMPRESAS PÚBLICAS E SOCIEDADES...

Por outro lado, é importante esclarecer que a lei também procura abranger, ainda que de forma menos rígida, a governança das sociedades privadas em que o Estado é mero investidor, sem qualquer poder de controle. Tais sociedades devem estar submetidas a uma série de práticas de governança e obrigações de transparência e controle do risco, nos termos do §7º do artigo 1º, que cria obrigações de menor extensão mas, ainda assim, bastante rigorosas para o controle dos investimentos dos entes públicos, sempre proporcionais à relevância, à materialidade e aos riscos do negócio do qual são partícipes.[19]

Uma falha do arcabouço normativo sobre a questão foi a de ser omisso sobre as hipóteses em que o investimento estatal, apesar de não corresponder à maioria do capital votante ou mesmo ao controle, diferencia-se do mero investimento passivo, como nos casos de influência significativa ou nas hipóteses em que o ente público apresenta poderes diferenciados.[20]

---

não poderia indicar integrante de comitê de campanha. Ver: CVM, Pedido de interrupção do curso de prazo de antecedência de convocação de Assembleia Geral Extraordinária – Light S.A., Reg. n. 0476/16, Rel. SEP, Data de Julgamento: 27.12.2016, Data de Publicação: 27.12.2016.

[19] O artigo 8º do Decreto n. 8.945/2016 submete a participação de estatais em sociedades privadas aos seguintes requisitos: (i) prévia autorização legal, que poderá constar apenas da lei de criação da estatal investidora; (ii) vinculação com o objeto social da estatal investidora; e (iii) autorização do Conselho de Administração, na hipótese de a autorização legislativa ser genérica (art. 8º). O decreto exige igualmente que cada estatal tenha uma política de participações societárias, devidamente aprovada pelo Conselho de Administração, para dar cumprimento ao §7º, do artigo 1º, da lei (art. 9º).

[20] Conforme indicam Musacchio e Lazzarini (*Reinventando o capitalismo de estado*: o Leviatã nos negócios: Brasil e outros países [edição eletrônica]. São Paulo: Portfolio-Penguin, 2015), muito embora a participação estatal minoritária possa atenuar o grau de intervenção política na companhia, o Estado ainda pode dispor de mecanismos de interferência residual, consubstanciados tanto na confluência de atores associados ao poder público participando de uma mesma empresa – fundos de pensão, fundos soberanos, bancos de desenvolvimento, entre outros – quanto em alavancas de controle residual como *golden shares*, classes especiais de ações com poderes políticos desproporcionais (a exemplo do direito a veto), entre outros. Apontam os autores, com isso, que a interferência residual do Estado investidor minoritário pode, na verdade, representar influência significativa do poder público na condução dos negócios da empresa. Tais poderes exorbitantes podem, dessa maneira, tornar o Estado investidor minoritário formalmente majoritário.

Tais situações, que ocupam posições intermediárias entre o controle e o mero investimento passivo, também exigiriam um olhar mais atento do legislador para que, além dos critérios já previstos no artigo 1º, §7º, da Lei n. 10.303/2016 – relevância, materialidade e riscos do investimento –, o grau de ingerência e influência do Estado na sociedade investida também fosse um critério importante para se estabelecer a proporcionalidade das práticas de governança e controle a serem exigidas nos casos de participações societárias não majoritárias ou que não levem ao exercício do controle por parte do Estado.

2. VISÃO SISTEMÁTICA DO REGIME SOCIETÁRIO DAS ESTATAIS: OBJETO SOCIAL E INTERESSE SOCIAL DAS ESTATAIS A PARTIR DA CONSTITUIÇÃO FEDERAL E DA LEI DAS S/A

Antes de adentrar no exame específico do novo regime societário das estatais, é importante advertir que ele só pode ser entendido a partir de dois parâmetros que são a base da governança de qualquer sociedade empresária: o objeto social e o interesse social. Como tais discussões transcendem a Lei n. 13.306/2016, até porque têm suporte normativo na Constituição Federal e na Lei das S/A[21], devem ser inicialmente bem delimitadas, sem o que não se poderá compreender o alcance de várias das regras de governança criadas pela Lei n. 13.303/16.

Enquanto o objeto social define a atividade de uma sociedade empresária personificada, o interesse social é o parâmetro que conforma os fins e os meios pelos quais tal atividade deve ser exercida, diante dos valores ou objetivos maiores que justificam a existência da própria sociedade.[22]

---

[21] Para a melhor compreensão do cenário jurídico anterior à Lei n. 13.303/2016, ver FRAZÃO, Ana. "O que esperar da Lei n. 13.303/2016? O novo diploma realmente resolverá o problema da gestão das estatais?". *Jota*. 01.02; vol. 2017b. Disponível em: http://jota.info/artigos/.

[22] Embora se trate de conceito de difícil definição, o interesse social sempre foi associado à finalidade última da atividade empresarial (FRAZÃO, Ana. *Função social da empresa*: repercussões sobre a responsabilidade civil de controladores e administradores de S/As.

REGIME SOCIETÁRIO DAS EMPRESAS PÚBLICAS E SOCIEDADES...

Sob essa perspectiva, o "interesse social" é a baliza estrutural e valorativa da gestão das sociedades empresárias, cujos desdobramentos filosóficos e técnico-operacionais estão em constante interpenetração. Por essa razão, a expressão "interesse social" será utilizada neste estudo apenas em seu sentido técnico, vinculado ao direito societário, recorrendo-se à expressão "interesse público" quando se quiser mencionar o interesse do Estado ou da comunidade como um todo.

Quanto ao objeto, a criação das estatais não é livre, uma vez que restrita pela própria Constituição, ao afirmar, em seu artigo 173, que "Ressalvados os casos previstos nesta Constituição, a exploração direta de atividade econômica pelo Estado só será permitida quando necessária aos imperativos da segurança nacional ou a relevante interesse coletivo, conforme definidos em lei".

Trata-se, portanto, de requisito obrigatório das leis autorizadoras de criação de estatais, a ser igualmente obedecido pelos respectivos atos constitutivos, aos quais cabe o natural papel de pormenorizar de que maneira o objeto social de tais entes – que é necessariamente lucrativo – deve se compatibilizar com o interesse público específico igualmente justificador da sua existência.

Rio de Janeiro: Renovar, 2011, p. 60). A noção de interesse social, contudo, foi elaborada de maneiras diversas ao longo dos tempos, destacando-se o embate entre concepções contratualistas e institucionalistas. A abordagem contratualista do interesse social, estruturada no século XIX, parte do pressuposto de que o interesse social corresponderia ao interesse dos próprios acionistas (FRAZÃO, Ana. *Função social da empresa*: repercussões sobre a responsabilidade civil de controladores e administradores de S/As. Rio de Janeiro: Renovar, 2011, p. 64). Com a derrocada do Estado Liberal, foram dados os primeiros passos para a construção de uma abordagem institucionalista do interesse social, a partir de perspectiva que considera as pessoas jurídicas como "núcleos sociais autônomos destinados a atender finalidades socialmente úteis em torno das quais os indivíduos se unem e criam uma organização" (FRAZÃO, Ana. *Função social da empresa*: repercussões sobre a responsabilidade civil de controladores e administradores de S/As. Rio de Janeiro: Renovar, 2011, pp. 110-118). Uma das consequências da nova abordagem, que passou igualmente pela influência da função social da empresa, foi a de considerar que o interesse social deve abranger interesses outros que não apenas os dos acionistas e que "a racionalidade empresarial precisa direcionar-se igualmente para o atendimento de padrões mínimos de justiça" (Idem, p. 206), ainda que haja dúvidas sobre como compatibilizar os interesses contrapostos que se projetam sobre a sociedade empresária.

É nesse sentido que Tavares Guerreiro[23] já procurava distinguir o interesse público específico que justificou a criação da estatal do que chamava de "interesse estatal", que seria o interesse da controladora enquanto personificação do Estado. De acordo com o autor, o controlador da sociedade de economia mista deveria agir segundo o interesse público que justificou sua criação, não se admitindo o sacrifício do interesse social da estatal em nome de seu próprio.

Importa notar que a Lei das S/A, na mesma esteira das preocupações constitucionais, procurou também restringir o campo de criação e atuação de sociedades de economia mista, uma vez que estas estavam submetidas à exigência de que o seu objeto social fosse definido "de modo preciso e completo" pelo estatuto (art. 2º, §2º).

Como esclarece Mario Engler Pinto Jr.[24], a precisão do objeto social é importante para "limitar a discricionariedade dos administradores e do acionista controlador na gestão dos negócios sociais", tendo em vista que os fatores condicionantes advindos da lei autorizadora servem justamente para legitimar a ação empresarial pública pelo crivo do legislador. Logo, o campo de atuação da estatal apenas poderia ser alargado por meio de nova intervenção legislativa, e não apenas decisão administrativa pautada em pretenso interesse público.[25]

---

[23] TAVARES GUERREIRO, José Alexandre. "Conflitos de interesse entre sociedade controladora e controlada e entre coligadas, no exercício do voto em assembleias gerais e reuniões sociais". *Revista de direito mercantil, industrial, econômico e financeiro*. vol. 22, n. 51, pp. 29–32, jul./set. 1983. p. 32.

[24] PINTO Jr., Mario Engler. *Empresa estatal*: função econômica e dilemas societários. 2ª ed. São Paulo: Atlas, 2013, pp. 273/274.

[25] *Empresa estatal*: função econômica e dilemas societários. 2ª ed. São Paulo: Atlas, 2013, pp. 274–275. É o que também defende Ary Oswaldo Mattos Filho (*Direito dos valores mobiliários*. São Paulo: FGV, 2015, vol. 1, pp. 448/449), para quem "(...) na medida em que o interesse público (ou interesse coletivo) seja necessariamente declarado por lei, somente por tal mecanismo poderá ser alterado. Ou seja, ninguém, a não ser a lei, poderá dizer ou modificar o interesse público que foi votado pelo Poder Legislativo e convertido em comando de lei. Imaginar-se que o interesse coletivo possa ser alterado por manifestação isolada de qualquer membro do Poder Executivo significaria a ele atribuir o poder de alterar a vontade do legislador, o que infringiria o preceito constitucional não só da divisão de poderes, mas também a letra do artigo 173 da Constituição Federal".

REGIME SOCIETÁRIO DAS EMPRESAS PÚBLICAS E SOCIEDADES...

Tanto é assim que o artigo 238 da Lei das S/A prevê que "A pessoa jurídica que controla a companhia de economia mista tem os deveres e responsabilidades do acionista controlador (artigos 116 e 117), mas poderá orientar as atividades da companhia de modo a atender ao interesse público que justificou a sua criação".

Fica claro, portanto, que o interesse público a que se refere a Lei das S/A não é aquele interesse público genérico que permeia toda a atividade administrativa, mas sim o interesse público específico que motivou a criação da estatal.[26] O cumprimento desse interesse público específico, segundo Floriano Marques Neto e Mariana Zago[27], "é justamente fazer cumprir os fins sociais previstos em sua lei autorizadora e no seu estatuto – que, por sua vez, são executados por meio de uma estrutura empresarial".

A menção, pelo artigo 238, aos artigos 116 e 117, especialmente na parte em que tratam da função social da empresa, não afasta as conclusões acima apontadas. Isso porque o parágrafo único do artigo 116 não cria obrigações concretas para que interesses outros que transcendam os dos acionistas sejam perseguidos e atendidos diretamente – ainda que a Lei das S/A torne isso possível, de forma facultativa, ao franquear que os órgãos da companhia autorizem a prática de atos gratuitos em benefício de empregados ou da comunidade[28] – nem

---

[26] A respeito das controvérsias travadas no âmbito do Direito Administrativo a respeito da noção de interesse público e da própria ideia de supremacia do interesse público, esclarece Ary Oswaldo Mattos Filho (*Direito dos valores mobiliários*. São Paulo: FGV, 2015, vol. 1, p. 448): "De qualquer sorte, o que se tem hoje é que a discussão existente internamente nas hostes do Direito Administrativo não pode ser considerada apta a resolver de forma clara a extensão da aplicabilidade ou não do artigo 238 da Lei das Companhias no que tange ao Estado enquanto acionista controlador da companhia de economia mista. O que resta de concreto é que o interesse coletivo ou público deverá constar da lei que autoriza sua constituição, bem como do estatuto da companhia de economia mista".

[27] "Limites da atuação do acionista controlador nas empresas estatais: entre a busca do resultado econômico e a consagração das suas finalidades públicas". *Revista de direito público da economia*. vol. 13, n. 49, pp. 79-94, jan./mar. 2015, p. 88.

[28] Preceitua o texto do §4º do artigo 154 da Lei das S/A: "O Conselho de Administração ou a diretoria podem autorizar a prática de atos gratuitos razoáveis em benefício dos

possibilita que os gestores possam atuar de forma amplamente discricionária em nome de um pretenso interesse público.[29]

Tais considerações são importantes para que fique claro que, mesmo no tocante às estatais, o princípio da função social da empresa e a consequente ampliação do interesse social jamais as tornaram instrumentos flexíveis para a persecução de qualquer interesse público. Pelo contrário, a gestão das estatais – tanto o controle como a administração –, nos termos da Constituição e da Lei das S/A, apenas pode ser pautada pelo interesse público específico que justificou a sua criação.

Esse aspecto é particularmente interessante por reiterar que, independentemente da Lei n. 13.303/2016, as estatais jamais puderam desprezar, mitigar ou negligenciar a sua função lucrativa, muito menos para o fim de instrumentalizar a gestão e direcioná-la para outros fins de interesse público que não digam respeito aos fins específicos constantes da lei autorizadora.[30]

Tais balizas se estendiam já aos controladores e, ainda com maior rigor, aos administradores das estatais, pois o artigo 239, parágrafo único, da Lei das S/A é claro ao afirmar que "os deveres e responsabilidades dos

---

empregados ou da comunidade de que participe a empresa, tendo em vista suas responsabilidades sociais".

[29] Ver FRAZÃO, Ana. "O que esperar da Lei n. 13.303/2016? O novo diploma realmente resolverá o problema da gestão das estatais?". *Jota*. 01.02. vol. 2017b. Disponível em: http://jota.info/artigos.

[30] A respeito da instrumentalização de empresas estatais para a consecução de interesse público primário e geral, vale mencionar o conhecido "Caso EMAE", apreciado pela CVM em 2015 (CMV, PAS n. 2012/1131, Relatora: Diretora Luciana Dias, Data de julgamento: 26.05.2015.), no qual se afirmou que os acionistas privados, ao investirem em sociedade de economia mista, deverão estar cientes de que a controladora poderá priorizar o interesse público na condução da companhia, porém o ente público estará submetido aos limites impostos pela Lei das S/A. No caso em questão ao Estado de São Paulo imputou-se a conduta de quebra do dever de lealdade pelo fato de utilizar o reservatório da Empresa Metropolitana de Água e Energia (EMAE, que produz e comercializa energia elétrica) como fonte para a companhia estatal de abastecimento de água (Sabesp). Com isso, o acionista controlador (estado de São Paulo) auferia benefícios que não eram compartilhados com os demais acionistas da EMAE ao utilizar-se de seus recursos de outra controlada sua, a Sabesp.

REGIME SOCIETÁRIO DAS EMPRESAS PÚBLICAS E SOCIEDADES...

administradores das companhias de economia mista são os mesmos dos administradores das companhias abertas". Em outras palavras, os administradores também já tinham por obrigação fundamental buscar o interesse da companhia[31], motivo pelo qual não poderiam levar em consideração quaisquer aspectos individuais ou critérios de interesse público geral que exorbitassem ao interesse público específico que justificou a criação da estatal.

Logo, fica também claro, a partir do arcabouço normativo anterior à Lei n. 13.303/2016, que a Lei das S/A já impossibilitava que gestores – assim entendidos tanto os controladores como os administradores de sociedades de economia mista – pudessem fazer delas o que bem entendessem ou que as transformassem em instrumentos flexíveis para atender a interesses ou políticas públicas circunstanciais.[32]

Mesmo em relação às empresas públicas que não adotassem a forma de sociedade anônima, apesar das maiores dificuldades e divergências para apurar o regime societário a que estavam vinculadas, a conclusão não seria diferente. Afinal, a Lei das S/A sempre foi aplicada, de forma subsidiária, para os demais tipos societários no que se refere aos parâmetros de exercício dos poderes de controladores e administradores.

O que faltava, no contexto anterior à Lei n. 13.303/2016, era, portanto, uma estrutura que assegurasse a devida aplicação do arcabouço normativo da Lei das S/A, embora tal quadro estivesse se modificando mais recentemente.[33] Afinal, a escolha pelo modelo da sociedade

---

[31] Nesse caso, a obrigação pela busca do interesse da companhia ocorre em um nível até mais alto, já que, mesmo nas companhias privadas, os administradores não exercem propriamente direitos subjetivos e sim competências funcionais, na medida em que "todos os seus poderes lhes são dados para o atendimento de interesses outros que não os seus próprios" (FRAZÃO, Ana. *Função social da empresa*: repercussões sobre a responsabilidade civil de controladores e administradores de S/As. Rio de Janeiro: Renovar, 2011, p. 252).

[32] Tanto não houve ruptura com o regime anterior que a Lei n. 13.303/2016 não revogou a parte da Lei das S/A que trata das sociedades de economia mista.

[33] Importante exemplo da aplicação das normas da Lei das S/A às sociedades de economia mista e da limitação do poder de controle das pessoas jurídicas de direito público baseado na noção de interesse público pode ser verificado do voto da Diretora Luciana Dias no Processo Administrativo Sancionador n. 2013/6635, o conhecido "caso Eletrobras",

empresária, mais especificamente de sociedade anônima, já impunha restrições à liberdade do Estado, sendo imperiosa a manutenção da finalidade lucrativa da empresa e que o Estado agisse de acordo com o padrão esperado dos agentes do mercado.

Como lembra Marçal Justen Filho[34], "nenhuma escolha administrativa pode ser legitimada mediante a pura e simples invocação de um pretenso 'poder discricionário' (...) de fazer o que bem entender". Tendo em vista o dever do Estado de obter a maior rentabilidade possível quando explora atividade econômica, acrescenta o autor que o ente estatal não poderia, por exemplo, sob a alegação de escolha discricionária, ignorar o potencial de negócios existente em determinada atividade de serviço público.[35]

Dessa maneira, quando o Estado resolve ser agente econômico e ainda mais captar poupança popular para tal – como ocorre quando adota a sociedade anônima aberta –, a busca do interesse público deve obviamente ser compatibilizada com os princípios que regem as sociedades empresárias. Em outras palavras, o interesse social das estatais apenas pode ser entendido a partir da compatibilização entre os interesses dos acionistas e do interesse público específico que justificou a criação da estatal, como será mais bem explicado nos tópicos seguintes.

3. LEI N. 13.303/2016: OBJETO SOCIAL E INTERESSE SOCIAL DAS ESTATAIS A PARTIR DA DELIMITAÇÃO EXPLÍCITA DA SUA FUNÇÃO SOCIAL

Antes de adentrar no exame específico do regime societário das estatais, tratado pela Lei n. 13.303/2016 em seu Capítulo II, que vai dos

---

em que se entendeu que a União exerceu seu direito de voto como controladora tendo interesse conflitante com o da companhia, o que não seria admitido.

[34] "Empresas estatais e a superação da dicotomia 'prestação de serviço público/exploração de atividade econômica'". *In:* FIGUEIREDO, Marcelo; PONTES FILHO, Valmir. *Estudos de direito público em homenagem a Celso Antônio Bandeira de* Mello. São Paulo: Malheiros, 2008, pp. 415/416.

[35] JUSTEN FILHO, Marçal. "Empresas estatais e a superação da dicotomia 'prestação de serviço público/exploração de atividade econômica'". *In:* FIGUEIREDO, Marcelo; PONTES FILHO, Valmir. *Estudos de direito público em homenagem a Celso Antônio Bandeira de* Mello. São Paulo: Malheiros, 2008, pp. 415/416.

REGIME SOCIETÁRIO DAS EMPRESAS PÚBLICAS E SOCIEDADES...

artigos 5º ao 26, é importante advertir que, tal como se verá adiante, só se pode entender o referido regime a partir de algumas normas gerais do Capítulo I (Disposições preliminares) e do Capítulo III (Da função social da empresa pública e da sociedade de economia mista), que serão examinadas nesta seção.

3.1 Reforço da importância da lei autorizadora e dos estatutos na delimitação do objeto social e previsão da carta anual para a sua execução

Já se viu que, diante da Constituição e da Lei das S/A, a gestão das estatais precisa estar adstrita ao seu objeto social e ao interesse social. Entretanto, diante da pouca eficácia deste arcabouço normativo, a Lei das Estatais buscou pormenorizar e tornar ainda mais taxativos tais compromissos.

Com efeito, a Lei n. 13.303/2016 dá grande importância à lei autorizadora[36] e aos estatutos das estatais, que devem estabelecer com cuidado o objeto social e o interesse coletivo ou imperativo de segurança nacional que justificou a criação da estatal, dando aplicabilidade efetiva ao artigo 173 da Constituição.[37] Reitera, por igual, que o interesse público que justifica a sua existência deve ser específico, determinado e justificado, o que exige até mesmo a adequação dos estatutos sociais de companhias criadas antes da lei, nos termos do inciso II do artigo 8º.[38]

---

[36] É interessante notar que o Decreto n. 8.945/2016 faz menção, em seu artigo 4º, à possibilidade de constituição de estatal por meio de aquisição ou assunção de controle acionário majoritário, o que igualmente dependerá de prévia autorização legal que indique, de forma clara, o relevante interesse coletivo ou o imperativo de segurança nacional que justifique a sua constituição.

[37] Aliás, o Decreto n. 8.945/2016 procura reforçar a estatura constitucional do interesse público específico que justificou a criação das estatais, mencionando expressamente o artigo 173 da Constituição sempre que se refere à constituição das estatais, como ocorre em seus artigos 4º e 5º.

[38] Conforme exposto por André Guskow Cardoso ("Governança corporativa, transparência e *compliance* nas empresas estatais: o regime instituído pela Lei 13.303/2016". *In:* JUSTEN FILHO, Marçal. *Estatuto jurídico das empresas estatais.* São Paulo: Revista

Dando prosseguimento ao esforço de explicitar a necessária adstrição do objeto social das estatais ao interesse público específico constante da lei autorizadora, o Decreto n. 8.945/2016 determina que "O estatuto social da empresa estatal indicará, de forma clara, o relevante interesse coletivo ou imperativo de segurança nacional, nos termos do *caput* do art. 173 da Constituição" (art. 5º) e que "A subsidiária deverá ter objeto social vinculado ao da estatal controladora" (art. 7º, parágrafo único).[39]

Não obstante a importância do estatuto social para a delimitação do objeto social, a Lei das Estatais cria também novos instrumentos para assegurar a sua observância. Um importante exemplo, que será desdobrado adiante, é a chamada *carta anual*, já que prevê o §1º do artigo 8º, da Lei n. 13.303/2016, que:

> (...) o interesse público da empresa pública e da sociedade de economia mista, respeitadas as razões que motivaram a autoriza-ção legislativa, manifesta-se por meio do alinhamento entre seus objetivos e aqueles de políticas públicas, na forma explicitada na carta anual a que se refere o inciso I do *caput*.

Nesse sentido, a carta anual tem a importante função de assegurar a transparência e a *accountability* da realização do objeto social e da persecução do interesse público específico que justificou a criação da estatal de forma compatível com o seu propósito lucrativo.

---

dos Tribunais, 2016, p. 104), as disposições contidas no artigo 8º da Lei das Estatais promovem uma forma permanente e periódica de verificação da compatibilidade entre o estatuto social e a legislação de criação das empresas. Segundo o autor, "Não é possível haver divergência entre o estatuto social e a lei de criação da empresa estatal. Deve haver uma relação de adequação e compatibilidade. Isso não significa que o estatuto não possa estabelecer um regime mais detalhado a respeito do funcionamento e atuação da empresa pública ou da sociedade de economia mista. Porém, afasta o cabimento de previsões estatutárias incompatíveis com o previsto na lei de criação".

[39] Embora submeta a criação de subsidiárias igualmente à autorização legislativa, o decreto admite que esta pode estar prevista na lei de criação da estatal controladora (art. 6º), reiterando que, se a autorização for genérica, o Conselho de Administração deverá autorizar, de forma individualizada, a constituição de cada subsidiária, sempre com objeto social vinculado ao da controladora (art. 7º).

REGIME SOCIETÁRIO DAS EMPRESAS PÚBLICAS E SOCIEDADES...

Ao se utilizar da expressão "alinhamento", a lei impõe que a gestão se guie pela necessária convergência entre o objeto social e o interesse público específico, obrigando-a a encontrar pautas de ação que compatibilizem esta última com a atividade lucrativa. Embora tal obrigação já decorresse necessariamente do artigo 238 da Lei das S/A, a Lei n. 13.303/2016 deixou-a ainda mais clara.

O §1º do artigo 8º da Lei n. 13.303/2016 reforça, portanto, a necessidade de estruturas procedimentais que possibilitem que as estatais preservem seu potencial lucrativo ao mesmo tempo em que tenham capacidade para implementar as políticas contidas em seu objeto social.[40]

Não é sem razão que o §2º do artigo 8º exige que obrigações e responsabilidades das estatais que sejam assumidas em condições distintas às de qualquer outra empresa do setor estejam claramente definidas em lei, regulamento ou convênio, bem como tenham seus custos e receitas discriminados e divulgados de forma transparente. Ao assim fazer, a lei cria uma espécie de alerta em relação a tudo que se diferencie das práticas de mercado adotadas pelas empresas do setor privado.

Tem-se, pois, que a Lei n. 13.303/2016 reforçou o caráter híbrido das estatais, nas quais há mescla de interesses públicos específicos e privados, o que tem evidentes e naturais desdobramentos sobre a gestão, que precisará encontrar o "alinhamento" e a harmonização entre esses aspectos.

---

[40] Vale transcrever trecho da obra de Mario Engler Pinto Jr. (*Empresa estatal*: função econômica e dilemas societários. 2ª ed. São Paulo: Atlas, 2013, p. 318): "O conflito entre objetivos aparentemente díspares (finalidade lucrativa e missão pública) não se resolve com a abolição de nenhum deles, como ingenuamente se costuma propor. Não se trata de subordinar incondicionalmente a finalidade lucrativa à realização da missão pública, nem tampouco libertar a empresa estatal para gerar ilimitadamente valor a seus acionistas (público e privado). A saída está em considerar normal a convivência entre interesses divergentes no âmbito da companhia mista, como propõe a teoria organizativa. Tais interesses, por seu turno, devem ser reconciliados pelas estruturas procedimentais internas, mediante o arbitramento da margem de lucro ideal, sem necessariamente suprimi-la nem maximizá-la, para que a empresa estatal também tenha capacidade financeira para implementar as políticas públicas compreendidas no objeto social".

ANA FRAZÃO

Trata-se de situação que encontra paralelo com a das atuais *benefit corporations*[41], com a diferença de que estas são companhias totalmente privadas que se propõem igualmente a atender finalidades sociais específicas.[42]

3.2 Delimitação clara e precisa da função social das estatais

Outra importante inovação da Lei n. 13.303/2016 foi a delimitação do que pode ser considerado a função social da empresa estatal, dando maior concretude a princípio que costuma ser muito amplo e fugidio e, exatamente por isso, visto como algo que pode aumentar indevidamente a discricionariedade da gestão, tornando-a insuscetível de qualquer controle ou *accountability* mais efetivos.[43]

---

[41] As *benefit corporations* são tipos empresariais verificados no direito comparado que se caracterizam por sua hibridez, na medida em que aliam a finalidade de lucro a determinada atividade filantrópica. Trata-se de fruto do crescimento da importância dos direitos difusos e da compreensão de interesses de sujeitos diversos dos sócios na noção de interesse social. "A adoção de formas híbridas acabou por se apresentar como uma resposta às pressões exercidas pela sociedade civil sobre o empresariado para a implementação de práticas socialmente responsáveis, de maneira a demonstrar o interesse dos *stakeholders* em interagir com empresas que se comprometessem com áreas de interesse público" (FRAZÃO, Ana; PRATA DE CARVALHO, Angelo Gamba. "Responsabilidade social empresarial". *In:* FRAZÃO, Ana. *Constituição, Empresa e Mercado* [livro eletrônico]. Brasília: FD/UnB, 2017, p. 220).

[42] A criação de um dever acentuado de transparência, a figurar entre os deveres de cuidado, lealdade, e boa-fé, consiste em uma das principais características do regime norte-americano de *benefit corporations*, na medida em que é o que permite que se verifique o cumprimento de sua "dupla missão", isto é, a busca pelo lucro e a persecução de finalidade de interesse público. "A estratégia das *benefit corporations* foi a ampliação dos deveres de transparência, para além dos já existentes deveres de cuidado, lealdade e boa-fé. O grau de *accountability* que delas se requer serve não somente para o monitoramento do cumprimento da finalidade de interesse público, com vistas a evitar a apropriação indevida do rótulo de empresa social (o chamado *greenwashing,* no caso das iniciativas vinculadas ao meio ambiente), mas também para colaborar com o levantamento de capital desses entes, sinalizando para a sociedade – consumidores, investidores, potenciais empregados e parceiros de negócios – que aquela *benefit corporation* efetivamente está gerando um retorno social substancial" (FRAZÃO, Ana; PRATA DE CARVALHO, Angelo Gamba. "Responsabilidade social empresarial". *In:* FRAZÃO, Ana. *Constituição, Empresa e Mercado* [livro eletrônico]. Brasília: FD/UnB, 2017, p. 222).

[43] FRAZÃO, Ana. *Função social da empresa*: repercussões sobre a responsabilidade

REGIME SOCIETÁRIO DAS EMPRESAS PÚBLICAS E SOCIEDADES...

Nesse sentido, o artigo 27 afirma que "a empresa pública e a sociedade de economia mista terão a função social de realização do interesse coletivo ou de atendimento a imperativo de segurança nacional expressa no instrumento de autorização legal para a sua criação".[44] Ao assim determinar, o artigo vincula a função social da empresa estatal à consecução do objetivo específico, constante da lei autorizadora que justificou a sua criação[45], evitando que o princípio possa ser invocado para a indevida flexibilização do objeto social ou do interesse social da estatal.

Sob a perspectiva exclusiva do *caput* do artigo 27, seria até questionável a possibilidade da implementação de políticas de responsabilidade social[46] pelas estatais, tal como permite o §4º do artigo 154 da Lei das S/A.[47] Afinal, se a Lei n. 13.303/2016 quis realmente reduzir a discricionariedade da gestão das estatais, uma primeira interpretação

---

civil de controladores e administradores de S/As. Rio de Janeiro: Renovar, 2011, pp. 266/267.

[44] O dispositivo é praticamente reproduzido pelo artigo 44 do Decreto n. 8.945/2016.

[45] Ver também, nesse sentido: TONIN, Mayara Gasparotto. "Função social das empresas estatais". *In:* JUSTEN FILHO, Marçal. *Estatuto jurídico das empresas estatais.* São Paulo: Revista dos Tribunais, 2016, pp. 278/279.

[46] A responsabilidade social consiste, em suma, no "engajamento consciente e pessoal [da empresa] em matérias sociais, sendo caracterizada, portanto, pela voluntariedade" (FRAZÃO, Ana. *Função social da empresa*: repercussões sobre a responsabilidade civil de controladores e administradores de S/As. Rio de Janeiro: Renovar, 2011, p. 137). Ver também, no mesmo sentido: FRAZÃO, Ana; PRATA DE CARVALHO, Angelo Gamba. "Responsabilidade social empresarial". *In:* FRAZÃO, Ana. *Constituição, Empresa e Mercado* [livro eletrônico]. Brasília: FD/UnB, 2017.

[47] A nova e mais ampla noção de interesse social das companhias oferecida pelo institucionalismo leva à importante consequência: "a necessária legitimação da responsabilidade social voluntária, para o fim de se considerarem lícitas e pertinentes ao interesse social as doações e atividades altruístas das sociedades empresárias, tanto no que se refere aos interesses internos como aos externos, salvo em casos de manifesta desproporção ou da possibilidade de comprometimento da própria realização do objeto social ou da manutenção da empresa" (FRAZÃO, Ana. *Função social da empresa*: repercussões sobre a responsabilidade civil de controladores e administradores de S/As. Rio de Janeiro: Renovar, 2011, p. 212). Nesse sentido, desde que sejam apropriadas e razoáveis, a função social da empresa impõe que iniciativas como as prescritas pelo §4 do artigo 154 da Lei das S/A sejam consideradas compatíveis com o interesse social.

seria a de que outros interesses que não façam parte do objeto social não poderiam ser diretamente atendidos, ao contrário do que poderia haver mesmo em relação a uma companhia privada.

Todavia, a própria Lei n. 13.303/2016 faz algumas exceções no sentido da possibilidade do atendimento de outros interesses, desde que observadas exigências rigorosas. É o que se verifica pelo §1º do artigo 27, segundo o qual mesmo investimentos em prol da inovação e de benefícios ao consumidor devem estar atrelados ao objeto da companhia. Logo, mesmo quando admite medidas em benefício dos consumidores ou da inovação, em prol da tecnologia brasileira, a lei exige que tais objetivos sejam atingidos, respectivamente, de forma "economicamente sustentada" e "economicamente justificada". Fica claro, assim, que tais ações não podem decorrer de meras liberalidades, doações ou subsídios, mas precisam ser inseridas no contexto da racionalidade empresarial que caracteriza tais entes.

Da mesma maneira, o §2º do artigo 27 determina que "a empresa pública e a sociedade de economia mista deverão, nos termos da lei, adotar práticas de sustentabilidade ambiental e de responsabilidade social corporativa compatíveis com o mercado em que atuam". Dessa maneira, as ações de responsabilidade social são autorizadas, desde que de acordo com as práticas já assentadas no mercado ou determinadas pelos órgãos de autorregulação.

Ainda prevê o §3º do artigo 27 que:

> (...) a empresa pública e a sociedade de economia mista poderão celebrar convênio ou contrato de patrocínio com pessoa física ou com pessoa jurídica para promoção de atividades culturais, sociais, esportivas, educacionais e de inovação tecnológica, desde que comprovadamente vinculadas ao fortalecimento da sua marca, observando-se, no que couber, as normas de licitação e contratos desta lei.[48]

---

[48] O Decreto n. 8.945/2016 disciplina, nos §§ 3º e 4º do artigo 44, os parâmetros dos referidos convênios.

REGIME SOCIETÁRIO DAS EMPRESAS PÚBLICAS E SOCIEDADES...

O artigo mencionado deixa muito claro que, se a estatal quiser investir em outras atividades fora do seu objeto social, deve fazê-lo por meio de convênio ou patrocínio, sendo que tais atividades precisam ser comprovadamente vinculadas ao fortalecimento da sua marca. É necessário, portanto, que haja contrapartida econômica, o que mostra a importância conferida pelo diploma à questão da sustentabilidade econômica da empresa, reforçando a sua natureza lucrativa.

Tais previsões específicas pretendem aumentar o cuidado com a utilização das receitas e com a adoção de determinadas políticas de gestão das estatais, pois todas elas precisam ser justificadas diante do objeto social e do interesse social da companhia, sem jamais perder de vista os interesses da comunhão acionária e da sustentabilidade e manutenção lucrativa da atividade empresarial.[49]

Fora do seu objeto social, mesmo as iniciativas de responsabilidade social voluntária devem ser justificadas de acordo com as práticas do mercado e, em qualquer caso, ser compatíveis com os propósitos lucrativos, gerando as contrapartidas necessárias para a estatal também do ponto de vista da racionalidade econômica.

Dessa maneira, é fácil observar que, ao contrário do contexto anterior à Lei n. 13.303/2016, em que, na prática, as estatais eram geridas de forma mais "frouxa" do que as companhias privadas[50], após a nova lei, as primeiras passaram a ser submetidas a regime mais rígido do que o das segundas, na medida em que o regime das estatais restringe consideravelmente a discricionariedade da gestão, especialmente em se tratando de liberalidades e de outras atividades não vinculadas diretamente ao objeto social.

A função social das estatais, longe de poder ser invocada para a flexibilização da gestão, é agora um princípio que restringe a gestão tanto

---

[49] Ver, nesse sentido: FRAZÃO, Ana. *Função social da empresa*: repercussões sobre a responsabilidade civil de controladores e administradores de S/As. Rio de Janeiro: Renovar, 2011, pp. 214-220.

[50] Ver, nesse sentido: WALD, Arnoldo. "As sociedades de economia mista e a nova lei das sociedades anônimas". *Revista de Informação Legislativa*. vol. 14, n. 54, pp. 99-114, abr./jun. 1977.

em relação aos fins como em relação aos meios. Fora das hipóteses legalmente descritas, a função social das estatais apenas pode ter como efeito concreto o de ampliar o dever de diligência dos gestores diante dos terceiros, a fim de evitar danos desproporcionais a todos os grupos cujos interesses se projetam sobre a empresa estatal. Afinal, tem-se aí uma consequência direta do princípio constitucional que não poderia ser indevidamente restringida pela lei.[51]

Consequentemente, resguardadas as exceções previstas pela própria lei, as estatais não podem mais atender diretamente, por meio de ações positivas, outros interesses não vinculados diretamente ao objeto social, ainda que possam ser considerados como parte do interesse público geral ou coletivo, especialmente quando isso se der em prejuízo das atividades que, aí sim, devem ser por elas exercidas.

Por mais irônico que seja, a nova Lei das Estatais torna a persecução do interesse coletivo ou do interesse público geral mais difícil para as estatais do que para as companhias privadas em geral, pois enquanto estas possuem considerável autonomia para fazê-lo, desde que atendido o requisito da razoabilidade (art. 154, §4º, da Lei das S/A), as estatais passam a estar submetidas às regras específicas do artigo 27 da Lei n. 13.303/2016.

4. REGIME SOCIETÁRIO ESPECÍFICO DAS ESTATAIS

Como já se esclareceu anteriormente, a Lei n. 13.303/2016 pretende uniformizar o regime jurídico básico das estatais. Além disso, em se tratando de sociedades anônimas abertas, é inequívoco que estarão submetidas igualmente às normas da legislação específica.[52]

---

[51] FRAZÃO, Ana. *Função social da empresa*: repercussões sobre a responsabilidade civil de controladores e administradores de S/As. Rio de Janeiro: Renovar, 2011, pp. 203-211.

[52] De acordo com o §3º do artigo 8º da lei, "Além das obrigações contidas neste artigo, as sociedades de economia mista com registro na Comissão de Valores Mobiliários sujeitam-se ao regime informacional estabelecido por essa autarquia e devem divulgar as informações previstas neste artigo na forma fixada em suas normas". Certamente que há normas específicas que visam a compatibilizar algumas características específicas de tais estatais. Vale ressaltar ainda o artigo 11, que veda à empresa pública emissão de

REGIME SOCIETÁRIO DAS EMPRESAS PÚBLICAS E SOCIEDADES...

Diante da preocupação em criar um "núcleo duro" de organização e de gestão para todas as estatais, pouco importa se tratar de sociedade de economia mista ou empresa pública e pouco importa o modelo societário eventualmente adotado por esta última: todas as estatais terão que se submeter às mesmas regras gerais no que diz respeito à governança corporativa, à transparência, à gestão de riscos e controle interno e à organização.[53]

A seguir, serão abordados os quatro eixos principais elencados pelo artigo 6º da Lei n 13.303/2016, a saber: (i) governança corporativa; (ii) transparência; (iii) gestão de risco e controle interno; e (iv) organização. Adianta-se, desde já, que todos os eixos estão interrelacionados e apresentam diversas áreas de conexão e sobreposição.

4.1 Regime de governança corporativa

Segundo o *Código de Melhores Práticas* do Instituto Brasileiro de Governança Corporativa – IBGC, "Governança corporativa é o sistema pelo qual as empresas e demais organizações são dirigidas, monitoradas e incentivadas, envolvendo os relacionamentos entre sócios, Conselho de Administração, diretoria, órgãos de fiscalização e controle e demais partes interessadas".[54] A governança corporativa, assim, diz respeito ao conjunto de mecanismos implantados no âmbito de uma empresa com vistas a orientar decisões estratégicas e imprimir um padrão de transparência à sua condução.[55]

---

debêntures ou outros títulos ou valores mobiliários conversíveis em ações, bem como partes beneficiárias.

[53] Por essa razão, o artigo 6º é claro ao prever que "O estatuto da empresa pública, da sociedade de economia mista e de suas subsidiárias deverá observar regras de governança corporativa, de transparência e de estruturas, práticas de gestão de riscos e de controle interno, composição da administração e, havendo acionistas, mecanismos para a sua proteção, todos constantes desta Lei".

[54] IBGC. *Código das melhores práticas de governança corporativa*. 5ª ed. São Paulo: IBGC, 2015, p. 20.

[55] Nesse sentido, ver: LAZZARINI, Sérgio G.; MUSACCHIO, Aldo; PARGENDLER, Mariana. "O Estado como acionista: desafios para a governança corporativa no Brasil".

ANA FRAZÃO

A governança corporativa é, em grande medida, utilizada para administrar os conflitos entre o controlador e os minoritários e entre os administradores e acionistas.[56] Várias de suas soluções foram incorporadas à Lei das S/A após a reforma introduzida pela Lei n. 10.303/2001[57] e várias outras são buscadas pela via da autorregulação, como se observa pelos níveis de governança corporativa da BM&FBovespa e pelo Novo Mercado[58], iniciativa da qual participam também diversas empresas estatais.[59]

In: FONTES FILHO, Joaquim Rubens; LEAL, Ricardo Pereira Câmara. *O futuro da governança corporativa*: desafios e novas fronteiras. São Paulo: IBGC, 2013, p. 79.

[56] Importa notar que tais práticas relacionam-se muito mais com a visão de interesse social contratualista do que com a institucionalista, pois pretendem administrar as tensões inerentes à comunhão acionária e as travadas entre esta e a gestão.

[57] Segundo Norma Parente ("Principais inovações introduzidas pela Lei n. 10.303, de 31 de Outubro de 2001, à Lei de Sociedades por Ações". *In:* LOBO, Jorge. *Reforma da lei das sociedades anônimas*: inovações e questões controvertidas da Lei n. 10.303, de 31.10.2001. Rio de Janeiro: Forense, 2002, pp. 14/15), a lei de 2001 constituiu avanço significativo no campo da governança corporativa, tendo representado "a convergência dos interesses de acionistas controladores e minoritários, dentro do que foi possível no momento. De acordo com a autora, "a reforma contém regras mínimas de proteção aos minoritários, mas nada impede que a companhia amplie tais direitos. As companhias que assim agirem estarão valorizando seu maior ativo, que é o conjunto de seus acionistas".

[58] O Novo Mercado surge como iniciativa da BM&FBOVESPA – e, portanto, iniciativa autorregulatória – para incentivar a implementação de determinados valores de governança corporativa entre as companhias mediante a criação de estrato especial do mercado de capitais que destaque as empresas que adotarem tais práticas. Segundo Calixto Salomão Filho (*O novo direito societário*. 2ª ed. São Paulo: Malheiros, 2002, pp. 57-59), o Novo Mercado se sustenta em três fundamentos: (i) a informação completa, na medida em que os requisitos de informação previstos pelo Novo Mercado vão além dos previstos na lei societária; (ii) o reforço das garantias patrimoniais dos minoritários no momento de saída da sociedade; e (iii) as chamadas proteções estruturais, a saber: (a) a previsão de existência apenas de ações ordinárias, o que torna mais claro o controle único, na medida em que obriga o controlador a gastar mais caso queira manter o controle; e (b) a previsão de resolução de todos os conflitos oriundos do Novo Mercado por meio de arbitragem. Iniciativas diversas são os níveis da Bovespa, que apresentam características distintas do Novo Mercado. O Nível 2 da Bovespa é relativamente similar ao Novo Mercado, porém existe a ressalva de que as empresas podem dispor de ações preferenciais e há previsão de *tag along* de 100% do preço pago pelas ações ordinárias do controlador em eventual alienação do controle. No Nível 2, as ações preferenciais também conferem direito de voto a seus detentores em situações específicas como a aprovação de fusões e aquisições. No caso do Nível 1, impõem-se tão somente deveres de transparência que transcendem os exigidos em lei.

[59] São empresas estatais listadas no Novo Mercado: (i) BB Seguridade Participações

REGIME SOCIETÁRIO DAS EMPRESAS PÚBLICAS E SOCIEDADES...

Até em razão de se tratar de um tema mais desenvolvido e que dialoga com outros regimes – como o de transparência e gestão de riscos e controle interno –, o legislador de 2016 aqui foi mais parcimonioso, não prevendo explicitamente o conteúdo das obrigações a serem atendidas pelas estatais, salvo no que diz respeito à obrigação de divulgar toda e qualquer forma de remuneração dos administradores (art. 12, I), tema que será examinado ao se tratar do regime de transparência.

Quanto ao mais, a lei se restringiu a exigir a obrigação de adequar constantemente as práticas da estatal ao Código de Conduta e Integridade e também ao que chama de "outras regras de boa prática de governança corporativa, na forma estabelecida na regulamentação desta lei" (art. 12, II). No que diz respeito ao Decreto n. 8.945/2016, este também se limitou a mencionar que a adequação das práticas de governança corporativa devem se dar em observância ao estabelecido pela Comissão Interministerial de Governança Corporativa e de Administração de Participações Societárias da União – CGPAR, que igualmente dispõe sobre parâmetros para o regime de integridade e gestão de riscos. [60]

S.A.; e (ii) Companhia de Saneamento de Minas Gerais S.A – COPASA. São empresas listadas no Nível 1 da Bovespa: (i) Banco do Estado do Rio Grande do Sul S.A. – Banrisul; (ii) Companhia Estadual de Distribuição de Energia Elétrica S.A. – CEEE-D (RS); (iii) Companhia Energética de Minas Gerais S.A. – Cemig; (iv) Companhia Energética de São Paulo S.A. – CESP; (v) Cia Paranaense de Energia S.A. – COPEL; (vi) Centrais Elétricas Brasileiras S.A. – Eletrobras; e (vii) Cia de Transmissão de Energia Elétrica Paulista S.A. – CTEEP. A única empresa estatal listada no Nível 2 da Bovespa são as Centrais Elétricas de Santa Catarina S.A. – CELESC. A respeito da diferença entre os estratos de governança corporativa da Bovespa, ver nota anterior.

[60] Exemplo de norma da CGPAR relevante à governança corporativa das estatais é a Resolução n. 18/2016, que estabeleceu para as empresas estatais federais a obrigatoriedade de implementação de políticas de conformidade e gerenciamento de riscos adequadas a seu porte, natureza e atividades de desenvolvidas. Na referida Resolução, determina-se a criação e manutenção de áreas dedicadas à gestão e operacionalização dessas políticas, definindo também as suas atribuições. O Ministério do Planejamento, Orçamento e Gestão e a Controladoria-Geral da União, por meio da Instrução Normativa Conjunta n. 01/2016, estabeleceram princípios gerais a respeito dos controles internos, gestão de riscos e governança corporativa a serem observados no setor público, prevendo a gestão integrada desses fatores por intermédio da criação, por parte dos órgãos e entidades do Poder Executivo federal, de Comitês de Governança, Riscos e Controle encarregados da definição de tais políticas, o que

ANA FRAZÃO

Independentemente da regulamentação, dentre os requisitos de transparência impostos às estatais pela Lei n. 13.303/2016, figura a chamada *carta anual de governança corporativa* (art. 8º, inciso IX), que deve ser amplamente divulgada ao público em geral, com base nas informações descritas no artigo 8º, inciso III, como se verá adiante.

Importa notar que o Conselho de Administração, na forma do artigo 18, inciso I, recebeu a competência para "discutir, aprovar e monitorar decisões envolvendo práticas de governança corporativa, relacionamento com partes interessadas, política de gestão de pessoas e código de conduta dos agentes".

Por fim, o parágrafo único do artigo 12 também possibilita a adoção da arbitragem para a solução de divergências entre acionistas e a sociedade ou entre controladores e minoritários, nos termos previstos no estatuto social, norma que vem na esteira da Lei de Arbitragem editada em 2015 (Lei n. 13.129/2015), cujo artigo 1º, em seu §1º, prevê que "A administração pública direta e indireta poderá utilizar-se da arbitragem para dirimir conflitos relativos a direitos patrimoniais disponíveis". O referido dispositivo da Lei n. 13.303/2016, vale lembrar, refere-se diretamente à chamada arbitragem interna, que concerne especificamente aos conflitos societários, estando todos os órgãos societários, além de seus titulares, vinculados a eventual convenção de arbitragem inserta no estatuto social da empresa.[61]

---

sem dúvida pode ser compatibilizado com o disposto no Estatuto das Empresas Estatais. Ver: OLIVEIRA, Fernão Justen; MAIA, Fernanda Caroline. "O Conselho de Administração nas empresas estatais". *In:* JUSTEN FILHO, Marçal. *Estatuto jurídico das empresas estatais.* São Paulo: Revista dos Tribunais, 2016, p. 174.

[61] Ver, em maiores detalhes: TALAMINI, Eduardo; FRANZONI, Diego. "Arbitragem nas empresas estatais". *In:* JUSTEN FILHO, Marçal. *Estatuto jurídico das empresas estatais.* São Paulo: Revista dos Tribunais, 2016, pp. 588-591. A respeito da arbitrabilidade de conflitos societários, ver: STJ, REsp 1.331.100/BA, 4ª Turma, Rel. Min. Isabel Gallotti, Data de Julgamento: 17.12.2015, Data de Publicação: DJe 22.02.2016. Sobre a aplicabilidade da arbitragem a sociedades de economia mista, ver: STJ, REsp 606.345/RS, 2ª Turma, Rel. Min. João Otávio de Noronha, Data de Julgamento: 17.05.2007, Data de Publicação: DJ 08.06.2007.

REGIME SOCIETÁRIO DAS EMPRESAS PÚBLICAS E SOCIEDADES...

4.2 Regime de transparência

Partindo da premissa de que a transparência é uma das mais eficientes soluções para evitar a prática de ilícitos, a Lei n. 13.303/2016 pretende alargar e pormenorizar as obrigações correspondentes. É importante ressaltar que mesmo as estatais de pequeno porte estão sujeitas às obrigações de transparência descritas no artigo 8º, nos termos do §1º, do artigo 1º, da Lei de 2016.

Em primeiro lugar, a Lei n. 13.303/2016 estende a todas as estatais as disposições da Lei das S/A e da CVM sobre escrituração e demonstrações financeiras[62], inclusive no que diz respeito à obrigatoriedade de auditoria independente por auditor devidamente registrado (art. 7º). Assim, mesmo as estatais que adotem o modelo das sociedades anônimas fechadas ou mesmo outros tipos societários (no caso das empresas públicas) estarão submetidas ao regime de demonstrações financeiras típico das sociedades abertas.

Outra importante inovação, como já se viu, foi a exigência da chamada *carta anual*[63] (art. 8º, inciso I), documento subscrito pelos membros do Conselho de Administração, com a explicitação dos compromissos de consecução dos objetivos de políticas públicas da estatal, em atendimento ao interesse coletivo ou ao imperativo de segurança nacional que justificou a sua criação, com definição clara dos recursos a serem empregados para esse fim, bem como dos impactos econômico-financeiros da consecução desses objetivos.

---

[62] Na Lei das S/A, artigos 176 e 177. Dentre as Instruções Normativas aplicáveis, podem ser citadas as de números: 457/2007; 346/2000; 249;96; 57/86; 53/86; e, sobre a escrituração de valores mobiliários, 543/2013.

[63] André Guskow Cardoso ("Governança corporativa, transparência e *compliance* nas empresas estatais: o regime instituído pela Lei 13.303/2016". *In:* JUSTEN FILHO, Marçal. *Estatuto jurídico das empresas estatais*. São Paulo: Revista dos Tribunais, 2016, p. 102), ao discorrer sobre o instituto, comenta que sua exigência constitui inovação relevante: "Ao exigir que os compromissos para o atingimento dos objetivos de políticas públicas, os recursos a serem empregados e os impactos econômico-financeiros sejam expostos de forma clara e objetiva na carta a ser subscrita pelos membros do Conselho de Administração, obtém-se a concretização de informações e dados que usualmente foram tratados de forma implícita ou com justificativas imprecisas e difusas".

ANA FRAZÃO

Dessa maneira, procura a lei restringir e controlar a discricionariedade dos gestores, impondo-lhes que, anualmente, demonstrem as políticas que estão perseguindo, em que medida tais políticas são compatíveis com o interesse público que justificou a criação da estatal, que recursos estão sendo utilizados para esses fins e quais os impactos econômico-financeiros disso. Observa-se, mais uma vez, a preocupação de se assegurar um alinhamento entre a busca do interesse público que justificou a criação da estatal com seus propósitos lucrativos, considerando que essa dicotomia faz parte necessariamente do interesse social das estatais.

Além disso, o regime de transparência envolve várias outras obrigações importantes:

(i) *política de divulgação tempestiva e atualizada de informações relevantes*, de acordo com a legislação[64] e as melhores práticas de governança corporativa, a fim de possibilitar acesso aos aspectos fundamentais das estatais, dentre os quais atividades desenvolvidas, estrutura de controle, fatores de risco, dados econômico-financeiros, comentários de administradores sobre o desempenho, políticas e práticas de governança corporativa e descrição da composição e da remuneração da administração (art. 8º, incisos III e IV). Tais informações deverão estar consolidadas na *carta anual de governança corporativa*, a qual deverá ser amplamente divulgada (inciso VIII);

(ii) *elaboração da política de distribuição de dividendos à luz do interesse público que justificou a sua criação* (art. 8º, inciso V), o que é mais um passo importante para assegurar o alinhamento entre a finalidade lucrativa e a consecução do interesse público que justificou a criação da estatal, inclusive para o fim de evitar que o interesse dos acionistas ao lucro seja preterido de forma injustificada ou abusiva;

(iii) divulgação, em nota explicativa às demonstrações financeiras, dos dados operacionais e financeiros das atividades relacionadas à consecução dos fins de interesse coletivo ou de segurança nacional (inciso VI). Para

---

[64] Destaca-se, aqui, a Instrução CVM n 358/2002, referente à divulgação de fato relevante e ao regime de responsabilidade aplicável a tal instrumento.

142

REGIME SOCIETÁRIO DAS EMPRESAS PÚBLICAS E SOCIEDADES...

assegurar ainda maior transparência à forma como a estatal persegue o interesse público que justifica a sua existência, exige-se explicação em destaque nas demonstrações financeiras, a fim de facilitar a identificação e o controle;

(iv) *elaboração e divulgação da política de transações com partes relacionadas*, em conformidade com os requisitos de competitividade, conformidade, transparência, equidade e comutatividade, que deverá ser revista, no mínimo, anualmente e aprovada pelo Conselho de Administração (inciso VII). A finalidade de tal regra é evitar relações espúrias, favorecimentos indevidos e conflitos de interesses;

(v) *divulgação anual do relatório integrado ou de sustentabilidade*, já que a própria Lei n. 13.303/2016 determina tais compromissos ao tratar da função social das estatais (§2º do artigo 27).

Todas essas medidas visam assegurar, por meio da transparência, o necessário equilíbrio entre o propósito lucrativo da atividade e o interesse público que justificou a sua criação. Trata-se, portanto, de mecanismo fundamental para o controle do atendimento da função social das estatais e da adstrição ao objeto social, bem como do alinhamento a que se refere o já mencionado §1º, do artigo 8º, da Lei.

É importante destacar especialmente a parte final do artigo 8º, inciso III, em que se exige a divulgação da política de remuneração da administração, e do artigo 12 que, como já mencionado, exige a divulgação de toda forma de remuneração dos administradores.[65] Apesar de a Lei n. 13.303/2016 não exigir a divulgação individualizada, seu decreto regulamentador assim o faz no artigo 19, inciso I, que impõe a divulgação de toda e qualquer forma de remuneração dos administradores e conselheiros fiscais "de forma detalhada e individual".

---

[65] A transparência quanto à remuneração dos administradores pode ser vista igualmente como uma decorrência igualmente do dever de lealdade, na medida em que permite o controle contra eventuais excessos. Ver, nesse sentido: FRAZÃO, Ana. *Função social da empresa*: repercussões sobre a responsabilidade civil de controladores e administradores de S/As. Rio de Janeiro: Renovar, 2011, p. 349.

ANA FRAZÃO

Tem-se, aí, grande diferença em relação às companhias privadas, em relação às quais não há normas com igual extensão e mesmo a instrução da CVM que tratava publicidade da política de remuneração foi objeto de impugnação judicial e teve sua eficácia suspensa.[66]

Está superado, portanto, o entendimento anterior segundo o qual somente estatais que não atuassem em regime de concorrência seriam obrigadas a divulgar na internet a remuneração de seus administradores, tal como previsto na Portaria Interministerial n. 233/2012, que regulamentou a Lei de Acesso à Informação (Lei n. 12.527/2011).[67] Com o advento do Decreto n. 8.945/2016, a obrigação de divulgação individualizada da remuneração dos administradores e conselheiros fiscais alcança todas as estatais federais.

Por fim, destaca-se que tais normas de transparência são tão importantes que a lei fez questão de estendê-las a todas as estatais, inclusive as de pequeno porte (art. 1º, §1º). Para facilitar o controle social sobre a sua eficácia, a lei também determinou, no §4º do artigo 8º, que todos os documentos e informações por ela exigidos devem ser divulgados na internet de forma permanente e cumulativa.

O Decreto n. 8.945/2016 ainda é claro ao exigir a ampla divulgação dos Relatórios Anuais de Auditoria Interna – RAINT (art. 13, inciso X), bem como a divulgação na internet das demonstrações financeiras das estatais (parágrafo único do artigo 12).

---

[66] A Instrução n. 480/2009 obriga as companhias de capital aberto a divulgarem "a política ou prática de remuneração do Conselho de Administração, da diretoria estatutária e não estatutária, do Conselho Fiscal, dos comitês estatutários e dos comitês de auditoria, de risco, financeiro e de remuneração", especificando inclusive a composição da remuneração. Questionada judicialmente, a norma foi suspensa por decisão proferida no âmbito do Processo n. 2010.51.01.002888-5, em 17 de Maio de 2013. A CVM recorreu da decisão e o recurso encontra-se *sub judice* no TRF da 2ª Região (8ª Turma Especializada, Apelação cível n. 0002888-21.2010.4.02.5101, Rel. Des. Guilherme Diefenthaeler).

[67] "Art. 6º As empresas públicas, sociedades de economia mista e demais entidades controladas pela União que não atuam em regime de concorrência, não sujeitas ao disposto no art. 173 da Constituição, deverão disponibilizar as informações de seus empregados e administradores em seus sítios na Internet, não sendo necessária a publicação no Portal da Transparência de que trata o §1º do art. 1º".

4.3 Regime de gestão de riscos e controle interno

O artigo 9º exige que as estatais adotem "regras de estruturas e práticas de gestão de riscos e controle interno" que abranjam (i) controle interno da ação dos administradores e empregados (inciso I); (ii) controle de cumprimento de obrigações e gestão do risco (inciso II); e (iii) Auditoria Interna e Comitê de auditoria Estatutário (inciso III).

Além disso, o §1º exige que a lei tenha e divulgue o seu programa de *compliance*[68], estruturado no chamado "Código de Conduta e Integridade". Nesse sentido, vale notar que o respeito a princípios da integridade nas estatais já era em grande medida incentivado pela Controladoria–Geral da União, cuja publicação a respeito traz importantes diretrizes sobre ética corporativa e *compliance*.[69]

Nos termos do §1º do artigo 9º, o Código de Conduta e Integridade das estatais deve dispor obrigatoriamente sobre:

(i) *base ética e a filosofia da companhia*, ou seja, seus princípios, valores e missão, bem como orientações para prevenção de conflito de interesses e vedação de atos de corrupção e fraude;

(ii) *estrutura organizacional para assegurar efetividade ao programa de compliance*, o que envolve (ii.i) instâncias internas responsáveis pela

---

[68] "*Compliance* diz respeito ao conjunto de ações a serem adotadas no ambiente corporativo para que se reforce a anuência da empresa à legislação vigente, de modo a prevenir a ocorrência de infrações ou, já tendo ocorrido o ilícito, propiciar o imediato retorno ao contexto de normalidade e legalidade" (FRAZÃO, Ana. "Direito antitruste e direito anticorrupção: pontes para um necessário diálogo". *In:* FRAZÃO, Ana. *Constituição, Empresa e Mercado* [livro eletrônico]. Brasília: FD/UnB, 2017a). Trata-se, segundo Ulrich Sieber ("Programas de "compliance" en el Derecho Penal de la empresa: Una nueva concepción para controlar la criminalidad económica". *In:* OLAECHEA, Urquizo; VÁSQUEZ, Abanto SÁNCHEZ, Salazar. *Dogmática penal de Derecho penal económico y política criminal.* Homenaje a Klaus Tiedemann. Lima: Fondo, 2001. pp. 205-246), de "sistemas autorreferenciais de autorregulação regulada" capazes de fornecer diretrizes adequadas à estrutura interna das empresas para que ilícitos sejam prevenidos de maneira mais adequada, muitas vezes antes de projetarem seus efeitos.

[69] CGU. *Guia de implantação de programa de integridade nas empresas estatais*: orientações para a gestão de integridade nas empresas estatais federais. Brasília: CGU, 2015.

ANA FRAZÃO

atualização e aplicação do Código de Conduta e Integridade (inciso II); (ii.ii.) implementação do canal de denúncias contra descumprimentos do programa (inciso III) e o respectivo mecanismo de proteção para as pessoas que dele se utilizem (inciso IV); (ii.iii.) sanções aplicáveis aos casos de descumprimento (inciso V); e (ii.iv.) previsão de treinamento periódico, no mínimo anual, sobre o Código de Conduta e Integridade, a empregados e administradores e sobre a política de gestão de riscos a administradores (inciso VI).

Pontos importantes são a necessidade do comprometimento da alta administração[70], bem como a necessidade de atualização constante do Código de Conduta e Integridade, nos termos do artigo 12, inciso II. Aliás, o regime de *compliance* e o de governança corporativa, em razão da sua proximidade, devem estar sujeitos a disciplinas e atualizações harmônicas e coerentes.

Por fim, embora a lei seja omissa, é inequívoco que, pelo fato de as estatais estarem igualmente sujeitas às disposições da Lei Antitruste (Lei n. 12.529/2011), devem também obedecer aos requisitos de *compliance* antitruste.[71]

4.4 Regime organizativo

A lei também avança na questão organizativa, uma vez que a organização é vista como fundamental para assegurar a eficácia das normas

---

[70] É por essa razão que tanto a lei (art. 9º, §§ 2º a 4º) como o Decreto (arts. 16 e 17) vinculam o programa de *compliance* aos altos órgãos e autoridades ali referidos.

[71] "Com efeito, a Lei Antitruste brasileira admite que os esforços para a prevenção do ilícito sejam utilizados como atenuantes. Embora não haja regra explícita nesse sentido, é a interpretação que o CADE tem dado à questão a partir do artigo 45, inciso II, da Lei n. 12.529/2011, segundo o qual a boa-fé do infrator pode ser um critério de dosimetria da pena. Recentemente o CADE editou o guia de *compliance* no qual são descritos os requisitos para a estruturação de um programa robusto e seus principais impactos sobre as penalidades administrativas, tanto na dosimetria, quanto no incentivo à adesão a programas de leniência, por exemplo" (FRAZÃO, Ana. "Direito antitruste e direito anticorrupção: pontes para um necessário diálogo". *In:* FRAZÃO, Ana. *Constituição, Empresa e Mercado* [livro eletrônico]. Brasília: FD/UnB, 2017, p. 19).

REGIME SOCIETÁRIO DAS EMPRESAS PÚBLICAS E SOCIEDADES...

de transparência e de *compliance*. Dessa maneira, há grande interpenetração entre todos esses regimes e especialmente com o último.

4.4.1 Órgãos obrigatórios

De acordo com a Lei n. 13.303/2016, toda estatal deve ter obrigatoriamente os seguintes órgãos:

(i) *Conselho de Administração*, órgão administrativo mais importante[72], a que cabe discutir, aprovar, implementar e monitorar os regimes de governança corporativa, transparência e *compliance* das estatais (art. 18, incisos I e II). Dentre as suas importantes competências, encontra-se a de promover, sob pena de responsabilidade dos seus membros por omissão, análise de atendimento das metas e resultados na execução do plano de negócios e da estratégia de longo prazo, devendo publicar suas conclusões e informá-las ao Congresso Nacional, às Assembleias Legislativas, à Câmara Legislativa do Distrito Federal ou às Câmaras Municipais e aos respectivos Tribunais de Contas, quando houver (art. 23, §2º). No caso específico do *compliance*, a lei exige que o estatuto contemple a possibilidade de que a área correspondente se reporte diretamente ao Conselho de Administração em situações que envolvam sérias suspeitas sobre o diretor-presidente ou quando este se furtar à obrigação de adotar as medidas necessárias (art. 9º, §4º);

(ii) *Comitê de Auditoria Estatutário* (arts. 9º, III, 13, V e 24), órgão auxiliar do Conselho de Administração, com as competências descritas no §1º do artigo 24, dentre as quais se destaca a função relevante de supervisionar as atividades desenvolvidas na área de controle interno, integridade e gestão de risco, devendo as atas de suas reuniões ser divulgadas (art. 24, §4º);

(iii) Comitê Estatutário para verificar a conformidade do processo de indicação e avaliação de membros para a composição do Conselho

---

[72] Como já se esclareceu, o Decreto n. 8.945/2016 tornou o Conselho de Administração dispensável para subsidiárias de capital fechado.

147

ANA FRAZÃO

de Administração e Conselho Fiscal, auxiliando o controlador nas referidas indicações (art. 10). A lei também exige a divulgação das atas de reuniões do comitê, a fim de se verificar o cumprimento, pelos membros indicados, dos requisitos definidos na política de indicação (art. 10, parágrafo único);[73]

(iv) *Conselho Fiscal*, que exercerá suas atribuições de modo permanente, nos termos do artigo 13, inciso IV, da Lei n. 13.303/2016, diferentemente do que ocorre no regime geral das sociedades anônimas, em que o Conselho Fiscal pode ser permanente ou periódico.[74] As funções tradicionais do órgão estão arroladas no artigo 163 da Lei das S/A e se referem sobretudo ao controle dos atos dos administradores, emissão de opinião sobre relatórios, análise de documentos contábeis, e fiscalização da tomada de providências necessárias à proteção dos interesses da companhia.

A lei menciona também a chamada *auditoria interna*, embora não esclareça se trata-se necessariamente de órgão ou apenas de função obrigatória. De qualquer forma, a referida auditoria está vinculada ao Conselho de Administração, diretamente ou por meio do Comitê de

---

[73] Vale também notar que, conforme notado pela Justiça Federal do Distrito Federal no âmbito da Ação Civil Pública n. 52685-42.2016.4.01.3400 (8ª Vara Federal da Seção Judiciária do Distrito Federal, Data de Julgamento: 10.01.2017), o Decreto n. 8.945/2016 teria extrapolado seu poder regulamentar pelo fato de atribuir ao comitê de elegibilidade a competência de verificar a conformidade do processo de indicação não apenas dos membros do Conselho de Administração e do Conselho Fiscal (como dispõe o artigo 10 da Lei n .13.303/2016), mas também aos *administradores* em geral, expressão que abarca tanto membros do Conselho de Administração quanto da Diretoria.

[74] Importa notar que o Conselho Fiscal, na forma do artigo 240 da Lei das S/A, sempre foi permanente nas sociedades de economia mista, o que agora se estende também às empresas públicas. Acrescente-se, ainda, que o prazo de gestão dos membros do Conselho Fiscal das estatais poderá ser de até dois anos, permitida dupla e consecutiva recondução, ao passo que no regime geral das sociedades anônimas a gestão é exercida da assembleia geral que elegeu seus membros até a assembleia geral seguinte. Ver, nesse sentido: VERÇOSA, Haroldo Malheiros Duclerc. *Direito comercial*. 3ª ed. São Paulo: Revista dos Tribunais, 2014, pp. 441-455; WONTROBA, Bruno Gressler. "O Conselho Fiscal nas empresas estatais, de acordo com a Lei 13.303/2016". *In:* JUSTEN FILHO, Marçal. *Estatuto jurídico das empresas estatais*. São Paulo: Revista dos Tribunais, 2016, pp. 242-244.

REGIME SOCIETÁRIO DAS EMPRESAS PÚBLICAS E SOCIEDADES...

Auditoria Estatutário, sendo responsável pela aferição da adequação do controle interno, da efetividade do gerenciamento dos riscos e dos processos de governança e da confiabilidade do processo de coleta, mensuração, classificação, acumulação, registro e divulgação de eventos e transações, visando ao preparo de demonstrações financeiras (art. 9º, §3º). Observa-se, portanto, que a auditoria interna tem grande protagonismo para assegurar tanto o regime de *compliance*, como o regime de transparência.

Sobre o Comitê de Auditoria Estatutário, destaca-se que tal órgão já era regulado pela Instrução CVM n. 308/99, norma que se aplica aos Comitês das estatais em tudo aquilo que a Lei n. 13.303/2016 silenciou, inclusive no que toca à sua composição. Na forma do artigo 24, §7º da Lei das Estatais, o órgão dispõe de autonomia operacional e dotação orçamentária. Tendo em vista a competência do comitê para elaborar seu próprio regimento interno, o IBGC sugere, em seu Guia[75] especificamente destinado ao tema, que as atribuições do órgão constem do estatuto da empresa e de seu regimento.

Descrita a estrutura orgânica obrigatória das estatais, é fácil verificar que ela reflete claramente a importância que a Lei n. 13.303/2016 confere à área de *compliance*, determinando que esta seja vinculada ao diretor-presidente e liderada por diretor estatutário, devendo o estatuto prever as atribuições da área e assegurar os mecanismos que lhe assegurem atuação independente. Assim, reforça-se o comprometimento da alta administração, por meio do seu diretor-presidente e diretor estatutário, com o cumprimento dos programa de *compliance,* sem prejuízo das competências diretas do próprio Conselho de Administração (art. 9º, §4º).

A Lei das Estatais também exige que a lei autorizadora da estatal disponha sobre as diretrizes e restrições a serem consideradas na elaboração do estatuto da companhia, em especial sobre: (i) o limite mínimo de 7 membros e máximo de 11 membros para o Conselho de Administração (art. 13, inciso I); (ii) requisitos específicos para o exercício do cargo de

---

[75] IBGC. *Guia de orientação para melhores práticas de comitês de auditoria.* São Paulo: IBGC, 2009.

diretor, observado o limite mínimo de 3 diretores (inciso II); (iii) avaliação anual de desempenho, individual e coletiva, de administradores e membros de comitês de acordo com requisitos de legalidade, eficácia, contribuição econômica, dentre outros (inciso III); (iv) constituição e funcionamento do Conselho Fiscal, que exercerá suas atribuições de modo permanente (inciso IV); (v) constituição e funcionamento do Comitê de Auditoria Estatutário; (vi) prazo de gestão dos membros do Conselho de Administração e diretores, que será unificado e não superior a 2 anos, admitidas no máximo 3 reconduções consecutivas; e (vii) prazo de gestão dos membros do Conselho Fiscal não superior a 2 anos, permitidas duas reconduções consecutivas (inciso VIII).[76]

No que diz respeito ao Conselho de Administração, a lei determina que o Conselho seja composto por no mínimo 25% de membros independentes ou por pelo menos um caso haja decisão pelo exercício da faculdade do voto múltiplo pelos acionistas minoritários (art. 22), descrevendo minuciosamente, no §1º do artigo 22, as características do conselheiro independente.[77] A lei ainda assegura a participação, no

---

[76] O inciso VII do artigo 13 da Lei n. 13.303/2016 foi vetado pelo Presidente da República, sendo seu texto original: "VII – vedação à acumulação de cargos de diretor ou de diretor-presidente e de membro do Conselho de Administração pela mesma pessoa, mesmo que interinamente;". As razões para o veto são as seguintes: "O dispositivo representa uma vedação inadequada do ponto de vista da gestão eficiente, já que o papel principal do Conselho de Administração, a teor do art. 142, inciso I, da Lei n. 6.404, de 1976, é exatamente supervisionar as atividades da empresa".

[77] Conselheiro independente, segundo o Instituto Brasileiro de Governança Corporativa (IBGC. *Guia de orientação jurídica de conselheiros de administração e diretores*. São Paulo: IBGC, 2012, p. 15), "é aquele que não possui vínculo presente ou passado com a organização e/ou seu grupo de controle, não sofrendo, portanto, influência significativa de grupos de interesses". A nomeação de conselheiros independentes é de fundamental importância para o controle das atividades da companhia e o seu fortalecimento no que diz respeito à transparência e proteção dos investidores, prática ainda pouco comum no Brasil. À respeito do tema, Bernard S. Black ("Strengthening Brazil's Securities Market". *Revista de direito mercantil, econômico e financeiro*. vol. 39, n. 120, pp. 41-55, out./dez. 2000) diagnostica que, além de ser pouco comum o emprego de conselheiros independentes nas companhias brasileiras, os já existentes muitas vezes têm sua independência posta em dúvida. A figura do conselheiro independente é obrigatória nas empresas listadas no Novo Mercado, que traz uma série de especificações para que se verifique sua independência. A Lei n. 13.303/2016 traz requisitos bastante similares àqueles previstos para o Novo

REGIME SOCIETÁRIO DAS EMPRESAS PÚBLICAS E SOCIEDADES...

Conselho de Administração, de representantes dos empregados e de acionistas minoritários (art. 19), nos termos dos seus parágrafos.

Adicione-se que a lei também veda a participação remunerada de membros da administração pública direta ou indireta em mais de dois conselhos de administração ou fiscal de qualquer estatal ou de suas subsidiárias (art. 20). Os conselheiros independentes, para além dessa vedação, não podem ter qualquer vínculos com outras estatais (art. 22, §1º, inciso I).

Ainda merece registro o fato de que o Decreto n. 8.945/2016, além de disciplinar e pormenorizar as questões orgânicas já previstas na lei, normatizou o que chamou de *Comitê de Elegibilidade* (arts. 21 a 23), que é precisamente o órgão a que a lei se refere no artigo 10. O Decreto também segregou as funções de Presidente do Conselho de Administração e presidente da empresa (art. 24, VIII).[78]

4.4.2 Requisitos para a assunção de cargos nos órgãos das estatais

Grande inovação da Lei n. 13.303/2016 foi a de prever requisitos objetivos para a assunção de cargos de administrador, assim considerados os ocupantes do Conselho de Administração ou da diretoria (art. 16, parágrafo único). Para evitar indicações meramente políticas, além da reputação ilibada, a lei exige que o notório conhecimento e a experiência profissional sejam identificados por meio dos requisitos objetivos do artigo 17, admitindo-se a flexibilização em favor de empregados do quadro que ingressaram por concurso desde que atendidas as exigências ali previstas.[79]

Mercado, com a diferença de que a nova lei estende ao terceiro grau a vedação de parentesco com administradores da companhia – o que no Novo Mercado alcança apenas o segundo o grau –e também veda que os conselheiros independentes tenham parentesco com chefes do Poder Executivo e seus Secretários ou Ministros.

[78] Foi vetado artigo da lei que apresentava restrição ainda mais extensa, na medida em que o diretor-presidente não poderia ser nem membro do Conselho de Administração. Pelo decreto, o diretor-presidente pode ser membro do Conselho de Administração, ainda que não possa ser presidente deste.

[79] O art. 17, §5º, possibilita que os requisitos previstos no inciso I possam ser dispensados

ANA FRAZÃO

Não bastassem os requisitos de experiência profissional exigidos pelo inciso I, a lei também exige formação acadêmica compatível com o cargo (inciso II) e não enquadramento nas hipóteses de inelegibilidade previstas nas alíneas do inciso I do *caput* do artigo 1º da Lei Complementar n. 64/90 (inciso III).

Tão importantes quanto os requisitos necessários para a assunção dos cargos são as vedações previstas pelo §2º do artigo 17, que, na intenção de evitar o direcionamento político das estatais, impede que que diversas pessoas assumam cargos de administração, a fim de evitar o conflito de interesses.[80] Não obstante a amplitude do rol, o §3º ainda determina que a vedação prevista no inciso I abrange igualmente parentes consanguíneos ou afins até o terceiro grau das pessoas ali mencionadas.

A lei também criou vários requisitos para a assunção de outros cargos não propriamente administrativos, como os pertencentes aos Comitês de Auditoria Estatutário e o Conselho Fiscal (arts. 25 e 26). O Decreto n. 8.945/2016 é claro no sentido de que os membros do Comitê

---

em caso de indicação de empregado que ingressou por concurso público, tenha mais de dez anos de trabalho efetivo e já tenha ocupado cargo de gestão superior.

[80] Sobre o conflito de interesses, ver: FRAZÃO, Ana. *Função social da empresa*: repercussões sobre a responsabilidade civil de controladores e administradores de S/As. Rio de Janeiro: Renovar, 2011, pp. 299-309. Conforme sintetiza Fábio Ulhoa Coelho (COELHO, Fábio Ulhoa. "Notas sobre conflitos de interesses na administração de sociedade anônima". *Revista jurídica luso-brasileira*. vol.1, n. 2, pp. 529-546, 2015. pp. 534-537), o conflito de interesses concerne ao direito quando envolve situações de egoísmo puro, isto é, de interesses pessoais de determinado sujeito que prevaleceriam sobre o interesse social da empresa. Por essas razões, a lei societária dispõe de mecanismos destinados a tutelar conflitos de interesses, sendo a inelegibilidade – como ocorre com o referido rol do §2º do artigo 17 da Lei n. 13.303/2016 – medida excepcional, cabível em situações nas quais a relação do administrador com a sociedade seja "tão importante que o administrador teria que se abster de votar em praticamente todas as oportunidades em que fosse chamado a exercer seu voto". Questão controvertida sobre o conflito de interesses, mesmo no âmbito da CVM, é a que diz respeito a sua natureza formal ou material, sendo que na primeira a situação conflitante se verifica *ex ante*, previamente ao exercício do direito de voto, e na segunda o conflito é decorrência do exercício do direito de voto e, por isso, somente se verificaria *ex post* (FRAZÃO, Ana. *Função social da empresa*: repercussões sobre a responsabilidade civil de controladores e administradores de S/As. Rio de Janeiro: Renovar, 2011, p. 301).

152

REGIME SOCIETÁRIO DAS EMPRESAS PÚBLICAS E SOCIEDADES...

de Auditoria observarão as mesmas vedações que cabem aos membros do Conselho de Administração e, ainda, deverão demonstrar experiência profissional ou formação acadêmica[81] compatível com o cargo, preferencialmente em contabilidade, auditoria ou no ramo de atuação da empresa, sendo que no mínimo um dos membros do Comitê deverá ter "experiência profissional reconhecida em assuntos de contabilidade societária". Note-se que o decreto, diferentemente do que faz a lei quando descreve as exigências referentes à experiência profissional dos administradores (art. 17), não estabelece qualquer parâmetro objetivo para verificar-se a adequação da formação e experiência profissional dos membros do Comitê de Auditoria Estatutário.

Muito embora a Lei n. 13.303/2016 disponha que o Comitê se reporta diretamente ao Conselho de Administração, não há no diploma qualquer previsão relativa à forma de indicação ou destituição de seus membros. O decreto, assim, deixou expresso que o Comitê será eleito e destituído pelo Conselho de Administração, sendo que a destituição ocorrerá mediante o voto justificado de sua maioria absoluta (art. 39, *caput* e §10). Acrescente-se, ainda, que o decreto limitou o mandato de seus membros a dois ou três anos, não coincidente entre os membros, sendo permitida uma única reeleição (art. 39, §9º).

No que toca ao chamado Comitê de Elegibilidade, disciplinado pelo Decreto n. 8.945/2016, as regras para a composição estão previstas no §3º do artigo 21.

5. DEVERES GERAIS E RESPONSABILIDADE DE CONTROLADORES, ADMINISTRADORES E MEMBROS DE ÓRGÃOS DAS ESTATAIS

Além das regras específicas já mencionadas na seção anterior, a Lei das Estatais também trata de aspectos gerais dos deveres e responsabilidades

---

[81] Segundo o Decreto, no requisito da formação acadêmica exige-se curso de graduação ou pós-graduação reconhecido pelo Ministério da Educação nas áreas de contabilidade, auditoria ou no setor de atuação da estatal (art. 39, §5º).

ANA FRAZÃO

de controladores, administradores e membros dos demais órgãos como se passará a demonstrar.

5.1 Deveres e responsabilidades do controlador

Nos termos da Lei das S/A, a obrigação principal do controlador é exercer o seu poder no interesse da companhia, respeitado o interesse público que justificou a sua criação, nos termos e de acordo com as balizas da função social das estatais, tal como já se viu anteriormente. É importante destacar que, no caso das empresas estatais, o controlador, por ser ente público, exerce necessariamente função – e não direito subjetivo – em todas as suas atribuições, inclusive o direito de voto.[82]

Além disso, os controladores estão sujeitos aos deveres gerais de lealdade e diligência, por força da Lei das S/A[83], aos deveres específicos previstos no regime societário descrito na seção anterior e também a uma série de obrigações adicionais que a lei prevê em seu artigo 14:

(i) fazer constar do Código de Ética e Integridade a vedação da divulgação, sem autorização pelo órgão competente, de informação que possa causar impacto na cotação dos títulos da estatal ou em suas relações com o mercado ou contratantes (inciso I);

(ii) preservar a independência do Conselho de Administração (inciso II);

(iii) observar a política de indicação na escolha dos administradores e membros do Conselho Fiscal (inciso III), nos termos da competência do Comitê Estatutário (art. 10).

---

[82] Nas companhias privadas, entende-se que o controlador exerce direito subjetivo, podendo exercer seus poderes com vista à realização dos seus interesses pessoais, desde que compatíveis com o interesse social. Ver FRAZÃO, Ana. *Função social da empresa*: repercussões sobre a responsabilidade civil de controladores e administradores de S/As. Rio de Janeiro: Renovar, 2011, pp. 286-291.

[83] FRAZÃO, Ana. *Função social da empresa*: repercussões sobre a responsabilidade civil de controladores e administradores de S/As. Rio de Janeiro: Renovar, 2011, pp. 334-354.

REGIME SOCIETÁRIO DAS EMPRESAS PÚBLICAS E SOCIEDADES...

O artigo 15 ainda deixa claro que o acionista controlador responde por abuso de poder, remetendo à disciplina geral da Lei das S/A, com o que deixa clara a natureza subjetiva da responsabilidade.[84] No que toca à ação de responsabilidade, pode ser ela proposta pela sociedade, pelo terceiro prejudicado ou pelos demais sócios, independentemente da autorização da assembleia-geral.[85] Além das infrações aos artigos 116 e 117, da Lei das S/A – hipóteses tradicionais de abuso de poder de controle –, podem ser consideradas infrações do controlador a violação reprovável de todas as regras específicas previstas na Lei n. 13.303/2016 que causem danos à estatal, aos seus acionistas ou a terceiros.[86] Cria-se também um prazo mais dilatado para a ação de seis anos, nos termos do artigo 15, §2º

5.2 Deveres e responsabilidades dos administradores

A Lei n. 13.303/2016 cria deveres adicionais para os administradores, mantendo todos os deveres já exigidos pela Lei das S/A, nos termos do seu artigo 16.

---

[84] *Função social da empresa*: repercussões sobre a responsabilidade civil de controladores e administradores de S/As. Rio de Janeiro: Renovar, 2011, pp. 270-276.

[85] Ao contrário da Lei das S/A, a Lei das Estatais não faz distinção entre quando o acionista age em nome próprio diante de dano direto sofrido por ele, quando sempre terá legitimidade ativa, e quando age como substituto processual da companhia, diante de dano direto sofrido por esta, quando a sua legitimidade está condicionada aos requisitos descritos na lei. De toda sorte, até em razão da incidência supletiva da Lei das S/A, seria importante aplicar à hipótese o seu art. 159, § 4º, segundo o qual, inexistindo a autorização da assembleia, apenas acionistas que titularizam pelo menos 5% do capital social poderiam propor a ação.

[86] Vale lembrar, aqui, da diferença entre a pretensão indenizatória por danos sofridos direta e imediatamente por acionistas ou terceiros em razão da conduta ilícita dos gestores e, de outro lado, por danos mediatos ou reflexos, "causados diretamente à sociedade e ao patrimônio social e só indiretamente aos acionistas e terceiros". No primeiro caso, referente ao dano direto, a ação indenizatória poderá ser manejada por acionistas ou terceiros, ao passo que na hipótese de dano indireto aos acionistas somente a própria sociedade terá legitimidade ativa, estabelecendo-se distinção importante para que se evite o *bis in idem* (FRAZÃO, Ana. *Função social da empresa*: repercussões sobre a responsabilidade civil de controladores e administradores de S/As. Rio de Janeiro: Renovar, 2011, pp. 364/365).

ANA FRAZÃO

Nos termos do arcabouço normativo da Lei das S/A, o dever fundamental dos administradores é o de agir em nome da companhia.[87] Esse dever maior pode ser desdobrado nos deveres de lealdade e diligência, que, apesar das distinções, têm várias áreas de interpenetração.[88]

Vale lembrar que a própria vedação ao conflito de interesses é consequência necessária do dever de agir no interesse da companhia, e, portanto, do dever de lealdade, na medida em que ocorre justamente quando o interesse da companhia é preterido em prol de outros interesses ou, no dizer de Dominique Schmidt[89], quando o gestor exerce seus poderes violando o interesse comum, seja para satisfazer interesse pessoal exterior à sociedade, seja para se conceder vantagem indevida.[90]

Já no que diz respeito ao dever de diligência, durante muito tempo ele esteve relacionado ao dever de agir informado que, como sintetiza Maddalena Rabitti[91], constitui o seu conteúdo mínimo. Nesse sentido, a *business judgement rule*, consubstanciada na presunção de que a ação dos

---

[87] "Já os administradores são órgãos da companhia e, como tal, não podem agir em proveito próprio, até porque não exercem propriamente direitos subjetivos, mas verdadeiras competências ou funções, já que todos os seus poderes lhes são dados para o atendimento de interesses outros que não os seus próprios. Acresce que, como órgãos, agem diante de terceiros vinculando a companhia". (FRAZÃO, Ana. *Função social da empresa*: repercussões sobre a responsabilidade civil de controladores e administradores de S/As. Rio de Janeiro: Renovar, 2011, p. 252).

[88] A respeito do princípio fiduciário (Lei das S/A, art. 154, §1º), segundo o qual o administrador deve agir no interesse da companhia bem como os acionistas, vale notar que "Tal norma, que é consequência inarredável do dever de lealdade, encontra paralelo em vários países, tendo um duplo desdobramento: além de deixar claro que os administradores não podem praticar diferenciações arbitrárias entre os acionistas, ressalta que apenas o interesse da companhia deverá orientar os atos de gestão, princípio que se conecta diretamente com os deveres de diligência e de lealdade" (FRAZÃO, Ana. *Função social da empresa*: repercussões sobre a responsabilidade civil de controladores e administradores de S/As. Rio de Janeiro: Renovar, 2011, p. 292).

[89] *Les conflits d'intérêts dans la société anonyme*. Paris: Joly, 2004, p. 31.

[90] FRAZÃO, Ana. *Função social da empresa*: repercussões sobre a responsabilidade civil de controladores e administradores de S/As. Rio de Janeiro: Renovar, 2011, p. 299.

[91] *Rischio organizativo e responsabilità degli amministratori*: contributo allo studio dell'illecito civile. Milão: Giuffré, 2004, p. 144.

REGIME SOCIETÁRIO DAS EMPRESAS PÚBLICAS E SOCIEDADES...

administradores ocorre no melhor interesse da companhia e na ideia de que o mérito de suas decisões é insuscetível de alteração judicial, constitui consequência das dificuldades de se avaliar o cumprimento *ex post* do dever de diligência.[92] Vale lembrar que a própria CVM já reconheceu – ainda antes da edição da Lei n. 13.303/2016 – a incidência do âmbito de proteção da *business judgement rule* sobre as decisões de estatais.[93]

Entretanto, a Lei n. 13.303/2016 acolhe uma versão ampliada do dever de diligência, já que este passa a estar relacionado a pelo menos três importantes aspectos:

(i) *perícia e atualização de conhecimentos por parte do administrador,* aspecto que é discutível em relação às companhias privadas[94] e envolve o dever de atualização anual sobre legislação societária e mercado de capitais, divulgação de informações, controle interno, código de conduta, Lei anticorrupção e demais temas relacionados às atividades da estatal (§4º do artigo 17).

(ii) *deveres relacionados à organização, transparência e governança corporativa,* a fim de implementar todos os regimes já tratados anteriormente,

---

[92] FRAZÃO, Ana. *Função social da empresa*: repercussões sobre a responsabilidade civil de controladores e administradores de S/As. Rio de Janeiro: Renovar, 2011, p. 392.

[93] CVM, PAS n. 2013/6635, Relatora: Diretora Luciana Dias, Data de julgamento: 25.05.2015.

[94] Ver: FRAZÃO, Ana. *Função social da empresa*: repercussões sobre a responsabilidade civil de controladores e administradores de S/As. Rio de Janeiro: Renovar, 2011, p. 356. Segundo Galgano (*Trattato di Diritto Commerciale e di Diritto Pubblico dell"Economia*. Padova: Cedam, 1984, vol. VII, pp. 267/268), a diligência requerida para a administração de uma sociedade por ação é aquela normal e ordinária, opinião que é compartilhada por Sanchéz Calero (*Los administradores en las sociedades de capital*. Navarra: Civitas, 2005, p. 173), segundo o qual o dever de diligência não está associado à exigência de *expertise*. Apesar de reconhecer que o tema é controverso, Maria Elisabete Ramos (*Responsabilidade civil dos administradores e diretores de sociedades anônimas perante os credores sociais*. Coimbra: Coimbra Editora, 2002, p. 95) conclui que, embora a perícia não seja necessária, exige-se do administrador ao menos a aptidão para avaliar que necessita da ajuda de um profissional especializado. Todavia, com base na experiência do direito europeu, Mônica Cossu (*Società aperte e interesse sociale*. Torino: G. Giappichelli, 2006, pp. 236/237) sustenta que a diligência profissional requer certa dose de perícia, opinião que é compartilhada por Bianchi (*Gli amministratori di società di capitali*. Padova: Cedam, 2006, pp. 587/588) e Maddalena Rabitti (*Rischio organizativo e responsabilità degli amministratori*: contributo allo studio dell'illecito civile. Milão: Giuffré, 2004, p. 150).

ANA FRAZÃO

merecendo destaque a circunstância de caber ao Conselho de Administração, nos termos do §2º do artigo 23, o controle anual do plano de negócios e da estratégia de longo prazo, devendo publicar suas conclusões e informá-las ao Poder Legislativo e ao Tribunal de Contas respectivo. O dever de diligência está ligado, portanto, à questão da transparência e publicidade, já que tais informações são consideradas relevantes para efeitos do artigo 8º, inciso III, devendo preferencialmente constarem da carta anual a que se refere o artigo 8º, inciso I. Acresce que as informações relevantes das estatais devem ser publicadas igualmente na internet (art. 8º, §4º), a fim de que haja o controle social. Assim, é igualmente inequívoco que os planos de negócios e as estratégias de longo prazo devem ser amplamente divulgadas.

(iii) *dever de cumprimento das metas assumidas*, valendo lembrar que, nos termos do artigo 23, "É condição para investidura em cargo de diretoria da empresa pública e da sociedade de economia mista a assunção de compromisso com metas e resultados específicos a serem alcançados, que deverá ser aprovado pelo Conselho de Administração, a quem incumbe fiscalizar seu cumprimento". Por outro lado, já se viu, que nos termos do §2º do referido artigo, o Conselho de Administração responde, mesmo por omissão, por falhas na supervisão do atendimento de metas e resultados da execução do plano de negócios e estratégia de longo prazo.[95]

Tais pontos precisam ser destacados porque, pelo menos nas companhias privadas, o dever de diligência tem como núcleo básico o dever de agir bem informado, sendo visto essencialmente como uma obrigação de meio e não de fim.[96] Entretanto, nos termos da Lei das Estatais, o dever de diligência passa a estar também atrelado ao cumprimento de metas e resultados específicos desde a data da investidura no cargo, obrigação que é renovada periodicamente, nos termos do artigo 23, §1º.

---

[95] Nesse sentido, ver: FRAZÃO, Ana. *Função social da empresa*: repercussões sobre a responsabilidade civil de controladores e administradores de S/As. Rio de Janeiro: Renovar, 2011, pp. 345-350; 366/369.

[96] *Função social da empresa*: repercussões sobre a responsabilidade civil de controladores e administradores de S/As. Rio de Janeiro: Renovar, 2011, pp. 358-360.

REGIME SOCIETÁRIO DAS EMPRESAS PÚBLICAS E SOCIEDADES...

Por fim, importa notar a cláusula geral de responsabilidade civil dos administradores contida no artigo 158 da Lei das S/A, que permite a responsabilização do gestor quando proceder "dentro de suas atribuições ou poderes, com culpa ou dolo" ou "com violação da lei ou estatuto". Com isso, a lei reforça a natureza subjetiva da responsabilidade dos administradores, corroborando a noção advinda do dever de diligência segundo a qual o gestor adota o padrão do comerciante consciencioso e ordenado, conduta que se relaciona prioritariamente ao dever geral de respeito e prevenção do perigo.[97]

5.3 Deveres e responsabilidades dos membros do Conselho Fiscal e do Conselho de Auditoria Estatutário

Informa o artigo 26 da Lei n. 13.303/2016 que aos Conselhos Fiscais das empresas públicas e sociedades de economia mista aplicam-se as disposições da Lei das S/A, com as já referidas ressalvas do §1º sobre sua composição e, ainda, com a exigência de que tal órgão seja instituído em caráter permanente (art. 13, inciso IV).

Vale ressaltar que o regime de responsabilidade dos membros do Conselho Fiscal é semelhante ao dos administradores, diante do artigo 26 da Lei n. 13.303/2016[98], que determina a aplicação da Lei das S/A à questão. Vale ressaltar que, na reforma de 2001, a Lei das S/A adicionou ao diploma o abuso no exercício da função de conselheiro fiscal, que segundo o artigo 165, §1º, deverá agir no interesse da companhia, sendo considerados abusivos os atos destinados a causar dano a companhia e aos seus acionistas ou administradores, ou de obter vantagem indevida.

Note-se que, na forma do artigo 165 da Lei das S/A, os membros do Conselho Fiscal equiparam-se aos administradores para efeitos de

---

[97] *Função social da empresa*: repercussões sobre a responsabilidade civil de controladores e administradores de S/As. Rio de Janeiro: Renovar, 2011, pp. 352/353.

[98] "Além das normas previstas nesta Lei, aplicam-se aos membros do Conselho Fiscal da empresa pública e da sociedade de economia mista as disposições previstas na Lei n. 6.404, de 15 de dezembro de 1976, relativas a seus poderes, deveres e responsabilidades, a requisitos e impedimentos para investidura e a remuneração, além de outras disposições estabelecidas na referida Lei".

direitos e responsabilidades, respondendo "pelos danos resultantes de omissão no cumprimento de seus deveres e de atos praticados com culpa ou dolo, ou com violação da lei ou do estatuto".

Por fim, quanto ao Comitê de Auditoria Estatutário, a lei não esclareceu o regime de responsabilidade dos membros, na medida em que não são considerados administradores nos termos do parágrafo único do artigo 16. Entretanto, segundo o Guia do IBGC, o Comitê de Auditoria Estatutário se enquadraria no artigo 160 da Lei das S/A, segundo o qual "As normas desta Seção aplicam-se aos membros de quaisquer órgãos, criados pelo estatuto, com funções técnicas ou destinados a aconselhar os administradores".

Dessa maneira, os membros do Comitê estão sujeitos, ao menos no que couber, aos deveres e responsabilidades constantes da Seção IV da Lei das S/A, a exemplo dos deveres de diligência, de lealdade e de informação.

CONSIDERAÇÕES FINAIS

A Lei n. 13.303/2016 é certamente importante iniciativa para imprimir às estatais, bem como às suas subsidiárias e empresas nas quais investem, padrões de governança que permitam que, de um lado, se exerça o necessário controle sobre os recursos públicos ali investidos e, de outro, se legitime a ação do poder público à luz dos requisitos constitucionais de exploração de atividade econômica pelo Estado.

A interpretação do referido diploma deve ser conduzida pela premissa básica de que o interesse público a ser perseguido pelas estatais não é a noção geral de bem comum que fundamenta o regime jurídico administrativo, mas sim o interesse público específico que motivou a criação daquela estatal. A noção de interesse público geral não pode, pois, servir de pretexto para justificar a ação de controladores e administradores de estatais.

Como foi possível perceber ao longo do presente estudo, o regime das empresas estatais constante da Lei n. 13.303/2016 é minucioso e abrangente, mas acaba não inovando substancialmente na essência da

REGIME SOCIETÁRIO DAS EMPRESAS PÚBLICAS E SOCIEDADES...

gestão de tais entes, traduzidas no objeto social e no interesse social. Com efeito, várias de suas disposições reiteram parâmetros normativos gerais que já existiam em razão da Constituição e da própria da Lei das S/A, motivo pelo qual, em que pese a utilidade dos critérios mais claros e pormenorizados traçados pela Lei n. 13.303/2016, não houve alteração significativa em relação ao fundamento crucial da atividade das estatais: a necessária conciliação entre o interesse público específico e a finalidade lucrativa.

Por mais que a Lei das Estatais tenha feito muitos avanços para assegurar a adequada gestão das estatais, especialmente por meio de obrigações pormenorizadas nas áreas de governança, transparência, publicidade e controle, isso pouco adiantará sem que a ela seja dada a devida eficácia. Tal missão envolve um árduo e longo trabalho, a ser executado por seus gestores e também pelos órgãos de controle e pela própria sociedade.

Acresce que, pesar dos inúmeros aspectos positivos, a Lei das Estatais acabou criando um sistema pesado, complicado e burocrático de governança, o que aumenta consideravelmente a complexidade da gestão das estatais e, consequentemente, pode dificultar o seu *enforcement* e controle.[99] Por outro lado, especialmente no que diz respeito à prevenção das práticas de corrupção, não se pode esquecer que apenas por meio de redesenho estrutural das relações entre Estado e sociedade, tal objetivo poderá ser alcançado.[100]

Tais pontos são ora realçados para que não se coloquem indevidas expectativas sobre a Lei n. 13.303/2016, adotando a crença ilusória, tão comum em nosso país, de que todas as mazelas relativas às estatais serão resolvidas com a nova lei. A nova lei é apenas o primeiro passo de um longo caminho que, se não percorrido adequadamente, não levará a nenhuma mudança estrutural e significativa.

---

[99] Sobre a necessidade de que a regulação jurídica dos mercados seja simples, até para possibilitar o controle social, ver ZINGALES, Luigi. *A capitalism for the people*. Recapturing the lost genius of American prosperity. New York: Basic Books, 2014.

[100] Nesse sentido, ver ROSE-ACKERMAN, Susan; PALIFKA, Bonnie J. *Corruption and Governement*: causes, consequences and reform. New York: Cambridge University Press, 2016.

REFERÊNCIAS BIBLIOGRÁFICAS

BIANCHI, Giorgio. *Gli amministratori di società di capitali*. Padova: Cedam, 2006.

BLACK, Bernard S. "Strengthening Brazil's Securities Market". *Revista de direito mercantil, econômico e financeiro*, vol. 39, n. 120, pp. 41-55, out./dez. 2000.

CARDOSO, André Guskow. "Governança corporativa, transparência e *compliance* nas empresas estatais: o regime instituído pela Lei 13.303/2016". *In*: JUSTEN FILHO, Marçal. *Estatuto jurídico das empresas estatais*. São Paulo: Revista dos Tribunais, 2016.

CGU. *Guia de implantação de programa de integridade nas empresas estatais*: orientações para a gestão de integridade nas empresas estatais federais. Brasília: CGU, 2015.

COELHO, Fábio Ulhoa. "Notas sobre conflitos de interesses na administração de sociedade anônima". *Revista jurídica luso-brasileira*. vol. 1, n. 2, pp. 529-546, 2015.

COSSU, Monica. *Società aperte e interesse sociale*. Torino: G. Giappichelli, 2006.

CRETELLA JR., José Cretella. *Empresa pública*. São Paulo: Bushatsky, 1974.

DI PIETRO, Maria Sylvia Zanella. *Direito administrativo*. 27ª ed. São Paulo: Atlas, 2014.

FERREIRA, Sérgio de Andréa. "O direito administrativo das empresas governamentais brasileiras". *Revista de Direito Administrativo*. vol. 136, pp. 1-33, 1979.

FRAZÃO, Ana. "Direito antitruste e direito anticorrupção: pontes para um necessário diálogo". *In*: FRAZÃO, Ana. *Constituição, Empresa e Mercado* [livro eletrônico]. Brasília: FD/UnB, 2017a.

_____. "O que esperar da Lei n. 13.303/2016? O novo diploma realmente resolverá o problema da gestão das estatais?". *Jota*. 1º fev. 2017b. Disponível em: http://jota.info/artigos/.

_____. *Função social da empresa*: repercussões sobre a responsabilidade civil de controladores e administradores de S/As. Rio de Janeiro: Renovar, 2011.

FRAZÃO, Ana; PRATA DE CARVALHO, Angelo Gamba. "Responsabilidade social empresarial". *In*: FRAZÃO, Ana. *Constituição, Empresa e Mercado* [livro eletrônico]. Brasília: FD/UnB, 2017.

REGIME SOCIETÁRIO DAS EMPRESAS PÚBLICAS E SOCIEDADES...

GALGANO, Francesco. *Trattato di Diritto Commerciale e di Diritto Pubblico dell"Economia*. Padova: Cedam, 1984.

IBGC. *Código das melhores práticas de governança corporativa*. 5ª ed. São Paulo: IBGC, 2015.

_____. *Guia de orientação jurídica de conselheiros de administração e diretores*. São Paulo: IBGC, 2012.

_____. *Guia de orientação para melhores práticas de comitês de auditoria*. São Paulo: IBGC, 2009.

JUSTEN FILHO, Marçal. "Empresas estatais e a superação da dicotomia 'prestação de serviço público/exploração de atividade econômica'". *In*: FIGUEIREDO, Marcelo; PONTES FILHO, Valmir. *Estudos de direito público em homenagem a Celso Antônio Bandeira de Mello*. São Paulo: Malheiros, 2008.

LAZZARINI, Sérgio G.; MUSACCHIO, Aldo; PARGENDLER, Mariana. "O Estado como acionista: desafios para a governança corporativa no Brasil". *In*: FONTES FILHO, Joaquim Rubens; LEAL, Ricardo Pereira Câmara. *O futuro da governança corporativa*: desafios e novas fronteiras. São Paulo: IBGC, 2013.

MARQUES NETO, Floriano de Azevedo; ZAGO, Mariana Fontão. "Limites da atuação do acionista controlador nas empresas estatais: entre a busca do resultado econômico e a consagração das suas finalidades públicas". *Revista de direito público da economia*. vol. 13, n. 49, pp. 79-94, jan./mar. 2015.

MATTOS FILHO, Ary Oswaldo. *Direito dos valores mobiliários*. São Paulo: FGV, 2015.

MUSACCHIO, Aldo; LAZZARINI, Sergio. *Reinventando o capitalismo de estado*: o Leviatã nos negócios: Brasil e outros países. São Paulo: Portfolio-Penguin, 2015.

OLIVEIRA, Fernão Justen; MAIA, Fernanda Caroline. "O Conselho de Administração nas empresas estatais". *In*: JUSTEN FILHO, Marçal. *Estatuto jurídico das empresas estatais*. São Paulo: Revista dos Tribunais, 2016.

PARENTE, Norma. "Principais inovações introduzidas pela Lei n. 10.303, de 31 de Outubro de 2001, à Lei de Sociedades por Ações". *In*: LOBO, Jorge. *Reforma da lei das sociedades anônimas*: inovações e questões controvertidas da Lei n. 10.303, de 31.10.2001. Rio de Janeiro: Forense, 2002.

PINTO, Bilac. "O declínio das sociedades de economia mista e o advento das modernas emprêsas públicas. Revista de direito administrativo". vol. 32, pp. 1-15, 1953, pp. 11-15.

PINTO Jr., Mario Engler. *Empresa estatal*: função econômica e dilemas societários. 2ª ed. São Paulo: Atlas, 2013.

RABITTI, Maddalena. *Rischio organizativo e responsabilità degli amministratori*: Contributo allo studio dell'illecito civile. Milão: Giuffré, 2004.

RAMOS, Maria Elisabete Gomes. *Responsabilidade civil dos administradores e diretores de sociedades anônimas perante os credores sociais*. Coimbra: Coimbra Editora, 2002.

ROSE-ACKERMAN, Susan; PALIFKA, Bonnie J. *Corruption and Governement*: causes, consequences and reform. New York: Cambridge University Press, 2016.

SALOMÃO FILHO, Calixto. *O novo direito societário*. 2ª ed. São Paulo: Malheiros, 2002.

SÁNCHEZ CALERO, Fernando. *Los administradores en las sociedades de capital*. Navarra: Civitas, 2005.

SCHIRATO, Vitor. *As empresas estatais no Direito Administrativo Econômico atual*. São Paulo: Saraiva, 2016.

SCHMIDT, Dominique. *Les conflits d'intérêts dans la société anonyme*. Paris: Joly, 2004.

SIEBER, Ulrich. "Programas de 'compliance' en el Derecho Penal de la empresa: Una nueva concepción para controlar la criminalidad económica". *In*: OLAECHEA, Urquizo; VÁSQUEZ, Abanto SÁNCHEZ, Salazar. Homenaje a Klaus Tiedemann. *Dogmática penal de Derecho penal económico y política criminal*. Lima: Fondo, 2001.

STONE, Christopher D. "Public interests representation: economic and social policy inside the enterprise". *In*: HOPT, Klaus J.; TEUBNER, Gunther. *Corporate governance and directtor's liabilities;* legal, economic and sociological analyses on corporate social responsibility. Berlim/Nova Iorque: Walter de Gruyter, 1985.

TALAMINI, Eduardo; FRANZONI, Diego. "Arbitragem nas empresas estatais". *In*: JUSTEN FILHO, Marçal. *Estatuto jurídico das empresas estatais*. São Paulo: Revista dos Tribunais, 2016.

TAVARES GUERREIRO, José Alexandre. "Conflitos de interesse entre sociedade controladora e controlada e entre coligadas, no exercício do voto

REGIME SOCIETÁRIO DAS EMPRESAS PÚBLICAS E SOCIEDADES...

em assembleias gerais e reuniões sociais". *Revista de direito mercantil, industrial, econômico e financeiro.* vol. 22, n. 51, pp. 29-32, jul./set. 1983.

TONIN, Mayara Gasparotto. "Função social das empresas estatais". *In:* JUSTEN FILHO, Marçal. *Estatuto jurídico das empresas estatais.* São Paulo: Revista dos Tribunais, 2016.

VALVERDE, Trajano de Miranda. "Sociedades anônimas ou companhias de economia mista". *Revista de Direito Administrativo.* vol. 1, n.2, pp. 429-441, 1945.

VEDEL, Georges. *Droit Administratif.* Paris: Presses Universitaires de France, 1992.

VERÇOSA, Haroldo Malheiros Duclerc. *Direito comercial.* 3ª ed. São Paulo: Revista dos Tribunais, 2014.

WALD, Arnoldo. "As sociedades de economia mista e a nova lei das sociedades anônimas". *Revista de Informação Legislativa.* vol. 14, n. 54, pp. 99-114, abr./ jun. 1977.

WONTROBA, Bruno Gressler. "O Conselho Fiscal nas empresas estatais, de acordo com a Lei 13.303/2016". *In:* JUSTEN FILHO, Marçal. *Estatuto jurídico das empresas estatais.* São Paulo: Revista dos Tribunais, 2016.

ZINGALES, Luigi. *A capitalism for the people:* recapturing the lost genius of American prosperity. New York: Basic Books, 2014.

Informação bibliográfica deste texto, conforme a NBR 6023:2002 da Associação Brasileira de Normas Técnicas (ABNT):

FRAZÃO, Ana. "Regime societário das empresas públicas e sociedades de economia mista". *In:* DAL POZZO, Augusto; MARTINS, Ricardo Marcondes (Coord.). *Estatuto jurídico das empresas estatais.* São Paulo: Editora Contracorrente, 2018, pp. 113-165. ISBN. 978-85-69220-39-8.

OS NOVOS PARÂMETROS DE *COMPLIANCE* NA LEI N. 13.303/16

EVANE BEIGUELMAN KRAMER

Sumário: Introdução. 1. A evolução do instituto *compliance* no âmbito dos ordenamentos jurídicos. 2. O sistema de *compliance* no Estatuto Jurídico das Estatais. 3. A transparência como fator de segurança e diminuição de custos de transação. Referências bibliográficas.

INTRODUÇÃO

"If you think compliance is expensive, try non-compliance".[1]

O contexto atual de combate à corrupção determinou a adoção de nova postura empresarial dos entes públicos e dos contratados pela Administração Pública.

Já tivemos oportunidade de observar[2] que, ao tornar obrigatória a implementação de mecanismos de integridade e programas de *compliance*,

---

[1] CORNELIUS, D. McNulty. "Keynote on a tale of two sectors". *Compliance Building*. 4 jun. 2009. Disponível em: http://www.compliancebuilding.com/2009/06/04/mcnulty-keynote-on-a-tale-of-two-sectors/>. Acesso em 22.02.2016.

[2] "Macunaíma e o combate à corrupção". *Valor Econômico*, 22.01.2016. Disponível

a atual redação da lei de combate à corrupção se compatibiliza a uma base de sustentabilidade empresarial responsável e ao crescimento de um novo modelo de corporações brasileiras, atento às boas práticas organizacionais.

A Lei das Estatais não destoa da Lei n. 12.846/2013, conhecida por Lei de combate à corrupção, integrando o que se vislumbra como um microssistema normativo de regência das boas práticas administrativas, alinhada à Lei da Improbidade Administrativa, Lei da Ação Popular e a Lei de Licitações.

Sancionada no final do mês de junho do ano de 2016, a legislação traz novas regras para contratos firmados por empresas públicas e sociedades de economia mista das esferas federal, estadual e municipal.

Com noventa e sete artigos, o robusto texto legal também modificou as regras para os Conselhos de Administração e criou novos parâmetros de transparência para suas contas. Instituiu sistemas de *compliance* e fixou prazos para que todas as estatais de economia mista mantenham pelo menos 25% do capital no mercado de ações.

O enfrentamento da nova conformação das empresas estatais em relação às estruturas corporativas de integridade e transparência exige, primeiramente, o entendimento conceitual do instituto. Assim sendo, segue-se à abordagem da significação dos sistemas de *compliance*.

1. A EVOLUÇÃO DO INSTITUTO *COMPLIANCE* NO ÂMBITO DOS ORDENAMENTOS JURÍDICOS

O termo *compliance*, em inglês, deriva do verbo *to comply*, que significa cumprir, obedecer, estar em conformidade com as normas legais e diretrizes éticas.

A finalidade do *compliance* é minimizar riscos legais e reputacionais de instituições, empresas e corporações.

---

em http://www.valor.com.br/legislacao/4404960/macunaima-e-o-combate-corrupcao. Acesso em 26.03.2018.

OS NOVOS PARÂMETROS DE *COMPLIANCE* NA LEI N. 13.303/16

No segmento das instituições financeiras o instituto do *compliance* encontrou terreno fértil para seu desenvolvimento, em virtude da necessidade de controle interno dos bancos, especialmente fomentada com a crise de 1929 e as exigências criadas pela política intervencionista *New Deal*.

Tanto que nos anos de 1933 e 1934 o Congresso Americano votou medidas para proteção do mercado de capitais, instituindo a SEC – *Securities and Exchange Comission*.[3]

Já em 1945 foi criado o FMI – Fundo Monetário Internacional e o BIRD – Banco Internacional para Reconstrução e Desenvolvimento, com vistas à regulação e estabilização do Sistema Monetário Internacional.

A partir da década de 1960 a SEC – *Securities and Exchange Comission* passou a exigir dos bancos *Compliance Officers*.

O caso Watergate reafirmou a necessidade de controles internos e, assim, a partir da década de 1980, a atividade de *compliance* se capilarizou no mercado.

Em 1988 foi estabelecido o acordo de Capital da Basiléia, sob a supervisão do Comitê da Basiléia e em 1990 foi estabelecido o *Financial Action Task Force* sobre lavagem de dinheiro.

Ainda inúmeras recomendações foram consolidadas pelo Comitê da Basiléia, com previsão e ênfase na "cultura de avaliação de controle internos".

No âmbito normativo brasileiro, destacam-se: a) a Lei n. 9.613/98 que criou e criado o COAF e tipificou as práticas denominadas de "lavagem de dinheiro"; b) a Lei n. 12.846 de 01.08.13, conhecida por lei combate à corrupção, vindo a integrar o sistema do direito

---

[3] A SEC corresponde à Comissão de Valores Mobiliários. É uma agência federal dos Estados Unidos que detém a responsabilidade primária pela aplicação das leis de títulos federais e a regulação do setor de valores mobiliários, as ações da nação e opções de câmbio, e outros mercados de valores eletrônicos nos Estados Unidos. Além do Ato 1934 que a criou, a SEC aplica o *Securities Act of* 1933, o *Trust Indenture Act of* 1939, o *Investment Company Act of* 1940, o *Investment Advisers Act of* 1940, o *Sarbanes-Oxley Act of* 2002.

administrativo brasileiro sancionador. É certo que a corrupção já era presente como tipo penal, mas passou-se à punição administrativa e civil deste tipo específico de ilícito – a corrupção – tão somente com a nova Lei n. 12.846/13.

Assim, as empresas passaram a ser penalizadas com severas multas (0,1% a 20% do faturamento bruto, *p.ex*), sem prejuízo da reparação integral de dano causado pelo ato de corrupção ou seus consectários, podendo, ainda, haver sequestro de bens, interdição e suspensão de atividades e até a dissolução compulsória da empresa.

Neste contexto é que as empresas que contratam com a Administração Pública tiveram que criar e impulsionar seus departamentos de *compliance*, visando minimizar os riscos legais e reputacionais decorrentes da corrupção, bem como estruturar meios de controle efetivo que se prestam, também, a forma de defesa perante os órgãos de controle competentes.

Faltava, todavia, institucionalizar a obrigação referente à estruturação de departamentos de *compliance* no âmbito das empresas públicas e tal lapso normativo acabou sendo suprido pela denominada Lei das Empresas Estatais.

3. O SISTEMA DE *COMPLIANCE* NO ESTATUTO JURÍDICO DAS ESTATAIS

A Lei n. 13.303 de 2016 conhecida por Lei das Estatais ou Estatuto Jurídico das Estatais e o Decreto n. 8.945/2016 que a regulamentou preveem diversas regras de *compliance*.

Iniciando pelo artigo 1º, §7º o qual determina que as empresas estatais (empresa pública, a sociedade de economia mista e suas subsidiárias) deverão adotar práticas de governança e controle de riscos do negócio, na circunstância de participação em sociedade empresarial em que não detenham o controle acionário.

Significa dizer que a Lei n. 13.303/16 impõe o dever de controle sobre determinados elementos e atividades da empresa minoritária

OS NOVOS PARÂMETROS DE *COMPLIANCE* NA LEI N. 13.303/16

(documentos e informações estratégicas do negócio, informes sobre execução da política de transações com partes relacionadas etc), ainda que se trate de hipótese de participação minoritária, sem controle acionário da pessoa jurídica estatal.

O que constata, a partir da leitura do art. 1º, § 7º da Lei n. 13.303/16 é que o dispositivo legal em comento se traduz em um mecanismo de *compliance*, uma vez que as informações estratégicas e os informes acima mencionados poderão servir à verificação da ocorrência de atos ilícitos por meio de investigações.

Igualmente, a Lei n. 13.303/16 versa sobre regras de governança corporativa, de transparência e de estruturas, práticas de gestão de riscos e de controle interno e composição da administração de todas as empresas estatais e não só das hipóteses em que estas participem de outras estruturas societárias.

Lê-se no artigo 6º da referida Lei:

> Art. 6º O estatuto da empresa pública, da sociedade de economia mista e de suas subsidiárias deverá observar regras de governança corporativa, de transparência e de estruturas, práticas de gestão de riscos e de controle interno, composição da administração e, havendo acionistas, mecanismos para sua proteção, todos constantes desta Lei.

Portanto, há um dever geral, imposto a todas as empresas públicas, sociedades de economia mista e suas subsidiárias, no sentido que seus estatutos societários imponham a observância e as boas práticas de governança e controle.

Os requisitos mínimos de transparência para as empresas públicas e as sociedades de economia mista estão dispostos no artigo 8º da Lei das Estatais, a saber: (i) divulgação tempestiva e atualizada de informações relevantes, especialmente as relacionadas a atividades desenvolvidas; (ii) estrutura de controle; (iii) fatores de risco; (iv) dados econômico-financeiros; (v) comentários dos administradores sobre o desempenho,

171

políticas e práticas de governança corporativa; (vi) descrição da composição e da remuneração da administração; (vii) divulgação de de informações, em conformidade com a legislação em vigor .

Percebe-se que o *compliance* é estrutura fundamental para a coesão das boas práticas e da governança corporativa e precisa, especialmente, atuar em cooperação com a "Alta Administração" (Presidência, Superintendência) e o setor de gestão de riscos corporativos. Por uma simples razão: a conduta do alto escalão da empresa determina a conduta dos demais e deve estar em conformidade com as deliberações e regras de *compliance*.

O artigo 9º da Lei n. 13.303/2016 prevê que tanto a empresa pública quanto a sociedade de economia mista devem adotar regras de estruturas e práticas de gestão de riscos e controle interno que envolvam: a ação dos administradores e empregados, através da implementação frequente de práticas de controle interno; a área encarregada pela verificação de cumprimento de obrigações e de gestão de riscos; a auditoria interna e o Comitê de Auditoria Estatutário:

> Art. 9º A empresa pública e a sociedade de economia mista adotarão regras de estruturas e práticas de gestão de riscos e controle interno que abranjam:
>
> I – ação dos administradores e empregados, por meio da implementação cotidiana de práticas de controle interno;
>
> II – área responsável pela verificação de cumprimento de obrigações e de gestão de riscos;
>
> III – auditoria interna e Comitê de Auditoria Estatutário.[4]

---

[4] Auditoria e *compliance* são partes do sistema de controles internos. Destaque-se: a auditoria ocorre de forma aleatória e temporal e apenas identifica a não conformidade após ela ter acontecido, enquanto que o setor de *compliance* realiza essa abordagem de forma rotineira e permanente para prevenir os riscos envolvidos em cada atividade. A propósito, o artigo 24 da Lei n. 13.303/2016 prevê que a empresa pública e a sociedade de economia mista devem possuir um Comitê de Auditoria Estatutário para auxiliar o Conselho de Administração. Esse órgão deve auditar os mecanismos de controle interno, demonstrações financeiras e informações divulgadas ela organização. Sobre a diferença

OS NOVOS PARÂMETROS DE *COMPLIANCE* NA LEI N. 13.303/16

O parágrafo primeiro do artigo 9º dispõe, ainda, sobre o dever legal de elaboração de um Código de Conduta com disposições acerca de certos mecanismos de *compliance*.

Trata-se de um mecanismo utilizado pela instituição para informar aos seus colaboradores os princípios éticos fundantes da organização e devem ser observados por todos os seus membros. O inciso I disciplina que o Código de Conduta conter, além dos princípios e missão da empresa, orientações acerca de conflitos de interesses e vedações de atos de corrupção e fraude.

O primeiro parágrafo do artigo 9º prevê, em seu inciso III, que o Código de Conduta deve dispor sobre canal de denúncias para viabilizar o recebimento de notificações internas e externas relacionadas ao descumprimento do Código de Conduta e Integridade e das demais normas internas de ética e obrigacionais.

O inciso IV dispõe sobre a necessidade de mecanismos de proteção que evitem a retaliação contra pessoas que utilizem o canal de denúncias.

No caso de violação ao Código de Conduta, o inciso V do primeiro parágrafo do artigo 9º prevê sanções e o inciso VI versa sobre a necessidade de realização de treinamento, ao menos uma vez por ano, sobre o Código de Conduta e Integridade, para empregados e administradores, e sobre a política de gestão de riscos, para administradores.

Os mecanismos acima descritos configuram-se em elementos de um programa de *compliance* e fortalecem a cultura de conformidade e transparência.

Consoante o parágrafo segundo do artigo 9º, a área de *compliance* e gestão de riscos deverá ser vinculada ao Diretor-presidente e liderada por Diretor estatutário, devendo estar previstas estatutariamente as atribuições da área e mecanismos que assegurem atuação independente.

---

entre auditoria e *compliance* ver: COIMBRA, M. A.; MANZI, VOL. A. *Manual de compliance*: preservando a boa governança e a integridade das organizações. São Paulo: Atlas, 2010.

Esta disposição nos parece de vital importância pois a independência daqueles que atuam nas áreas de *compliance* e gestão de riscos é fundamental para o êxito do programa de integridade.[5]

Neste sentido, artigo 9º, § 4º da Lei n. 13.303/2016 dispõe que o *compliance officer* pode relacionar-se diretamente com o Conselho de Administração em situações em que houver suspeita do envolvimento do diretor-presidente e irregularidades ou omissão na obrigação de adotar medidas necessárias em relação às situações de irregularidades.

O artigo 12 da Lei das Estatais estabelece que as empresas estatais devem adequar suas práticas ao Código de Conduta e Integridade e a outras regras de boa prática de governança corporativa.

Ressaltamos a expressão "partes interessadas" (*stakeholders*) contida no art. 18 da Lei n. 13.303/16:

> Art. 18. Sem prejuízo das competências previstas no art. 142 da Lei n. 6.404, de 15 de dezembro de 1976, e das demais atribuições previstas nesta Lei, compete ao Conselho de Administração:
>
> I – discutir, aprovar e monitorar decisões envolvendo práticas de governança corporativa, relacionamento com partes interessadas, política de gestão de pessoas e código de conduta dos agentes;

A interpretação deve ser que no sentido que os mecanismos de *compliance* submetem e atuam no monitoramento de toda a rede de relações da empresa, ou seja, refere-se aos acionistas, investidores, consumidores, fornecedores, governo, proprietários, trabalhadores e outras empresas.

Por último, é oportuno destacar a aplicação dos mecanismos de *compliance* aos procedimentos licitatórios, conforme a previsão do artigo 32, V da Lei das Estatais:

---

[5] Sobre o assunto vide: CANDELORO, Ana Paula P.; RIZZO, Maria B. M. de; PINHO, Vinícius. *Compliance 360º*: riscos, estratégias, conflitos e vaidades no mundo corporativo. São Paulo: Trevisan Editora Universitária, 2012, p. 6.

OS NOVOS PARÂMETROS DE *COMPLIANCE* NA LEI N. 13.303/16

> Art. 32. Nas licitações e contratos de que trata esta Lei serão observadas as seguintes diretrizes:
>
> (...)
>
> V – observação da política de integridade nas transações com partes interessadas.

O dispositivo em comento estabelece que nas licitações e contratos administrativos é necessário observar a integridade nas transações com as partes interessadas, a exemplo da gestão de riscos, mediante avaliação das condicionantes legais e jurídicas em que a empresa esteja envolvida.

3. A TRANSPARÊNCIA COMO FATOR DE SEGURANÇA E DIMINUIÇÃO DE CUSTOS DE TRANSAÇÃO

Como visto, a Lei n. 13.303/16 dispõe efetivamente sobre mecanismos de proteção e *compliance*, que, em nosso entender atuam como fatores de segurança nas contratações públicas.

A história recente nos impulsiona, facilmente, a esta conclusão: mecanismos de integridade geram não só a depuração das práticas nocivas, como imprimem segurança para todos os envolvidos nas contratações públicas, os *stakeholders*. Assim, a sociedade como um todo sente-se aliviada e segura na medida que os instrumentos de transparência e integridade sejam efetivos e funcionem.

Esta é a função maior dos *compliances officers*: minimizar riscos legais e reputacionais de instituições, empresas e corporações.

Como disse McNulty, advogado Americano, "If you think compliance is expensive, try non-compliance".

Não existe dúvida que a manutenção de condutas em conformidade com as leis e normas determina menores custos de transação e produzem eficiência nos resultados.

Isto porque, como se demonstrou neste artigo, a tendência de maiores punições é parte de uma estratégia dos órgãos de controle, munidos de mais e melhores instrumentos legais de combate às práticas ilícitas.

Significa dizer que o valor das penalidades a serem pagas aos diversos organismos reguladores seguramente será maior que o valor do investimento para a instituição e manutenção dos Órgãos de *compliance*.

No âmbito das empresas públicas, as estruturas de *compliance* e a efetiva adesão à cultura de transparência e conformidade, em síntese, traduzem-se em interesse público.

REFERÊNCIAS BIBLIOGRÁFICAS

CANDELORO, Ana Paula P.; RIZZO, Maria B. M. de; PINHO, Vinícius. *Compliance 360°*: riscos, estratégias, conflitos e vaidades no mundo corporativo. São Paulo: Trevisan Editora Universitária, 2012.

COIMBRA, M. A.; MANZI, V. A. *Manual de compliance*: preservando a boa governança e a integridade das organizações. São Paulo: Atlas, 2010.

CORNELIUS, D. McNulty. "Keynote on a tale of two sectors". *Compliance Building*. 4 jun. 2009. Disponível em: http://www.*compliance*building. com/2009/06/04/mcnulty-keynote-on-a-tale-of-two-sectors/. Acesso em 22.02.2016.

Informação bibliográfica deste texto, conforme a NBR 6023:2002 da Associação Brasileira de Normas Técnicas (ABNT):

KRAMER, Evane Beiguelman. "Os novos parâmetros de *compliance* na Lei n. 13.303/16". *In*: DAL POZZO, Augusto; MARTINS, Ricardo Marcondes (Coord.). *Estatuto jurídico das empresas estatais*. São Paulo: Editora Contracorrente, 2018, pp. 167-176. ISBN. 978-85-69220-39-8.

A NOVA LEI DAS ESTATAIS:
ASPECTOS GERAIS LICITATÓRIOS E CONTRATAÇÃO DIRETA

ANA CRISTINA FECURI

Sumário: Introdução. 1. Exigência de licitação e casos de dispensa e de inexigibilidade. Conclusão. Referências bibliográficas

INTRODUÇÃO

A nova Lei das Estatais ou Lei da Responsabilidade das Estatais, como tem sido denominada, institui um novo regime jurídico a ser observado pelas empresas públicas, sociedades de economia mista e suas subsidiárias, que sistematiza e uniformiza de forma objetiva os mecanismos de transparência, controle e governança corporativa, assim como normas e procedimentos licitatórios e de contratação direta.

A Lei n. 13.303/2006 é de âmbito nacional e alcança não só as empresas públicas e as sociedades de economia mista federais, estaduais, distritais e municipais, sejam estas exploradoras de atividade econômica de produção, comercialização de produtos ou de prestação de serviços, ainda que em regime de monopólio, como também as prestadoras de serviços públicos, à exceção, no que pertine às regras de governança, daquelas com participação minoritária, nos termos em que especifica.[1-2]

Apesar das vigorosas discussões doutrinárias existentes sobre o tema, extrai-se de seu contexto a prevalência da corrente doutrinária que sempre defendeu a necessidade de edição de uma lei federal fixando normas gerais para todas as empresas estatais[3], a partir da interpretação

---

[1] O Egrégio Tribunal de Contas da União, por intermédio do Ministro Vital do Rêgo, em comunicado oficial, enumera os avanços trazidos pela nova Lei das Estatais e destaca o alcance indistinto de suas disposições a todas as Estatais, nos seguintes termos: "Esse novo regime jurídico veicula normas com eficácia obrigatória junto a todas as estatais da União, dos Estados, do Distrito Federal e dos Municípios, alcançando tanto as que prestam serviços públicos quanto as que exploram atividade econômica de produção ou comercialização de bens ou de prestação de serviços, ainda que a atividade econômica esteja sujeita ao regime de monopólio da União". (Disponível em: http://portal.tcu. gov.br/imprensa/noticias/ministro-do-tcu-faz-consideracoes-sobre-a-lei-das-estatais. htm. Acesso em 30.04.17).

[2] No mesmo sentido manifesta-se o Ministério do Planejamento, Desenvolvimento e Gestão, ao apresentar um panorama sobre a nova Lei n. 13.303/2016, na Revista das Estatais, veiculada pela SEST – Secretaria de Coordenação e Governança das Empresas Estatais, conforme se infere da leitura o tópico seguir transcrito: "No tocante ao âmbito de aplicação, o normativo abrange União, Estados, Distrito Federal e Municípios, ou seja, trata-se de uma norma nacional. Vale para toda e qualquer estatal, de qualquer ente da Federação, que explore atividade econômica de produção ou comercialização de bens ou de prestação de serviços, mesmo que a atividade econômica esteja sujeita ao regime de monopólio da União, ou seja, de prestação de serviços públicos. O fato de a estatal explorar atividade econômica (ex.: Banco do Brasil) ou ser prestadora de serviços (ex.: Correios) ou mesmo ser uma sociedade de propósito especifico não as distingue quanto ao alcance. Todas, indistintamente, devem observar os ditames da lei". (Disponível em: http://www. planejamento.gov.br/assuntos/empresas-estatais/arquivos/revista-das-estatais/view. Acesso em 30.04.17).

[3] Conforme José dos Santos Carvalho Filho: "O certo é que, a admitir-se estatuto fixado em lei de cada pessoa federativa, teríamos verdadeiro caos administrativo, pois que haveria tantos estatutos quantas sejam as pessoas que integram a federação, atualmente em número superior a cinco mil, considerando-se, logicamente, os Municípios". (CARVALHO FILHO, José dos Santos. *Manual de Direto Administrativo*. 27ª ed. São Paulo: Atlas, 2014, p. 509). Contrariamente à posição externada por Celso Antônio Bandeira de Mello, para quem: "as empresas estatais prestadoras de serviços públicos também se assujeitam às normas gerais de licitação e contratos expedidas pela União e, pois, que continuam e continuarão a ser regidas

A NOVA LEI DAS ESTATAIS: ASPECTOS GERAIS LICITATÓRIOS...

de que o inciso XVII do artigo 22 do Texto Constitucional, com redação dada pela Emenda Constituição n. 19/1998, teria um amplo alcance.

Disto decorre, por certo, uma clara ampliação do campo de incidência da norma constitucional (art. 173, § 1º, da Constituição Federal)[4], então voltado apenas, e em tese, para empresas públicas, sociedades de economia mistas e subsidiárias exploradoras de atividade econômica, para também alcançar àquelas que prestam serviços públicos.

---

pela Lei n. 8.666, de 21.06.93, com suas alterações posteriores. Já as empresas estatais exploradoras de atividade econômica futuramente terão suas licitações e contratos regidos pela lei a que se refere o art. 22, XXVII, da Constituição Federal, com a redação que lhe deu o Emendão, isto é, na conformidade do Estatuto para elas previsto no art. 173 da Lei Magna. Enquanto isto não ocorrer persistirão regidas pela lei n. 8.6666, com as ressalvas inicialmente feitas". (BANDEIRA DE MELLO, Celso Antônio. "Licitação nas estatais em face da E.C. n. 19". *Revista Eletrônica sobre a Reforma do Estado*, Salvador, n. 6, jun.-jul.-ago. 2006. Disponível em: www. direitodoestado.com.br. Acesso em 30.04.2017).

[4] De maneira adversa, diga-se, ao posicionamento manifestada pelo Eg. Supremo Tribunal Federal: "1. Esta Corte em oportunidades anteriores definiu que a aprovação, pelo Legislativo, da indicação dos Presidentes das entidades da Administração Pública Indireta restringe-se às autarquias e fundações públicas, dela excluídas as sociedades de economia mista e as empresas públicas. Precedentes. 2. As sociedades de economia mista e as empresas públicas que explorem atividade econômica em sentido estrito estão sujeitas, nos termos do disposto no § 1º do artigo 173 da Constituição do Brasil, ao regime jurídico próprio das empresas privadas. 3. Distinção entre empresas estatais que prestam serviço público e empresas estatais que empreendem atividade econômica em sentido estrito 4. O § 1º do artigo 173 da Constituição do Brasil não se aplica às empresas públicas, sociedades de economia mista e entidades (estatais) que prestam serviço público. 5. A intromissão do Poder Legislativo no processo de provimento das diretorias das empresas estatais colide com o princípio da harmonia e interdependência entre os poderes. A escolha dos dirigentes dessas empresas é matéria inserida no âmbito do regime estrutural de cada uma delas. 6. Pedido julgado parcialmente procedente para dar interpretação conforme à Constituição à alínea *d* do inciso XXIII do artigo 62 da Constituição do Estado de Minas Gerais, para restringir sua aplicação às autarquias e fundações públicas, dela excluídas as empresas estatais, todas elas". (STF, ADI 1642 MG, Pleno, Relator: Min. Eros Grau, j. 03.04.2008, DJe-177, Divulg. 18.09.2008, Public. 19.09.2008).

Embora a questão seja extremamente polêmica, sobretudo em razão dos entendimentos doutrinários[5] e jurisprudenciais[6] que defendem a tese de que as empresas estatais que prestam serviços públicos em regime de exclusividade nada mais são do que um prolongamento do Estado, à semelhança das entidades autárquicas, acredita-se que um dos motivos que levou o legislador a assim proceder encontra-se no fato de todas as Empresas Estatais estarem submetidas, por força de inúmeros dispositivos constitucionais, a idênticos mecanismos de controle estatal desenvolvidos sob os aspectos administrativo e financeiro, embora haja uma variação na atuação destas Entidades em função do objeto de suas atividades – algumas exercentes de atividade tipicamente privada, outras, predominantemente pública –, assim como aos mesmos instrumentos públicos destinados à seleção de pessoal, e, em regra, à contratação de bens e serviços.

E neste aspecto o fez acertadamente. A determinação legal de submissão das Empresas Estatais às mesmas regras de controle, ainda que ajustadas em face das peculiaridades atinentes a cada uma delas, observados os limites legalmente impostos, de modo a não atingir a autonomia que lhes é assegurada, somada à uniformização de normas e procedimentos para a contratação de bens e serviços, harmonizará o sistema como um todo, e certamente trará maior segurança jurídica e transparência no desempenho das atividades estatais, assim como permitirá a busca da tão desejada probidade institucional.

---

[5] Marçal Justen Filho defende o entendimento de que: "A Lei das Estatais, ao definir o seu âmbito de vigência material, incorporou a distinção de vigência material, incorporou a distinção entre empresas exploradoras de atividade econômica e prestadoras de serviço público. (...) Isto significa que as regras da Lei n. 13.303/2016 não se aplicariam às empresas estatais puramente prestadoras de serviços públicos. (...) A solução formal adotada foi diversa. Houve expressa referência a empresas públicas e sociedades de economias exploradoras de atividades econômica. Portanto, apenas essas se subordinam ao regime diferenciado da Lei n. 13.303/2016. As demais, prestadoras de serviços públicos em regime de exclusividade, sem competição com o setor privado – continuam subordinadas ao regime da Lei n. 8.666/1993". (JUSTEN, FILHO, Marçal. *Comentários à Lei de Licitações e Contratos Administrativos*. 17ª ed. São Paulo: Revista dos Tribunais, 2016, pp. 54/55).

[6] Mais recentemente: STF, RE n. 627.051-PE.

A realidade mostrou, ademais, e em contraposição, a tese de que tal situação jamais ocorreria, um crescimento no exercício de atividades econômicas também por parte de empresas estatais prestadoras de serviços públicos, e em regime de livre concorrência com empresas privadas, podendo-se citar como exemplos, dentre outros inúmeros existentes, os serviços de banco postal e de logística prestados pela EBCT- Empresa Brasileira de Correios e Telégrafos.[7]

Não é de hoje, portanto, que as entidades estatais passaram a exercer simultaneamente atividades heterogêneas, dificultando a identificação da natureza jurídica e, por conseguinte, do regime jurídico aplicável a cada uma destas.[8]

Do apanhado de ideias acima explicitadas pode-se chegar à conclusão, até que porventura haja um posicionamento definitivo do Poder Judiciário a respeito do tema[9], que a diferenciação entre Estatais "exploradoras de atividade econômica" e "prestadoras de serviço público", que sempre foi utilizada para fins de definição do regime jurídico aplicável, perde, com a edição desta Lei, a grande relevância jurídica que a revestia.

---

[7] O Egrégio Tribunal de Contas da União, em resposta à consulta que tratava sobre a legalidade da contratação direta da Empresa Brasileira de Correios e Telégrafos, entendeu que o "serviço de logística não é serviço público (postal), mas sim atividade econômica em sentido estrito". (TCU, AC n. 1.800/2016, Plenário, Rel. Min. Bruno Dantas, j. 13.07.2016).

[8] Fabrício Motta explícita com clareza este raciocínio ao anotar que: "a dicotomia serviço público e atividade econômica não é mais suficiente para abranger a complexidade das atividades executadas pelas empresas estatais e o seu respectivo regime jurídico, pois existem atividades que não se enquadrarão nos respectivos conceitos estritos". (MOTTA, Fabrício. *Lei de Licitações de Estatais peca pelo excesso de regras*. Disponível em: http://www.conjur.com.br/2016-jul-21/interesse-publico-lei-licitacoes-estatais-peca-excesso-regras. Acesso em 30.04.2017).

[9] Encontra-se em trâmite perante o Supremo Tribunal Federal, sob relatoria do Ministro Ricardo Lewandowski, Ação Direta de Inconstitucionalidade (ADI n. 5624) ajuizada pela Federação Nacional das Associações do Pessoal da Caixa Econômica Federal (Fenaee) e pela Confederação Nacional dos Trabalhadores do Ramo Financeiro (Contraf/Cut), sustentando, dentre as alegações apresentadas, a inconstitucionalidade material da Lei n. 13.303/2016, por alcançar a totalidade das empresas públicas e sociedades de economia mista, e não somente às que exploram atividade econômica, violando o artigo 173, § 1º, da Constituição Federal".

Partindo-se desta premissa, vale dizer, de que a Lei em estudo alcança tanto empresas públicas e sociedades de economia mista "exploradoras de atividade econômica" quanto "prestadoras de serviços públicos", é que se passará a desenvolver as considerações que se julga serem essenciais sobre o tema proposto.

1. EXIGÊNCIA DE LICITAÇÃO E CASOS DE DISPENSA E DE INEXIGIBILIDADE

Feito este brevíssimo introito, tem-se que, no campo das Licitações e Contratações Administrativas, a Lei n. 13.303/16 tem caráter geral, encontrando respaldo no artigo 22, inciso XXVII[10], artigo 37, inciso XXI[11], e artigo 173, §1º, inciso III[12], todos do Texto Constitucional, com redação dada pela Emenda Constitucional n. 19, de 4 de junho de 1999, alcançando as empresas estatais de todas as pessoas políticas,

---

[10] Reza o art. 22, com a redação dada pela EC 19/98: "Compete privativamente à União legislar sobre: XXVII – normas gerais de licitação e contratação, em todas as modalidades, para as administrações públicas diretas, autárquicas e fundacionais da União, Estados, Distrito Federal e Municípios, obedecido o disposto no art. 37, XXI, e para as empresas públicas e sociedades de economia mista, nos termos do art. 173, § 1º, III".

[11] Rezada o art. 37, XXI, com a redação dada pela EC 19/98: "A administração pública direta e indireta de qualquer dos Poderes da União, dos Estados, do Distrito Federal e dos Municípios obedecerá aos princípios de legalidade, impessoalidade, moralidade, publicidade e eficiência e, também, ao seguinte: XXI – ressalvados os casos especificados na legislação, as obras, serviços, compras e alienações serão contratados mediante processo de licitação pública que assegure igualdade de condições a todos os concorrentes, com cláusulas que estabeleçam obrigações de pagamento, mantidas as condições efetivas da proposta, nos termos da lei, o qual somente permitirá as exigências de qualificação técnica e econômica indispensáveis à garantia do cumprimento das obrigações".

[12] Dispõe o inciso III do parágrafo único do art. 173, com a redação dada pela EC 19/98: "Ressalvados os casos previstos nesta Constituição, a exploração direta de atividade econômica pelo Estado só será permitida quando necessária aos imperativos da segurança nacional ou a relevante interesse coletivo, conforme definidos em lei. § 1º A lei estabelecerá o estatuto jurídico da empresa pública, da sociedade de economia mista e de suas subsidiárias que explorem atividade econômica de produção ou comercialização de bens ou de prestação de serviços, dispondo sobre: III – licitação e contratação de obras, serviços, compras e alienações, observados os princípios da administração pública".

A NOVA LEI DAS ESTATAIS: ASPECTOS GERAIS LICITATÓRIOS...

independentemente da natureza da atividade desempenhada (exploradora de atividade econômica ou prestadora de serviços).

Objetiva, como já inicialmente afirmado, oferecer um sistema orgânico, adequado e homogêneo às Estatais, e, por conseguinte, um procedimento licitatório e de contratação mais célere, transparente, eficiente e isonômico.

E a consequência primeira que se retira da edição deste diploma legal específico, que estabelece regras próprias e gerais para as licitações e contratações das Estatais, é o afastamento da incidência da Lei n. 8.666, de 21 de junho de 1993[13], até então de observância obrigatória por estas empresas[14], dada a longa demora do legislador infraconstitucional em dar concretude à determinação contida no artigo 173, § 1º, da Constituição Federal, à exceção dos casos expressamente indicados pela nova Lei.

Assim, e por força do disposto no art. 41 e art. 55, respectivamente, da Lei n. 13.303/2016, as normas de direito penal contidas nos artigos 89 a 99 da Lei n. 8.666/93 e os critério de desempate previsto no artigo. 3º, § 2º, da Lei n. 8.666/93, serão aplicadas subsidiariamente às licitações e contratações promovidas pelas empresas estatais. Também serão de observância obrigatória as disposições contidas nos artigos 42 a 49 da Lei Complementar n. 123/26, que asseguram benefícios em favor das pequenas empresas nas disputas por contratações públicas, nos termos do § 1º do art. 28 desta nova Lei. As demais regras estarão de pronto afastadas.

Isto não significa dizer, entretanto, que a eventual constatação de que há uma identidade entre as regras contidas na Lei n. 8.666/1993 e na Lei n. 13.303/2016 não possibilite o acolhimento de entendimentos doutrinários e jurisprudenciais já pacificados e consagrados sobre o tema

---

[13] Regulamenta o art. 37, inciso XXI, da Constituição Federal, institui normas para licitações e contratos da Administração Pública e dá outras providências.

[14] O entendimento de que a Lei n. 8.666/93 deveria ser observada pelas empresas estatais até que o legislador infraconstitucional editasse a lei específica era difundido pela maioria doutrinária, em função do disposto no artigo 1º c/c com o artigo 119, ambos da Lei de Licitações, e amplamente acolhido pelo Egrégio Tribunal de Contas da União, conforme Acórdão n. 566/2012, Plenário, Rel. Min. Valmir Campelo.

ANA CRISTINA FECURI

para a solução jurídica de problemas surgidos na vigência desta nova Lei. Certamente que sim. O tratamento deverá ser uniforme para situações consideradas idênticas ou semelhantes, razão pela qual a solução prática exigirá do aplicador da Lei o recurso à experiência dos antigos.

Julga-se possível, igualmente, a aplicação da Lei n. 8.666/1993 para os casos em que for constatada a presença de lacunas normativas nesta nova Lei, podendo o operador do direito valer-se das regras de hermenêutica jurídica e de um dos meios de integração da ordem jurídica, tal como expressamente autorizado pelo artigo 4º do Decreto-Lei n. 4.657/1942[15], para a solução do problema apresentado, sobretudo porque traz em seu bojo normas gerais sobre licitações e contratações públicas que foram durante anos observadas pelas empresas estatais.

Vale relembrar que este expediente já foi utilizado, inclusive, pelo Egrégio Tribunal de Contas da União, que, ao examinar situação contratual fática e peculiar em que não havia regra legal aplicável à hipótese, acertadamente fez uso da mesma solução legal prevista nos artigos 24, inciso XI e artigo 64, § 2º, da Lei n. 8.666/1993, aplicando-lhe a mesma consequência jurídica ao caso concreto, com fundamento nos métodos de hermenêutica jurídica e de integração normativa.[16]

Considerando-se o afastamento da disciplina tradicional contida na Lei n. 8.666/1993 às contratações promovidas pelas Estatais, um dos pontos que merece destaque, até porque bastante controverso e ensejador de debates fervorosos entre juristas[17], refere-se à incidência imediata ou

---

[15] Lei de Introdução às Normas de Direito Brasileiro.

[16] "14. Na situação examinada nos autos, entendo que a solução da matéria passa pela utilização do princípio geral de hermenêutica segundo o qual onde existe a mesma razão fundamental deve prevalecer a mesma regra de direito *(ubi eadem est ratio, ibi ide jus)*". (TCU, Pleno, Acórdão n. 740/2013, Rel. Min. Benjamin Zymler). Mais recentemente: TCU, Pleno, Acórdão n. 2737/2016).

[17] *Cf.* NIEBUHR, Joel de Menezes. "Aspectos destacados do novo regime de licitações e contratações das estatais". *Revista Colunistas Direito do Estado*, n. 209, 08.07.2016. Disponível em: http://www.direitodoestado.com.br/colunistas/joel-de-menezes-niebuhr/aspectos-destacados-do-novo-regime-de-licitacoes-e-contratacoes-das-estatais. Acesso em 30.04.17; FERRAZ, Luciano. *Lei das Estatais e seu período de transição: estudo*

A NOVA LEI DAS ESTATAIS: ASPECTOS GERAIS LICITATÓRIOS...

não da aplicação das novas regras licitatórias e contratuais instituídas pela nova Lei, que se encontra em plena vigência, por força do disposto no seu artigo 97, às empresas estatais já constituídas à época de sua publicação.

Uma leitura inicial e desatenta da norma legal poderá levar o intérprete a sustentar que as novas regras têm aplicação imediata, em razão das disposições contidas no artigo 97 desta Lei. O artigo 91, *caput*, da Lei em estudo, todavia, expressamente estabelece que as empresas estatais terão um prazo máximo de 24 (vinte e quatro) meses para realização das adaptações necessárias ao cumprimento da Lei. O seu artigo 40, *caput*, e inciso IV, também reforçam a ideia, ao determinarem às empresas públicas e sociedades de economia mista que publiquem e mantenham atualizados regulamentos internos sobre licitações e contratos que sejam compatíveis com esta lei, especialmente sobre os procedimentos licitatórios e de contratação direta.

Ainda que haja respeitáveis posições doutrinárias entendendo que novas regras licitatórias e contratuais passaram a ser de observância obrigatória na data da publicação desta Lei, a *mens legislatoris*, ao que parece, foi a de conceder às Estatais constituídas antes da entrada em vigência desta Lei um prazo máximo de 24 (vinte e quatro) meses para que promovessem às devidas adequações procedimentais em seus regulamentos vigentes ou a edição de novos normativos, dada a magnitude das novas disposições legais.

E nem poderia ser outra a interpretação. Muitas das Estatais possuem regulamentos próprios, que disciplinam as suas licitações e contratações à luz da Lei n. 8.666/1993 e demais normas legais correlatas, editados com fundamento nos artigos 1º e 119, desta Lei Geral de Licitações, os quais deverão ser adequados à nova sistemática introduzida pela Lei n. 13.303/2016, sob pena de serem produzidos resultados deficientes, defeituosos, e, por conseguinte, desastrosos.

O artigo 40 da Lei n. 13.303/2016 apresenta-se, portanto, como um 'divisor de águas', e revela, ainda que implicitamente, que a parte

---

de caso em MG. Disponível em: http://www.conjur.com.br/2016-out-27/interesse-publico-lei-estatais-periodo-transicao-estudo-mg. Acesso em 30.04.2017.

voltada para as licitações e contratos não será de pronto aplicável, na medida em que dependerá de uma precisa e detalhada regulamentação interna, que demandará análise, esforço e reflexão por parte do administrador público.

Não se quer com isto afirmar que as regras licitatórias e contratuais não poderão ser aplicadas antecipadamente pelas Estatais, se estas já possuírem condições estruturais e operacionais para adotar o regime instituído pela Lei n. 13.303/2016 em sua integralidade. Por evidente que sim. Caso ainda não estejam preparadas para tal tarefa, todavia, a melhor recomendação a ser feita será a de aguardar a readequação de seus regulamentos internos, então confeccionados à luz da Lei n. 8.666/1993 e das demais normas vigentes, para só então passar a observar a nova Lei.

O Decreto federal n. 8.845, de 27 de dezembro de 2016, que regulamentou, no âmbito da União, a Lei das Estatais, todavia, surpreende ao dispor, em seu artigo 71, sobre a autoaplicabilidade do regime licitatório e de contratação para as estatais federais, a exceção dos pontos que expressamente indica, partindo da premissa, supõe-se, que os regulamentos internos já existentes, confeccionados à luz da Lei n. 8.666/1993, poderão ser utilizados para tal finalidade.

Em que pese a função dos regulamentos seja a de especificar questões de cunho operacional e procedimental, a nova Lei das Estatais não somente traz algumas novidades sobre licitações e contratos, a exemplo do regime de contratação "semi-integrada", previsto no seu artigo 42, restrito à obra e serviços de engenharia, e que exige a definição de uma matriz de risco (tópico considerado não autoaplicável, por força do artigo 71, inciso IV, do Decreto Federal), como se apresenta mais flexível do que a Lei n. 8.666/1993 em diversos outros pontos, o que inevitavelmente imporá a revisão, atualização e modernização dos regulamentos internos já existentes ou, conforme o caso, a edição de novos regulamentos, observado o prazo máximo de 24 meses, a fim de viabilizar a instauração de licitações que produzam contratações que atendam ao interesse público.

O assunto não é, todavia, e como já anunciado, pacífico. De todo modo, não resta dúvidas de que a atualização dos regulamentos das Estatais

A NOVA LEI DAS ESTATAIS: ASPECTOS GERAIS LICITATÓRIOS...

constituídas anteriormente à edição desta Lei apresenta-se como um ponto bastante sensível e vital para o sucesso de suas contratações, as quais deverão ser precedidas de licitações consideradas satisfatórias e apropriadas aos fins a que se destinam, sendo esta a razão de ser da determinação contida no artigo 40 da Lei n. 13.303/1016.

O entendimento que se reputa mais satisfatório e cauteloso, desta feita, é o de se aguardar a adequação dos regulamentos pré-existentes à nova sistemática instituída pela Lei n. 13.303/2016 pelas empresas estatais para que, a partir de então, sejam observadas as novas regras legais e procedimentais relativas às licitações e contratações decorrentes.

Nota-se, outrossim, que a tão difundida ideia de que a intenção governamental era a de expandir a disciplina contida no Regime Diferenciado de Contratações – RDC para todas as contratações públicas firma-se com a edição da Lei n. 13.303/2016.

A Lei das Estatais adotou disciplina semelhante ao denominado Regime Diferenciado de Contratações (RDC), instituído pela Lei n. 12.462/2011, que trouxe uma nova sistemática para as contratações públicas. Abandonou as diversas formas de desenvolvimento da licitação, traduzidas nas modalidades de licitação tradicionais, para instituir um procedimento único, com inversão de fases, modos de disputa (aberto, fechado e misto) e critérios de julgamentos diferenciados.

Manteve, dentre os regimes de execução, a polêmica 'contratação integrada', e trouxe como grande novidade a 'semi-integrada'. A grande diferença encontra-se justamente na obrigatoriedade de a Administração contratante, ao adotar o regime de contratação semi-integrada, previamente elaborar o projeto básico do objeto que necessita contratar, cujo documento deverá ser parte integrante do instrumento convocatório, diversamente do que ocorre no regime de contratação integrada, em que esta atribuição é transferida para o futuro contratado, conforme se infere da leitura do art. 42, incs. V e VI e de seus §§ 1º, 2º e 3º, e art. 43, inc. V e VI e § 1º, todos da Lei em comento.

Diversamente da Lei n. 12.462/11 (RDC), todavia, a Lei n. 13.303/16 curiosamente manteve o pregão como modalidade preferencial a ser adotada quando o objetivo da contratação for a aquisição bens/serviços comuns, *ex vi* o disposto em seu art. 32, inc. IV, e § 4º, cujo procedimento haverá de observar, por certo, o estabelecido na Lei n. 10.520/02.

A Lei n. 13.303/16 prevê hipóteses de licitação dispensada, dispensável e inexigível, à semelhança do que dispõe a Lei de Licitações, acolhendo em seu art. 28, § 3º, inciso I, o entendimento doutrinário de que as empresas estatais estariam dispensadas de licitar a venda dos produtos, serviços e obras que produz e que estejam especificamente relacionados com os seus objetivos finalísticos (objeto social), sob pena de restar inviabilizada a sua atuação da esfera econômica. Nada trata, todavia, sobre os bens indispensáveis ao desenvolvimento da própria atividade econômica, cuja aquisição, por certo, não poderá depender da conclusão de um procedimento licitatório. Evidentemente que esta omissão legislativa não poderá conduzir ao entendimento de que a licitação se imporá para esta hipótese, sob pena de também obstar a atividade empresarial.

Vale frisar que as hipóteses de dispensa previstas na Lei n. 13.303/2016 são taxativas. Quer-se dizer com isto que o administrador público não poderá utilizar-se da disciplina contida no artigo 24 da Lei n. 8.666/1993, de forma supletiva, para celebrar contratações diretas.

Chama atenção neste aspecto a mudança significativa dos valores definidos para as dispensas em razão do pequeno valor. Os incisos I e II do art. 29 da Lei n. 13.303/2016 preveem limites bem superiores aos previstos na Lei de Licitações – até R$ 100.000,00 (cem mil reais) para obras e serviços de engenharia; e de até R$ 50.000,00 (cinquenta mil reais) para outros serviços e compras, os quais poderão ser alterados para refletir a alteração dos custos, por deliberação do Conselho de Administração da empresa pública ou sociedade de economia mista respectiva, o que leva a conclusão de que poderão existir valores diferenciados em cada Estatal, tal como expressamente previsto no seu § 3º.

As demais hipóteses de licitação dispensável previstas no artigo 29 da Lei em exame, embora em menor número, e quando não idênticas, são semelhantes às previstas no artigo 24 da Lei de Licitações, o que

A NOVA LEI DAS ESTATAIS: ASPECTOS GERAIS LICITATÓRIOS...

permite a aplicação de muitos dos entendimentos já consagrados pela doutrina abalizada e remansosa jurisprudência no âmbito da Lei n. 13.303/2016. Algumas hipóteses de dispensa, no entanto, merecem pontuação.

O inciso III do artigo 29 da Lei em comento trata da conhecida licitação deserta. Embora não haja uma alteração significativa em sua redação, que se limita a estender as suas disposições às subsidiárias das Empresas Estatais, faz-se mister distingui-la da licitação fracassada, prevista no inciso IV deste mesmo dispositivo legal, em razão das não raras confusões conceituais que surgem entre os administradores públicos e também terceiros envolvidos no procedimento.

Ambas as hipóteses, quando ocorridas, frustram o certame. Suas consequências, entretanto, são distintas.

A deserção consiste na total ausência de interessados em uma licitação instaurada pela Administração. Ninguém comparece ao certame. A constatação dessa situação enseja o encerramento do procedimento licitatório e possibilita a contratação direta por dispensa de licitação, fundada no inciso III do artigo 29 desta Lei, desde que preenchidos os seus requisitos legais. Difere da licitação fracassada, que advém da impossibilidade de obtenção, por parte da Administração, de uma proposta considerada vantajosa, em decorrência da eventual desclassificação de todas as propostas ofertadas, ou da inabilitação de todos os interessados participantes do certame licitatório. Esta hipótese, embora também encerre o procedimento licitatório, impõe, em regra, a instauração de uma nova licitação, exceto se o fracasso do certame resultar da constatação de que houve a oferta de preços superfaturados, o que autorizará a celebração de uma contratação direta, com fundamento no inciso IV do artigo 29 da Lei, desde que haja alguém disposto a contratar por preço inferior ao obtido na licitação frustrada. Se do fracasso restar caracterizada uma situação emergencial, também será possível a contratação direta com fundamento no inciso XV deste dispositivo legal.

A dispensa de licitação prevista no inciso VI da Lei n. 13.303/2016, que trata da contratação do remanescente de obra, serviço ou fornecimento, traz inovações que merecem destaque.

Primeiramente, vale menção ao acréscimo da expressão "distrato", cujo intuito é o de esclarecer que o desfazimento do contrato por acordo entre as partes (amigavelmente, portanto) também possibilita a contratação direta do remanescente do objeto.

Embora pareça de pouca importância, a redação do artigo 24, inciso XI, da Lei n. 8.666/1993, sempre suscitou algumas dúvidas, inclusive quanto ao alcance da expressão "rescisão contratual". Para os administrativistas em geral[18], o termo "rescisão contratual" a que alude este dispositivo legal sempre foi considerado amplo, abarcando inclusive as hipóteses de extinção do ajuste por acordo entre as partes contratantes, ou judicial (artigo 79, incisos II e III, ambos da Lei de Licitações). Logo, a providência legislativa foi oportuna.

O segundo ponto que impõe certa reflexão está consignado no § 1º do artigo 29 da Lei das Estatais, que incorpora a regra contida no artigo 41 da Lei n. 12.462/2011, que instituiu do Regime Diferenciado de Contratações. Ambos dispositivos permitem que a contratação do remanescente do objeto seja realizada segundo as condições ofertadas pelos próprios licitantes, observada a ordem de classificação, para o caso de a Administração não obter êxito na contratação pela proposta do licitante vencedor.

---

[18] Nesse sentido, inclusive, pode-se citar o posicionamento de Jessé Torres Pereira Junior: "Esclarecedora decisão do TCU mostrou que, ao aludir a remanescente de obra, serviço ou fornecimento com consequência de rescisão contratual, o inciso não discrimina entre as causas da rescisão, que poderá ter sido unilateral pela Administração, por culpa do contratado, ou por conveniência da Administração, sem culpa do contratado, ou mediante acordo entre as partes, ou, ainda, por força maior ou caso fortuito, seguindo-se que a Administração poderá valer-se desse permissivo em qualquer hipótese de rescisão, o que a doutrina já havia percebido (FERNANDES, Jorge Ulisses Jacoby. *Contratação direta sem licitação*. 10ª ed. Belo Horizonte: Fórum, 2016, p. 214)". (PEREIRA Jr., Jessé Torres. *Comentários à lei de licitações e contratações da Administração Pública*. 7ª ed. Rio de Janeiro: Renovar, 2007, p. 310). Jorge Ulisses Jacoby Fernandes também mantém este entendimento: "Efetivamente, a lei não alude à causa da rescisão do contrato, podendo a mesma decorrer de ato da Administração, de culpa do contratado ou até de caso fortuito ou força maior que inviabilize a prestação do objeto pelo contratado. Em todos os casos, poderá a Administração servir-se desse permissivo para a contratação direta". (*Contratação direta sem licitação*. 10ª ed. Belo Horizonte: Fórum, 2016, p. 336).

A NOVA LEI DAS ESTATAIS: ASPECTOS GERAIS LICITATÓRIOS...

Embora o regramento previsto neste parágrafo caracterize nítida exceção à regra geral, os papéis poderão se inverter, já que dificilmente o licitante remanescente, ciente da possibilidade legal de celebrar o contrato pelo seu preço, o fará pelo preço do primeiro colocado. A disposição constante no § 1º do artigo 29 da nova Lei, portanto, e de certa forma, acabará por retirar a efetividade da regra contida no seu inciso VI.

Mas não somente. Burocratiza o procedimento. A junção das duas regras torna o procedimento mais demorado e ineficiente, na medida em que impõe a instauração de duas fases administrativas: a primeira visando à convocação dos licitantes remanescentes para que contratem pelo preço do primeiro colocado; a segunda, em face do eventual insucesso da primeira tentativa, e objetivando a convocação dos mesmos licitantes para contratarem pelo preço deles.

Ademais, a contratação do remanescente em licitações onde o regime de execução adotado for o da contratação integrada será bastante dificultosa, quando não totalmente inviável, sobretudo quando as metodologias empregadas forem totalmente incompatíveis entre si, isto porque o instrumento convocatório, neste regime, somente conterá o anteprojeto do objeto a ser licitado, cabendo aos licitantes à elaboração do projeto básico e executivo da obra ou serviço de engenharia licitado, inclusive com a possibilidade de oferecimento de metodologias de execução diversas umas das outras.

Essa crítica já foi objeto de apontamento pelo jurista Jorge Ulisses Jacoby Fernandes ao tratar especificamente da contratação do remanescente em licitações instauradas no RDC – Regime Diferenciado de Contratação, formulando, como muita propriedade, questionamentos, e propondo, ato contínuo, algumas soluções:

> Mas como ficará agora que a Lei do RDC permite que o proje-
> to básico e o executivo sejam desenvolvidos pelo contratado?
> Poderá ocorrer, inclusive, de a parcela executada não ser apro-
> veitável e até de o próprio projeto ser considerado inexequível.
> Como ficará o princípio do enriquecimento sem causa, se a

parcela executável não tiver proveito para a Administração ou se o projeto do licitante remanescente for de qualidade superior e exequível?

(...)

Vislumbram-se três passíveis soluções quando os licitantes oferecem projetos e metodologias diferentes:

a) Negociar com licitantes remanescentes a execução do objeto projetado pelo vencedor. A norma não prevê mas parece possível superar a ordem de classificação se as propostas do primeiro e, por exemplo, do terceiro forem iguais e o terceiro aceitar o preço do primeiro. Sem previsão normativa, há riscos para o gestor, razão pela qual a defesa do interesse público deve ser bem justificado;

b) Licitar a continuidade pelo RDC, mas ao invés de juntar novo anteprojeto ao edital, anexar o projeto original, o projeto executivo ou o básico vencedor, as medições das parcelas executadas e informações do limite orçamentário. Nesse caso, será exatamente a dificuldade de superar o problema, o risco da inexecução e da perda do que foi executado que constituirá o motivo para a licitação de modelagem não ortodoxa. Observe que nessa situação, embora sugerido, não há necessidade de atender ao limite orçamentário inicial;

c) Licitar novo projeto que busque, se possível, harmonizar-se com o que foi executado. Vale a mesma observação do final da alínea precedente.[19]

Julga-se, no entanto, que não há uma solução prática e imediata para estas questões, que dependerá de uma análise mais acurada e detalhada dos casos concretos que forem surgindo em decorrência das futuras rescisões contratuais e da linha diretiva da jurisprudência. Nesta última hipótese – de metodologias inconciliáveis, contudo, o caminho que, em tese, melhor atenderá ao interesse público será o de proceder ao aproveitamento da etapa anteriormente executada pelo ex-contratado, com os seus respectivos projetos básico e executivo, na nova licitação que

---

[19] FERNANDES, Jorge Ulisses Jacoby. *Contratação direta sem licitação*. 10ª ed. Belo Horizonte: Fórum, 2016, p. 342.

A NOVA LEI DAS ESTATAIS: ASPECTOS GERAIS LICITATÓRIOS...

necessariamente deverá ser instaurada para a conclusão do objeto. A mesma solução se imporá, por certo, para o caso de recusa dos demais licitantes em contratar a execução do remanescente.

Vale a pena ainda tecer alguns poucos comentários sobre as contratações emergências autorizadas nesta Lei pelo inciso XV de seu artigo 29.

Andou bem o legislador em manter o prazo máximo para este tipo de contratação em 180 (cento e oitenta) dias consecutivos e ininterruptos, contatos da ocorrência da emergência, tal como previsto no art. 24, inc. IV, da Lei de Licitações. Contratações emergenciais possuem, em regra, custos bastante elevados, razão pela qual devem ser restritas ao atendimento pontual da necessidade, eliminando o risco de dano ou prejuízo.

Foi mantida, ainda, a proibição absoluta de prorrogação destes ajustes emergenciais, apesar da existência de posicionamentos doutrinários no sentido de que tal vedação deveria ser vista com certa parcimônia quando destinada a atender situações comprovadamente excepcionais de persistência da situação de urgência[20], e de decisões jurisprudências acolhendo este posicionamento.[21]

Assim, o administrador, ao firmar um contrato desta natureza, não poderá prorrogá-lo, ainda que celebrado por um prazo inferior ao limite temporal fixado, sob pena de ser considerado ilegal. Isto não impedirá, todavia, e para o caso de o estado emergencial persistir, o que deverá ser amplamente demonstrado e justificado, a celebração de um novo contrato emergencial, que também poderá ser celebrado pelo prazo máximo de 180 (cento e oitenta) dias, consecutivos e ininterruptos, ainda que com o antigo contratado, desde que se revele vantajoso ao interesse público.

Não se terá para esta hipótese uma prorrogação contratual indevida, mas sim de uma nova contratação, que deverá evidenciar o preenchimento

---

[20] *Cf.* JUSTEN FILHO, Marçal Justen. *Comentários à Lei de Licitações e Contratos Administrativos.* 11ª ed. São Paulo: Dialética, 2005, pp. 486/487.

[21] TCU, Pleno, Acórdão n. 1941/2007; e mais recentemente, no mesmo sentido: TCU, Pleno, Acórdãos n.s 3238/2010; 106/2011.

dos pressupostos necessários para que seja considerada válida. Um planejamento administrativo adequado possibilitará a renovação tempestiva da contratação, evitando a interrupção da execução contratual em decorrência do término do prazo contratual e eventuais despesas adicionais relacionadas a mobilizações e desmobilizações.

É imperioso ressaltar, ainda a respeito desse tema, as denominadas emergências "fictas" ou "fabricadas", que não passaram despercebidas pelo legislador ordinário. A nova Lei positiva, em seu § 2º do artigo 29, remansoso posicionamento doutrinário[22] e jurisprudencial[23] no sentido de que a falha administrativa, decorrente de condutas negligentes ou irresponsáveis do gestor, não poderá inviabilizar a celebração da contratação emergencial, desde que preenchidos os seus requisitos autorizadores, mas imporá a apuração de responsabilidades do agente que deu causa a esta irregularidade, inclusive quanto à prática de ato de improbidade administrativa, nos termos da Lei n. 8.429/1992.

No que se refere a inexigibilidade de licitação, o artigo 30 da Lei n. 13.303/2016 mantém a ideia central contida na Lei n. 8.666/1993, associando esta figura à inviabilidade de competição, caracterizada, no mais das vezes, pela constatação de que existe somente um único objeto que atende ao interesse público ou um único interessado em contratar com a Administração. O elenco contemplado em seus incisos possui similitude ao contido no artigo 25 da Lei de Licitações, mas com algumas nuances, e mantém a sua natureza exemplificativa.

A hipótese de contratação direta por inexigibilidade de licitação contida no inciso I do artigo 30 refere-se unicamente à compra de bens cujo produtor, empresa ou representante comercial seja exclusivo, não alcançando serviços, os quais, quando prestados por um único empresário, e não se caracterizarem como técnico especializados, poderão ser

---

[22] *Cf.* GASPARINI, Diogenes. *Direito Administrativo*. 13ª ed. São Paulo: Saraiva, 2008, p. 527; JACOBY FERNANDES, Jorge Ulisses Jacoby. *Contratação direta sem licitação*. 10ª ed. Belo Horizonte: Fórum, 2016, p. 265; JUSTEN FILHO, Marçal Justen. *Comentários à Lei de Licitações e Contratos Administrativos*. 11ª ed. São Paulo: Dialética, 2005, p. 479.

[23] TCU, 1ª. Câmara, Acórdão n. 1312/2016.

A NOVA LEI DAS ESTATAIS: ASPECTOS GERAIS LICITATÓRIOS...

contratados diretamente com fundamento no *caput* deste mesmo dispositivo legal.

Não há rigidez quando à forma de comprovação da exclusividade, que poderá ser realizada por qualquer documento hábil a certificá-la, e corroborada por outras informações que conduzam a esta mesma conclusão. Neste ponto, difere do artigo 25, inciso I, da Lei de Licitações, que exigia documentação comprobatória específica da aludida exclusividade.

Para finalizar a análise das hipóteses de contratação direta previstas na Lei n. 13.303/2016, merece atenção o inciso II do seu artigo 30, que trata dos serviços técnicos especializados.

O inciso em exame, embora exija a demonstração da notória especialização do profissional ou da empresa a ser contratada[24] como requisito para legitimidade da contratação, não faz menção à comprovação da "singularidade"[25] do objeto a ser contratado, distinguindo-se, neste ponto, do previsto no inciso II do artigo 25 da Lei n. 8.666/1993.

Ainda que a demonstração da singularidade do objeto a ser contratado não esteja sendo exigida como requisito para a legitimidade da contratação direta fundada neste dispositivo legal, sobreleva anotar que o administrador deverá comprovar, além da notória especialização do executor no objeto da contratação, também a ausência de pluralidade

---

[24] Dispõe o §1º do art. 25: "Considera-se de notória especialização o profissional ou a empresa cujo conceito no campo de sua especialidade, decorrente de desempenho anterior, estudos, experiência, publicações, organização, aparelhamento, equipe técnica ou outros requisitos relacionados com suas atividades, permita inferir que o seu trabalho é essencial e indiscutivelmente o mais adequado à plena satisfação do objeto do contrato".

[25] Explica Jorge Ulisses Jacoby Fernandes: "Singular é a característica do objeto que o individualiza, distingue dos demais. É a presença de um atributo incomum na espécie, diferenciador. A singularidade não está associação à noção de preço, de dimensões, de localidade, de cor ou forma". (*Contratação direta sem licitação*. 10ª ed. Belo Horizonte: Fórum, 2016, p. 524); Segundo Diogenes Gasparini: "por natureza singular do serviço há que se entender aquele que é portador de uma complexidade executória que o individualiza, tornando-o diferente dos da mesma espécie, e que exige, para a sua execução, um profissional ou empresa de especial qualificação". (*Direito Administrativo*. 13ª ed. São Paulo: Saraiva, 2008, p. 554).

de alternativas para o atendimento da finalidade pública perquirida, vale dizer, que somente o objeto almejado atenderá aos reclames administrativos, sob pena de inviabilizar a celebração do ajuste por inexigibilidade de licitação.

Mantém, outrossim, o elenco de serviços que entende por "técnicos especializados", o que traz à tona antiga discussão sobre a taxatividade ou não desta enumeração, travada em torno do artigo 13 da Lei de Licitações.[26]

A expressão "(...) dos seguintes serviços técnicos especializados...", contida no corpo do inciso II do artigo 30 da Lei das Estatais, entretanto, permite a inteligência de que a vontade legislativa foi a de dar um caráter restritivo a norma, considerando-os um rol exaustivo, o que vai ao encontro do entendimento já pacificado no âmbito do Egrégio Tribunal de Contas da União.[27]

Acresce-se ao raciocínio, ainda, que o conteúdo das disposições contidas no artigo 30 desta Lei contempla regra de exceção à obrigatoriedade de licitar, o que impõe, pelos princípios gerais de hermenêutica, uma interpretação restritiva.

Disto resulta que a legitimidade da contratação direta de serviços técnicos especializados com fundamento no inciso II do artigo 30 da Lei n. 13.303/2016 dependerá da comprovação da coexistência de três

---

[26] Entendendo pelo elenco exemplificativo das hipóteses contidas artigo 13 da Lei n. 8.666: JUSTEN FILHO, Marçal Justen. *Comentários à Lei de Licitações e Contratos Administrativos*. 11ª ed. São Paulo: Dialética, 2005, p. 284; PEREIRA Jr., Jessé Torres. *Comentários à Lei de Licitações e Contratos Administrativos*. 11ª ed. São Paulo: Dialética, 2005, p. 180). Em sentido contrário: GASPARINI, Diogenes. *Direito Administrativo*. 13ª ed. São Paulo: Saraiva, 2008, pp. 555/556.

[27] O Egrégio Tribunal de Contas da União deixou claro o caráter exaustivo de elenco contido no artigo 13 da Lei de Licitações, conforme se infere da leitura dos acórdãos n. 5903/2013 – Segunda Câmara; 497/2012 – Plenário; e n. 618/2010 – Plenário. O entendimento também consta da súmula 252, que contém a seguinte redação: "A inviabilidade de competição para a contratação de serviços técnicos, a que alude o inciso II do art. 25 da Lei n. 8.666/1993, decorre da presença simultânea de três requisitos: serviço técnico especializado, entre os mencionados no art. 13 da referida lei, natureza singular do serviço e notória especialização do contratado

A NOVA LEI DAS ESTATAIS: ASPECTOS GERAIS LICITATÓRIOS...

requisitos legais: (i) notório saber do futuro contratado; (ii) inviabilidade de competição; e (iii) tratar-se de um dos serviços listados no artigo.

A prática administrativa, todavia, revela a existência de inúmeros outros serviços não indicados na lista legal que também são considerados técnicos especializados. Embora neste ponto resida a crítica à opção legislativa, a melhor solução que se apresenta para o caso de se constatar tal hipótese, e desde que comprovada a absoluta inviabilidade de competição, estará na celebração do ajuste fundamento no *caput* do artigo 30, *caput*, da Lei das Estatais. Em não sendo o caso, e restando afastada a possibilidade de enquadramento do caso concreto em uma das hipóteses de dispensa de licitação, a licitação se imporá.

Já o § 4º do artigo 31[28] da Lei das Estatais inova ao possibilitar a adoção do Procedimento de Manifestação de Interesse Privado (PMI) pelas empresas públicas e sociedades de economia mista.

É de conhecimento de todos que a estruturação de empreendimentos públicos deve ser precedida de um prévio, adequado e eficiente planejamento administrativo, que pressupõe, por evidente, a realização de estudos de viabilidade jurídica, técnica e financeira do futuro projeto, os quais devem ser levados em conta quando da elaboração dos atos convocatórios, tanto para o delineamento dos objetos a serem licitados, quanto para a definição da alocação de riscos, e respectivos contratos.

As falhas de especificações e de metodologia, decorrentes da ausência de conhecimentos técnicos mais profundos, por sua vez, levam a produção de projetos defeituosos, os quais, após a contratação, ensejam ajustes qualitativos e quantitativos do objeto que inevitavelmente geram atrasos na execução contratual, quando não a entrega de obras e serviços

---

[28] Reza o §§4º e 5º do art. 31: §4º "A empresa pública e a sociedade de economia mista poderão adotar procedimento de manifestação de interesse privado para o recebimento de propostas e projetos de empreendimentos com vistas a atender necessidades previamente identificadas, cabendo a regulamento a definição de suas regras específicas". § 5º "Na hipótese a que se refere o § 4º, o autor ou financiador do projeto poderá participar da licitação para a execução do empreendimento, podendo ser ressarcido pelos custos aprovados pela empresa pública ou sociedade de economia mista caso não vença o certame, desde que seja promovida a cessão de direitos de que trata o art. 80".

de baixa qualidade técnica. Soma-se a isto a falta de recursos orçamentários para viabilizar adequadamente os projetos, que contribui sobremaneira para a obtenção de um resultado final desastroso.

É justamente neste contexto que se insere o procedimento de manifestação de interesse.[29] Apresenta-se claramente como uma alternativa para suprir a deficiência do aparelho estatal, que, muitas das vezes, não possui capacitação técnica e financeira para a elaboração, desenvolvimento e posterior gestão de projetos de alta complexidade técnica e de infraestrutura no País, na medida em que possibilita a cooperação entre os setores público e privado na da fase de interna e preliminar da licitação, visando a concepção de um projeto que atenda qualitativa e eficientemente ao interesse público.

Mas não só. A autorização legal contida no artigo 31, § 4º, da Lei n. 13.303/2016 para a utilização do procedimento de manifestação interesse pelas empresas estatais também fortalece a tendência de uma Administrativa Pública mais democrática e participativa, em contraposição ao modelo conceitual e tradicional marcado pelo poder de império estatal.

A possibilidade de a Administração Pública buscar soluções técnicas e financeiras junto ao setor privado, e deste contribuir por sua conta e risco, com a elaboração de estudos, investigações, levantamentos e projetos, visando ambos a formatação de um modelo a ser futuramente contratado, apresenta-se, portanto, como uma relevante ferramenta para o aperfeiçoamento da atividade estatal.

No âmbito das concessões e permissões de serviços públicos, e das parcerias público-privadas, a adoção do PMI encontra fundamento de validade no artigo 21[30] da Lei n. 8.987/1995, combinado com o 3º,

---

[29] "Procedimento de manifestação de interesse é o meio pelo qual pessoa física ou jurídica de direito privado manifesta seu interesse em apresentar subsídios à Administração Pública na estruturação de empreendimentos que constituam objeto *de concessão ou permissão de serviços públicos, de parceria público-privada, de arrendamento de bens públicos ou de concessão de direito real de uso.* (DI PIETRO, Maria Sylvia Zanella. *Direito Administrativo.* 29ª ed. Rio de Janeiro: Forense, 2016, p. 370).

[30] "Art. 21. Os estudos, investigações, levantamentos, projetos, obras e despesas ou investimentos já efetuados, vinculados à concessão, de utilidade para a licitação, realizados

A NOVA LEI DAS ESTATAIS: ASPECTOS GERAIS LICITATÓRIOS...

caput[31], e § 1º[32], da Lei n. 11.079/2004, que se encontra atualmente regulamentado pelo recente Decreto n. 8.428/2015[33], que estabelece o procedimento a ser observado "na apresentação de projetos, levantamentos, investigações ou estudos, por pessoa física ou jurídica de direito privado, com a finalidade de subsidiar a Administração Pública na estruturação de empreendimentos objeto de concessão ou permissão de serviços públicos, de parceria público-privada, de arrendamento de bens públicos ou de concessão de direito real de uso".[34]

A Lei n. 13.019/2014[35], conhecida como marco regulatório das organizações da sociedade civil, também institucionaliza o procedimento de manifestação de interesse social – pmis, possibilitando a participação da sociedade civil (organizações da sociedade civil, movimentos sociais e cidadãos) na definição das ações de interesse público, conforme se

---

pelo poder concedente ou com a sua autorização, estarão à disposição dos interessados, devendo o vencedor da licitação ressarcir os dispêndios correspondentes, especificados no edital".

[31] "Art. 3º As concessões administrativas regem-se por esta Lei, aplicando-se-lhes adicionalmente o disposto nos arts. 21, 23, 25 e 27 a 39 da Lei n. 8.987, de 13 de fevereiro de 1995, e no art. 31 da Lei n. 9.074, de 7 de julho de 1995".

[32] § 1º "As concessões patrocinadas regem-se por esta Lei, aplicando-se-lhes subsidiariamente o disposto na Lei n. 8.987, de 13 de fevereiro de 1995, e nas leis que lhe são correlatas".

[33] Revoga expressamente o Decreto n. 5.977, de 1º de dezembro de 2006.

[34] Segundo Maria Sylvia Zanella Di Pietro, o Decreto n. 8.428/2015, por regulamentar "... dispositivos de leis que contêm normas gerais de licitações e contratos (aplicáveis em âmbito nacional, por força do art. 22, XXVII, da Constituição Federal), ele tem a mesma amplitude das normas regulamentadas. No entanto, como a competência da União abrange apenas as normas gerais, não há óbice jurídico para que Estados e Municípios tenham seus regulamentos, como já vem ocorrendo". (*Direito Administrativo*. 29ª ed. Rio de Janeiro: Forense, 2016, p. 371).

[35] "Estabelece o regime jurídico das parcerias entre a Administração Públicas e as organizações da sociedade civil, em regime de mútua cooperação, para consecução de finalidades de interesse público e recíproco, mediante a execução de atividades ou de projetos previamente estabelecidos em planos de trabalho inseridos em termos de colaboração, em termos de fomento ou em acordos de cooperação; define diretrizes para a política de fomento, de colaboração e de cooperação com organizações da sociedade civil; e altera as Leis n.s 8.429, de 2 de junho de 1992, e 9.790, de 23 de março de 1999. (Redação dada pela Lei n. 13.204, de 2015)".

infere da leitura do seu artigo 18.[36] As regras procedimentais e prazos serão definidos por cada Ente Federado, respeitada, desta forma, a autonomia federativa, tendo sido regulamentada, no âmbito federal, pelos artigos 75 e seguintes do Decreto n. 8.726/2016.[37]

No âmbito das Estatais, a utilização do PMI, embora legalmente autorizada, também dependerá de regulamentação específica, por força do disposto no artigo 31, § 4, *in fine,* da Lei n. 13.303/2016. O Decreto Federal n. 8.945, que regulamenta a Lei das Estatais no âmbito da União, reforça a condicionante, em seu artigo 71, inciso II.[38]

Apesar de se apresentar como um instrumento que promove o diálogo entre os setores público e privado, ampliando o oferecimento de estudos, estimulando a confecção de projetos mais realistas e adequados às finalidades da licitação e futura contratação, e complementando o orçamento fiscal, a advertência que se faz refere-se ao seu procedimento, que deverá conter regras claras e objetivas, pautadas nos princípios da transparência, isonomia, ampla publicidade e competição, de modo a trazer lisura e controle no diálogo travado entre os setores público e privado, e uma maior segurança jurídica não somente àqueles que o promovem, mas também àqueles que dele participam.[39]

Chega-se assim ao último tópico desta exposição: o 'sigilo do orçamento estimado'. Tão importante e polêmico quando os tópicos antecessores, e

---

[36] "Art. 18. É instituído o Procedimento de Manifestação de Interesse Social como instrumento por meio do qual as organizações da sociedade civil, movimentos sociais e cidadãos poderão apresentar propostas ao poder público para que este avalie a possibilidade de realização de um chamamento público objetivando a celebração de parceria".

[37] "Regulamenta a Lei n. 13.019, de 31 de julho de 2014, para dispor sobre regras e procedimentos do regime jurídico das parcerias celebradas entre a administração pública federal e as organizações da sociedade civil".

[38] Dispõe o art. 71, II: "O regime de licitação e contratação da Lei n. 13.303, de 2016, é autoaplicável, exceto quanto a: Procedimento de manifestação de interesse privado para o recebimento de propostas e projetos de empreendimentos, de que trata o § 4º do art. 31 da Lei n. 13.303, de 2016".

[39] Nesse sentido, recomenda-se a leitura do Acórdão n. 1.873/2016 – Plenário, do Egrégio Tribunal de Contas da União.

A NOVA LEI DAS ESTATAIS: ASPECTOS GERAIS LICITATÓRIOS...

também objeto de discussões doutrinárias no âmbito da Lei n. 8.666/3, o sigilo orçamentário foi ressuscitado no âmbito das licitações instauradas sob o Regime Diferenciado de contratação – RDC, sob fortes críticas[40] e também grandes aplausos[41], e reproduzido pela Lei das Estatais, em seu artigo 34.

É sabido e ressabido que a necessidade de existência de planejamento administrativo sério impõe à Administração Pública que, na chamada fase interna da licitação, estime correta e adequadamente

---

[40] Marcio Cammarosano, ao tecer considerações sobre o tema em do RDC, bem retrata a crítica em torno do tema: "Pois bem. O que se tem apresentado como justificativa para a instituição do sigilo do orçamento previamente estimado, que só será dado a conhecimento público imediatamente após o encerramento da licitação, é a necessidade de impedir conluio entre os licitantes. Estes, sabendo de antemão quais os valores orçados pela Administração, e por ela assim fixados, como referenciais para decisões que venha a tomar em face do que for proposto pelos que acorrem ao certame, poderiam, de comum acordo, acertarem-se quanto aos valores a consignarem em suas respectivas propostas, para a consecução dos resultados que almejam, deixando, cada qual, de disputar diretamente o objeto do certame, como seria mister, apresentando preços que lhes fosse realmente factíveis em razão de seus próprios cálculos e empenho em vencer a licitação.

Todavia, o argumento é falacioso, pois com ou sem sigilo quanto ao orçamento prévio, conluio sempre poderá haver, mesmo porque se a Administração Pública só pode elaborar orçamento prévio de acordo com os preços vigentes no mercado, estes também são, obviamente, do conhecimento das empresas do ramo.

Por outro lado, se o sigilo do orçamento estimado fosse assim tão decisivo para evitar conluios, por que institui-lo somente no Regime Diferenciado de Contratação? Só sob esse regime é que se deve impedir ou dificultar conluios? Por que não o sigilo também para as licitações sob a égide da Lei n. 8.666/93?

Ademais, em sendo sigiloso o orçamento estimado previamente, mas disponível aos órgãos de controle interno e externo, sempre haverá risco de quebra do sigilo por parte de algum integrante dos referidos órgãos, seduzido que venha a ser pela oportunidade de enriquecer-se ainda ilicitamente". ("Artigos 5º a 7º da Lei n. 12.462, de 5 de agosto de 2011". *In*: CAMMAROSANO, Márcio; DAL POZZO, Augusto Neves; VALIM, Rafael (coord.). *Regime Diferenciado de Contratações Pública – RDC*: aspectos fundamentais. 3ª ed. Belo Horizonte: Fórum, 2014, pp. 52/53).

[41] Já para Maria Sylvia Zanella Di Pietro: "A medida – não divulgação do orçamento estimado antes do encerramento do procedimento de licitação – parece útil, sendo conveniente que se estenda a todas as modalidades de licitação, porque a sua divulgação influencia os licitantes na apresentação de suas propostas, podendo resultar em resultados danosos para a escolha da melhor proposta". (*Direito Administrativo*. 29ª ed. Rio de Janeiro: Forense, 2016, p. 494).

os custos da futura contratação, por meio de uma ampla pesquisa mercadológica.

A estimativa inicial de custos é importante, quando não para a escolha da modalidade licitatória, dada a disciplina legal incidente, para a definição de uma eventual dispensa em razão do valor. Também permitirá não só a definição do programa de execução do objeto, como, de antemão, o montante estimado dos recursos que serão despendidos para com a contratação e o critério de aceitabilidade de preços, este último de extrema relevância para o sucesso da licitação.

A Lei n. 13.303/2016 mantém, por evidente, a obrigação de as Estatais confeccionarem os orçamentos estimados em planilha de quantitativos e preços unitários na fase de preparação da licitação, conforme se extrai da leitura em conjunto dos §§2º e 3º do seu artigo 31 e disposições contidas nos artigos 34, 42 §§ 1º e 2º, e 51, inciso I,[42] mas proíbe, como regra geral, a sua prévia e ampla divulgação aos interessados em participar do certame.

Historicamente, o Decreto-Lei n. 2.300/86 nada dispunha a este respeito. Por força do disposto nos artigos 7º, § 2º, inciso II, e 15, § 7º, inciso II, combinado com o artigo 40, § 2º, inciso II, da Lei n. 8.666/93, entretanto, o orçamento estimado em planilhas de quantitativos e preços unitários passou a constituir anexo obrigatório do ato convocatório, independentemente do objeto a ser licitado e da modalidade licitatória adotada, sob pena de ilegalidade. O legislador da época considerou esta peça orçamentária indispensável para a formulação das propostas de preços por parte dos licitantes, garantindo-lhes amplo conhecimento e acesso.

A íntegra deste regramento, todavia, não fora repetida pela Lei n. 10.520/02, o que acenou para uma tendência de mudança de entendimento sobre a questão. No caso específico licitações instauradas

---

[42] Nesse sentido, recomenda-se a leitura do recente acordão prolatado pelo Egrégio Tribunal de Contas da União, que, no subitem 9.2.1, estabelece: "9.2.2. a divulgação de licitação sem a conclusão do orçamento estimativo do certame viola o item 5.2, subitem I, alínea *c*, do Decreto n. 2.745/1998 e, no regime atual, os arts. 51, incisos I e II, da Lei n. 13.303/2016". (Acordão n. 3059/2016, Plenário, Rel. Min. Benjamin Zymler).

A NOVA LEI DAS ESTATAIS: ASPECTOS GERAIS LICITATÓRIOS...

na modalidade pregão, presencial ou eletrônico, a Administração acabou por ser desobrigada de anexar ao edital o referido orçamento estimado em planilhas de quantitativos e preços unitários, embora a sua inclusão nos autos do processo administrativo tenha se mantido obrigatória, conforme previsto art. 3º, inc. III, da Lei n. 10.520/02, de modo a possibilitar o acesso a qualquer interessado em participar do certame, sob pena de ilegalidade.

A mudança de pensamento se concretizou com a instituição do Regime Diferenciado de Contratações – RDC, pela Lei n. 12.462/2012, que adotou, como nova estratégia licitatória, o sigiloso do orçamento estimado pela Administração durante todo procedimento licitatório, determinando a sua divulgação somente após o seu encerramento, nos termos estabelecidos no seu artigo 6º e parágrafos[43], à exceção dos órgãos de controle externo e interno, que permaneceram com acesso irrestrito e contínuo às suas informações. Os argumentos trazidos para adoção desta nova estratégia foram o ganho de competitividade e de economicidade.

A disciplina contida na Lei n. 12.463/2012 foi repetida pela Lei n. 13.303/16, mas não na sua integralidade. Nos termos do artigo 34 e parágrafos da Lei das Estatais, o valor estimado da contratação será, em regra, sigiloso, embora o administrador público tenha a obrigatoriedade de disponibilizá-lo aos órgãos de controle externo e interno[44] e possua

---

[43] Art. 6º Observado o disposto no § 3º, o orçamento previamente estimado para a contratação será tornado público apenas e imediatamente após o encerramento da licitação, sem prejuízo da divulgação do detalhamento dos quantitativos e das demais informações necessárias para a elaboração das propostas. § 1º Nas hipóteses em que for adotado o critério de julgamento por maior desconto, a informação de que trata o *caput* deste artigo constará do instrumento convocatório. § 2º No caso de julgamento por melhor técnica, o valor do prêmio ou da remuneração será incluído no instrumento convocatório. § 3º Se não constar do instrumento convocatório, a informação referida no *caput* deste artigo possuirá caráter sigiloso e será disponibilizada estrita e permanentemente aos órgãos de controle externo e interno.

[44] Nesse sentido pronunciou-se recentemente o Egrégio Tribunal de Contas da União: "9.2.1. a não-disponibilização do orçamento estimativo de suas licitações, juntamente com as respectivas memórias de cálculo, aos órgãos de controle viola o art. 87, incisos II e III, da Lei n. 8.443/1992 e, ainda, no regime atual, os arts. 34, § 3º e 87, § 3º, da Lei n. 13.303/2016". (Acórdão n. 3059/2016, Plenário, Rel. Min. Benjamin Zymler).

a faculdade de divulgá-lo, se assim entender necessário, mediante ampla justificativa. Nas licitações em que o critério de julgamento adotado for o de 'maior desconto', a informação deverá necessariamente constar do instrumento convocatório. Em se tratando de melhor técnica, o valor do prêmio ou da remuneração também deverá ser incluído no edital.

Foram infelizmente vetados pelo Chefe do Executivo os dispositivos[45] que obrigavam a divulgação do valor estimado, quando tarjado como sigiloso, após a adjudicação do objeto licitante ao vencedor do certame e o seu acesso a qualquer interessado, e que permitiam a abertura deste orçamento, em sessão pública, durante a fase de negociação, remetendo à ideia de rigidez ou absolutez ao sigilo atribuído à estimativa orçamentária, com a seguinte justificativa:

Os dispositivos consideram a divulgação do valor estimado do contrato ou do orçamento, após a adjudicação de objeto ou na fase de negociação, respectivamente, ambas resultantes de procedimento sigiloso. Embora louvável a intenção, poderia acarretar consequências indesejáveis para a formação de preços e a adequada competição em processos licitatórios posteriores, para objetos similares, motivo pelo qual recomenda-se seu veto por interesse público.

E neste aspecto, a Lei caminhou na contramão da Administração negocial.

Considerando-se que o procedimento licitatório delineado na Lei das Estatais em muito se aproxima ao da modalidade pregão, o fato de a Administração não fornecer qualquer informação sobre a composição financeira do preço estimado aos licitantes trará morosidade e ineficiência na fase de negociação, quando não conduzir ao fracasso da licitação. A imposição de um sigilo orçamentário absoluto é, portanto, claramente desvantajoso e, por conseguinte, totalmente contrário a busca da melhor proposta, sacrificando nitidamente interesse público.

---

[45] Mensagem de veto: "§ 4º do art. 34 e § 2º do art. 57. § 4º Na hipótese de adoção de procedimento sigiloso, depois de adjudicado o objeto, a informação do valor estimado será obrigatoriamente divulgada pela empresa pública ou sociedade de economia mista e fornecida a qualquer interessado. § 2º Durante a fase de negociação, o orçamento, se sigiloso, poderá ser aberto, desde que em sessão pública".

A NOVA LEI DAS ESTATAIS: ASPECTOS GERAIS LICITATÓRIOS...

O sigilo da estimativa orçamentária prejudicará, ademais, o exercício da ampla defesa e contraditório por parte do licitante detentor de proposta que fora desclassificada, sob a alegação de oferecimento de um preço excessivo ou irrisório, levando a demandas infindáveis.

Impossibilitará, ademais, a realização de um controle mais efetivo por parte dos licitantes e cidadãos sobre a consistência do orçamento apresentado em face do dimensionamento do objeto licitado, que poderá conter preços dissonantes da prática mercadológica, o que permitirá a celebração de contratos viciados e fadados ao total insucesso.

Vale ressaltar que o Egrégio Tribunal de Contas da União, analisando caso concreto no campo do Regime Diferenciado de Contratação – RDC, em voto prolatado pelo Ministro Valmir Campelo, manifestou a necessidade de o administrador público proceder com cautela quanto à proibição legal de sigilo do orçamento estimado contida no artigo 6º da Lei n. 12.462/2011, cujo trecho, apesar de extenso, merece transcrição:

A questão merece cautela, notadamente por se tratar de novidade em matéria licitatória.

De modo objetivo – e novamente com as vênias de praxe – existem situações em que não vislumbro como manter, de modo judicioso e a estrito rigor, o sigilo na fase de negociação.

Se a "menor proposta" (em casos de licitações pelo menor preço) for superior ao valor máximo admitido, existem duas possibilidades: a primeira é de, na fase de negociação, a licitante abaixar sucessivamente seu preço para tentar atingir a "cota" permitida, em um processo de tentativas e erros – quase um jogo de "quente e frio". Na prática, o "sigilo" seria quebrado no exato momento em que o preço atingir o teto de contratação. Nessa hipótese, a manutenção do sigilo só tornou o processo mais moroso, situação que, na busca pela eficiência (princípio explícito do RDC), inclusive no que se refere ao tempo para contratação, parece-me um contrassenso.

A outra hipótese é que, após consecutivas tentativas, a licitante não atinja o preço máximo admitido. A licitação restar-se-ia, então, fracassada.

O próximo passo, por óbvio, seria empreender uma nova análise do orçamento, de modo a verificar-lhe a exequibilidade. Caso se decida, porém, pela manutenção do preço paradigma, a Administração correrá o risco de, novamente, ter o certame mal sucedido.

Quantas licitações, no âmbito da Lei n. 8.666/93, contudo, não foram "salvas" por argumentos pertinentes porfiados pelos licitantes na fase de impugnações – inclusive com relação ao orçamento base? Ademais, a desclassificação decorrente de preço global superior ao estimado (art. 42, § 1º, do Decreto n. 7.581/2011) deve se basear em uma presunção relativa (*juris tantum*). Por corolário processual, a licitante tem o direito de provar a factibilidade de sua proposta. Nesse contraditório, por que não poderia, também, provar que o orçamento da administração é que está inexequível? Faria sentido repetir todo o ritual licitatório baseado em um orçamento irreal (pelo menos em potencial)? As respostas, acredito, serão dadas de acordo com as nuanças de cada contratação.

Poder-se-ia aventar que o art. 24, inciso VII, da Lei n. 8.666/93 (aplicável para as contratações diretas no RDC) prevê a dispensa quando as propostas apresentadas consignarem preços manifestamente superiores aos praticados no mercado, ou forem incompatíveis com os fixados pelos órgãos oficiais. Logo, desclassificadas todas as propostas em repetidas oportunidades, estaria "autorizada" a contratação direta (abaixo do orçamento base, obviamente). De certo, todavia, que se o orçamento base estiver subestimado, a "boa contratação" pode estar em risco. Para justamente minimizar tal possibilidade é que pode ser mais interessante, antes de contratar diretamente, "depurar" o orçamento publicamente; ou seja, em nova licitação com orçamento aberto.

Quero dizer que, como ponto de partida, deve-se escrutinar se o orçamento sigiloso é sempre uma vantagem. Recorro, nesse sentido, ao que aludi no voto condutor do Acórdão n. 3.011/2012-Plenário:

"Quanto mais os serviços tenham previsão direta nesses sistemas referenciais, maior a previsibilidade do preço paradigma editalício. Obras rodoviárias, por exemplo, possuem, tradicionalmente, mais serviços referenciados pelo SICRO. São menos encargos possíveis e maior a previsibilidade do preço-base.

A NOVA LEI DAS ESTATAIS: ASPECTOS GERAIS LICITATÓRIOS...

Obras portuárias e aeroportuárias, ao contrário, têm a característica de possuírem, via de regra, serviços relevantes – e complexos – não passíveis de parametrização direta com o SINAPI. A Administração, então, promove adaptações aos serviços similares, ou motiva estudos e pesquisas próprias, para estimar o valor razoável daquele item orçamentário. Da mesma maneira, na ausência de composição referencial, cada licitante promoverá a mesma avaliação. Estaria, nesse caso, em tese, melhor justificado o sigilo do orçamento.

Existe um contraponto. Esses estudos podem resultar em preços maiores ou menores que os do edital; e isso é tão mais verdade, quanto mais complexo e mais oneroso for o serviço. Se o mercado entender como maiores aqueles encargos, existirá uma grande possibilidade de fracasso do certame licitatório, por preços ofertados superiores aos valores paradigma. Muitas vezes, a licitação é "salva" por um argumento pertinente oferecido por um dos interessados; inclusive no que se refere à viabilidade do preço estimado. Concluo, então, que, como o sigilo no orçamento-base não é obrigatório, e pelo dever de motivação de todo ato, se possa recomendar à Infraero que pondere a vantagem, em termos de celeridade, de realizar procedimentos com preço fechado em obras mais complexas, com prazo muito exíguo para conclusão e em que parcela relevante dos serviços a serem executados não possua referência explícita no SINAPI/SICRO, em face da possibilidade de fracasso das licitações decorrente dessa imponderabilidade de aferição de preços materialmente relevantes do empreendimento.

Quero deixar claro que entendo ser o RDC um avanço histórico em matéria licitatória. Contratos por desempenho, inversão de fases, fase recursal única, disputa aberta, pré-qualificação permanente, sustentabilidade... Incluiu-se um arsenal de mecanismos para melhor dotar os gestores de instrumentos para contratações que mais atendam o interesse público. Delinearam-se outros meios para objetivar o que vem a ser a melhor proposta. Nessa miríade de possibilidades, entretanto, com incremento na discricionariedade aos gestores, o contraponto é um maior dever motivador. Com mais caminhos, aumenta-se a necessidade de transparência quanto à escolha da trilha mais adequada a ser seguida. O sigilo do orçamento, como optativo, é uma dessas portas a serem

ANA CRISTINA FECURI

devidamente motivadas. Orçamento aberto ou fechado, basta sopesar, em cada caso, a melhor escolha. O que ora apresentamos, deste modo, é que a extrema urgência no término da obra é um dos fatores a serem ponderados, em face do risco de licitações fracassadas.

Alerto que esta conclusão parte da premissa que o orçamento sigiloso não é obrigatório.[46]

A mesma ponderação se impõe às disposições contidas no artigo 34 da Lei das Estatais. O sigilo do orçamento como ferramenta para a obtenção da melhor proposta deverá ser visto com cautela. Considerando-se que a Lei concede ao gestor público a possibilidade de, ao deflagrar a licitação, exercer um juízo de conveniência sobre a divulgação do valor estimado para o objeto licitação, mediante as devidas justificativas, nada impedirá que, deparando-se com uma situação fática nova e inusitada durante o procedimento licitatório, seja-lhe concedida nova oportunidade para avaliar a conveniência de manter o sigilo do orçamento em face do interesse público perquirido. O mesmo entendimento jurisprudencial consagrado para o artigo 6º da Lei do Regime Diferenciado de Licitação pelo Egrégio Tribunal de Contas da União aplicar-se-á ao artigo 34 da Lei n. 13.303/2016.

Ademais, o sigilo do orçamento estimado não poderá ser visto como absoluto, ainda que não haja determinação expressa de sua divulgação após o encerramento do certame, dada a incidência das disposições na Lei de Acesso a Informação[47], sobretudo as contidas nos §§3º, 4º e 5º do artigo 24[48]

---

[46] Acórdão n. 306/2013.

[47] Lei n. 12.527, de 18 de novembro de 2011, que "regula o acesso a informações previsto no inciso XXXIII do art. 5º, no inciso II do § 3º do art. 37 e no § 2º do art. 216 da Constituição Federal; altera a Lei n. 8.112, de 11 de dezembro de 1990; revoga a Lei n. 11.111, de 5 de maio de 2005, e dispositivos da Lei n. 8.159, de 8 de janeiro de 1991; e dá outras providências", regulamentada pelo Decreto n. 7.724/2012".

[48] "Art. 24. A informação em poder dos órgãos e entidades públicas, observado o seu teor e em razão de sua imprescindibilidade à segurança da sociedade ou do Estado, poderá ser classificada como ultrassecreta, secreta ou reservada. § 1º Os prazos máximos de restrição de acesso à informação, conforme a classificação prevista no *caput*, vigoram a partir da data de sua produção e são os seguintes: I – ultrassecreta: 25 (vinte e cinco) anos; II – secreta: 15 (quinze) anos; e III – reservada: 5 (cinco) anos. § 2º As informações que puderem colocar em risco a segurança do Presidente e Vice-Presidente da República

A NOVA LEI DAS ESTATAIS: ASPECTOS GERAIS LICITATÓRIOS...

e artigo 28.[49] Ora, a adjudicação do objeto ao vencedor da licitação encerra o procedimento licitatório, devendo este evento ser o considerado como limite para a permanência do sigilo do orçamento estimado, tal como preconizado pelos parágrafos do artigo 24, combinado com o artigo 28 da Lei de Acesso à Informação, exceto se houver uma justificativa mais do que plausível para a restrição.

Partilha-se, ainda, dos entendimentos doutrinários que sustentam que a divulgação do valor estimado da contratação em nada prejudica o caráter competitivo da licitação, e a obtenção da melhor proposta pelo Poder Público, isto porque, como bem assevera Jessé Torres Pereira Junior:

> Tais custos foram estimados de acordo com o que a Administração apurou no mercado; este é o referencial permanente e obrigatório das aquisições administrativas (v. comentários ao art. 23). Nada mais revelam, portanto, do que os dados que todas as empresas do ramo já conhecem, que são os preços praticados no mercado. Não se percebe como a exibição, no ato convocatório, desses custos e valores estimados no mercado possa comprometer a competitividade.[50]

---

e respectivos cônjuges e filhos(as) serão classificadas como reservadas e ficarão sob sigilo até o término do mandato em exercício ou do último mandato, em caso de reeleição. §3º Alternativamente aos prazos previstos no § 1º, poderá ser estabelecida como termo final de restrição de acesso a ocorrência de determinado evento, desde que este ocorra antes do transcurso do prazo máximo de classificação. § 4º Transcorrido o prazo de classificação ou consumado o evento que defina o seu termo final, a informação tornar-se-á, automaticamente, de acesso público. § 5º Para a classificação da informação em determinado grau de sigilo, deverá ser observado o interesse público da informação e utilizado o critério menos restritivo possível, considerados: I – a gravidade do risco ou dano à segurança da sociedade e do Estado; e II – o prazo máximo de restrição de acesso ou o evento que defina seu termo final".

[49] "Art. 28. A classificação de informação em qualquer grau de sigilo deverá ser formalizada em decisão que conterá, no mínimo, os seguintes elementos: I – assunto sobre o qual versa a informação; II – fundamento da classificação, observados os critérios estabelecidos no art. 24; III – indicação do prazo de sigilo, contado em anos, meses ou dias, ou do evento que defina o seu termo final, conforme limites previstos no art. 24; e IV – identificação da autoridade que a classificou. Parágrafo único. A decisão referida no *caput* será mantida no mesmo grau de sigilo da informação classificada".

[50] *Comentários à lei de licitações e contratações da Administração Pública.* 8ª ed. Rio de Janeiro: Renovar, 2009, p. 140.

ANA CRISTINA FECURI

Logo, a deflagração de uma licitação em que se opte pela inserção de restrição à divulgação do orçamento estimado pela Administração deverá ser precedida de ampla justificativa por parte do gestor, não bastando a invocação de prejuízo na formação dos preços e na competitividade do certame, e possível conluio entre os licitantes, para que seja admitida a adoção desta medida.

CONCLUSÃO

No campo das licitações e contratações públicas, a Lei das Estatais ou Lei da Responsabilidade das Estatais buscou estabelecer um regime jurídico único, abrangente e uniformizador de procedimentos. Contém avanços e claramente objetiva diminuir a burocracia, mas acaba por manter a complexidade do sistema. Afasta a incidência da Lei Geral de Licitações, mas incorpora inúmeras de suas hipóteses de contratação direta. Adota disciplina assemelhada ao Regime Diferenciado de Contratações (RDC), mas também encampa a legislação do pregão e alguns posicionamentos doutrinários e jurisprudenciais. Mantém a polêmica contratação integrada, mas inova ao criar a semi-integrada e ao prever, seguindo as tendências normativas na área de infraestrutura, o procedimento de manifestação de interesse (PMI). Garante, por fim, o polêmico sigilo do orçamento estimado.

Considerando estes pontos bastante relevantes da nova Lei foi que se desenvolveu todo este estudo. Procurou-se sistematizar as principais inovações trazidas pela Lei n. 13.303/2016, sem qualquer pretensão de esgotá-las, assim como ressaltar os seus pontos polêmicos, apresentando críticas pontuais a alguns dos seus dispositivos e possíveis soluções para questões práticas que surgirão durante o processo licitatório ou de contratação direta, de modo a trazer mais uma pequena contribuição ao Direito Administrativo.

REFERÊNCIAS BIBLIOGRÁFICAS

BANDEIRA DE MELLO, Celso Antônio. "Licitação nas estatais em face da E.C. n. 19". *Revista Eletrônica sobre a Reforma do Estado*, Salvador, n. 6, jun.-jul.-ago. 2006. Disponível em www.direitodoestado.com.br. Acesso em 30.04.2017.

CAMMAROSANO, Márcio. "Artigos 5º a 7º da Lei n. 12.462, de 5 de agosto de 2011". *In*: CAMMAROSANO, Márcio; DAL POZZO, Augusto Neves; VALIM, Rafael (coord.). *Regime Diferenciado de Contratações Pública – RDC*: aspectos fundamentais. 3ª ed. Belo Horizonte: Fórum, 2014, pp. 45-59.

A NOVA LEI DAS ESTATAIS: ASPECTOS GERAIS LICITATÓRIOS...

CARVALHO FILHO, José dos Santos. *Manual de Direto Administrativo*. 27ª ed. São Paulo: Atlas, 2014.

DI PIETRO, Maria Sylvia Zanella. *Direito Administrativo*. 29ª ed. Rio de Janeiro: Forense, 2016.

FERNANDES, Jorge Ulisses. *Contratação direta sem licitação*. 10ª ed. Belo Horizonte: Fórum, 2016.

FERRAZ, Luciano. *Lei das Estatais e seu período de transição: estudo de caso em MG*. Disponível em: http://www.conjur.com.br/2016-out-27/interesse-publico-lei-estatais-periodo-transicao-estudo-mg. Acesso em 30.04.2017.

GASPARINI, Diogenes. *Direito Administrativo*. 13ª ed. São Paulo: Saraiva, 2008.

JUSTEN, FILHO, Marçal. *Comentários à Lei de Licitações e Contratos Administrativos*. 17ª ed. São Paulo: Revista dos Tribunais, 2016.

_____. *Comentários à Lei de Licitações e Contratos Administrativos*. 11ª ed. São Paulo: Dialética, 2005.

MOTTA, Fabrício. *Lei de Licitações de Estatais peca pelo excesso de regras*. Disponível em http://www.conjur.com.br/2016-jul-21/interesse-publico-lei-licitacoes-estatais-peca-excesso-regras. Acesso em 30.04.2017.

NIEBUHR, Joel de Menezes. "Aspectos destacados do novo regime de licitações e contratações das estatais". *Revista Colunistas Direito do Estado*, n. 209, 08.07.2016. Disponível em http://www.direitodoestado.com.br/colunistas/joel-de-menezes-niebuhr/aspectos-destacados-do-novo-regime-de-licitacoes-e-contratacoes-das-estatais. Acesso em 30.04.17.

PEREIRA JÚNIOR, Jessé Torres. *Comentários à lei de licitações e contratações da Administração Pública*. 7ª ed. Rio de Janeiro: Renovar, 2007.

_____. *Comentários à lei de licitações e contratações da Administração Pública*. 8ª ed. Rio de Janeiro: Renovar, 2009.

Informação bibliográfica deste texto, conforme a NBR 6023:2002 da Associação Brasileira de Normas Técnicas (ABNT):

FECURI, Ana Cristina. "A nova Lei das Estatais: aspectos gerais licitatórios e contratação direta". *In*: DAL POZZO, Augusto; MARTINS, Ricardo Marcondes (Coord.). *Estatuto jurídico das empresas estatais*. São Paulo: Editora Contracorrente, 2018, pp. 177-211. ISBN. 978-85-69220-39-8.

NORMAS RELACIONADAS ÀS AQUISIÇÕES E ALIENAÇÕES PELAS EMPRESAS ESTATAIS

LEONARDO CARVALHO RANGEL

Sumário: Introdução. 1. Apontamento preliminar: o caráter geral das normas relacionadas à aquisição e alienação de bens pelas empresas estatais. 2. Normas relacionadas à aquisição de bens (Artigos 47 e 48). 3. Normas relacionadas à alienação de bens (Artigos 49 e 50). Conclusões. Referências bibliográficas.

INTRODUÇÃO

A Lei Federal n. 13.303, de 30 de junho de 2016, dispõe sobre o estatuto jurídico da empresa pública, da sociedade de economia mista e de suas subsidiárias, em todos os níveis da federação brasileira.

A novel legislação, há muito aguardada, veio a regulamentar o artigo 173, §1º, da Constituição da República, e surge dentro de um contexto social de crescente e acentuada demanda por novos mecanismos de controle que sejam capazes de aprimorar o funcionamento das empresas estatais.

Os artigos 47 a 50 do novo estatuto tratam das assim chamadas "normas específicas" para aquisição e alienação de bens por parte das empresas públicas e sociedades de economia mista e constituem objeto de exame do presente estudo.

A presente análise é estruturada, em um primeiro momento, a partir de uma breve incursão sobre a natureza e o alcance das normas jurídicas aqui referenciadas, tendo em vista o aspecto de sua generalidade e consequente aplicabilidade em escala territorial.

Na sequência, o estudo é voltado ao exame das principais implicações jurídicas derivadas dos artigos 47 e 48 do estatuto, que tratam das normas relacionadas à aquisição de bens.

Ato seguinte, a análise é dedicada aos artigos 49 e 50, relacionados à alienação de bens pelos contratantes empresariais estatais para, ao final, resumir as principais conclusões derivadas do presente estudo.

1. APONTAMENTO PRELIMINAR: O CARÁTER GERAL DAS NORMAS RELACIONADAS À AQUISIÇÃO E ALIENAÇÃO DE BENS PELAS EMPRESAS ESTATAIS

Antes mesmo de analisar as implicações jurídicas pertinentes a cada dispositivo acima aludido, a primeira advertência aplicável ao presente estudo diz respeito à qualificação das normas aqui tratadas, tendo em vista, especificamente, o aspecto de sua generalidade.

Nesse ponto, entendemos que os artigos 47 a 50 devem ser qualificados como normas gerais, derivadas do exercício de competência privativa da União (artigo 22, XXVIII, da Constituição da República), na medida em que (i) espelham matéria de relevância unificadora para todas as esferas federadas e (ii) podem ser objeto de suplementação caso haja necessidade de tratamento legislativo norteado pela defesa de interesses regionais ou locais.[1]

---

[1] Partimos do escólio de Celso Antonio Bandeira de Mello, que entende que as normas gerais destacam preceitos com estabelecimento de critérios gerais e "que podem ser aplicados uniformemente em todo o País, por se adscreverem a aspectos nacionais nacionalmente indiferenciados, de tal sorte que repercutem com neutralidade,

NORMAS RELACIONADAS ÀS AQUISIÇÕES E ALIENAÇÕES...

A intitulação legal relacionada à especificidade dessas normas, portanto, diz respeito apenas ao seu objeto (aquisição e alienação de bens) e não deve ser confundida com o espectro de competências reservado aos entes federados para elaboração de normas específicas em matéria de contratação pública.

Feita esta ressalva, passamos ao exame do conteúdo normativo dos dispostivos relacionados às aquisições e alienações de bens pelas empresas públicas e sociedades de economia mista (artigos 47 a 50 da Lei Federal n. 13.303/2016).

2. NORMAS RELACIONADAS À AQUISIÇÃO DE BENS (ARTIGOS 47 E 48)

O artigo 47 do estatuto estipula as hipóteses em que os contratantes podem indicar marca ou modelo (inciso I), exigir amostra (inciso II), solicitar certificação de qualidade (inciso III), bem como exigir adequação do edital às normas da Associação Brasileira de Normas Técnicas ou mesmo certificação da qualidade do produto por instituição credenciada pelo Sistema Nacional de Metrologia, Normalização e Qualidade Industrial (parágrafo único).

Os incisos I a III do artigo 47 são correspondentes, em grande parte, à dicção dos incisos I a III do artigo 7º da Lei n. 12.462/2011, o que denota a relevante influência do regime diferenciado de contratações públicas na adoção dos novos marcos aplicáveis às empresas estatais.

O inciso I do artigo 47 autoriza a indicação de marca ou modelo, nas hipóteses de necessidade de padronização de objeto, demonstração de exclusividade para fins de atendimento das necessidades do contratante ou de melhor compreensão da descrição do objeto contratado, sendo que neste último caso a indicação deverá obrigatoriamente agregar a existência de similares ao elemento indicado.

---

indiferentemente, em quaisquer de suas regiões ou localidades. (*Curso de Direito Administrativo*. 21ª ed. São Paulo, Malheiros, 2006, pp. 508/509).

A primeira hipótese delimitada na lei (alínea *a* do inciso I) deriva do dever de padronização para compra de bens originariamente estruturado pelo artigo 15, inciso I, da Lei n. 8.666/93, e agora presente, de modo ainda mais abrangente, no estatuto das estatais (art. 32, inciso I).

O exame do novo permissivo legal deve primeiramente considerar a premissa segundo a qual a indicação de marca ou modelo é apresentada como solução excepcional em matéria de contratação pública.

Em um contexto impositivo de ampla competividade e seleção da proposta mais vantajosa, a excepcionalidade na indicação da marca decorre justamente da necessidade de concentração do mínimo de preferências singulares para atender de forma eficiente à necessidade do contratante.

De outro lado, observa-se que a escolha da marca em atenção aos ditames legais da padronização pode representar, em inúmeros casos, a melhor medida para consecução do interesse público[2], desde que vinculada à garantia de utilidade na cadeia dos bens, de forma a propiciar economia de escala na aquisição de referidos produtos.[3]

---

[2] Nesse sentido, vale destacar que o TCU há muito encampou a tese de indicação de marca para fins de padronização, desde que acompanhada de razões de ordem técnica. (TRIBUNAIS DE CONTAS DA UNIÃO. Licitações e Contratos. *Orientações Básicas*. Brasília: TCU, Secretaria de Controle Interno, 2003, p. 53).

[3] Nesse sentido, vale o escólio de Egon Bockmann Moreira e Fernando Vernalha Guimarães: "Para a Economia o conceito de "bens" compreende todos os objetos suscetíveis de utilização mediante certo custo. Prestam-se a satisfazer determinada necessidade – devem ser, portanto, úteis (instalando-se aqui uma relação entre a utilidade, a escassez e o custo). Segundo o respectivo critério de utilização, os bens podem ser de produção (ou bens de capital, os que servem para a produção de outros bens) e de consumo (aqueles diretamente aplicados à satisfação de necessidades). Estes são subdivididos em bens de consumo duradouros (ou duráveis – aqueles que não se esgotam no ato da utilização e são utilizáveis por um tempo relativamente longo. (...) A padronização implica, portanto, o dever de compatibilizar os bens de consumo não duradouro com os duradouros (e destes entre si), a fim de lhes conferir utilidade em todo seu tempo de vida útil". (MOREIRA, Egon Bockmann; GUIMARÃES, Fernando Vernalha. *Licitação pública*: a lei geral de licitações/LGL e o regime diferenciado de contratações/RDC. São Paulo: Malheiros, 2012, p. 378).

NORMAS RELACIONADAS ÀS AQUISIÇÕES E ALIENAÇÕES...

Além das regras derivadas do primado da padronização, a lei autoriza, também, a indicação na hipótese de demonstração de ser a marca ou modelo, comercializado por mais de um fornecedor, a única opção capaz de atender o objeto do contrato (alínea *b* do inciso I).

O dispositivo não deve ser confundido com a hipótese de contratação direta por inexigibilidade em razão de exclusividade (art. 30, inciso I), na medida em que pressupõe a existência de múltiplos fornecedores que comercializem uma mesma marca ou modelo.

Por outro lado, ainda que certo e viável o ambiente de competição, acreditamos que a hipótese ora examinada deriva especial atenção e controle por parte dos agentes públicos envolvidos, haja vista que a estrutura de mercado inerente a este tipo de contratação tende a incentivar a formação de cartéis entre os competidores.[4]

Outra possibilidade prevista em lei (alínea *c* do inciso I) diz respeito à indicação da marca ou modelo como referência no edital, quando necessária à compreensão do objeto contratado.

Tal previsão reverbera, ao nosso ver, recente jurisprudência do TCU (Acórdão n. 113/2016, Plenário), que atestou a possibilidade de referência da marca no instrumento convocatório como parâmetro de qualidade que serve à descrição do objeto.

No entendimento da corte federal de contas, a possibilidade de indicação de marca de referência deve estar sujeita aos seguintes requisitos, que entendemos aplicáveis ao novo regime de contratação das empresas estatais: (i) a indicação cumpre papel meramente referencial, não se tolerando qualquer conduta tendente a vedar a participação de outras marcas; (ii) a indicação deve ser amparada em razões de ordem técnica; (iii) deve haver motivação específica apta a justificar que a adoção da marca de referência pode satisfazer o interesse do contratante; (iv) deve haver obrigatoriedade de acréscimo no edital de expressões do tipo "ou

---

[4] Nesse sentido vale conferir as advertências constantes na obra "Combate a cartéis em licitações" do Departamento de Proteção e Defesa Econômica da Secretaria de Direito Econômico do Ministério da Justiça. Brasília, 2008. Disponível em http://www. comprasnet.gov.br/banner/seguro/cartilha_licitacao.pdf . Acesso em 08.05.2017.

equivalente", "ou similar" e "ou de melhor qualidade"; (v) deve haver permissão de que, caso haja dúvida quanto à equivalência, o participante do certame demonstre desempenho, qualidade e produtividade compatíveis com a marca de referência.

Esse último requisito levado em consideração pelo TCU parece ainda ter sido decisivo para a delimitação da hipótese prevista no inciso II do artigo 47, que confere ao contratante o direito de exigir amostra do bem tanto em procedimento de pré-qualificação, quanto na fase de julgamento das propostas.

Entendemos que tal medida, que pressupõe justificativa prévia e específica, atende às balizas de alocação socialmente eficiente dos recursos geridos pelas empresas estatais, parâmetro essencial para cumprimento da função social das empresas estatais nos termos do artigo 27, §1º, do estatuto.

O inciso III do artigo 47 trata da possibilidade do contratante solicitar certificação de qualidade do produto ou do processo de fabricação, inclusive sob o aspecto ambiental, por instituição previamente credenciada.

Referida previsão representou um avanço ao dispositivo similar constante da lei instituidora do RDC (artigo 7º, inciso III, da Lei n. 12.462/2011), na medida em que exigiu o credenciamento prévio da instituição certificadora, trazendo segurança e maior controle dos critérios e agentes relacionados a esse fim por parte de todos os envolvidos na cadeia de contratação.

No mais, referido dispositivo ainda realça função regulatória ou extraeconômica, cada vez mais proeminente nas esferas de contratação pública, na medida em que condiciona a participação de empresas a certificações que demonstrem o cumprimento de finalidades sociais e ambientais, a partir de um prisma de desenvolvimento nacional sustentável nos termos do art. 31, *caput*, do estatuto, com assento no artigo 170, VI, da Constituição da República.

Se novamente comparadas as disposições do estatuto com a lei instituidora do RDC, é possível ainda verificar omissão na nova lei das

NORMAS RELACIONADAS ÀS AQUISIÇÕES E ALIENAÇÕES...

estatais sobre a possibilidade de exigência da "carta de solidariedade", a qual pode ser solicitada do fabricante do bem a ser adquirido, de forma a assegurar a execução do contrato, no caso de licitante revendedor ou distribuidor (artigo 7º, inciso IV, da Lei Federal n. 12.462/2011).

De outro lado, houve inovação do novo marco legal das estatais (parágrafo único do artigo 47) ao prever a possibilidade de o edital exigir, como condição de aceitabilidade da proposta, a adequação às normas da Associação Brasileira de Normas Técnicas (ABNT) ou a certificação da qualidade do produto por instituição credenciada pelo Sistema Nacional de Metrologia, Normalização e Qualidade Industrial (Sinmetro).

Entendemos que a novidade procura sanear a controvérsia sinalizada pela doutrina[5] e pela jurisprudência[6], que sublinhavam alcance restritivo das condições de habilitação atreladas à demonstração prévia de adequação às normas técnicas (caso da ABNT) ou certificação prévia (exemplo do Sinmetro).

Ainda que o estatuto das estatais confira base legal a essas espécies de exigências de conformidade técnica, preenchendo lacuna de leis anteriores, entendemos ser necessário que tais exigências sejam devidamente amparadas por pareceres técnicos capazes de evidenciar a necessidade efetiva de aplicação de normas técnicas ou de obtenção de

---

[5] Nesse sentido, Marçal Justen Filho destaca que: "Uma empresa pode preencher todos os requisitos para obtenção da certificação, mas nunca ter tido interesse em formalizar esse resultado. Exigir peremptoriamente a certificação como requisito de habilitação equivaleria a tornar compulsória uma alternativa meramente facultativa: nenhuma lei condiciona o exercício de alguma atividade à obtenção do Certificado ISO. Portanto, obtém a certificação quem o desejar (e preencher os requisitos pertinentes, é óbvio). (...) Em outras palavras, o essencial não é a certificação formal, mas o preenchimento dos requisitos necessários à satisfação do interesse público. Se o sujeito preenche os requisitos, mas não dispõe de certificação, não pode ser impedido de participar do certame (*Comentários à lei de licitações e contratos administrativos*. 11ª ed. São Paulo: Dialética, 2005, p. 339).

[6] Há entendimento consolidado no âmbito do TCU no sentido de que a exigência de certificações como requisito de habilitação não tem amparo legal e gera restrição indevida à competitividade dos procedimentos licitatórios (Acórdãos n. 512/2009, 2.521/2008, 173/2006, 2.138/2005, do Plenário e 1.278/2006-1ª Câmara), devendo ser estipulada, quando cabível, apenas como critério classificatório.

certificações prévias, sob pena de ofensa aos princípios da finalidade e da razoabilidade, com indevida restrição ao caráter competitivo.[7]

Em último exame aos dispositivos integrantes da Seção IV do estatuto jurídico das empresas estatais, destacamos o alcance do artigo 48, que estipula novas regras procedimentais para publicidade dos atos relacionados às aquisições de bens efetivadas pelas empresas públicas e pelas sociedades de economia mista, exigindo publicação específica em sítio eletrônico, com periodicidade mínima de seis meses, com identificação do nome do bem comprador, preço unitário, quantidade adquirida, nome do fornecedor e valor total de cada aquisição.

A exigência molda-se à nova formatação das empresas estatais a partir de regime de transparência capaz de integrar políticas de divulgação de informações (inciso IV, do artigo 8º), governança corporativa (inciso VIII, do artigo 8º) e estruturação da cadeia empresarial a partir de códigos de conduta e integridade (art. 9º, §1º).

3. NORMAS RELACIONADAS À ALIENAÇÃO DE BENS (ARTIGOS 49 E 50)

Os artigos 49 e 50 do estatuto trazem normas gerais voltadas para a alienação de bens por parte das empresas públicas e sociedades de economia mista que, como defendemos acima, devem ser observadas em todos os níveis da federação brasileira.

O inciso I do artigo 49 trata da necessidade de avaliação formal e prévia do bem contemplado com a alienação como regra geral, apenas excetuando tal exigência nas hipóteses previstas nos incisos XVI a XVIII do artigo 29.

---

[7] Importa mencionar que o TCU reconhece tratamento discricionário à exigência de determinada norma como critério de qualificação técnica, atribuindo ao administrador a faculdade de exigir a sua aplicação nas licitações de sua responsabilidade, desde que o processo licitatório se faça acompanhar de parecer técnico devidamente justificado, que evidencie a aplicação de norma, em especial, nos casos em que a aplicação desse regramento reduza a competitividade do certame (Acórdãos TCU–Plenário 1.608/2006, 2.392/2006, 555/2008, 1.846/2010 e 1687/2013).

NORMAS RELACIONADAS ÀS AQUISIÇÕES E ALIENAÇÕES...

Tais exceções guardam referência às hipóteses de dispensa de licitação por (i) transferência de bens a órgãos e entidades da administração pública, (ii) doação de bens móveis para fins e usos de interesse social, após avaliação de sua oportunidade e (conveniência socioeconômica relativamente à escolha de outra forma de alienação e na compra, e (iii) venda de ações, de títulos de crédito e de dívida e de bens produzidos ou comercializados pelas empresas estatais.

Percebe-se que a necessidade de avaliação prévia seguiu os ditames do artigo 17 da Lei Federal n. 8.666/93. Nesse quesito, entendemos que o bem só poderá ser alienado por valor igual ou superior ao da avaliação, sob pena de configuração de ato lesivo ao patrimônio público nos termo do art. 4º, inciso V, alínea *c*, da lei de ação popular (Lei Federal n. 4.717/65).

O inciso II do artigo 49, por sua vez, trata da regra de obrigatoriedade de licitação para a alienação de bens imóveis, com ressalva às hipóteses de previstas no artigo 28, §3º, as quais representam a grande novidade do estatuto ao dispensar as empresas estatais de licitação nas situações de comercialização, prestação ou execução de ativos relacionados aos seus respectivos objetos sociais e nos casos em que a escolha do parceiro esteja associada a suas características particulares, vinculada a oportunidades de negócio definidas e específicas, justificada a inviabilidade de procedimento competitivo.

Nesse campo em específico, antevemos alguma dificuldade na aplicabilidade da lei, tendo em vista os latentes e potenciais conflitos derivados da qualificação das atividades-meio e atividades-fim de acordo com o objeto social de cada estatal.

Diante das lacunas do decreto que regulamentou a lei em nível federal (Decreto n. 8.945, de 27 de dezembro de 2016), acreditamos, portanto, que o trabalho de diferenciação entre atividades-meio e atividades-fim, essencial para escolha do regime de contratação aplicável, dependerá de uma análise criteriosa de acordo com a realidade de cada entidade estatal, o que certamente demandará a análise específica e futura do Judiciário a respeito.

Por fim, nota-se que o artigo 50 prevê expressamente a obrigatoriedade de atribuição de ônus real a bens integrantes do acervo patrimonial das empresas estatais as normas aplicáveis à sua alienação, o que mais uma vez um inégavel avanço na política de transparência e controle de acordo com os preceitos estipulados pelos artigos 8º e 9º do estatuto.

CONCLUSÕES

O presente estudo objetivou a análise dos artigos 47 a 50 da Lei Federal n. 13.303/2016, dispositivos que trazem normas gerais inerentes à aquisição e alienações de bens pelas empresas públicas e sociedades de economia mista situadas em todos os níveis da federação brasileira.

Com relação às aquisições de bens, dentre outras questões de relevante interesse, realçamos o ineditismo no reconhecimento de exigências editalícias relacionadas à adequação de normas técnicas pela ABNT ou obtenção de certificações do sistema Sinmetro.

Nesse ponto, a par da previsão legal, entendemos ser necessário que tais exigências sejam devidamente amparadas por pareceres técnicos capazes de evidenciar a necessidade efetiva de aplicação de normas técnicas ou de obtenção de certificações prévias, sob pena de ofensa aos princípios da finalidade e da razoabilidade, com indevida restrição ao caráter competitivo.

No tocante às alienações de bens, dentre outros pontos de inflexão, destacamos a dificuldade na aplicabilidade das hipóteses de dispensa de licitação (artigo 49, II c.c. artigo 28, §3º), dada a existência de lacuna legal e regulamentar, acreditando que o trabalho de diferenciação entre atividades-meio e atividades-fim, essencial para escolha do regime de contratação aplicável, dependerá de uma análise criteriosa de acordo com a realidade de cada entidade estatal, o que certamente demandará a análise específica e futura do Judiciário a respeito.

Por fim, concluímos que as inovações legislativas, em grande parte inspiradas nas mudanças já estabelecidas pela lei instituidora do regime diferenciado de contratações públicas (RDC), trouxeram novos e importantes critérios para conquista de padronização e publicidade

NORMAS RELACIONADAS ÀS AQUISIÇÕES E ALIENAÇÕES...

institucionais, tudo de forma a encampar o novo modelo de governança e transparência instituído em favor das entidades estatais que desempenham atividade empresarial.

REFERÊNCIAS BIBLIOGRÁFICAS

BANDEIRA DE MELLO, Celso Antonio. *Curso de Direito Administrativo*. 21ª ed. São Paulo, Malheiros, 2006.

DEPARTAMENTO DE PROTEÇÃO E DEFESA ECONÔMICA DA SECRETARIA DE DIREITO ECONÔMICO DO MINISTÉRIO DA JUSTIÇA. *Combate a cartéis em licitações*. Brasília, 2008. Disponível em http://www.comprasnet.gov.br/banner/seguro/cartilha_licitacao.pdf. Acesso em 08.05.2017.

JUSTEN FILHO, Marçal. *Comentários à lei de licitações e contratos administrativos*. 11ª ed. São Paulo: Dialética, 2005.

MOREIRA, Egon Bockmann; GUIMARÃES, Fernando Vernalha. *Licitação pública*: a lei geral de licitações/LGL e o regime diferenciado de contratações/ RDC. São Paulo: Malheiros, 2012.

TRIBUNAIS DE CONTAS DA UNIÃO. *Licitações e contratos*: orientações básicas. Brasília: TCU, Secretaria de Controle Interno, 2003.

Informação bibliográfica deste texto, conforme a NBR 6023:2002 da Associação Brasileira de Normas Técnicas (ABNT):

CARVALHO RANGEL, Leonardo. "Normas relacionadas às aquisições e alienações pelas empresas estatais". *In*: DAL POZZO, Augusto; MARTINS, Ricardo Marcondes (Coord.). *Estatuto jurídico das empresas estatais*. São Paulo: Editora Contracorrente, 2018, pp. 213-223. ISBN. 978-85-69220-39-8.

PROCEDIMENTO DE LICITAÇÃO APLICÁVEL ÀS EMPRESAS ESTATAIS E SOCIEDADES DE ECONOMIA MISTA: ASPECTOS GERAIS E OUTROS APONTAMENTOS

FERNANDA NEVES VIEIRA MACHADO

> **Sumário:** 1. Apontamentos preliminares. 2. Procedimento licitatório instituído pelos artigos 51 a 62, da Lei das Estatais: Similaridade com o Regime Diferenciado de Contratações ("RDC"). 3. Regime jurídico unificado *versus* o posicionamento do Supremo Tribunal Federal: E agora STF? Conclusão. Referências bibliográficas.

1. APONTAMENTOS PRELIMINARES

Aos 30 de junho de 2016, a fim de regulamentar e instrumentalizar o artigo 173, § 1º, da Constituição Federal[1], foi promulgada

---

[1] Art. 173. Ressalvados os casos previstos nesta Constituição, a exploração direta de atividade econômica pelo Estado só será permitida quando necessária aos imperativos da segurança nacional ou a relevante interesse coletivo, conforme definidos em lei.

a Lei n. 13.303/2016[2], a famigerada "Lei das Estatais". Dentre outras previsões, em atendimento ao inciso III[3] do já mencionado artigo da Carta Magna, a Lei estabeleceu um novo regime jurídico de licitações às empresas públicas, sociedades de economia mista e suas subsidiárias.

Vale anotar a conjuntura em que o processo de legiferação foi ultimado, uma vez que nosso país passa por um momento político-econômico deveras complicado. Tempos em que escândalos, envolvendo a Petrobras, empresas privadas e congressistas, tomaram proporções épicas, causando grave insegurança jurídica e colocando em "xeque" não só a efetividade do controle de legalidade das licitações realizadas sob a égide do regime diferenciado aplicável àquela empresa estatal, mas de todo o sistema de contratação pública.

Diante desse contexto, parece claro que o propósito do legislador, com a concepção de um regime próprio, não foi apenas definir um rito que em sua essência considerasse a sujeição das empresas estatais e sociedades de economia mistas a um regime híbrido, que mescla regras de direito público e direito privado[4]; mas, sobretudo, diminuir as

---

§ 1º A lei estabelecerá o estatuto jurídico da empresa pública, da sociedade de economia mista e de suas subsidiárias que explorem atividade econômica de produção ou comercialização de bens ou de prestação de serviços, dispondo sobre.

[2] Art. 1º Esta Lei dispõe sobre o estatuto jurídico da empresa pública, da sociedade de economia mista e de suas subsidiárias, abrangendo toda e qualquer empresa pública e sociedade de economia mista da União, dos Estados, do Distrito Federal e dos Municípios que explore atividade econômica de produção ou comercialização de bens ou de prestação de serviços, ainda que a atividade econômica esteja sujeita ao regime de monopólio da União ou seja de prestação de serviços públicos.

[3] III – licitação e contratação de obras, serviços, compras e alienações, observados os princípios da administração pública

[4] Nesse aspecto, destaca-se os dizeres de Celso Antônio Bandeira de Mello, que, ao discorrer sobre os critérios para interpretação do regime jurídico das empresas do Estado, ensina que: "*os preceitos conformadores da atuação estatal não visam apenas a assegurhar-lhe condições de eficiência. No Estado de Direito, destinam-se também e sobretudo a estabelecer as indispensáveis limitações que embarguem ação desatada ou descomedida dos próprios governantes, para impedir que seja gravosa, quer ao interesse público, que lhes assiste curar, quer às garantias pertinentes aos administrados em suas relações com o Poder Público. (...). Então, obviamente, não lhe basta travestir-se de pessoa de Direito Privado para esquivar-se das contenções armadas em favor do aludido propósito. (...)*

PROCEDIMENTO DE LICITAÇÃO APLICÁVEL ÀS EMPRESAS...

desconfianças advindas da utilização de um regime diferenciado e mais flexível de contratação, tornando claras as regras e os procedimentos de licitação, e com isso, conferir maior segurança jurídica e transparência no processo de contratação envolvendo as empresas públicas e sociedades de economia. De toda forma, ainda que se buscasse maior transparência no processo, não se poderia retroagir e apenas replicar os ditames da Lei n. 8.666/1993 ("Lei Geral de Licitações").

A uma porque, ao prever a necessidade de um regramento específico, a própria Constituição Federal reconheceu a pertinência de existir um regime próprio incidente às empresas estatais[5], mais próximo das normas de direito privado, já que as regras aplicadas à Administração Pública Direta seriam inconvenientes.[6-7]

Segue-se que entidades constituídas à sombra do Estado como auxiliares suas na produção de utilidade coletiva e que manejam recursos captados total ou majoritariamente de fontes públicas têm que estar submetidas a disposições cautelares, defensivas tanto da lisura e propriedade no dispêndio destes recursos quanto dos direitos dos administrados a uma atuação impessoal e isonômica, quando das relações que com eles entretenham. Isso é possível quando existem mecanismos de controles internos e externos, suscitados quer pelos órgãos públicos, quer pelos próprios particulares, na defesa de interesses individuais ou da sociedade". (Curso de Direito Administrativo. 33ª ed. São Paulo: Malheiros, 2016, p. 201).

[5] *Daí por que o artigo em apreço decidiu que o adequado seria, em um estatuto próprio para tais entidades, legalmente estabelecido, fixar normas de licitação específicas para elas, obedientes apenas aos princípios da Administração Pública (legalidade, impessoalidade, moralidade, publicidade e eficiência), naturalmente sem as peias estritas que existem no regime licitatório como ao Poder Público (...)". (Curso de Direito Administrativo.* 33ª ed. São Paulo: Malheiros, 2016, p. 213).

[6] Ressalva-se que existem acaloradas discussões doutrinárias a esse respeito, notadamente acerca da abrangência do artigo 173, §1º, da Constituição Federal, como será abordado mais afrente. A despeito de todo o debate, aqui adota-se a interpretação atualmente conferida pelo Supremo Tribunal Federal, no sentido de que as empresas estatais prestadoras de serviço público e as exploradoras de atividade econômica em regime de monopólio estão excluídas do âmbito de incidência do artigo 173, §1º, da Constituição Federal.

[7] *"Daí por que o artigo em apreço decidiu que o adequado seria, em um estatuto próprio para tais entidades, legalmente estabelecido, fixar normas de licitação específicas para elas, obedientes apenas aos princípios da Administração Pública (legalidade, impessoalidade, moralidade, publicidade e eficiência), naturalmente sem as peias estritas que existem no regime licitatório como ao Poder Público (...).". (Curso de Direito Administrativo.* 33ª ed. São Paulo: Malheiros, 2016, p. 213).

A duas porque, como há muito já se sabe, as regras contidas na Lei Geral de Licitações, além de trazer em si um excesso de rigorismo que engessa a atuação da Administração Pública, também possibilita sua utilização subvertida e propicia justamente o que se buscava evitar: demora e atraso do procedimento, falhas no planejamento prévio, recorrentes aditamentos contratuais e reequilíbrios deles decorrentes, ausência de competitividade, perda da proposta mais vantajosa etc.[8]

Nesse cenário, a novel Lei das Estatais parece ter traduzido o almejo conjectural, trazendo em seu bojo um novo rito licitatório que, de um lado, prevê instrumentos claros de controle e transparência; e, de outro, coaduna com a aparente meta do Governo nos últimos anos de alterar[9] a legislação vigente e, com isso, proporcionar maior agilidade e eficiência nas contratações públicas.[10]

2. PROCEDIMENTO LICITATÓRIO INSTITUÍDO PELOS ARTIGOS 51 A 62, DA LEI DAS ESTATAIS: SIMILARIDADE COM O REGIME DIFERENCIADO DE CONTRATAÇÕES ("RDC")

Ao que se infere dos artigos integrantes da Seção VI, a denominada "Lei das Estatais" concebeu uma nova sistemática para realização de certames no âmbito das empresas públicas e sociedades de economia mista, a qual, visivelmente, mescla os pontos favoráveis da Lei n. 8.666/1993 ("Lei de Licitações"), da Lei n.10.520/2002 ("Lei do Pregão") e Lei n. 12.462/2011 ("RDC").

---

[8] COELHO MOTTA, Carlos Pinto. *Eficácia nas Licitações e Contratos*. 12ª ed. Belo Horizonte: Editora Del Rey, p.14.

[9] PORTO NETO, Benedicto. "Apontamentos sobre o Regime Diferenciado das Contratações Públicas/RDC". *Contratos Públicos e Direito Administrativo*. São Paulo: Editora Malheiros, 2015, pp. 39-42.

[10] Segundo ensinamentos de Diogo de Figueiredo Moreira Neto, eficiência é a "*melhor realização possível da gestão dos interesses públicos, em termos de plena satisfação dos administrados com menores custos para sociedade*". (MOREIRA NETO, Diogo de Figueiredo. "A Lei de Responsabilidade Fiscal e seus princípios jurídicos". *RDA,* São Paulo, n. 221,2000, p. 84).

PROCEDIMENTO DE LICITAÇÃO APLICÁVEL ÀS EMPRESAS...

Em verdade, é possível até mesmo afirmar que o novo regime de licitações é quase uma cópia do procedimento contido no RDC.

A propósito, a incorporação de muitas características do RDC no regime jurídico das estatais evidencia a intenção de ampliar a aplicação desse modelo, a fim de tonar mais eficientes os processos de contratações envolvendo à Administração Pública. Feita essa ressalva, ante a similaridade clara, passa-se a um comparativo entre os dois regimes jurídicos, buscando destacar as inovações contidas na Lei das Estatais.

A semelhança dos procedimentos é notória e perceptível logo de início. Basta verificar que tanto o artigo 51, da Lei das Estatais como o artigo 12, do RDC estabelecem um sistema procedimental licitatório bifásico, com uma etapa interna, no âmbito interno da administração, e uma etapa externa, na fase de efetiva competição entre os licitantes.[11]

Entretanto, embora pareáveis, é possível notar que a Lei das Estatais conta com um regramento mais enxuto, justificável, até mesmo, pela finalidade de sua criação – *que era conferir maior agilidade nas contratações envolvendo as empresas estatais e sociedades de economia mista*; e pelo afastamento de algumas exigências contidas na Lei Geral de Licitação e replicados no RDC.

Não obstante, no âmbito da Lei das Estatais também é manifesto o aperfeiçoamento da sistemática procedimental, que conta com fases mais delineadas. Vide quadro comparativo a seguir.

---

[11] *O preparo da licitação é do conhecimento interno do órgão ou entidade pública, destinando-se a moldar-lhe o objeto, a sua execução e o rito do procedimento, daí a possibilidade de reformulações, retificações, ajustes e/ou correções, até que a administração se dê por satisfeita quanto ao que quer e ao que não quer" (...). Na segunda fase, a externa, desenrola-se a competição propriamente dita, com início a partir da publicação do edital, que inaugura o certame ao abri-lo ao conhecimento público e à participação dos interessados".* PEREIRA Jr., Jessé Torres; DITTI, Marines Restelatto. *Comentários do RDC integrado ao sistema brasileiro de contratações públicas.* Rio de Janeiro: Editora Renovar, 2015, pp. 267-270.

RDC **Artigo 12** **O procedimento de licitação de que trata esta Lei observará as seguintes fases, nesta ordem:**	LEIS DAS ESTATAIS **Artigo 51** **As licitações de que trata esta Lei observarão a seguinte sequência de fases:**
I – preparatória	I – preparação;
II – publicação do instrumento convocatório;	II – divulgação;
III – apresentação de propostas ou lances;	III – apresentação de lances ou propostas, conforme o modo de disputa adotado;
IV – julgamento;	IV – julgamento;
Sem correspondência	V – verificação de efetividade dos lances das propostas
Sem correspondência	VI – negociação;
V – habilitação;	VII – habilitação;
VI – recursal; e	VIII – interposição de recursos;
VII – encerramento.	IX – adjudicação do objeto;
Sem correspondência	X – homologação do resultado ou revogação do procedimento.

No tocante à fase interna (preparação e divulgação) a inovação do regime passível de destaque, se comparado ao RDC, fica com os requisitos relativos à publicidade do ato, que na Lei das Estatais têm formalidade e sistemática reduzidas. Veja-se que, diferentemente do RDC – que em seu artigo 15 corporifica uma série de exigências referentes à ampla divulgação da sistemática de divulgação do certame, vinculando sua disponibilização a um prazo mínimo para apresentação das propostas segundo o objeto da contração de critérios de julgamento[12],

---

[12] "*A divulgação da licitação pressupõe a publicação do extrato do edital em certos veículos de imprensa, tal como definido no inciso I do art. 15 do RDC, assim como em sítio eletrônico oficial ou mantido pelo ente encarregado (...)* (MOREIRA, Egon Bockmann; GUIMARÃES, Fernanda Vernalha. *A Lei de Licitação - LGT e o Regime Diferenciado de Contratação - RDC*. São Paulo: Editora Malheiros, 2012, p. 237).

PROCEDIMENTO DE LICITAÇÃO APLICÁVEL ÀS EMPRESAS...

a Lei das Estatais não traz, de forma expressa, qualquer distinção nesse aspecto.[13]

Com efeito, o Artigo 51, §2º[14] da Leis das Estatais apenas exige a divulgação do extrato do Instrumento Convocatório em imprensa oficial e no sítio eletrônico da empresa pública/sociedade de economia mista responsável pelo certame.

Já com relação a etapa externa, é possível inferir que a Lei das Estatais, em prol de ampliar a competitividade e reduzir a morosidade no procedimento, absorveu do RDC a concepção do julgamento das propostas antes[15]da análise dos requisitos de habilitação.[16] Deveras, primeiro analisa-se a vantajosidade e aceitabilidade da proposta para, somente após, averiguar os documentos de habilitação.

Não obstante, também se assemelham ao RDC: (i) os modos de disputa, que podem ser o fechado e o aberto (artigo 52); (ii) os critérios de julgamento[17] (artigo 54) – *à exceção do critério de melhor destinação de*

---

[13] Nesse sentido compartilha-se do mesmo entendimento de Percival Bariani Júnior, no sentido de que a simples ausência da fixação de prazos mínimos para a publicação do Edital de Licitação não ofende o princípio da ampla competividade. BARIANI Jr., Percival José. *Da publicidade dos instrumentos convocatórios pelo RDC. Regime Diferenciado de Contratações Pública – RDC*: aspectos fundamentais. 3ª ed. São Paulo: Editora Fórum, p. 121).

[14] § 2º Os atos e procedimentos decorrentes das fases enumeradas no *caput* praticados por empresas públicas, por sociedades de economia mista e por licitantes serão efetivados preferencialmente por meio eletrônico, nos termos definidos pelo instrumento convocatório, devendo os avisos contendo os resumos dos editais das licitações e contratos abrangidos por esta Lei ser previamente publicados no Diário Oficial da União, do Estado ou do Município e na internet.

[15] Todavia, que por tratar-se de exceção, a análise dos documentos de habilitação somente poderá preceder as fases de (i) lances e propostas, (ii) julgamento provisório, e de (iii) negociação, desde que expressamente previsto no instrumento convocatório (artigo 51, §1º)

[16] "*A exigência da documentação de habilitação apenas do licitante melhor classificado destina-se a racionalizar os esforços administrativos e reduzir esforços inúteis. Não teria sentido que a Administração fosse obrigada a examinar os requisitos de habilitação relativamente ao autor de uma proposta defeituosa*". (JUSTEN FILHO, Marçal. *Comentários ao RDC*. Rio de Janeiro: Editora Dialética, 2013, p. 276).

[17] Art. 54. Poderão ser utilizados os seguintes critérios de julgamento:

bens alienados[18], (iii) critérios de desempate (artigo 55); e (iv) fase recursal única, concentrada ao final.

Sem embargo, cumpre mencionar a flexibilização dos requisitos de habitação, que nem de longe lembram os inúmeros critérios contidos pela Lei Geral de Licitações, já que a Lei das Estatais é silente quanto ao rol de documentos exigível para fins de habilitação jurídica, fiscal, trabalhista ou técnica.

Em verdade, o artigo 58, incisos I e II, da Lei das Estatais apenas impõe "a *apresentação de documentos aptos a comprovar a possibilidade da aquisição de direitos e da contratação de obrigações por parte do licitante*" e "*qualificação técnica de acordo com os parâmetros estabelecidos de forma expressa no instrumento convocatório*".

Nesse ponto, será preciso verificar, na prática, como a ausência de um rol taxativo delimitando requisitos de habilitação será recebida pelos Órgãos de Controle e pelos próprios licitantes. Isso porque se, por um ângulo, a flexibilização dos requisitos de habilitação tende a promover maior eficiência e dinamismo nas contratações; por outro, pode gerar questionamentos quanto ao efetivo atendimento dos princípios da isonomia e da ampla competitividade, pois, em cada licitação, em decorrência da ampla discricionariedade conferida pela lei, poderá ser exigido um documento diferenciado, as vezes com mais ou menos rigorismo.

Por isso, deixamos aqui alguns pontos para reflexão: será que em razão da "omissão" da Lei das Estatais não enfrentaremos discussões quanto a legalidade de licitações feitas sem a existência de um rol uniforme e taxativo de requisitos de habilitação? Essa ausência não suscitará questionamentos sobre a necessidade de aplicação subsidiária dos requisitos de habilitação previstos na Lei n. 8.666/1993? Os Tribunais

---

I – menor preço; II – maior desconto; III – melhor combinação de técnica e preço; IV – melhor técnica; V – melhor conteúdo artístico; VI – maior oferta de preço; VII – maior retorno econômico; VIII – melhor destinação de bens alienados

[18] A justificativa encontra-se no fato de a alienação de bens público pela Administração Pública Direta ser feita pelo regime da Lei n. 8.666/93.

PROCEDIMENTO DE LICITAÇÃO APLICÁVEL ÀS EMPRESAS...

de Contas exigirão o atendimento aos critérios já por eles definidos em entendimentos sumulados?

Por fim, impende destacar que, ao contrário do que possa aparentar, a Lei das Estatais não trouxe grandes inovações no tocante as fases procedimentais. Em verdade, o legislador apenas delimitou a sistemática de uma forma mais clara, alçando ao *status* de fases alguns dispositivos legais já existentes anteriormente no RDC.

Foi o que ocorreu com a *verificação de efetividade dos lances das propostas*, a *negociação e revogação do procedimento*, que já eram previstas no RDC nos artigos 24, 26 e 28, III, respetivamente.

À luz dos apontamentos acima, pode-se afirmar que, mesmo reduzindo algumas exigências e flexibilizado formalidades burocráticas, a Lei das Estatais não trouxe em si inovações substanciais com relação ao procedimento licitatório. Com efeito, é perceptível que, à vista de externar a posição do Governo pelo alargamento RDC no sistema legal brasileiro, a Lei das Estatais carrega, em sua essência, verdadeira réplica do rito licitatório previsto na Lei n. 12.462/2011.

3. REGIME JURÍDICO UNIFICADO *VERSUS* O POSICIONAMENTO DO SUPREMO TRIBUNAL FEDERAL: E AGORA STF?

Como já dito alhures, segundo os artigos 22, XXVII e 173, §1º, III, da Carta Magna, a União deveria criar, por meio de lei, um o estatuto regulamentar constituindo um procedimento licitatório diferente daquele aplicável à Administração Pública para as empresas públicas, sociedade de economia mista e suas subsidiárias que exploram atividade econômica de produção ou comercialização de bens ou de prestação de serviços.

A ausência de um regramento específico que regulamentasse a previsão contida no artigo 173, §1º, III, da Constituição Federal causou grandes embates e controvérsias jurídicas ao longo de décadas, sobretudo quanto à incidência de um regime jurídico diferenciado às empresas estatais prestadoras de serviço público, bem como a subsunção, ou não, das exploradoras de atividade econômica aos ditames mais rígidos do procedimento licitatório previsto na Lei n. 8.666/1993.

Inclusive, por inúmeras vezes questionamentos acerca do regime jurídico das empresas estatais foram objeto de análise e pronunciamento pelo Supremo Tribunal Federal; o que merece nossa atenção especial, porquanto externam o posicionamento da Corte Suprema a respeito de um tema que tem reflexo direto na aplicação do novo procedimento licitatório previsto na Lei das Estatais.

Em relação a isso, e em razão da correlação lógica com os ditames da novel Lei das Estatais, impende destacar os dois pontos que já foram objeto de julgamento pelo Supremo Tribunal Federal, tanto em precedentes não vinculantes, Acórdãos com repercussão geral, quanto em sede de controle concentrado: (i) o regime jurídico aplicável às empresas estatais prestadoras de serviço público; (ii) a existência de concorrência como pressuposto de incidência do regime jurídico diferenciado e, mais flexível, previsto no artigo 173, § 1º, da Constituição Federal.

Vale observar que, até então, o Supremo Tribunal Federal vem sedimentando seu posicionamento no sentido de que as empresas estatais prestadoras de serviço público e exploradoras de atividade econômica em regime de monopólio estão sujeitas a regime jurídico distinto do incidente às que exploram atividade econômica em sentido estrito.

Isso porque, como as empresas estatais prestadoras de serviço público funcionam como *longa manus* do Estado têm natureza jurídica semelhante às autarquias, o que lhes sujeita as regras ao regime de direito público no que concerne às relações mantidas com terceiros. Logo, as empresas estatais prestadoras de serviço público estariam excluídas do âmbito de incidência do artigo 173, §1º da Constituição Federal.

A Colenda Corte ainda defende a inaplicabilidade do regime jurídico previsto no artigo 173, §1º, da Carta Magna às empresas estatais exploradoras de atividade econômica em regime de monopólico constitucional ou exclusividade, pois o que justificaria a maior flexibilização do regime de direito público seria justamente garantir que

PROCEDIMENTO DE LICITAÇÃO APLICÁVEL ÀS EMPRESAS...

o Estado, ao explorar atividade econômica em prol do interesse público, possa atuar em ambiente de competição em condições de igualdade. Como decorrência lógica, inexistindo concorrência, não haveria razão para minimizar a influência das regras de direito público nas relações mantidas por estas empresas com terceiros.

Em síntese, como a seguir pormenorizado, o Supremo Tribunal Federal perfilhou sua jurisprudência no sentido de que são *as relações mantidas pelas empresas estatais com terceiros e o ambiente de competitividade que determinam o regime jurídico a elas incidentes.* Sofisticando o raciocínio, se depreende que a Colenda Corte propõe uma interpretação sistemática e finalística ao artigo 173, §1º para afastar a aplicação do regime jurídico distinto nele previsto às empresas estatais prestadoras de serviço público e às exploradoras de atividade econômica em regime de monopólio constitucional ou de exclusividade.

Pois bem. Malgrado o Supremo Tribunal Federal já tenha sedimentado entendimento pela aplicação de regimes jurídicos distintos a depender da natureza das atividades exercidas pelas empresas estatais, o artigo 1º da recém promulgada Lei das Estatais propõe a unificação dos regimes incidentes, não fazendo qualquer distinção quanto as especificidades das relações mantidas por estas empresas – *se prestam serviço público ou exploram atividade econômica em sentido estrito, tampouco se o fazem em regime de monopólio ou exclusividade.*

Consoante se infere do artigo 1º, da Lei das Estatais, o novo regime jurídico é aplicável a *"toda e qualquer empresa pública e sociedade de economia mista da União, dos Estados, do Distrito Federal e dos Municípios que explore atividade econômica de produção ou comercialização de bens ou de prestação de serviços, ainda que a atividade econômica esteja sujeita ao regime de monopólio da união ou seja de prestação de serviços públicos".*

A priori, poder-se-ia acreditar que o advento da novel Lei das Estatais colocaria uma pá de cal em todas as lides e controvérsias já mencionadas e travadas durante décadas perante o Supremo Tribunal Federal. Aliás, acreditamos que a previsão contida no artigo de lei acima destacado visou, justamente, acabar com discussões dessa natureza e evitar as dificuldades que adviriam da aplicação de regimes distintos para as empresas estatais, notadamente pelo fato de algumas dessas empresas explorarem, ao menos tempo, atividades econômicas em ambientes competitivos e prestarem serviço público em regime de exclusividade, como é o caso dos Correios (ECT).

Contudo, a previsão de incidência indistinta do novo regime jurídico a todas as empresas estatais abriu margem a grandes debates quanto a própria constitucionalidade da Lei das Estatais à luz dos artigos 22, XXVII e 173, § 1º, III.

A discussão já foi inclusive submetida ao crivo do Supremo Tribunal Federal no bojo da Ação Declaratória de Inconstitucionalidade ("ADIN 5624")[19], cujo objeto é a declaração de inconstitucionalidade do artigo 1º, da Lei das Estatais, ante a abrangência da aplicação do novo regime jurídico previsto, vez que por interpretação literal do texto constitucional, a rigor, somente seria aplicável às empresas estatais que exploram *atividade econômica em sentido estrito*.

A questão é deveras complexa e chamamos a atenção para o fato de que, se houver análise de mérito da ADIN, a Colenda Corte precisará não só se debruçar sobre diversos temas polêmicos, como também revisitar – *e se o caso, rever* – a própria jurisprudência.

Isso porque, a despeito da Constituição Federal não proibir expressamente que o novo regime jurídico das empresas estatais também seja aplicado às prestadoras de serviço e às exploradoras de atividade econômica em regime de monopólio ou exclusividade, fato é que, até então, a interpretação conferida pelo STF ao artigo 173, §1º, da Constituição Federal, inclusive em sede de controle concentrado de constitucionalidade, é no sentido diametralmente oposto.

Diante disso, forçoso concluir que a tentativa do legislador de sepultar todas as discussões a esse respeito, passando ao largo do tema e

---

[19] A Confederação Nacional dos Trabalhados do Ramo Financeiro e a Federação das Associações do Pessoal da Caixa Econômica Federal propuseram, conjuntamente, Ação Declaratória de Inconstitucionalidade perante o Supremo Tribunal Federal (STF. ADI 5624, Ministro Relator Ricardo Lewandoswski).

PROCEDIMENTO DE LICITAÇÃO APLICÁVEL ÀS EMPRESAS...

colocando todas as empresas estatais sob a égide de um regime jurídico unificado, não distinguindo os limites de sua incidência de acordo com a natureza jurídica das atividades por elas desenvolvidas e os reflexos nas relações com terceiros, pode não se mostrar tão eficiente.

Tal conclusão decorre do cotejo analítico entre os fundamentos contidos em julgados do Supremo Tribunal Federal e o regime jurídico unificado previsto na Lei das Estatais, o qual evidencia que enquanto o artigo 1º, da Lei das Estatais prevê a aplicação de regime jurídico unificado para todas as empresas estatais, o STF atesta que o regime jurídico próprio das empresas estatais, cuja existência decorre do artigo 173, §1º, da CF, *não se aplica às empresas estatais prestadoras de serviço público, sobretudo no que pertine no seu relacionamento com terceiros.*

É o que se observa do Acórdão de lavra do Ministro Relator Eros Grau, por ocasião do julgamento da ADI n. 1.642/MG:

> por interpretação conforme à Constituição, lê-se no o artigo 1º do artigo 173 da Constituição do Brasil que as sociedades de economia mistas e as empresas públicas que explorem atividade econômica em sentido estrito estão sujeitas ao regime jurídico próprio das empresas privadas. *O preceito* questionado nesta ADI não alcança empresas estatais prestadoras de serviço público.

O voto do Ministro Relator Eros Grau[20] revela que o Supremo Tribunal Federal faz uma interpretação conforme a Constituição Federal do artigo 173, §1º limitando sua incidência às empresas estatais exploradoras de atividades econômicas em sentido estrito.

Ademais, da fundamentação contida no voto, se extrai que o Ministro Eros Grau entende ser o regime jurídico das empresas estatais um regime híbrido. A esse respeito, afirma que o regime jurídico das empresas estatais estaria subdividido em: *regime jurídico estrutural,* que concerne às regras de governança e estruturação societária; e *regime jurídico*

---

[20] Disponível em http://redir.stf.jus.br/paginadorpub/paginador.jsp?docTP=AC&docID=548571. Acesso em 11.12.2017.

funcional, pertinente às relações das estatais com terceiros – *incluindo procedimentos de licitação e formas de contratação*. Conclui, a partir dessas premissas, que a exclusão das empresas estatais prestadoras de serviço público do âmbito de incidência do artigo 173, § 1º deve ser feita somente em relação ao regramento das relações travadas por estas empresas com terceiros.

Essa não é a única decisão da Colenda Corte nesse sentido, já que em reiterados julgados o Supremo Tribunal Federal vem mitigando as características "empresariais" das empresas estatais prestadoras de serviço público, conferindo-lhes natureza jurídica de autarquias e sujeitando-as ao influxo direto do regime jurídico de direito público, *especialmente nas relações mantidas com terceiros*.

Esse fenômeno jurisprudencial é conhecido como "autarquização" das empresas estatais prestadoras de serviço público, que vem lhes permitindo usufruir das prerrogativas inerentes à Administração Pública Direta, como imunidade tributária, impenhorabilidade de bens etc.

Ante a relevância, menciona-se aqui também o caso paradigmático envolvendo a ECT (Correios), em que o Supremo Tribunal Federal[21] reconheceu a necessidade de haver distinção entre o tratamento legal atribuído às empresas públicas prestadoras de serviço público e às empresas públicas exploradoras de atividade econômica, *porquanto, mesmo que constituídas como empresas públicas, aquelas que prestam serviço público possuem natureza jurídica de autarquia e, portanto, estão sujeitas ao regime de Direito Público*.

Some-se a isso que a nova Lei das Estatais prevê a aplicação de seu regime jurídico às empresas estatais exploradoras de atividade econômica em regime de monopólio. Todavia, o Supremo Tribunal Federal já externou entendimento no sentido de que a flexibilização do regime jurídico de direito público em decorrência da previsão contida no artigo 173, da Constituição Federal *se justifica apenas quando existir um ambiente de competitividade*.

---

[21] STF ADPF 46

PROCEDIMENTO DE LICITAÇÃO APLICÁVEL ÀS EMPRESAS...

Para corroborar a afirmação acima, destacamos a ementa do Acórdão de lavra do Ministro Relator Carlos Velloso, proferido no Recurso Extraordinário n. 407.099-5/RS[22]:

> Quer dizer, o art. 173 da CF está cuidando da hipótese em que o Estado esteja na condição de agente empresarial, isto é, esteja explorando, diretamente, atividade econômica em concorrência com a iniciativa privada. Os parágrafos, então, do citado art. 173, aplicam-se com observância do comando constante do *caput. Se não houver concorrência – existindo monopólio, CF, art. 177 – não haverá aplicação do disposto no § 1º do mencionado art. 173.* [RE 407.099, voto do rel. min. Carlos Velloso, j. 22-6-2004, 2ª T, DJ de 6-8-2004.] (G.n).

De tal lógica não se afastam os fundamentados utilizados pelo Supremo Tribunal Federal para excluir as empresas estatais exploradoras de atividades econômicas da incidência do regime da Lei Geral de Licitações.[23]

Vale dizer que em outros diversos julgados o Supremo Tribunal Federal emanou o entendimento de que a aplicação de um regime diferenciado de licitação e contratação para à Petrobras se justificava

---

[22] Disponível em http://redir.stf.jus.br/paginadorpub/paginador.jsp?docTP=AC&docID=261763. Acesso em 11.23.2017

[23] "submissão legal da Petrobrás a um regime diferenciado de licitação parece estar justificado pelo fato de que, com a *relativização do monopólio do petróleo trazida pela EC n.9/95, a empresa passou a exercer a atividade econômica de exploração do petróleo em regime de livre competição com as empresas privadas concessionárias da atividade, as quais, frise-se, não estão submetidas às regras rígidas de licitação e contratação da Lei n. 8.666/93. Lembre-se, nesse sentido, que a livre concorrência pressupõe a igualdade de condições entre os concorrentes. Assim, a declaração de inconstitucionalidade, pelo Tribunal de Contas da União, do art. 67 da Lei n. 9.478/97, e do Decreto n. 2.745/98, obrigando a Petrobrás, consequentemente, a cumprir as exigências da Lei n. 8.666/93, parece estar em confronto com normas constitucionais, mormente as que traduzem o princípio da legalidade, as que delimitam as competências do TCU (art. 71), assim como aquelas que conformam o regime de exploração da atividade econômica do petróleo (art. 177) (...).(*MS 31235 MC, Relator(a): Min. DIAS TOFFOLI, julgado em 28.03.2012, publicado em PROCESSO ELETRÔNICO DJe-064 DIVULG 28.03.2012 PUBLIC 29.03.2012).

porque: *(i) a exploração do Petróleo por monopólio havia sido relativizada; e (ii) a empresa pública explora atividade econômica em regime de livre competição.*

À luz das exposições feitas, e especialmente por meio da análise dos fundamentos contidos nos acórdãos mencionados, tem-se nítido que o Supremo Tribunal Federal reconhece a existência de uma dicotomia entre o regime jurídico das empresas estatais de acordo com as relações mantidas por elas com terceiros; e, como consequência, excluí, do âmbito de incidência do artigo 173, § 1º, da Constituição Federal, as estatais prestadoras de serviço públicos e exploradoras de atividade econômica em regime de monopólio constitucional ou exclusividade.

Dito de outra forma, pode-se concluir, diante do conjunto de julgados, que o STF não nega as características empresariais das empresas estatais prestadoras de serviço público e exploradoras de atividade econômica em regime de monopólio, cujas estruturações, no seu entendimento, deveriam ser regidas pelas regras de direito privado. Contudo, o STF entende que todas as relações que estas empresas mantiverem com terceiros devem ser regidas pelo regime jurídico de direito público.

Isso implica afirmar, de acordo com a lógica e a interpretação conferida pela Colenda Corte, que as empresas estatais prestadoras de serviço público e as exploradoras de atividade econômica em regime de monopólio não deveriam se sujeitar às regras de Direito Público apenas para gozar das prerrogativas inerentes à supremacia do interesse público sobre o privado. Se há um regime dicotômico que demanda a aplicação das regras de direito público, não se poderia afastar, de igual forma, a incidência das previsões que visam justamente garantir a consecução do interesse público e o atendimento aos princípios que permeiam a atuação da Administração Pública, tal como o procedimento mais rígido de licitações e contratos previsto na Lei Geral de Licitações.

Não por outra razão, reafirmamos que o julgamento da ADIN 5624 colocará o STF diante de um grande dilema, ante o inconteste e aparente conflito entre a unificação dos regimes jurídicos pela Lei das Estatais e a atual interpretação conferida pela Corte Suprema ao artigo 173, § 1º, da Constituição Federal.

Quer parecer, portanto, que o Supremo Tribunal Federal terá que se debruçar sobre sua própria jurisprudência e, de duas uma: revê-la,

PROCEDIMENTO DE LICITAÇÃO APLICÁVEL ÀS EMPRESAS...

alterando a interpretação conferida atualmente ao artigo 173, §1º, da CF, ou reafirmá-la, o que deverá ter como consequência a declaração de inconstitucionalidade da Lei das Estatais no que pertine a unificação dos regimes jurídicos funcionais das empresas estatais.

A verdade é que, se essa dissonância for ignorada, na prática, enquanto o artigo 1º, da Lei das Estatais – *que prevê um regime jurídico unificado* – permitirá que as empresas estatais prestadoras de serviço público exploradoras de atividade econômica em regime de monopólio sejam submetidas a um o procedimento de licitação e contratação mais flexibilizado; o STF, de maneira totalmente antagônica e teratológica, continuará conferindo a mesma interpretação ao artigo 173, §1º, da Carta Magna, reconhecendo a *dicotomia de regimes* no que pertine às relações com terceiros apenas para que estas empresas gozem das prerrogativas da Administração Pública.

Logo, não enfrentar a questão seria um verdadeiro contrassenso do ponto de vista do regime jurídico incidente às empresas estatais no que concerne à natureza das atividades desenvolvidas e relações mantidas com terceiros – *se uno ou dicotômico* –, o que não se espera da mais alta corte do Poder Judiciário Brasileiro, que detém competência para garantir a uniformização da interpretação conferida à Carta Magna.

CONCLUSÃO

Diante de todo exposto, no que concerne ao procedimento licitatório contido no bojo da Lei das Estatais, pode-se afirmar que reflete a conjuntura atual, na medida em que estabelece um rito com instrumentos claros de controle, mas também flexibiliza as exigências contidas na Lei Geral de Licitações, para fins de garantir maior eficiência e dinamismo no procedimento de contratação.

Noutro giro, também é perceptível que o procedimento licitatório delineado nos artigos 51 a 62 da Lei das Estatais não conta com qualquer inovação substancial, consistindo em uma "versão" aperfeiçoada e menos formal do rito licitatório previsto na Lei n. 12.462/2011.

Por fim, em razão do posicionamento já sedimentado pelo Supremo Tribunal Federal acerca da dicotomia do regime jurídico das empresas estatais prestadoras de serviço público, bem como da existência de concorrência como pressuposto para incidência do regime jurídico do artigo 173, §1º, da Constituição Federal, entende-se que a previsão contida no artigo 1º, da Lei das Estatais deve ser o grande dilema a ser enfrentado.

REFERÊNCIAS BIBLIOGRÁFICAS

BANDEIRA DE MELLO, Celso Antonio. *Curso de Direito Administrativo*. 33ª ed. São Paulo: Editora Malheiros, 2016.

BARIANI Jr., Percival José. *Da publicidade dos instrumentos convocatórios pelo RDC:* Regime Diferenciado de Contratações Pública para RDC: aspectos fundamentais. 3ª ed. São Paulo: Editora Fórum, 2014.

PORTO NETO, Benedicto. *Apontamentos sobre o Regime Diferenciado das Contratações Públicas/RDC:* contratos públicos e Direito Administrativo. São Paulo: Editora Malheiros, 2015.

COELHO MOTTA, Carlos Pinto. *Eficácia nas Licitações e Contratos*. 12ª ed. Belo Horizonte: Editora Del Rey, 2011.

JUSTEN FILHO, Marçal. *Comentários ao RDC*. Rio de Janeiro: Editora Dialética, 2013.

MOREIRA NETO, Diogo de Figueiredo. "A Lei de Responsabilidade Fiscal e seus princípios jurídicos". *RDA*, n.221, 2000.

MOREIRA, Egon Bockmann; GUIMARÃES, Fernando Vernalha. *A Lei de Licitação – LGT e o Regime Diferenciado de Contratação – RDC*. São Paulo: Editora Malheiros, 2012.

PEREIRA JUNIOR, Jessé Torres; DITTI, Marines Restelatto. *Comentários do RDC integrado ao sistema brasileiro de contratações públicas*. Rio de Janeiro: Editora Renovar, 2015.

Informação bibliográfica deste texto, conforme a NBR 6023:2002 da Associação Brasileira de Normas Técnicas (ABNT):

VIEIRA MACHADO, Fernanda Neves. "Procedimento de licitação aplicável às empresas estatais e sociedades de economia mista: aspectos gerais e outros apontamentos". *In:* DAL POZZO, Augusto; MARTINS, Ricardo Marcondes (Coord.). *Estatuto jurídico das empresas estatais*. São Paulo: Editora Contracorrente, 2018, pp. 225-242. ISBN. 978-85-69220-39-8.

CONTRATOS NA LEI DAS EMPRESAS ESTATAIS

AUGUSTO NEVES DAL POZZO
RENAN MARCONDES FACCHINATTO

Sumário: Introdução. 1. Os regimes contratuais da nova Lei. 1.1. Considerações sobre a incidência do regime de direito público na aplicação da norma contida no texto do artigo 68 da Lei das Estatais. 2. Cláusulas necessárias do contrato. 3. Garantias contratuais. 4. Prazos dos contratos das empresas estatais. 5. Responsabilidade do contratado. 6. Subcontratação. Referências bibliográficas.

INTRODUÇÃO

O regime jurídico a que estão sujeitas as empresas estatais provocou, historicamente, importantes debates na cena jurídica pátria. Trata-se de assunto complexo, que revela, como, talvez, nenhum outro, a porosidade da fronteira criada para apartar o direito público do direito privado[1]:

---

[1] "Todas essas considerações sobre a distinção entre direito público e direito privado e sobre a derivação, a partir daquele, de um regime jurídico específico a caracterizar o Direito Administrativo, todavia, devem ser concebidas de modo relativo: são instrumentos para a decidibilidade necessária à operação do Direito. Isso porque tais categorias não

integrantes da Administração Indireta[2], instrumentos de ação do Estado, as empresas estatais são entidades que, justamente por apresentarem a qualidade de empresas exploradoras de atividade econômica, possuem personalidade jurídica de direito privado.[3]

Para efeito da presente análise, a questão central a propósito do regime jurídico de direito privado das empresas estatais[4] deve ser posta à prova a partir das premissas fundamentais pelas quais se analisam os instrumentos de atuação positiva do Estado e é por esse prisma que a investigação será conduzida.

---

podem ser empregadas como a descrever elementos qualitativamente distintos da realidade observável. Podem-se identificar, no início do século XXI, alguns 'paradoxos' na tentativa de se clarificarem as fronteiras entre direito administrativo e direito privado. De rigor, não é de se surpreender que sucessivos movimentos de aproximação e afastamento entre os ditos direito público e direito privado ocorram, como dois vetores, oscilantes segundo a evolução do modo de ser político, social e econômico do Estado". (ALMEIDA, Fernando Dias Menezes de. "A distinção entre 'público' e 'privado' aplicada aos contratos celebrados pela administração". *In:* DI PIETRO, Maria Sylvia Zanella (coord.).*Direito Privado Administrativo.* São Paulo: Atlas, 2013, pp. 238/239.

[2] José Cretella Júnior pondera que "não se pode classificar *a priori* a empresa pública entre as atividades da Administração indireta, pois é necessário examinar, primeiro o tipo de serviço prestado: (a) atos de comércio; (b) atos de indústria; (c) atos de indústria e comércio; (d) atividades econômicas puras; (e) atividades econômicas identificadas com serviços públicos; (f) serviços públicos ou administrativos puros. Atividades 'puras' de comércio e de indústria, objetivando 'lucro', desclassificam, de imediato, a *empresa pública* do rol das entidades da Administração indireta; atividades econômicas podem ou não tipificar a empresa pública como entidade da Administração indireta, conforme consubstanciem ou não serviços públicos; por fim, o desempenho de serviços públicos puros é motivo suficiente para rotular a empresa pública como entidade da Administração indireta". (*Tratado de Direito Administrativo.* vol. 1: teoria do direito administrativo. 2ª ed. Rio de Janeiro: Forense, 2002, p. 106).

[3] Nos termos dos artigos 3º e 4º da Lei Federal n. 13.303/16, respectivamente: Art. 3º "Empresa pública é a entidade dotada de personalidade jurídica de direito privado, com criação autorizada por lei e com patrimônio próprio, cujo capital social é integralmente detido pela União, pelos Estados, pelo Distrito Federal ou pelos Municípios". Art. 4º "Sociedade de economia mista é a entidade dotada de personalidade jurídica de direito privado, com criação autorizada por lei, sob a forma de sociedade anônima, cujas ações com direito a voto pertençam em sua maioria à União, aos Estados, ao Distrito Federal, aos Municípios ou a entidade da administração indireta".

[4] Para maior facilidade de leitura, sempre que o artigo se referir ao gênero, será empregada a expressão empresas estatais. Onde for necessário, as espécies serão nominadas.

CONTRATOS NA LEI DAS EMPRESAS ESTATAIS

A posição *sui generis* ocupada pelas empresas estatais afeta, como não poderia deixar de ocorrer, os contratos por elas travados para o desempenho de atividades que lhes são correlatas.

Com efeito, a Lei Federal n. 13.303/16 suprimiu lacuna há tempos presente no ordenamento jurídico brasileiro e enunciou o Estatuto Jurídico das Empresas Estatais de que trata o artigo 173, § 1º, da Constituição de 1988.

A Lei, em seu artigo 1º, estende sua incidência às empresas estatais que exploram atividade econômica, ainda que essa atividade esteja sujeita ao regime de monopólio[5] e também as que prestam serviços públicos.[6]

---

[5] No ponto, é de se destacar a posição de Marçal Justen Filho, para quem as regras enunciadas pela Lei n. 13.303 não se aplicam às empresas estatais puramente prestadoras de serviços públicos. Aduz o autor: "Se o diploma pretendesse adotar tratamento uniforme para todas as empresas estatais, a redação legislativa teria sido diferente. Teria aludido, de modo muito simples, às empresas públicas e às sociedades de economia mista. A solução formal adotada foi diversa. Houve expressa referência a empresas públicas e sociedades de economia mista exploradoras de atividade econômica. Portanto, apenas essas se subordinam ao regime diferenciado da Lei n. 13.303/2016. As demais – prestadoras de serviços públicos em regime de exclusividade, sem competição com o setor privado – continuam subordinadas ao regime da Lei n. 8.666/1993". (JUSTEN FILHO, Marçal. *Comentários à Lei de Licitações*. 17ª ed. São Paulo: Revista dos Tribunais, 2016, pp. 51-55).

[6] Cabe apontar, aqui, com o fito de promover o debate, a opinião de Ricardo Marcondes Martins a respeito das empresas estatais que prestam serviços públicos: "O direito positivo brasileiro nunca permitiu de modo expresso a instituição de empresas estatais para a realização de atividades próprias do Estado como a prestação de serviços públicos ou o exercício de função pública. O Decreto-lei n. 200/1967 previu apenas a criação de empresas públicas e sociedades de economia mista para a exploração de atividade econômica (art. 5º, II e III). A Constituição de 1988 tratou dessas empresas em dispositivo relativo à exploração da atividade econômica (art. 173). A *contrario sensu*: a criação dessas empresas para outra finalidade é vedada. Ocorre que, pelos motivos referidos quando do exame da permissão de serviços públicos – vale dizer, a recentidade do desenvolvimento científico do direito administrativo brasileiro e, principalmente, a atroz corrupção que assola a Administração Brasileira –, foram criadas dezenas, se não centenas, de empresas estatais prestadoras de serviços públicos e exercedoras de função pública. Diante desse fato, primeiramente a doutrina adotou postura lamentável: por causa da forma, considerou que essas empresas eram em grande medida regidas pelo direito privado. Num segundo momento – graças, principalmente, a Celso Antônio Bandeira de Mello e a Geraldo Ataliba – a doutrina passou a defender posição contrária: essas empresas são

AUGUSTO NEVES DAL POZZO; RENAN MARCONDES FACCHINATTO

A redação original do precitado artigo 173, § 1º, da Carta Maior não se dedicava a versar sobre a necessidade de lei estabelecer o estatuto jurídico das empresas públicas, sociedades de economia mista e de suas subsidiárias, determinando, apenas, que as entidades que explorassem atividade econômica se sujeitariam ao regime jurídico próprio das empresas privadas.

Foi a Emenda Constitucional n. 19/1998 que configurou o texto atual do artigo 173, § 1º, da Carta da República (em correlação com o art. 22, XXVII, cuja redação também foi alterada pela sobredita emenda), segundo o qual:

> A lei estabelecerá o estatuto jurídico da empresa pública, da sociedade de economia mista e de suas subsidiárias que explorem atividade econômica de produção ou comercialização de bens ou de prestação de serviços, dispondo sobre: I – sua função social e formas de fiscalização pelo Estado e pela sociedade; II – a sujeição ao regime jurídico próprio das empresas privadas, inclusive quanto aos direitos e obrigações civis, comerciais, trabalhistas e tributários; III – licitação e contratação de obras, serviços, compras e alienações, observados os princípios da administração pública; IV – a constituição e o funcionamento dos conselhos de administração e fiscal, com a participação de acionistas minoritários; e V – os mandatos, a avaliação de desempenho e a responsabilidade dos administradores.

As mudanças no Texto Constitucional buscaram expressar de maneira mais precisa a necessidade de se apartar dois regimes diversos no que toca a licitações e contratos (não obstante o texto original da Constituição Federal pudesse, desde a sua promulgação, sugerir essa dicotomia), que respeitassem a personalidade atribuída às pessoas estatais: um próprio da Administração direta englobando as entidades autárquicas

---

em grande medida regidas pelo direito público. Defende-se aqui posição mais radical: elas se submetem integralmente ao direito público. Todas as empresas estatais constituídas para prestar serviço público, construir obra pública ou realizar função pública são *contrafações de autarquias*". (MARTINS, Ricardo Marcondes. *Regulação Administrativa à Luz da Constituição Federal*. São Paulo: Malheiros, 2011, pp. 275-277).

CONTRATOS NA LEI DAS EMPRESAS ESTATAIS

e fundacionais; e outro pertinente às empresas estatais, nos termos anotados pelo artigo 173, § 1º, III. Isto significa que a Lei Federal n. 13.303/16, no que tange às licitações e contratos, não substitui a Lei n. 8.666/1993, mas, ambas passam a conviver, sem qualquer espécie de conflito à luz do princípio da especialidade, contido na Lei de Introdução ao Direito Brasileiro.

Demais disto, em um cenário no qual os contratos celebrados pelas empresas estatais estão sob intensos e suspeitos olhares de todos, a Lei Federal n. 13.303/16 buscou dirimir as questões mais relevantes acerca do tema (conquanto sem a efetividade que se poderia pretender).

O propósito do presente ensaio, portanto, será o de clarificar o regime jurídico incidente nos mais variados modelos de contratação que ela poderá entabular.

1. OS REGIMES CONTRATUAIS DA NOVA LEI

1.1 Considerações sobre a incidência do regime de direito público na aplicação da norma contida no texto do artigo 68 da Lei das Estatais

As regras de licitações e contratos definidas pela Lei Federal n. 8.666/93 se aplicavam às empresas estatais[7] e eram consideradas, sobretudo, pelos próprios agentes responsáveis pela sua aplicação e pelo mercado interessado nessas oportunidades, demasiadamente rígidas, inoportunas, portanto, ao desempenho de atividades comerciais de mercado em regime de concorrência com a iniciativa privada.

A Lei Federal n. 13.303/16 foi anunciada como alternativa a essa rigidez. No entanto, por mais que muitos aclamassem esse direcionamento,

---

[7] A imposição de as empresas estatais se submeterem ao regramento da Lei Federal n. 8.666/93 deriva do art. 1º, parágrafo único, desta lei, segundo o qual "subordinam-se ao regime desta Lei, além dos órgãos da administração direta, os fundos especiais, as autarquias, as fundações públicas, as empresas públicas, as sociedades de economia mista e demais entidades controladas direta ou indiretamente pela União, Estados, Distrito Federal e Municípios".

ela não teve o condão de fazer com que as empresas estatais se desvencilhassem de inúmeras regras contratuais que já vinham enunciadas pela Lei Geral de Licitações. Pelo contrário, muitas das disposições presentes na Lei Federal n. 8.666/93 foram replicadas para tratar das licitações e dos contratos regidos pelo Estatuto Jurídico das Empresas Estatais.

A grande questão a ser desvendada, no que pertine aos contratos na nova Lei, diz respeito à compreensão da redação do artigo 68. Prescreve o dispositivo: "os contratos de que trata esta Lei regulam-se pelas suas cláusulas, pelo disposto nesta Lei e pelos preceitos de direito privado".

A redação do conteúdo da norma em questão merece uma análise mais detida. De maneira geral, tem prevalecido, nos apontamentos quanto ao precitado dispositivo, a equivocada interpretação segundo a qual os contratos celebrados pelas empresas estatais, em qualquer tipo de atividade que desempenham, passam a ser orientados unicamente pelo prisma do direito privado.

A conclusão afirmada pelos defensores dessa despropositada tese é de que os contratos das empresas estatais não mais estariam submetidos ao regime de direito público, tal como o enunciado pela Lei Federal n. 8.666/93 (cujas normas também alcançavam as empresas estatais). Haveria, sob esse ponto de vista, uma mudança importante de paradigma no tocante aos contratos envolvendo as empresas estatais, em especial, porque não mais se poderia falar em um regime contratual de direito público, com as características e elementos que lhe são correspondentes.

Lembra-se, por oportuno, que a Lei Federal n. 8.666/93 conferiu à Administração Pública poderes amplos para impor, unilateralmente, aos contratados, medidas capazes de modificar a conjuntura inicial dos contratos, sem prejuízo de que sejam garantidos aos particulares alguns direitos, em especial, o da preservação do equilíbrio econômico-financeiro e da inalterabilidade das condições econômicas da proposta inicialmente ofertada.[8]

---

[8] Em diversas passagens, a Lei Federal n. 8.666/93 revela preocupação quanto à manutenção do equilíbrio econômico-financeiro do contrato. *Vide* arts. 57, § 1º; 58, § 2º; 65, II, "d", e art. 65, § 6º.

CONTRATOS NA LEI DAS EMPRESAS ESTATAIS

Nota-se, do elenco do artigo 58 da Lei de Licitações, que são concedidas, ao ente da Administração Pública contratante, as prerrogativas de modificá-los, unilateralmente, com o fim de adequá-los às finalidades de interesse público; rescindi-los, também unilateralmente, em casos extremos, especificados pela lei; fiscalizar sua execução; aplicar sanções pela inexecução total ou parcial dos ajustes; e, no caso de serviços essenciais, ocupar, provisoriamente, bens móveis, imóveis, pessoal e serviços vinculados aos objetos dos contratos para garantia da continuidade e regularidade de sua disponibilização.

De qualquer modo, os defensores da tese segundo a qual os contratos celebrados pelas empresas estatais devem ser regidos apenas pelos princípios reitores dos contratos privados proclamam que a Lei Federal n. 13.303/16 contempla a busca por *soluções consensuais* pactuadas entre as partes, e não impostas unilateralmente, estando os envolvidos em igualdade de condições, intuito que, aliás, melhor se coadunaria às missões concorrenciais e comerciais das entidades empresariais do Estado.

Com efeito, aqueles que se orientam pela *consensualidade* proclamam que a procura de soluções pactuadas estaria inclusive inserida em contexto mais amplo, que abrange toda a Administração Pública, mas que atingiria, especialmente, a área contratual. Aos olhos deles, a redução da verticalidade nas relações Estado-administrados ao mesmo tempo reforçaria a legitimação da atuação estatal, a diminuir o padrão de *autoritarismo*, e contribuiria para o aumento da eficiência da execução contratual.

No entanto, a interpretação do conteúdo da redação do precitado artigo 68 do Estatuto Jurídico das Empresas Estatais comporta entendimento diverso em função de outras normas inseridas no texto de artigos da própria Lei e em face do regime jurídico-administrativo que as afeta integralmente.

Ao estatuir que os contratos celebrados pelas empresas estatais se regem pelas suas cláusulas, pelas disposições da própria Lei das Estatais e, por fim, pelos ditames de direito privado, a Lei, a bem da verdade, não eliminou a *incidência do regime de direito público* de aludidos contratos, tampouco autorizou que, a partir de sua vigência, não mais subsista o regime de sujeição especial que marca a teoria dos contratos administrativos.

Em primeiro lugar, necessário aplicar o método da *lógica deôntica* para decompor o texto. O artigo 68 contém três proposições aglutinadas por sincategoremas inclusivos conjuntivos: [i] os contratos de que trata essa lei se regulam pelas suas cláusulas; [ii] os contratos de que trata essa lei se regulam pelo disposto nessa lei; e [iii] os contratos de que trata essa lei se regulam pelos preceitos de direito privado.

Há, aqui, desde logo, uma antinomia que pode resultar na invalidade da proposição dos defensores do afastamento da incidência do regime jurídico de direito público: para que todas as proposições da norma sejam válidas, no sentido puramente lógico: vistas em conjunto, é preciso que as relações entre elas sejam condicionais no sentido de que as proposições [i] e [iii] somente têm validade quando a proposição [ii] não for aplicável.

Dito de outro modo, a leitura correta não é no sentido de que as três proposições coexistam em relação de inclusão conjuntiva. Isso negaria a validade (novamente, do ponto de vista de lógica proposicional) de todo o conjunto das proposições na medida em que todas elas não podem ser, simultaneamente, válidas (a validade lógica das proposições corresponde à incidência jurídica). Ou seja: um mesmo único contrato celebrado por uma empresa estatal não pode, ao mesmo tempo, ser regido pelas disposições da Lei Federal n. 13.303/16 e pelos princípios e regras do direito privado.

Isso porque a Lei, em primeiro lugar, observa-se, enfatiza que as empresas estatais, não obstante serem dotadas de personalidade jurídica de direito privado, pertencem à estrutura administrativa estatal, o que importa reconhecer que, impõe-se a elas a aplicação de normas de direito público, sendo a utilização de mecanismos de direito privado admitida quando o regime de direito público inviabilizar as suas atuações.

Em segundo lugar, o texto e o contexto das inúmeras normas contidas nos artigos da Lei Federal n. 13.303/16 demonstram que há,

CONTRATOS NA LEI DAS EMPRESAS ESTATAIS

de fato, uma carga muito expressiva de normas de direito público a incidir no sistema de contratações promovidas pelas empresas estatais, o que, diga-se de passagem, não poderia ser diferente.

O mais importante deles é o artigo 28, que trata, justamente, da exigência de licitação para celebração de contratos pelas estatais. A regra, prevista no *caput*, remete ao regime de direito público. O § 3º, por sua vez, é que contém a norma mais relevante para compreender em que medida as estatais devem, ou não, aplicar o regime de direito público em suas contratações:

> Art. 28. (...) § 3º São as empresas públicas e as sociedades de economia mista dispensadas da observância dos dispositivos deste Capítulo nas seguintes situações:
>
> I – comercialização, prestação ou execução, de forma direta, pelas empresas mencionadas no *caput*, de produtos, serviços ou obras especificamente relacionados com seus respectivos objetos sociais;
>
> II – nos casos em que a escolha do parceiro esteja associada a suas características particulares, vinculada a oportunidades de negócio definidas e específicas, justificada a inviabilidade de procedimento competitivo.

A lei, como se vê pelo conteúdo extraído do inciso I do § 3º de seu artigo 28, adotou um critério de corte: não há licitação e, portanto, não há incidência do regime de direito público previsto na própria Lei das Estatais para as atividades desenvolvidas por tais entes no desempenho de seus objetivos sociais. Para todo o resto dos contratos, há licitação e há incidência do regime jurídico de direito público. Esse sistema inaugura uma nova sistemática de identificação do regime aplicável que remonta ao que boa parte da doutrina, com o beneplácito da jurisprudência[9], classificou como "atividades-meio" das empresas estatais, instrumentais

---

[9] O Tribunal de Contas da União, apoiado nessa divisão, decidiu em várias oportunidades a respeito da obrigatoriedade de licitação quando as empresas estatais tivessem desempenhando atividades-meio. *Vide*, a título de exemplo, Acórdão n. 1.390/2004 – TCU – Plenário.

251

às "atividades-fim", que seriam aquelas nas quais estão inseridas suas atuações empresariais propriamente ditas.

Agora é preciso identificar se há um *liame direto* (equivalente à pretérita atividade-fim) ou *indireto* (antiga *atividade-meio*) entre a atividade que se pretende contratar e aquela prevista em seu estatuto social para verificar o regime jurídico incidente, especialmente no tocante a temática das licitações e contratos. Havendo uma *atuação direta em relação ao quanto previsto em seu estatuto social*, haveria incidência de um regime jurídico de direito privado (sempre com alguns contemperamentos inerentes a qualquer entidade estatal), evitando-se a concorrência desleal pelas demais empresas privadas, por outro lado, sendo uma *atuação indireta aos objetivos sociais por ela preconizados*, há incidência efetiva do regime jurídico de direito público, especialmente no caso dos contratos por ela celebrados.

A divisão, deve-se dizer, tem perfil mais didático do que propriamente prático. Afinal, nem sempre é tarefa fácil identificar o que vem a ser uma ou outra espécie de atividade.

Nos contratos celebrados para desempenho da dita "atuação direta", sob a perspectiva da concorrência, as empresas públicas, sociedades de economia mista e suas subsidiárias não poderiam ser contempladas com a possibilidade de se valerem das cláusulas exorbitantes – constantes do regime contratual administrativo – que instabilizam a relação jurídica contratual pactuada com os particulares para determinadas aquisições de mercado rotineiras, típicas de suas operações comerciais, nas quais o procedimento licitatório é inexigível[10], sob pena de violação ao sistema

---

[10] Sobre a inexigibilidade de licitação nesses casos de prática tipicamente comercial das empresas estatais, Celso Antônio Bandeira de Mello pondera: "(...) será forçoso reconhecer que em inúmeros casos a licitação será incompatível com o normal cumprimento do escopo em vista do qual foram criadas. Ora, quem quer os fins não pode negar os indispensáveis meios. Logo, nestas hipóteses em que o procedimento licitatório inviabilizaria o desempenho das atividades específicas para as quais foi instituída a entidade entender-se-á inexigível a licitação. Isto ocorre quando suas aquisições ou alienações digam respeito ao desempenho de atos tipicamente comerciais, correspondentes ao próprio objetivo a que a pessoa está preposta e desde que tais atos demandem a agilidade, a rapidez, o procedimento expedito da vida negocial corrente, sem o que haveria comprometimento da boa realização de sua finalidade". (BANDEIRA DE

CONTRATOS NA LEI DAS EMPRESAS ESTATAIS

de concorrência a que faz alusão o § 4º do mesmo artigo 173 da Carta Política[11], no qual todos os agentes econômicos estão inseridos disputando mercados segundo os ditames da igualdade.

Desse modo, ao mesmo tempo em que não podem ser negativamente afetadas pela incidência de normas de direito público que lhes constrangem a atuação concorrencial, as empresas estatais não podem, por outro lado, ser agraciadas com vantagens não condizentes com a ordem concorrencial protegida pela Constituição, tais como a possibilidade de promover, unilateralmente, mudanças nos contratos.[12] Consoante pontua, sinteticamente, Marçal Justen Filho: "sujeitar atividade econômica ao regime de direito público acarreta inviabilização de desempenho".[13]

Não faria sentido, pois, pelo que prescreve o supracitado art. 173, § 1º, II, da Carta Magna, que se permitisse, às empresas estatais, nos contratos celebrados com o escopo de desempenhar as atividades tipicamente comerciais para as quais foram criadas e designadas, o manejo de prerrogativas especiais próprias do regime jurídico administrativo.

MELLO, Celso Antônio. *Curso de Direito Administrativo*. 33ª ed. São Paulo: Malheiros, 2016, p. 559).

[11] Prescreve o art. 173, § 4º, da Constituição Federal: "A lei reprimirá o abuso do poder econômico que vise à dominação dos mercados, à eliminação da concorrência e ao aumento arbitrário dos lucros".

[12] Ricardo Marcondes Martins, nesse sentido, esclarece: "A Constituição admite, no art. 173, *caput*, que o Estado a explore excepcionalmente, apenas quando necessário aos imperativos da segurança nacional ou a relevante interesse coletivo, na forma da lei. Essa exploração não afasta os particulares do mercado, dá-se em concorrência com eles. Para que essa concorrência não seja desleal, o Estado deve submeter-se parcialmente ao direito privado. Há, pois, aí, dois critérios racionais para a submissão ao direito privado: as normas de direito público não se aplicam quando sua aplicação torne mais vantajosa a posição da Administração em relação aos demais agentes econômicos – pois do contrário haveria concorrência desleal – e quando sua aplicação inviabilize a própria exploração da atividade econômica – pois do contrário estaria comprometida a própria atividade. A parcial submissão ao direito privado exige a adoção de uma 'forma privada', daí a instituição de empresas estatais: sociedades de economia mista e empresas públicas".

[13] "O regime jurídico das empresas estatais e a distinção entre 'serviço público' e 'atividade econômica'". *Revista de Direito do Estado* – RDE, Rio de Janeiro, n. 1, pp. 119-135, jan./mar. 2006, p. 135.

De toda sorte, se, para os contratos celebrados para o desempenho da *"atuação indireta"* aos objetivos sociais não se cogita da incidência de um regime jurídico diverso do regime privado – porque supor a existência de um regime publicístico para essas atividades significaria o comprometimento das empresas do Estado em sede de concorrência – por outro lado, a grande questão a ser dirimida consiste na elucidação da incidência do regime jurídico de direito público para os contratos destinados ao desempenho da *"atuação direta"*, ou como se explicita na linguagem trazida pela nova lei, das *atividades que não integram as finalidades sociais das estatais*.

Ocorre que as empresas estatais, além das atividades tipicamente comerciais que praticam em caráter finalístico de acordo com seus estatutos sociais, também realizam atividades outras, as quais, em tese, não se relacionam, diretamente, com as atividades comerciais para as quais foram afetadas pela lei que as instituiu.

Pense-se, por exemplo, na construção da sede de uma empresa estatal. Nesse caso, as obras e as aquisições necessárias não estão vinculadas de maneira direta às atividades comerciais da empresa, de modo que a incidência de regras do regime publicístico não a vulneraria sensivelmente no âmbito da concorrência.

Sobre esta atuação indireta, portanto, a posição que ora se propõe, cotejando-se as prescrições gerais dispostas pela Lei em comento, é de que os contratos oriundos dessas atividades preservam a incidência do regime de direito público, inerente ao princípio da supremacia do interesse público sobre o direito privado e da indisponibilidade do interesse público. Vale dizer: as empresas estatais, apesar das peculiaridades que lhes concernem, possuem missões públicas, desempenhadas por meio da exploração direta de atividades econômicas, por relevante interesse coletivo ou soberania nacional (art. 173, *caput*, CF), a justificar a posição de supremacia do ente estatal nessas relações contratuais.

Isso decorre, como antecipado anteriormente, da própria Lei Federal n. 13.303/16. Vejam-se os artigos 28 e seguintes, que preveem rigorosas regras de processo licitatório, muito próximos e

CONTRATOS NA LEI DAS EMPRESAS ESTATAIS

com inúmeras repetições das regras rituais de procedimento na Lei Federal n. 8.666/93.

O artigo 31, por exemplo, traz, em seu § 1º, inciso II, diversos conceitos extraídos da jurisprudência consolidada dos órgãos de controle externo relativamente a superfaturamento e sobrepreço que geram obrigações negativas relativas à possibilidade de alteração dos contratos.

Além disso, as principais limitações, típicas do regime de direito público, reproduzidas nessa lei, são justamente: a exigência de licitação para atividades não ligadas à finalidade social; a limitação à possibilidade de celebração de aditivos para acréscimo contratual nos mesmos termos do artigo 65 da Lei de Licitações, como se vê no artigo 81, §§ 1º e 2º; e a adoção preferencial do rito do pregão, conforme inciso IV do artigo 32. São exemplos muito carregados de significado no contexto do regime de direito público.

O próprio artigo 32 é recheado de descrições de hipóteses diretamente ligadas ao regime jurídico de direito público, como seus incisos principais, os incisos do § 1º, extraídos, provavelmente, da regulamentação da Lei Federal n. 10.520/02, e divulgação obrigatória de editais na rede mundial de computadores em seu § 3º. Os artigos 38 e 44 trazem impedimentos de participação em licitações praticamente idênticos aos do artigo 9º da Lei de Licitações.

O artigo 46 traz obrigação de fracionamento do objeto, numa regra que, do ponto de vista semântico, contém a mesma hipótese do artigo 21, mas, aqui, expressa pela forma de enunciado negativo. A Lei de Licitações é clara ao ordenar o fracionamento. A Lei das Estatais apresenta a norma de modo a parecer tratar o dever de fracionamento como exceção, mas, novamente, traz tal instituto como regra que admite exceção desde que "mediante justificativa expressa e desde que não implique perda de economia de escala". *Mutatis mutandis*, trata-se da mesma norma jurídica contida no artigo 21 da Lei de Licitações.

A preservação do equilíbrio econômico-financeiro também é garantida, apesar de aparentar fazê-lo por meio de instrumentos consensuais: basta ler, conjunta e sistematicamente, a alínea c do inciso

II do § 1º do artigo 31, o inciso X do artigo 42 e suas alíneas *e* o inciso VI do artigo 81.

Nesse temário, é preciso consignar que não se pode confundir *consensualidade* com *flexibilização* do regime jurídico-administrativo: essa talvez seja a grande questão que toca a aludida expressão. O fato de a Administração Pública tentar encontrar uma solução consensual para dirimir eventuais questões que sobrevenham durante a execução dos contratos deve ser objeto de enaltecimento, já que se trata de uma tarefa de transcendente importância a solução pacífica e eficiente de obstáculos que retardem a salvaguarda do interesse público protegido pela contratação. Inclusive a utilização da *mediação*, como instrumento autocompositivo, deve ser exaltada, pois inúmeras técnicas decorrentes desse instrumento podem auxiliar na resolução rápida e operativa do conflito. Mas jamais a consensualidade pode servir como instrumento de flexibilização do direito público. Deve-se deixar bem clara essa dicotomia para efeito de evitar que acobertado pelo manto da *consensualidade* possam se esvair as normas publicistas. A *consensualidade* é bem-vinda, desde que respeitada a aplicação do regime jurídico-administrativo, em um sistema que promova, de maneira inequívoca, o combate a situações que possam incorrer em atos de corrupção.

À guisa de conclusão, vale consignar que o ponto central da análise ora proposta consiste na seguinte proposição: a melhor interpretação do artigo 68 do Estatuto Jurídico das Empresas Estatais reside na compreensão de que haverá incidência do direito privado em contratos celebrados pela entidade que tenham por objeto o cumprimento direto dos seus objetivos sociais (*atuação direta*) e, em todas as demais contratações, que envolvam atividades ancilares, incide o regime de direito público (*atuação indireta*) previsto na Lei n. 13.303/16 e subsidiariamente, no regime geral de contratações, estatuído na Lei n. 8.666/93.

Toda vez, portanto, que se tratar de um contrato para desempenho das finalidades sociais, de fato, os artigos que dispõem sobre celebração, execução e alteração de contratos serão lidos e interpretados sob a incidência do regime de direito privado. Toda vez, por outro lado, que

CONTRATOS NA LEI DAS EMPRESAS ESTATAIS

se tratar de um contrato ancilar aos objetivos sociais, os mesmos artigos serão lidos e interpretados sob a incidência do regime de direito público.

A seguir, serão examinadas as características do contrato envolvendo a atuação indireta das empresas estatais, ou seja, aquelas que preconizam a incidência do regime jurídico de direito público.

2. CLÁUSULAS NECESSÁRIAS DO CONTRATO

A Lei das Empresas Estatais elencou, nos incisos do seu artigo 69, as cláusulas necessárias que devem constar de seus contratos. Sem embargo, constata-se que suas disposições não se desviaram muito das previsões contratuais imprescindíveis descritas, também, pela Lei n. 8.666/1993.

De mais relevante, a Lei incluiu, no rol das cláusulas necessárias dos contratos por ela disciplinados, a definição de mecanismos de alteração de seus termos (artigo 69, inciso VII), bem como a necessidade de elaboração de uma matriz de riscos (artigo 69, inciso X).

No que concerne à matriz de riscos, a obrigação de o contrato apresentá-la, a tornar previsível a responsabilidade a ser suportada por cada parte da avença, ganhou relevância com os contratos de concessão (especialmente no caso das PPPs, cuja Lei[14] foi a primeira a exigir a presença da matriz de risco como cláusula imprescindível do contrato), nos quais a complexidade, de fato, sobretudo pelo número de variáveis que contém, é mais acentuada do que em contratos de outras naturezas.

Entretanto, parece-nos que a definição de uma matriz de risco consiste em pressuposto de todo e qualquer contrato (ainda que o tema enseje maiores discussões no plano dos contratos públicos), de modo a se saber como serão repartidos os riscos da operação entre as partes, fator que, irremediavelmente, atingirá o equilíbrio econômico-financeiro da avença firmada.

---

[14] Trata-se da Lei n. 11.079/2004, que institui normas gerais para licitação e contratação de parceria público-privada no âmbito da Administração Pública e, em seu art. 4º, inciso VI, estabelece como diretriz dos contratos a repartição objetiva de riscos entre as partes.

AUGUSTO NEVES DAL POZZO; RENAN MARCONDES FACCHINATTO

Aliás, sob a ótica do risco, todo contrato consiste, necessariamente, numa matriz de riscos, ainda que não se apresente, visualmente, como uma tabela distribuída em linhas e colunas preordenadas a identificar riscos, suas consequências e as respectivas medidas mitigadoras. Quando se atribuem, contratualmente, as obrigações, sobretudo em contratos marcados pela bilateralidade sinalagmática, está-se a atribuir os respectivos riscos pelo cumprimento ou descumprimento dessas obrigações.

A apresentação na *forma* de um documento claro e preciso, normalmente uma tabela gráfica, tem o propósito de tornar, apenas, mais didático e, talvez, menos sujeita a interpretações duvidosas a matriz de riscos. O que a Lei da PPP realmente trouxe de inovação, na verdade, foi mais do que a inclusão de uma matriz de riscos, foi a possibilidade de distribuição daqueles que, tradicionalmente, eram considerados como alocados automaticamente na figura do particular.[15]

De toda sorte, a Lei das Estatais, em seu artigo 42, inciso X, veio a disciplinar o que se deve entender por matriz de riscos:

> Art. 42. Na licitação e na contratação de obras e serviços por empresas públicas e sociedades de economia mista, serão observadas as seguintes definições: (...)
>
> X – matriz de riscos: cláusula contratual definidora de riscos e responsabilidades entre as partes e caracterizadora do equilíbrio econômico-financeiro inicial do contrato, em termos de ônus financeiro decorrente de eventos supervenientes à contratação, contendo, no mínimo, as seguintes informações:
>
> a) listagem de possíveis eventos supervenientes à assinatura do contrato, impactantes no equilíbrio econômico-financeiro da avença, e previsão de eventual necessidade de prolação de termo aditivo quando de sua ocorrência;

---

[15] Sobre o fato de a distribuição de riscos ser inerente a qualquer contrato, concordam, com a proposição apresentada acima, Maurício Portugal Ribeiro e Lucas Navarro Prado: "a distribuição de riscos é a principal função de qualquer contrato. Trata-se de antecipar e atribuir a cada uma das partes a obrigação de assumir as consequências de ocorrências futuras". RIBEIRO, Maurício Portugal; PRADO, Lucas Navarro. *Comentários à Lei de PPP – parceria público-privada*: fundamentos econômico-jurídicos. 1ª ed. São Paulo: Malheiros, 2007, p. 117.

CONTRATOS NA LEI DAS EMPRESAS ESTATAIS

b) estabelecimento preciso das frações do objeto em que haverá liberdade das contratadas para inovar em soluções metodológicas ou tecnológicas, em obrigações de resultado, em termos de modificação das soluções previamente delineadas no anteprojeto ou no projeto básico da licitação;

c) estabelecimento preciso das frações do objeto em que não haverá liberdade das contratadas para inovar em soluções metodológicas ou tecnológicas, em obrigações de meio, devendo haver obrigação de identidade entre a execução e a solução pré-definida no anteprojeto ou no projeto básico da licitação.

Portanto, todo contrato deverá, sob pena de desprestigiar o princípio da segurança jurídica e da eficiência, conter uma matriz de risco específica para alocar as responsabilidades concernentes a cada uma das partes contratantes, definindo-se, com a maior precisão possível, qual contratante apresenta condições adequadas para suportar aqueles riscos e, consequentemente, melhor desempenhar as obrigações que surgirão no curso da relação contratual.

No caso dos contratos envolvendo empresas estatais, a formatação inicial da matriz de risco ganha ainda mais relevância. Como se disse, embora sejam entidades dotadas de personalidade jurídica de direito privado que atuam no mercado em competição com particulares, as empresas estatais são integrantes do aparelho do Estado. Disso decorre que, na repartição de riscos, acabam por assumir, inevitavelmente, certas responsabilidades que o contratado não poderia contrair.

Toma-se como exemplo o risco político que envolve o contrato. Este deve ser, via de regra, assumido pela empresa estatal. Conquanto se propugne tornar essas empresas mais profissionais e menos conectadas a interesses dos governantes do momento – algo que a própria Lei Federal n. 13.303/16 se propõe a fazer – não se trata de missão fácil afastá-las completamente das ingerências políticas, afinal são os Governos (Federal, Estadual ou Municipal), via de regra, os seus controladores.

Outro aspecto nevrálgico e que pode ser considerado o divisor de águas entre uma matriz de risco eficaz e uma totalmente inócua está na adoção da cláusula ampla e geral que remete à eventual existência de apólices de seguro que possam ser contratadas a valores de mercado no momento da celebração do contrato.

É muito comum encontrar essa redação nas medidas de mitigação: "cobertura de seguros, desde que exista possibilidade de cobertura por empresas seguradoras a custos de mercado no momento da apresentação da proposta". Redações como essa são encontradas a todo tempo em minutas de contratos de concessão país afora.

Todavia, elas prestam um enorme desserviço que não pode ser tolerado, por qualquer das partes, mas, sobretudo, pelas empresas públicas e sociedades de economia mista: ou se sabe, no momento da modelagem de um contrato, quais são as coberturas securitárias, ou, então, aloca-se, de uma vez por todas, o risco em alguma delas.

A consequência disso é que um risco que não pode ser repassado a uma companhia seguradora resultará em três possíveis consequências: [i] é possível mensurar o risco e provisionar seu custo, tornando o contrato mais caro; [ii] não é possível mensurar o risco, e este é alocado na empresa pública ou sociedade de economia mista; ou [iii] não é possível mensurar o risco, e ele é alocado no particular com grandes chances de que nenhum interessado compareça disposto a corrê-lo.

De todo modo, essa escolha precisa ser feita no momento em que a matriz é desenhada, ou, melhor dizendo, no momento em que as condições e obrigações são definidas na minuta contratual, sob pena de resultar em definições vazias e inócuas que, não raro, são levadas, posteriormente, ao crivo do Poder Judiciário.

No mais, em comparação com a Lei n. 8.666/93, o Estatuto Jurídico das Empresas Estatais deixa de exigir, como cláusula obrigatória dos contratos a serem formalizados entre a entidade estatal e o contratado, as seguintes: i) o crédito pelo qual ocorrerá a despesa, com a indicação da classificação funcional programática e da categoria econômica; ii) o reconhecimento dos direitos da Administração, em caso de rescisão administrativa; iii) as condições de importação, a data e a taxa de câmbio para conversão; e iv) a legislação aplicável à execução do contrato.

CONTRATOS NA LEI DAS EMPRESAS ESTATAIS

A desnecessidade de os contratos apresentarem as cláusulas mencionadas apresenta algumas justificativas. A dispensa da cláusula segundo a qual o contrato deverá apresentar o crédito para a respectiva despesa respeita as diferenças existentes entre os controles orçamentários que incidem sobre as empresas do Estado e aqueles incidentes sobre os demais entes da Administração Pública. A dinâmica e os fluxos de créditos e despesas das empresas estatais em muito se distinguem das práticas próprias das Administrações direta, indireta, de autarquias e fundações públicas.

Deveras, é a própria Constituição que promove a diferença aludida acima, ao estabelecer que a lei orçamentária anual compreenderá, em uma parte, "o orçamento fiscal referente aos Poderes da União, seus fundos, órgãos e entidades da administração direta e indireta, inclusive fundações instituídas e mantidas pelo Poder Público"; e, em outra ponta, "o orçamento de investimento das empresas em que a União, direta ou indiretamente, detenha a maioria do capital social com direito a voto".

Importa anotar, nesse diapasão, que, embora se exija das empresas estatais, cada vez mais, o comprometimento com seus planos de investimentos, que torne mais previsíveis suas atuações, é certo que a definição exata de todas as despesas com as receitas correspondentes, na dinâmica empresarial, é muito mais complexa e está sujeita a uma série de variáveis que são incompatíveis com os rigorosos controles fiscais impostos aos demais integrantes da Administração Pública.[16] Mario Engler Pinto Júnior, ao versar sobre a relação dos orçamentos públicos e as empresas estatais, assevera:

> As receitas e despesas das autarquias e fundações governamentais integram o orçamento público, *ex vi* do artigo 165, § 5º, I, da Constituição Federal de 1988, razão pela qual sua liberdade de

---

[16] Consoante ressalta Mario Engler Pinto Júnior: "É certo que o orçamento de investimento das empresas estatais não está sujeito às mesmas restrições aplicáveis à administração direta, autárquica e fundacional, notadamente no que se refere à possibilidade de limitação de empenho por imposição do Chefe do Executivo". (*Empresa Estatal*: função econômica e dilemas societários. São Paulo: Atlas, 2013, p. 123).

contratar fica condicionada não só à existência de disponibilidade financeira, como também de dotação orçamentária suficiente.

Já a movimentação financeira das empresas estatais ocorre à margem do orçamento público, o que lhes assegura maior autonomia administrativa e financeira. A adoção da forma societária pressupõe – pelo menos do ponto de vista da lógica econômica – a autossuficiência financeira. Somente em caráter excepcional admite-se a transferência de verbas públicas, a título de subvenção econômica, para cobertura de déficit operacional. Apenas o orçamento de investimento das empresas estatais está retratado na lei orçamentária anual, conforme determina o artigo 165, § 5º, II, da Constituição Federal de 1988.[17]

A propósito das questões tratadas neste tópico, vale a mesma ressalva já proposta anteriormente: somente se pode admitir o afastamento parcial do regime jurídico de direito público em relação às obrigações diretamente relacionadas com as atividades-fim das empresas estatais. Todas as demais obrigações e funções devem ser realizadas à luz da incidência do regime jurídico de direito público.

3. GARANTIAS CONTRATUAIS

A Lei das Empresas Estatais, seguindo o que prescreveu a Lei n. 8.666/1993, também admitiu a possibilidade de o contratado apresentar garantias de execução do objeto contratual. Com efeito, do mesmo modo que ocorre nos contratos regidos pela Lei de Licitações, a presença dessas garantias é uma faculdade – e não uma imposição – da empresa estatal contratante. Trata-se, portanto, de decisão discricionária que compete às autoridades das empresas estatais à luz das particularidades de cada negócio a ser travado.

Cabe uma digressão: estar-se-ia diante de discricionariedade administrativa em sentido estrito ou se trata de uma decisão empresarial

---

[17] PINTO Jr., Mario Engler. *Empresa Estatal*: função econômica e dilemas societários. São Paulo: Atlas, 2013, p. 121.

CONTRATOS NA LEI DAS EMPRESAS ESTATAIS

devidamente motivada pela teoria da agência? Para os contratos destinados ao desempenho de *atuação direta*, o administrador da empresa estatal responsável pela contratação deverá, em nosso entendimento, calcado na teoria da agência, exigir, ou não, a prestação de garantia conforme as práticas consolidadas do mercado para aquele tipo de obrigação, informando os acionistas e demais órgãos de gestão e controle a respeito da decisão tomada.

O mesmo vale para a dispensa de garantia. Apesar de se tratar de uma decisão puramente empresarial, nesse aspecto, não se vislumbra ofensa ao regime jurídico de direito público sempre presente. Sempre tendo em vista a *atuação direta* da estatal, assim como nas companhias privadas, a decisão acerca da prestação de garantias deve ser racional e justificada, ou seja, *motivada*, como exige o regime jurídico de direito público, e sempre estará sujeita ao controle e à fiscalização dos órgãos sociais competentes.

O artigo 70 da Lei das Estatais, no entanto, diferentemente do que ocorre nas previsões da Lei n. 8.666/1993, não exige que eventuais cláusulas de garantia estejam previamente identificadas.

As espécies de garantias previstas pela Lei Federal n. 13.303/16 são, basicamente, as mesmas que determinadas pela Lei Geral de Licitações, quais sejam, caução em dinheiro, seguro-garantia e fiança bancária, devendo, o contratado, quando o contrato previr a exigência de garantia, optar por umas delas (art. 70, § 1º). Fundamentalmente, a Lei das Estatais apenas deixa de prever, em comparação com as disposições da Lei n. 8.666/1993, a possibilidade de a garantia escolhida pelo contratado advir de títulos da dívida pública.

Ademais, no mesmo sentido das previsões normativas contidas na Lei n. 8.666/1993, a Lei de Responsabilidade das Empresas Estatais limita o valor da garantia oferecida pelo contratado a, no máximo, 5% do valor do contrato, percentagem essa que pode subir até 10% do valor do contrato na hipótese de obras, serviços e fornecimentos de grande monta, os quais envolvem elevada complexidade técnica e grandes riscos financeiros.

O aumento do valor da garantia nesses casos pressupõe, como não poderia deixar de ser, justificativa razoável da contratante, à luz dos princípios reitores que dirigem a atuação administrativa do Estado, afinal as empresas estatais, apesar de suas peculiaridades, integram o aparelho estatal.

Mais uma vez, trata-se de decisão a ser feita de maneira motivada sob a ótica do administrador responsável: os regimes de direito público e de direito empresarial se aproximam no que respeita à posição do administrador com poderes de assumir obrigações como um agente responsável perante terceiros. Em um caso, o interesse público, sob escrutínio dos mecanismos constitucionais de controle interno e externo e, no outro, os mecanismos de controle previstos nas leis comerciais e no estatuto perante os acionistas da empresa.

4. PRAZOS DOS CONTRATOS DAS EMPRESAS ESTATAIS

A Lei n. 8.666/93 estima que, como regra geral, a duração dos contratos por ela disciplinados está vinculada à vigência dos respectivos créditos orçamentários.

Prestigiando as características peculiares das empresas estatais, que, como se disse, não têm suas atuações estritamente baseadas na existência de um orçamento rígido tal como o previsto para as demais entidades da Administração Pública, o Estatuto das Empresas Estatais optou por proposta diversa, conquanto tenha enfatizado, assim como faz a Lei de Licitações e Contratações, a impossibilidade de existirem contratos por prazo indeterminado (art. 71, parágrafo único). Sem embargo, adotou a posição segundo a qual os contratos envolvendo empresas estatais não podem exceder 5 anos, a partir da sua celebração.

Contudo, a lei contempla duas exceções, que justamente se identificam com a realidade presente nas entidades empresariais do Estado.

Sendo assim, não estão sujeitos ao período máximo de 5 (cinco) anos previsto no *caput* do artigo 71 os negócios jurídicos incluídos no plano de desenvolvimento e investimentos da empresa estatal contratante, bem como os contratos procedentes de aquisições rotineiras de mercado praticadas pelas empresas estatais, de sorte que a imposição de um prazo máximo de 5 (cinco) anos oneraria ou inviabilizaria a continuidade do negócio.

CONTRATOS NA LEI DAS EMPRESAS ESTATAIS

Para o primeiro caso, um exemplo pode ajudar: empresas estatais que atuem em ramos de infraestrutura ou de grande especialização, como desenvolvimento de novas tecnologias em informática ou biotecnologia, por exemplo, podem necessitar de grandes investimentos em realização de obras de grande porte para construção de suas unidades operacionais e fabris.

Contratos deste tipo, em primeiro lugar, têm natureza de escopo, e não de prestação de serviços continuados, o que já descaracterizaria, por sua essência, a limitação temporal. Em segundo lugar, obras de grande complexidade podem exigir prazos superiores a cinco anos para ser concluídas e comissionadas, o que deve ser sopesado na aplicação da Lei à luz da realidade em que ela será aplicada.

Ou seja, o rigor quanto ao prazo de duração de determinados contratos pode vulnerar a participação da empresa estatal em sede de concorrência com os demais entes atuantes em cada setor econômico, o que justifica a exceção prevista no artigo 70, inciso II, da Lei Federal n. 13.303/16.

5. RESPONSABILIDADE DO CONTRATADO

Outro ponto a se destacar da Lei das Empresas Estatais diz respeito à responsabilidade do contratado. Relata o artigo 76 que "o contratado é obrigado a reparar, corrigir, remover, reconstruir ou substituir, às suas expensas, no total ou em parte, o objeto do contrato em que se verificarem vícios, defeitos, ou incorreções resultantes da execução ou de materiais empregados, e responderá por danos causados diretamente a terceiros ou à empresa pública ou sociedade de economia mista, independentemente da comprovação de sua culpa ou dolo na execução do contrato".

De maneira inovadora, já que a Lei n. 8.666/1993 não faz essa previsão[18], a redação do dispositivo em comento, ao prescrever que o

---

[18] A Lei Federal n. 8.666/93 prevê, em seu artigo 71: "o contratado é responsável pelos danos causados diretamente à Administração ou a terceiros, decorrente de sua culpa ou dolo na execução do contrato, não excluindo ou reduzindo essa responsabilidade a fiscalização ou o acompanhamento pelo órgão interessado".

contratado que provocar danos à empresa estatal contratante ou a terceiros responderá independentemente da comprovação de sua culpa ou dolo, consagra a tese da responsabilidade objetiva[19].

De fato, a imputação de responsabilidade objetiva ao contratado na hipótese de este vir a causar dano à empresa estatal contratante ou a terceiro coloca as empresas públicas e sociedades de economia mista em posição privilegiada, qual seja, a de se verem ressarcidas do dano percebido sem a necessidade da comprovação de culpa ou dolo do contratado. Basta, portanto, haver nexo de causalidade entre a ação e o dano.

O ordenamento jurídico brasileiro, em regra, admite a responsabilização objetiva como medida a tornar os contratos materialmente menos desequilibrados, a resguardar o interesse da parte com menores poderes na relação estabelecida.[20] Com isso, questiona-se se a empresa estatal estaria, sempre, em condição mais favorecida, de modo a ver suas perdas desde logo recompostas pelo contratado que produziu o dano. Ainda nessa toada, não se nega uma certa incompatibilidade entre a previsão legal e o regime jurídico de direito privado conferido aos contratos celebrados pelas empresas estatais, que se pautam, fundamentalmente, pela igualdade de posições entre os contratantes.

Ressalta-se, contudo, que a proteção que a lei confere às empresas estatais ao dispensá-las de ter que provar o prejuízo que eventualmente sofreram, transferindo-o imediatamente ao contratado que deu azo ao dano, não significa que se está diante de cláusula exorbitante (tal como

---

[19] Carlos Roberto Gonçalves, ao discorrer sobre as diferenças entre responsabilidade subjetiva e responsabilidade objetiva, destaca: "denomina objetiva a responsabilidade que independe de culpa. Esta pode ou não existir, mas será sempre irrelevante para a configuração do dever de indenizar. Indispensável será a relação de causalidade, uma vez que, mesmo no caso de responsabilidade objetiva, não se pode responsabilizar quem não tenha dado causa ao evento". (GONÇALVES, Carlos Roberto. *Responsabilidade civil*. São Paulo: Saraiva, 2008, pp. 22/23).

[20] É o que fundamentalmente ocorre na proteção que se faz do consumidor nas relações de consumo, o qual é considerado hipossuficiente.

CONTRATOS NA LEI DAS EMPRESAS ESTATAIS

as presentes nos contratos administrativos), ainda que isto signifique desequilíbrio da relação contratual erigida.

Neste aspecto, resta saber que valor os particulares acrescerão ao preço dos contratos para se arriscarem a travar relações jurídicas nas quais recairá sobre eles, independentemente da comprovação de culpa, a responsabilidade por eventuais danos ocasionados por suas ações. Novamente, talvez esse valor seja de tal monta que prejudique ou inviabilize a celebração de certas avenças envolvendo as estatais.

6. SUBCONTRATAÇÃO

Tal como prevê a Lei Federal n. 8.666/93[21], o Estatuto das Empresas Estatais reconhece a possibilidade de o contratado subcontratar partes da obra até o limite admitido, em cada caso, pela empresa estatal contratante, conforme haja previsão editalícia (artigo 78).

A Lei Federal n. 13.303/16, contudo, é mais rigorosa quanto às condições de subcontratação, tendo em mira, sobretudo, o combate a fraudes nos processos licitatórios. Enquanto a Lei Geral de Licitações e Contratos apenas assevera, genericamente, a possibilidade de subcontratação, a Lei das Empresas Estatais reclama que a empresa subcontratada deverá atender, em relação ao objeto da subcontratação, às exigências de qualificação técnica impostas ao vencedor do certame licitatório (art. 78, § 1º).

É vedada, ainda, a subcontratação de empresa ou consórcio que tenha participado do procedimento licitatório do qual decorreu a contratação ou da elaboração do projeto básico ou executivo (art. 78, §2º).

Por fim, exige-se das empresas de prestação de serviços técnicos especializados a garantia de que os integrantes de seu corpo técnico executem pessoal e diretamente as obrigações a eles imputadas, quando

---

[21] Art. 72. O contratado, na execução do contrato, sem prejuízo das responsabilidades contratuais e legais, poderá subcontratar partes da obra, serviço ou fornecimento, até o limite admitido, em cada caso, pela Administração.

AUGUSTO NEVES DAL POZZO; RENAN MARCONDES FACCHINATTO

a respectiva relação for apresentada em procedimento licitatório ou em contratação direta (art. 78, § 3º).

REFERÊNCIAS BIBLIOGRÁFICAS

ALMEIDA, Fernando Dias Menezes de. "A distinção entre 'público' e 'privado' aplicada aos contratos celebrados pela administração". *In:* DI PIETRO, Maria Sylvia Zanella (coord.). *Direito Privado Administrativo.* São Paulo: Atlas, 2013, pp. 236-246.

ARAGÃO, Alexandre Santos de. *Empresas Estatais*: o regime jurídico das empresas públicas e sociedades de economia mista. 1ª ed. Rio de Janeiro: Forense, 2017.

BANDEIRA DE MELLO, Celso Antônio. *Curso de Direito Administrativo.* 33ª ed. São Paulo: Malheiros, 2016.

CAVALCANTI, Themístocles Brandão. *Curso de direito administrativo.* 6ª ed. Rio de Janeiro: Freitas Bastos, 1961.

CRETELLA Jr., José. *Tratado de Direito Administrativo.* 2ª ed. vol. 1: teoria do direito administrativo. Rio de Janeiro: Forense, 2002.

DI PIETRO, Maria Sylvia Zanella. *Direito administrativo.* 29ª ed. São Paulo: Forense, 2016.

_____. "Introdução: do Direito Privado na Administração Pública". *In:* DI PIETRO, Maria Sylvia Zanella (coord.). *Direito Privado Administrativo.* São Paulo: Atlas, 2013, pp. 1-20.

EIRAS, Guilherme A. Vezero. "As regras aplicáveis aos contratos celebrados no âmbito do Estatuto das Empresas Estatais (Lei 13.303/2016)". *In:* JUSTEN FILHO, Marçal (coord.). *Estatuto Jurídico das Empresas Estatais.* São Paulo: Revista dos Tribunais, 2016, pp. 479-501.

GONÇALVES, Carlos Roberto. *Responsabilidade civil.* São Paulo: Saraiva, 2008.

JUSTEN FILHO, Marçal. *Comentários à Lei de Licitações.* 17ª ed. São Paulo: Revista dos Tribunais, 2016.

CONTRATOS NA LEI DAS EMPRESAS ESTATAIS

_____. "O regime jurídico das empresas estatais e a distinção entre 'serviço público' e 'atividade econômica'". *Revista de Direito do Estado* – RDE, Rio de Janeiro, n. 1, pp. 119-135, jan./mar. 2006.

MARQUES NETO, Floriano de Azevedo. *Regulação estatal e interesses públicos*. São Paulo: Malheiros, 2002.

MARTINS, Ricardo Marcondes. *Regulação Administrativa à Luz da Constituição Federal*. 1ª ed. São Paulo: Malheiros, 2011.

MUKAI, Toshio. *O Direito administrativo e os regimes jurídicos das empresas estatais*. 2ª ed. Belo Horizonte: Fórum, 2004.

NERY, Ana Rita de Figueiredo. "Consensualismo e interpretação dos contratos administrativos". *In:* DI PIETRO, Maria Sylvia Zanella (coord.). *Direito Privado Administrativo*. São Paulo: Atlas, 2013, pp. 84-100.

PINTO JÚNIOR, Mario Engler. *Empresa Estatal*: função econômica e dilemas societários. São Paulo: Atlas, 2013.

RIBEIRO, Maurício Portugal; PRADO, Lucas Navarro. *Comentários à Lei de PPP – parceria público-privada*: fundamentos econômico-jurídicos. 1ª ed. São Paulo: Malheiros, 2007.

SUNDFELD, Carlos Ari; SOUZA, Rodrigo Pagani. "Licitação nas estatais: levando a natureza empresarial a sério". *In:* SUNDFELD, Carlos Ari (coord.). *Contratações públicas e seu controle*. São Paulo: Malheiros: 2013, pp. 79-101.

Informação bibliográfica deste texto, conforme a NBR 6023:2002 da Associação Brasileira de Normas Técnicas (ABNT):

DAL POZZO, Augusto Neves; FACCHINATTO, Renan Marcondes. "Contratos na Lei das Empresas Estatais". *In*: DAL POZZO, Augusto; MARTINS, Ricardo Marcondes (Coord.). *Estatuto jurídico das empresas estatais*. São Paulo: Editora Contracorrente, 2018, pp. 243-269. ISBN. 978.85-69220.39-8.

INFRAÇÕES E SANÇÕES ADMINISTRATIVAS NA LEI N. 13.303/16

FRANCISCO ZARDO

Sumário: 1. Contextualização. 2. A incidência do regime jurídico de direito administrativo sancionador. 2.1 A unidade do *ius puniendi* estatal. 2.2 Decorrências práticas da incidência do regime de direito administrativo sancionador. 2.2.1 Rejeição à teoria das relações de especial sujeição. 2.2.2 A exigência de tipicidade, antijuridicidade e culpabilidade (ou reprovabilidade). 3. Os tipos infracionais na Lei n. 13.303/2016. 3.1 Atraso injustificado na execução do contrato. 3.2 Inexecução total ou parcial. 3.3 Fraude fiscal. 3.4 Prática de atos ilícitos visando a frustrar os objetivos da licitação. 3.5 Demonstrar não possuir idoneidade para contratar com a estatal. 4. As sanções administrativas previstas na Lei n. 13.303/2016. 4.1 Advertência. 4.2 As multas. 4.3 Suspensão temporária do direito de licitar e contratar com a entidade sancionadora. 4.4 A retroatividade da lei penal mais benéfica e a extinção da declaração de inidoneidade. 5. O rito processual. 6. O prazo prescricional. 7. O acordo de leniência. 8. A detração penal em caso de suspensão cautelar. Conclusão. Referências bibliográficas.

FRANCISCO ZARDO

1. CONTEXTUALIZAÇÃO

Embora objeto de críticas procedentes[1], o regime jurídico dos contratos administrativos confere à Administração Pública prerrogativas em relação aos licitantes e contratados, entre elas a de aplicar sanções pela inexecução contratual e pela prática de ilícitos. Nos contratos regidos pela Lei n. 8.666/93, as sanções consistem em advertência, multa, suspensão temporária e declaração de inidoneidade para licitar ou contratar com a Administração Pública (art. 87).

As consequências da aplicação destas penalidades, sobretudo das duas últimas, são extremamente graves. Podem inviabilizar a continuidade de empresas especializadas em fornecer bens e serviços ao Estado, o que, em certas situações, resultará em redução da competitividade e elevação dos preços, em prejuízo da própria Administração. Não obstante, na Lei n. 8.666/93 apenas três artigos são dedicados à disciplina das sanções, revelando um laconismo incompatível com a importância do tema.

Nas leis do pregão (Lei n. 10.520/2002) e do regime diferenciado de contratações (RDC – Lei n. 12.462/2011), embora mais recentes, o vício se repetiu, o que, talvez, possa ser atribuído à ineficácia dos seus comandos, quer porque grandes empresas não eram atingidas, quer porque impedimentos de licitar e contratar eram contornados mediante a constituição de novas empresas.[2]

Assim como o legislador, a doutrina também não dedicou a devida atenção ao assunto[3], o que se refletiu também na jurisprudência.

---

[1] Sobre as críticas às prerrogativas da Administração Pública nos contratos administrativos, veja, por todos: ALMEIDA, Fernando Dias Menezes de. *Contrato administrativo*. São Paulo: Quartier Latin, 2012.

[2] No mesmo sentido, confira-se: SUNDFELD, Carlos Ari; CÂMARA, Jacintho Arruda. A proibição de contratar com o poder público e seus efeitos sobre os grupos empresariais. *In:* SUNDFELD, Carlos Ari; JURKSAITIS, Guilherme Jardim. *Contratos públicos e Direito Administrativo*. São Paulo: Malheiros, 2015, p. 189.

[3] Como asseverou Marçal Justen Filho em artigo publicado no ano 2002, "o tema das sanções no âmbito da Lei n. 8.666/93 não propiciou debates mais aprofundados na doutrina. (...). Os autores mais abalizados costumam passar sobre a matéria num voo

INFRAÇÕES E SANÇÕES ADMINISTRATIVAS NA LEI N. 13.303/16

Evidencia disso é o dissenso ainda hoje existente, passadas mais de duas décadas, quanto à extensão da pena de suspensão do direito de licitar e contratar prevista no art. 87, II, da Lei n. 8.666/93.

Somente nos últimos anos, com a aplicação destas sanções em maior escala[4], o legislador parece ter atentado para o assunto. Em 2013, a Lei n. 12.846, a chamada Lei Anticorrupção, previu no art. 17 que os acordos de leniência por ela instituídos poderiam ser celebrados pela Administração Pública com vista à isenção ou atenuação das sanções administrativas estabelecidas na Lei n. 8.666/93.

Em 2015, o Decreto n. 8.420 regulamentou a Lei n. 12.846/2013, disciplinando minuciosamente o rito do Processo Administrativo de Responsabilização (PAR) das pessoas jurídicas pela prática de atos lesivos à Administração Pública. E o art. 12 deste decreto dispôs que as infrações administrativas previstas na Lei n. 8.666/93 que também sejam tipificadas como atos lesivos na Lei n. 12.846/2013 serão apuradas pelo rito nele previsto. Até então, a legislação só previa o prazo de defesa (Lei n. 8.666/93, art. 87, §2º) e apenas uma das sanções tinha delimitada a autoridade competente para sua aplicação (Lei n. 8.666/93, art. 87, §3º). Isso se a licitação e o contrato estivessem relacionados ao Poder Executivo.

Como se não bastasse, também em 2015, a Controladoria-Geral da União editou a Portaria n. 910, detalhando o Processo Administrativo

---

de pássaro" ("Concessões de serviços públicos e as multas por inadimplemento do concessionário". *Informativo de Licitações e Contratos* (ILC), Curitiba, Zênite, n. 100, jun. 2002, pp. 492-509). No seu *Curso de Direito Administrativo*, o autor reiterou semelhante consideração: "No entanto, o tema até o presente não mereceu maior atenção da doutrina e da jurisprudência" (JUSTEN FILHO, Marçal. *Curso de Direito Administrativo*. 3ª ed. São Paulo: Saraiva, 2008, p. 452). A exceção é a precursora obra de: DIAS, Eduardo Rocha. *Sanções Administrativas aplicáveis a licitantes e contratados*. São Paulo: Dialética, 1997.

[4] Segundo informações publicadas pela Controladoria-Geral da União em dezembro de 2016, apenas naquele ano foram incluídas 7 mil penalidades no Cadastro Nacional de Empresas Suspensas e Inidôneas (CEIS), um acréscimo de 27,3% em relação à média anual. Atualmente, o cadastro consolida 13 mil penalidades vigentes, aplicadas a mais de 4 mil pessoas físicas e 5 mil pessoas jurídicas distintas. Disponível em http:// www.cgu.gov.br/noticias/2016/12/cadastro-de-empresas-inidoneas-e-suspensas-registra-
-sete-mil-novas-penalidades-em-2016. Acesso em 28.01.2017.

de Responsabilização (PAR) criado pelo Decreto 8.420/2015, bem como a Instrução Normativa n. 2, que regula o registro de informações no Cadastro Nacional das Empresas Inidôneas e Suspensas (CEIS), demonstrando uma preocupação até então inédita com o tema.

Dentro deste contexto, em 2016, foi publicada a Lei n. 13.303, conhecida como a Lei das Estatais, em tardia obediência ao disposto no art. 173, §1º, III, da Constituição Federal, com redação dada pela Emenda 19/98. Dos 97 artigos da lei, a maior parte é dedicada à disciplina das licitações e dos contratos (arts. 28 a 84). No que concerne às sanções administrativas, o legislador manteve a concisão das leis precedentes.

Ainda assim, notam-se importantes avanços, sobre os quais se falará adiante. Dois deles merecem destaque desde logo, por conferirem ao regime sancionador maior previsibilidade e segurança jurídica. O primeiro avanço é a estipulação de que são cláusulas necessárias nos contratos "as tipificações das infrações e as respectivas penalidades e valores das multas" (art. 69, VI). O segundo é a explicitação de que pena de suspensão temporária do direito de licitar e contratar restringe-se à "entidade sancionadora" (art. 83, III).

2. A INCIDÊNCIA DO REGIME JURÍDICO DE DIREITO ADMINISTRATIVO SANCIONADOR

Antes de ingressarmos propriamente no exame das sanções administrativas previstas no art. 82 a 84 da Lei n. 13.303/2016 é necessário divisar o regime jurídico que balizará a interpretação e a aplicação destes dispositivos.

O Direito Administrativo de hoje possui, na feliz síntese de Diogo Freitas do Amaral, a *dupla função* de "organizar a *autoridade* do poder e defender a *liberdade* dos cidadãos".[5] Um de seus ramos é o Direito Administrativo sancionador, dedicado ao estudo dos princípios

---

[5] AMARAL, Diogo Freitas do. *Curso de Direito Administrativo*. 3ª ed. vol. I. Coimbra: Almedina, 2010, p. 157.

INFRAÇÕES E SANÇÕES ADMINISTRATIVAS NA LEI N. 13.303/16

e regras incidentes sobre a infração, a sanção administrativa e o respectivo processo apuratório.

Tais princípios e regras emanam diretamente da Constituição Federal – em especial do art. 5º, dedicado aos direitos e deveres individuais e coletivos – e se espraiam por toda a legislação. O inciso II preceitua que ninguém será obrigado a fazer ou deixar de fazer alguma coisa senão em virtude de lei, consagrando o princípio da legalidade. O inciso XXXIX dispõe que não há crime sem lei anterior que o defina, nem pena sem previsão legal. O inciso XL prevê que a lei penal não retroagirá, salvo para beneficiar o réu, definindo o princípio da irretroatividade. O inciso XLV estabelece a pessoalidade da sanção ao determinar que nenhuma pena passará da pessoa do condenado. O inciso XLVI exige que a pena seja individualizada. O inciso LIII consagra o princípio do juiz natural dispondo que ninguém será processado nem sentenciado senão pela autoridade competente. Os incisos LIV e LV versam sobre o devido processo legal, o contraditório e a ampla defesa. E o inciso LVII diz que ninguém será considerado culpado até o trânsito em julgado da sentença penal condenatória, de onde deflui o princípio da presunção de inocência.

2.1 A unidade do *ius puniendi* estatal

Como observa Rafael Munhoz de Mello, muitos desses dispositivos "fazem referência a expressões próprias do direito penal ('crime', 'pena', 'lei penal') – o que não significa que os princípios jurídicos neles veiculados não se apliquem também no campo do direito administrativo sancionador".[6] Para Carlos Ari Sundfeld, a utilização dessas expressões "denota sua inspiração na teoria do direito penal"[7], o que se explica pelo fato do direito penal consubstanciar-se em área do conhecimento jurídico

---

[6] MELLO, Rafael Munhoz de. *Princípios constitucionais de direito administrativo sancionador:* as sanções administrativas à luz da Constituição Federal de 1988. São Paulo: Malheiros, 2007, p. 104.

[7] SUNDFELD, Carlos Ari. *Direito Administrativo Ordenador*. São Paulo: Malheiros, 2003, p. 80.

FRANCISCO ZARDO

muito mais antiga e evoluída do que o direito administrativo sancionador.[8] Nesse sentido, a jurisprudência do Superior Tribunal de Justiça tem afirmado que:

> 1. As sanções disciplinares não se aplicam de forma discricionária nem automática, senão vinculadas às normas e sobretudo aos princípios que regem e norteiam a atividade punitiva no âmbito do Direito Administrativo Disciplinar ou Sancionador; (...).
>
> 2. No exercício da atividade punitiva, a Administração pratica atos materialmente jurisdicionais, por isso que se submete à observância obrigatória de todas as garantias subjetivas consagradas no Processo Penal contemporâneo, onde não encontram abrigo as posturas autoritárias, arbitrárias ou desvinculadas dos valores da cultura.[9]

Ocorre que, embora tais garantias tenham sido plasmadas no campo do direito penal, elas não lhe são exclusivas. Como ensina Alejandro Nieto, "a potestade administrativa sancionadora, assim como a potestade penal dos juízes e tribunais, forma parte de um genérico 'ius puniendi' do Estado, que é único ainda que logo se subdivida nestas duas manifestações".[10] Portanto, os princípios e regras ditos de direito penal e processual penal e que incidem sobre o direito administrativo sancionador são, a rigor, normas comuns ao direito punitivo do Estado, que se manifesta sob essas duas formas.[11]

Isso não significa que os princípios e regras de direito punitivo atuem de modo idêntico nas searas penal e administrativa. Alicerçados

---

[8] NIETO, Alejandro. *Derecho Administrativo Sancionador.* 4ª ed. Madrid: Tecnos, 2005, p. 86. Tradução nossa.

[9] STJ, 1. Seção, MS 21.645/DF, rel. Min. Napoleão Nunes Maia Filho, DJ. 30.09.2015.

[10] *Derecho Administrativo Sancionador.* 4ª ed. Madrid: Tecnos, 2005, p. 85. Tradução nossa.

[11] ZARDO, Francisco. "A Aplicação dos Princípios de Direito Penal ao Direito Administrativo Sancionador". *In:* BUSATO, Paulo César; SÁ, Priscilla Placha; SCANDELARI, Gustavo Britta. *Perspectivas das Ciências Criminais*: Coletânea em homenagem aos 55 anos de atuação profissional do Prof. Dr. René Ariel Dotti. Rio de Janeiro: GZ, 2016, pp. 109 e 123.

INFRAÇÕES E SANÇÕES ADMINISTRATIVAS NA LEI N. 13.303/16

na jurisprudência do Tribunal Constitucional espanhol, Eduardo García de Enterría e Tomás-Ramón Fernández pontificam que os princípios gerais construídos pelo direito penal, e hoje incorporados ao direito punitivo, aplicam-se ao direito administrativo sancionador "com matizes".[12] Por isso é que, por exemplo, o princípio da legalidade não possui o mesmo alcance nos dois âmbitos. O problema que se coloca, é a definição concreta desses matizes, cuja existência não compromete a unidade do *ius puniendi* estatal.

Com efeito, assim como não se deve asfixiar a realização da atividade sancionadora do Estado conferindo ênfase excessiva às garantias, não se pode igualmente amesquinhar tais garantias em prol de outros valores supostamente mais elevados.

2.2 Decorrências práticas da incidência do regime de direito administrativo sancionador

Em obra específica[13], tivemos a oportunidade de expor, fundamentadamente, as decorrências práticas da incidência do regime de direito administrativo sancionador. Por brevidade, no presente texto será apresentada apenas uma síntese das conclusões.

2.2.1 Rejeição à teoria das relações de especial sujeição

A primeira delas é a rejeição à teoria das relações de especial sujeição. Segundo esta teoria, aqueles que estabelecem vínculos mais próximos com o Estado (servidores públicos, estudantes de universidades públicas, presidiários), sujeitar-se-iam a restrições de direitos não previstas

---

[12] *Curso de Derecho Administrativo*. 9ª ed. vol. 2. Madrid: Civitas, 2004, p. 168. Tradução nossa.

[13] Considerando que diversos dispositivos da Lei n. 13.303/16 são idênticos aos da Lei n. 8.666/93, no presente texto adota-se, com as necessárias adaptações, muitas das ideias já expostas pelo autor na obra *Infrações e sanções em licitações e contratos administrativos*: com as alterações da Lei Anticorrupção (Lei n. 12.846/2013), publicada pela Revista dos Tribunais em 2014.

FRANCISCO ZARDO

em lei, diversamente do que se dá nas relações gerais travadas entre a administração pública e os cidadãos, regidas pelo princípio da legalidade (CF, art. 5º, II).

A celebração de um contrato administrativo não submete o profissional ou a pessoa jurídica a uma relação especial de poder.[14] Esta afirmação aplica-se com maior razão aos contratos administrativos firmados com as empresas estatais, as quais devem se sujeitar ao regime jurídico próprio das empresas privadas (CF, art. 173, II).[15] Mas ainda que houvesse dita relação, não se justificaria o amesquinhamento de garantias fundamentais. Afinal, como assevera Marçal Justen Filho, "não se localiza na Constituição indicativo que permita afirmar que alguns indivíduos, por se encontrarem em situação de relação peculiar e diferencial, deixariam de ser albergados pela proteção constitucional genérica do princípio da legalidade".[16]

No tocante às infrações e sanções relativas a contratos administrativos, parece-nos acertada a posição de Fabrício Motta, para quem "a virtual celeuma, enfim, é resolvida com uma visão mais flexível do princípio da legalidade".[17] Com efeito, reconhece-se que "é impossível fazer por uma lei uma enumeração expressa e direta das condutas infratoras".[18] Assim, tanto nas relações gerais quanto nas ditas relações especiais é admissível a colaboração do regulamento (ou do contrato), cujo "conteúdo está subordinado à lei".[19] Trata-se da denominada reserva

---

[14] Nesse sentido: SILVA, Clarissa Sampaio. *Direitos fundamentais e relações especiais de sujeição*: o caso dos Agentes Públicos. Belo Horizonte: Fórum, 2009, p. 153. Em sentido diverso: DIAS, Eduardo Rocha *Sanções administrativas aplicáveis a licitantes e contratados*. São Paulo: Dialética, 1997, p. 62.

[15] PEREIRA, César A. Guimarães. "Sanções Administrativas na Lei das Empresas Estatais". *In:* JUSTEN FILHO, Marçal (coord.). *Estatuto Jurídico das Empresas Estatais*. São Paulo: Revista dos Tribunais, 2016, p. 528.

[16] *Curso de Direito Administrativo*. 8ª ed. Belo Horizonte: Fórum, 2012, p. 223.

[17] *A Função Normativa da Administração Pública*. Belo Horizonte: Fórum, 2007, p. 224.

[18] NIETO, Alejandro. *Derecho Administrativo Sancionador*. 4ª ed. Madrid: Tecnos, 2005, p. 294. Tradução nossa.

[19] *Derecho Administrativo Sancionador*. 4ª ed. Madrid: Tecnos, 2005, p. 293. Tradução nossa.

INFRAÇÕES E SANÇÕES ADMINISTRATIVAS NA LEI N. 13.303/16

relativa de lei[20], em oposição à reserva *absoluta* de lei, presente nas hipóteses em que a Constituição exige que toda a matéria esteja exaustivamente disciplinada no texto legal.[21]

À lei formal caberá a criação da sanção administrativa (reserva *absoluta* de lei), a exemplo do que fez a Lei n. 13.303/2016 nos artigos 82 e 84.[22] Caberá ao edital e ao contrato detalharem a conduta proibida, relacionando-a a uma sanção específica,[23] conforme determina o art. 69, VI, da Lei n. 13.303/2016, segundo os *standards* presentes na legislação (reserva *relativa* de lei). Com essa técnica, atende-se o princípio da reserva legal, sob o prisma da legalidade material.[24]

---

[20] Nesse sentido: "Estão revestidas de legalidade as normas expedidas pelo CONMETRO e INMETRO, e suas respectivas infrações, com o objetivo de regulamentar a qualidade industrial e a conformidade de produtos colocados no mercado de consumo, seja porque estão esses órgãos dotados da competência legal atribuída pelas Leis n. 5.966/1973 e 9.933/1999, seja porque seus atos tratam de interesse público e agregam proteção aos consumidores finais" (STJ, 1ª. Seção, REsp n. 1.102.578/MG, rel. Min. Eliana Calmon, DJ. 29.10.2009). Segundo a relatora, "seria contraproducente exigir lei formal para discriminar todos os pormenores técnicos exigidos na busca do aprimoramento e da fiscalização da qualidade dos produtos e serviços colocados no mercado, quando a lei já prevê a obediência aos atos normativos, bem como delimita as sanções possíveis".

[21] BINENBOJM, Gustavo. *Uma teoria do Direito Administrativo*: direitos fundamentais, democracia e constitucionalização. 2ª ed. Rio de Janeiro: Renovar, 2008, pp. 149/150.

[22] MELLO, Rafael Munhoz de. *Princípios constitucionais de Direito Administrativo Sancionador*: as sanções administrativas à luz da Constituição Federal de 1988. São Paulo: Malheiros, 2007, p. 166.

[23] Nesse sentido: "Estão revestidas de legalidade as normas expedidas pelo CONMETRO e INMETRO, e suas respectivas infrações, com o objetivo de regulamentar a qualidade industrial e a conformidade de produtos colocados no mercado de consumo, seja porque estão esses órgãos dotados da competência legal atribuída pelas Leis n. 5.966/1973 e 9.933/1999, seja porque seus atos tratam de interesse público e agregam proteção aos consumidores finais" (STJ, 1ª. Seção, REsp n. 1.102.578/MG, rel. Min. Eliana Calmon, DJ. 29.10.2009). Segundo a relatora, "seria contraproducente exigir lei formal para discriminar todos os pormenores técnicos exigidos na busca do aprimoramento e da fiscalização da qualidade dos produtos e serviços colocados no mercado, quando a lei já prevê a obediência aos atos normativos, bem como delimita as sanções possíveis".

[24] CORREIA, José Manuel Sérvulo. *Legalidade e autonomia contratual nos contratos administrativos*. Coimbra: Almedina, 2003, pp. 626/627.

FRANCISCO ZARDO

O que não se admite é que, com base em pretensos poderes ínsitos a uma relação de especial sujeição, sanções não previstas em lei formal sejam aplicadas pelo suposto cometimento de infrações não especificadas na lei ou no contrato.

2.2.2 A exigência de tipicidade, antijuridicidade e culpabilidade (ou reprovabilidade)

O pressuposto da sanção administrativa é a configuração de uma infração administrativa, conceituada por Daniel Ferreira como "o comportamento, típico, antijurídico e reprovável que enseja a aplicação, no exercício de função administrativa, de uma sanção de mesma ordem".[25]

Assim, o primeiro requisito para a apuração da infração administrativa é a identificação de um comportamento imputável, isto é, da conduta dirigida a um fim, praticada pela pessoa física ou jurídica contratada. Tal identificação é importante, por exemplo, em contratos administrativos celebrados com empresas consorciadas. Embora o art. 33, V, da Lei n. 8.666/93 preveja a responsabilidade solidária pelos atos relacionados à execução do contrato, os princípios da culpabilidade e da pessoalidade da pena impedem que a empresa responsável pelo ilícito e sua consorciada recebam sanções idênticas, como, aliás, indica o art. 2, §2º, *in fine*, da Lei n. 12.846/2013.[26] Daí a necessidade da identificação precisa do comportamento punível.

Já o princípio da tipicidade exige que o comportamento considerado ilícito e a sanção correspondente estejam descritos com clareza na lei ou no contrato. A principal função do tipo é conferir ao contratado a possibilidade de escolher entre o certo e o errado, bem

---

[25] FERREIRA, Daniel. *Teoria geral da infração administrativa a partir da Constituição Federal de 1988*. Belo Horizonte: Fórum, 2009, p. 231.

[26] "§2º As sociedades controladoras, controladas, coligadas ou, no âmbito do respectivo contrato, as consorciadas serão solidariamente responsáveis pela prática dos atos previstos nesta Lei, *restringindo-se tal responsabilidade à obrigação de pagamento de multa e reparação integral do dano causado*".

INFRAÇÕES E SANÇÕES ADMINISTRATIVAS NA LEI N. 13.303/16

como informá-lo sobre as consequências de suas opções. Assim, somente poderão ser consideradas infrações aqueles comportamentos *anteriormente* previstos na norma como tais (CF, art. 5º, XXXIX). Trata-se da exigência de *lex previa*.

Outra decorrência do princípio da tipicidade é a obrigação de *definir* de forma satisfatória a conduta infracional e de relacioná-la com a sanção cabível. Trata-se da exigência de *lex certa*, a qual não é observada integralmente pela Lei n. 13.303/2016 que, tal como a Lei n. 8.666/93, tipifica as infrações e as sanções correspondentes de modo excessivamente genérico, como se verá adiante.

Não obstante, corrigindo um equívoco de sua predecessora, a Lei n. 13.303/2016 impõe como cláusulas necessárias nos contratos "as tipificações das infrações e as respectivas penalidades e valores das multas" (art. 69, VI), constantes nos arts. 82 e 83. Com isso, confere-se previsibilidade à atuação da administração. E, ademais, cumpre-se o princípio da reserva *relativa* de lei, pois embora a tipificação da infração não decorra de lei formal, estará prevista em ato normativo inferior devidamente habilitado pela norma legal.

Verificada a tipicidade de determinado comportamento, o passo seguinte é avaliar sua contrariedade com o ordenamento jurídico como um todo. Isso porque se tal comportamento for, por exemplo, autorizado pelo Direito Civil, pode ser que não se configure a infração administrativa, a despeito da tipicidade da conduta. Como salienta Manuel Gómez Tomillo, "um comportamento é ou não é conforme o Direito, *tertium non datur*; o juízo de antijuridicidade se trata precisamente de esclarecer esse dado".[27]

---

[27] *Derecho Administrativo Sancionador*. Parte General. Teoria General y Práctica Del Derecho Penal Administrativo. 2ª ed. Navarra: Arazandi/Thomson Reuters, 2010, p. 445. Tradução nossa. Como já decidiu o Supremo Tribunal Federal: "A fonte do princípio da proteção da confiança está, aí, na boa-fé do particular, como norma de conduta, e, em consequência, na *ratio iuris* da coibição do *venire contra factum proprium*, tudo o que implica vinculação jurídica da Administração Pública às suas próprias práticas, ainda quando ilegais na origem. O Estado de Direito é sobremodo Estado de confiança". (STF, Pleno, ACO n. 79/MT, rel. Min. Cezar Peluso, DJe. 25.05.2012).

FRANCISCO ZARDO

Em regra, as ações típicas são antijurídicas. Daí dizer-se que a tipicidade é indiciária da antijuridicidade, o que, todavia, pode não se confirmar caso incida no caso concreto alguma das denominadas causas de exclusão da antijuridicidade, a saber: a legítima defesa, o estado de necessidade, o exercício regular de um direito, o estrito cumprimento do dever legal e o consentimento do ofendido.

Para Alejandro Nieto, a categoria que mais se aproxima conceitualmente do consentimento do ofendido no Direito Administrativo é a confiança legítima. O exemplo mencionado é o de uma região em que é proibido estacionar, mas que tradicionalmente a Prefeitura tolera o estacionamento nos dias festivos, "até que um dia impõe subitamente um cumprimento rigoroso".[28] Nesse caso, Nieto invoca "a confiança legítima em uma determinada conduta tolerante da Administração, que pode exonerar a responsabilidade enquanto causa de justificação da ação antijurídica".[29] Justificação que decorre não tanto do consentimento do ofendido, pois este, na situação concreta, impôs o cumprimento da norma, mas, sim, de sua contraditória postura anterior, em que tolerava ofensas ao bem jurídico só agora rígida e abruptamente protegido.

Outra situação em que a confiança legítima pode ser invocada como excludente de antijuridicidade é aquela em que determinada empresa vence uma licitação para pavimentação de determinadas ruas. No curso do contrato, a Administração, sem alterar o contrato, determina que outras ruas, em pior estado, sejam pavimentadas. Executadas, recebidas e pagas as obras, a gestão seguinte instaura processo administrativo visando sancionar a contratada por inexecução contratual. Ainda que, objetivamente, as cláusulas contratuais tenham sido inobservadas, a conduta da empreiteira está amparada no princípio da confiança, que afasta a antijuridicidade da conduta e, consequentemente, a configuração da infração.[30]

---

[28] NIETO, Alejandro. *Derecho Administrativo Sancionador*. 4ª ed. Madrid: Tecnos, 2005, p. 368. Tradução nossa.

[29] *Derecho Administrativo Sancionador*. 4ª ed. Madrid: Tecnos, 2005, pp. 368/369. Tradução nossa.

[30] *Derecho Administrativo Sancionador*. 4ª ed. Madrid: Tecnos, 2005, pp. 368/369. Tradução nossa.

INFRAÇÕES E SANÇÕES ADMINISTRATIVAS NA LEI N. 13.303/16

A culpabilidade é último dos elementos necessários para a configuração de uma infração administrativa. Uma ação típica e antijurídica é a ação em desconformidade com o ordenamento jurídico. Todavia, para que ela se consubstancie em uma infração administrativa é necessário que seja também culpável.

De acordo com Gustavo Binenbojm:

> o princípio da culpabilidade é um dos pilares do regime jurídico aplicável ao Direito Administrativo sancionador. Segundo esse princípio, a aplicação da sanção administrativa – i.e., de um 'castigo' ou situação detrimentosa ao particular – depende da constatação de culpa em sentido lato. Ou seja, exige-se a prévia aferição de dolo (intenção de praticar ou assunção do risco do resultado) ou culpa em sentido estrito (negligência, imprudência ou imperícia) na conduta do administrado. Em outras palavras: exige-se a constatação de uma ação reprovável do ponto de vista subjetivo.[31]

O Supremo Tribunal Federal sufragou esta orientação e anulou penalidade de impedimento de licitar e contratar, assentando que "ausentes o prejuízo para a Administração Pública e a demonstração de dolo ou má-fé por parte da licitante, não há subsunção do fato ao art. 7º da Lei n. 10.520/02".[32]

Questão interessante é a verificação da presença do dolo ou da culpa quando a conduta é imputada a uma pessoa jurídica, que, como é elementar, não possui aparelho psíquico e, consequentemente, não possui vontade e consciência próprias, mas apenas das pessoas físicas que a representam.

Entendemos que, em regra, o dolo ou a culpa das pessoas físicas que atuam em nome da empresa configurará o dolo ou a culpa das pessoas

---

[31] "O Direito Administrativo Sancionador e o estatuto constitucional do poder punitivo estatal". *Revista de Direito Administrativo Contemporâneo*, vol. 11, p. 14, Ago/2014.

[32] STF, 1ª Turma, RMS 31972/DF, rel. Min Dias Toffoli, DJ. 12.02.2014.

jurídicas. Porém, nem sempre, ante a possível falta de poderes de representação ou de excesso de mandato. Por outro lado, mesmo não havendo poderes de representação, é possível que a infração desencadeada por alguma das pessoas físicas que integram a empresa configure a culpabilidade desta se ficar comprovada a existência de um defeito de organização, consistente na fragilidade dos sistemas de controle internos.

José Roberto Pimenta Oliveira afirma que é obrigatório o "reconhecimento da *inidoneidade da sanção administrativa* quando presentes as *causas de exclusão da culpabilidade* (designadas dirimentes)".[33] São causas excludentes de culpabilidade a inexigibilidade de conduta diversa, o erro (de tipo e de proibição, o caso fortuito e a força maior.

Exemplo clássico de evento de força maior impeditivo da execução de um contrato administrativo é a greve. Egon Bockmann Moreira e Andrea Cristina Bagatin destacam que o "determinante para se estar diante de um caso de força maior não é a simples existência de greve, mas a demonstração de tal greve era inevitável e impediu, de modo inconteste, a execução contratual".[34] Caso isso se confirme, restará inviabilizada a aplicação de sanção administrativa com fundamento nos arts. 82 ou 83 da Lei n. 13.303/2016 em virtude de eventual atraso ou inexecução contratual.

3. OS TIPOS INFRACIONAIS NA LEI N. 13.303/2016

Como exposto acima, desde que autorizado pela lei, é admissível que o regulamento, o edital ou o contrato especifiquem as infrações (reserva *relativa* de lei) e as relacionem com as sanções criadas pelo legislador (reserva *absoluta* de lei). Contudo, essa constatação não desonera o legislador da criação de *standards*. Tais *standards* consistem na

---

[33] *Os princípios da razoabilidade e de proporcionalidade no direito administrativo brasileiro.* São Paulo: Malheiros, 2006, p. 490.

[34] "Contratos administrativos, direito à greve e os 'eventos de força maior'". *In:* DI PIETRO, Maria Sylvia Zanella; SUNDFELD, Carlos Ari (coord.). *Doutrinas Essenciais de Direito Administrativo.* vol. IVOL. São Paulo: Revista dos Tribunais, 2012, p. 1103.

INFRAÇÕES E SANÇÕES ADMINISTRATIVAS NA LEI N. 13.303/16

determinação, por lei formal, de um conteúdo material mínimo que, como anota Alexandre Santos de Aragão, sirva de parâmetro de "controle e de orientação ao exercício do poder regulamentar".[35]

Esta foi a técnica adotada pela Lei n. 13.303/2016. O art. 40 dispõe que as "as empresas públicas e as sociedades de economia mista deverão publicar e manter atualizado regulamento interno de licitações e contratos, compatível com o disposto nesta Lei, especialmente quanto a: (...); VIII – aplicação de penalidades". E o já mencionado art. 69 preceitua que "são cláusulas necessárias nos contratos disciplinados por esta Lei: (...); VI – os direitos e as responsabilidades das partes, as tipificações das infrações e as respectivas penalidades e valores das multas". Na construção destas cláusulas, as empresas estatais devem observar os parâmetros estabelecidos pelos tipos infracionais previstos nos artigos 82 a 84 da Lei n. 13.303/2016.

3.1 Atraso injustificado na execução do contrato

O art. 82 da Lei n. 13.303/2016 dispõe que "os contratos devem conter cláusulas com sanções administrativas a serem aplicadas em decorrência de atraso injustificado na execução do contrato, sujeitando o contratado a multa de mora, na forma prevista no instrumento convocatório ou no contrato". Todavia, como o próprio tipo prevê, nem todo atraso ensejará a aplicação de multa, mas somente aqueles que não forem justificados. A probabilidade de que ocorram atrasos está diretamente relacionada à envergadura da obra ou serviço a ser executado. Isso não significa que os atrasos devam ser aceitos como normais. Apenas se quer ressaltar, na esteira do pensamento de Marçal Justen Filho, "a impossibilidade de fixação de um cronograma definitivo e imutável para as obras, serviços e investimentos relacionados com empreendimentos de grande complexidade".[36] As condições climáticas, a precária

---

[35] *Curso de Direito Administrativo*. Rio de Janeiro: Forense, 2012, p. 37.

[36] "Concessões de Serviços Públicos e as Multas por Inadimplemento do Concessionário". *Informativo de Licitações e Contratos* (ILC), Curitiba, Zênite, n. 100, jun. 2002, p. 506.

infraestrutura do país e problemas com mão-de-obra e fornecedores podem justificar atrasos na execução dos prazos, cabendo à Administração avaliar, em cada caso, se é devida a aplicação de penalidade.

O objetivo da norma é alcançar os contratados inaptos ou procrastinadores, que não dispensam a devida atenção e dedicação aos compromissos assumidos com a administração pública. Por isso, a infração ao art. 82 da Lei n. 13.303/2016 pode ser cometida tanto por ação quanto por omissão, nas modalidades dolosa ou culposa.

3.2 Inexecução total ou parcial

O art. 83 da Lei n. 13.303/2016 preceitua genericamente que "pela inexecução total ou parcial do contrato a empresa pública ou a sociedade de economia mista poderá, garantida a prévia defesa, aplicar ao contratado as seguintes sanções". Esse preceito não descreve a conduta proibida com densidade suficiente para atender o princípio da tipicidade. Assim, como já se antecipou, caberá ao edital e ao contrato detalharem as condutas proibidas e relacioná-las a uma sanção específica, consoante os *standards* verificáveis na legislação.

O art. 83 não permite inferir que espécies de condutas ensejarão a grave sanção de suspensão do direito de licitar. Não obstante, o art. 84 reserva tal penalidade para casos extremamente graves, como a condenação por fraude fiscal. Pode-se, pois, afirmar que a pena de suspensão destina-se àquelas condutas que, além da inexecução contratual, revelem um comportamento desonesto ou reiteradamente negligente por parte do contratado.

Ademais, convém desde logo destacar que a inexecução contratual não se confunde com atrasos na execução do contrato, hipótese prevista no art. 82 da Lei n. 13.303/2016. O atraso é configurado pela demora na prestação, que, todavia, se concretiza. Já a inexecução é falta de entrega do objeto pactuado. Nesse sentido, Jessé Torres Pereira Junior afirma, à luz dos artigos correspondentes da Lei n. 8.666/93, cuja redação é idêntica, que:

INFRAÇÕES E SANÇÕES ADMINISTRATIVAS NA LEI N. 13.303/16

(...) entre a multa prevista no art. 86 e aquela referida no art. 87 há diferença correlacionada com a distinção que a teoria geral das obrigações formula entre mora e inadimplemento. Existe a primeira quando a obrigação, embora não cumprida, ainda pode vir a sê-lo proveitosamente para o credor; consuma-se o segundo quando a obrigação não for cumprida, nem poderá mais vir a sê-lo com proveito para o credor, tornando-se definitivo o descumprimento.[37]

A infração ao art. 87 da Lei n. 8.666/93 pode ser cometida tanto por ação, que se configura quando o contratado executa algo diferente daquilo que foi avençado, quanto por omissão, nas modalidades dolosa ou culposa.

Segundo Hely Lopes Meirelles, "a *inexecução* ou *inadimplência culposa* é a que resulta de ato ou omissão de qualquer das partes decorrente de sua negligência, imprudência, imprevidência ou imperícia no atendimento das cláusulas do contrato".[38] Todavia, ele destaca que podem ter ocorrido "*causas justificadoras*" dessa inexecução – ou excludentes de antijuridicidade, consoante a nomenclatura adotada no presente trabalho – "que liberem o contratante de qualquer responsabilidade assumida"[39]:

E assim é porque as partes só respondem pelos encargos contratuais previstos ou previsíveis para condições normais de execução do ajuste, levando-se em consideração as áleas comuns do contrato e os riscos próprios do empreendimento. Quando sobrevêm eventos extraordinários, imprevistos e imprevisíveis, onerosos, retardadores ou impeditivos da execução do ajustado, a parte atingida fica liberada dos encargos originários e o contrato há que ser revisto ou rescindido.[40]

---

[37] *Comentários à Lei de Licitações e Contratações da Administração Pública.* 7ª ed. Rio de Janeiro: Renovar, 2007, p. 851.

[38] *Licitação e contrato administrativo.* 12ª ed. São Paulo: Malheiros, 1999, p. 220.

[39] MEIRELLES, Hely Lopes. *Licitação e contrato administrativo.* 12ª ed. São Paulo: Malheiros, 1999, p. 220.

[40] MEIRELLES, Hely Lopes. *Licitação e contrato administrativo.* 12ª ed. São Paulo: Malheiros, 1999, p. 220.

FRANCISCO ZARDO

Caberá, pois, diante das peculiaridades do caso concreto, analisar se a inexecução contratual se deveu a uma ação típica, antijurídica e culpável do contratante para, então, impor-lhe a sanção cabível.

3.3 Fraude fiscal

O art. 84 da Lei n. 13.303/2016 preceitua:

> Art. 84. As sanções previstas no inciso III do art. 83 poderão também ser aplicadas às empresas ou aos profissionais que, em razão dos contratos regidos por esta Lei:
> I – tenham sofrido condenação definitiva por praticarem, por meios dolosos, fraude fiscal no recolhimento de quaisquer tributos.

Fraude, segundo Cezar Roberto Bitencourt, "é todo e qualquer *meio enganoso*, que tem a finalidade de *ludibriar*, de alterar a verdade de fatos ou a natureza das coisas".[41] Assim, a fraude fiscal a que se refere o art. 84, I, consiste na alteração da verdade dos fatos ou da natureza das coisas no recolhimento de quaisquer tributos.

Para Marçal Justen Filho, "deve reputar-se que o inc. I vincula o sancionamento à condenação (na esfera própria) do particular por crime contra a ordem tributária".[42] Nesse sentido, a Lei n. 8.137/90, que "define crimes contra a ordem tributária, econômica e contra as relações de consumo", estabelece que:

> Art. 1º Constitui crime contra a ordem tributária suprimir ou reduzir tributo, ou contribuição social e qualquer acessório, mediante as seguintes condutas: (...);
> II – fraudar a fiscalização tributária, inserindo elementos inexatos, ou omitindo operação de qualquer natureza, em documento ou livro exigido pela lei fiscal

---

[41] *Direito Penal das licitações*. São Paulo: Saraiva, 2012, p. 323.

[42] *Comentários à Lei de Licitações e Contratos Administrativos*. 11ª ed. São Paulo: Dialética, 2005, p. 626.

INFRAÇÕES E SANÇÕES ADMINISTRATIVAS NA LEI N. 13.303/16

(...)

Art. 2º Constitui crime da mesma natureza:

I – fazer declaração falsa ou omitir declaração sobre rendas, bens ou fatos, ou empregar outra fraude, para eximir-se, total ou parcialmente, de pagamento de tributo.

Portanto, a aplicação da sanção prevista no inciso III do art. 83, com fundamento no art. 84, depende de prévia condenação criminal transitada em julgado, sendo insuficiente uma condenação em sede administrativa. Esse também é o pensamento de Eduardo Rocha Dias.[43] É necessário, ainda, que esta condenação tenha relação direta com um contrato administrativo, pois o art. 84, *caput,* exige que a fraude tenha sido cometida "em razão dos contratos regidos por esta Lei".

O raciocínio acima exposto aplica-se aos profissionais a que alude o *caput* do art. 84. Isso porque é pacífico no direito brasileiro a incapacidade penal das pessoas jurídicas, como visto alhures. Destarte, a condenação a que se refere o art. 84, I, da Lei n. 13.303/2016 deverá ser imposta aos gestores da empresa contratada, sendo ainda necessário que a fraude fiscal tenha sido praticada em benefício desta e em razão de um contrato administrativo, para que, então, justifique-se a imposição da sanção do art. 83, III, sobre a pessoa jurídica, após o regular processo administrativo.

O bem jurídico tutelado pela norma é a respeitabilidade e a probidade nas contratações públicas, bem como a proteção da "política socioeconômica do Estado, como receita estatal, para obtenção dos recursos necessários à realização de suas atividades"[44], consoante o magistério de Luiz Regis Prado. A infração ao art. 84, I, da Lei n. 13.303/2016 pode ser cometida por ação ou omissão, mas, por expressa previsão legal, apenas na modalidade dolosa.

---

[43] *Sanções administrativas aplicáveis a licitantes e contratados.* São Paulo: Dialética, 1997, p. 80.

[44] *Direito Penal econômico.* 2ª ed. São Paulo: Revista dos Tribunais, 2007, p. 309.

FRANCISCO ZARDO

3.4 Prática de atos ilícitos visando a frustrar os objetivos da licitação

O art. 84, II, da Lei n. 13.303/2016 também sujeita à sanção do art. 83, III, os que "tenham praticado atos ilícitos visando a frustrar os objetivos da licitação". Marçal Justen Filho afirma, com razão, que "a formula consagrada no inc. II também é insuficiente e inadequada"[45], diante da dificuldade de identificar quais ilícitos seriam alcançados pelo tipo. Por essa razão, Toshio Mukai afirma que esse inciso e o seguinte "não são aplicáveis, dependentes que são de regulamentação"[46], regulamentação essa que, ao nosso ver, deveria constar no edital e no contrato.

Acontece que "na prática, com amparo na jurisprudência e nas decisões dos tribunais de contas" – anota Joel de Menezes Niebuhr ao comentar o art. 87 da Lei n. 8.666/93 – "tais dispositivos são aplicados de maneira desinibida, sem maiores objeções".[47] Diante disso, parece-nos acertada a posição de Celso Antônio Bandeira de Mello[48] e Joel de Menezes Niebuhr[49], que dão ao artigo 88, II, da Lei n. 8.666/93 interpretação conforme a Constituição[50], para considerar que os "atos ilícitos" nele referidos seriam aqueles tipificados como crime na seção

---

[45] *Comentários à Lei de Licitações e Contratos Administrativos*. 11ª ed. São Paulo: Dialética, 2005, p. 626.

[46] *Licitações e contratos administrativos*. 7ª ed. Saraiva: São Paulo, 2006, p. 200.

[47] *Licitação pública e contrato administrativo*. 2ª ed. Belo Horizonte: Fórum, 2012, p. 974.

[48] *Curso de Direito Administrativo*. 17ª ed. São Paulo: Malheiros, 2004, p. 529.

[49] *Licitação pública e contrato administrativo*. 2ª ed. Belo Horizonte: Fórum, 2012, p. 973. Em sentido semelhante, confira-se: MUKAI, Toshio. *Licitações e contratos administrativos*. 7ª ed. Saraiva: São Paulo, 2006, pp. 130/131.

[50] Conforme o magistério de Luís Roberto Barroso, o princípio da interpretação conforme a constituição pode ser decomposto nos seguintes elementos, entre outros: 1) "Trata-se da escolha de uma interpretação da norma legal que a mantenha em harmonia com a Constituição, em meio a outra ou outras possibilidades interpretativas que o preceito admita"; 2) "Além da eleição de uma linha de interpretação, procede-se à exclusão expressa de outra ou outras interpretações possíveis, que conduziriam a resultado contrastante com a Constituição" (BARROSO, Luís Roberto. *Interpretação e aplicação da Constituição*. 6ª ed. São Paulo: Saraiva, 2008, p. 189).

INFRAÇÕES E SANÇÕES ADMINISTRATIVAS NA LEI N. 13.303/16

III da própria Lei n. 8.666/93 ou em outros diplomas normativos que, acrescentamos nós, visem "frustrar os objetivos da licitação". Um exemplo é o art. 5º, IV, da Lei n. 12.846/2913, a chamada Lei Anticorrupção.

Marçal Justen Filho manifesta entendimento semelhante:

> Cabe entender que o dispositivo alcança infrações de natureza dolosa, caracterizadas pela orientação à frustração das finalidades essenciais da licitação. Então, a mera formulação de oferta de valor excessivo é insuficiente para autorizar a imposição das sanções sob exame. É indispensável que o sujeito atue de modo ardiloso, com a intenção de impedir a operação dos mecanismos de competição e de tutela da vantajosidade. Isso se passa quando o sujeito se vale dolosamente de documentos falsos, viola o sigilo do certame, busca realizar ou realiza concerto com outros licitantes e assim por diante.[51]

O mesmo raciocínio aplica-se ao art. 84, II, da Lei n. 13.303/2016, cuja redação é idêntica ao art. 88, II, da Lei n. 8.666/93. O bem jurídico tutelado pela norma é a respeitabilidade e a probidade nas contratações públicas. A infração ao art. 84, II, da Lei das Estatais pode ser cometida por ação ou omissão, mas apenas na modalidade dolosa, acrescida do elemento subjetivo especial que é o de visar à frustração dos objetivos da licitação.

3.5 Demonstrar não possuir idoneidade para contratar com a estatal

Por derradeiro, o art. 84, III, da Lei n. 13.303/2016 sujeita à sanção do art. 83, III, os que "demonstrem não possuir idoneidade para contratar com a empresa pública ou a sociedade de economia mista em virtude de atos ilícitos praticados". Aplica-se aqui grande parte dos argumentos expostos a respeito do inciso II.

---

[51] *Comentários à Lei de Licitações e Contratos Administrativos.* 11ª ed. São Paulo: Dialética, 2005, p. 626.

FRANCISCO ZARDO

Possivelmente graças à abertura do tipo, o art. 84, III, será mais frequentemente utilizado para a imposição da sanção de suspensão. Portanto, a primeira cautela que se há de ter é não transformar esse inciso naquilo que Egon Bockmann Moreira, adotando uma expressão de Gaston Jèze, qualificou como "fórmula-gazua": "uma fórmula de estilo, sem significações exatas, que permite ao administrador público abrir as portas que lhe convier".[52]

Uma das diversas definições da palavra *idôneo* é: "que tem qualidades para desempenhar determinada atividade ou ocupar certo cargo ou de quem se pode supor honestidade".[53] *Contrario sensu,* inidôneo é quem não tem qualidades ou honestidade suficiente para, no presente contexto, prestar serviços para a administração pública.

A inidoneidade deve decorrer, como prevê o tipo, de ilícitos praticados. Não qualquer ilícito, mas somente aqueles tipificados como crime na seção III da própria Lei n. 8.666/93, aplicáveis às estatais por força do art. 41 da Lei n. 13.303/2016, ou em outros diplomas normativos reveladores daquela condição. Com efeito, não nos parece razoável declarar inidôneo um profissional condenado pela difamação[54] do seu vizinho. Por mais censurável que seja essa atitude, dificilmente ela interferirá na execução do contrato público. Prova disso é que apenas em certas situações a condenação criminal ensejará a perda de cargo, função pública ou mandato eletivo.[55]

---

[52] "Desenvolvimento Econômico, Políticas Públicas e Pessoas Privadas (Passado, presente e futuro de uma perene transformação)". *Revista da Faculdade de Direito da UFPR*, Curitiba, n. 46, 2007, p. 90.

[53] HOUAISS, Antônio; VILLAR, Mauro de Salles. *Dicionário Houaiss da Língua Portuguesa*. Rio de Janeiro: Objetiva, 2001, p. 1567.

[54] Dispõe o Código Penal: "Art. 139. Difamar alguém, imputando-lhe fato ofensivo à sua reputação: Pena – detenção, de três meses a um ano, e multa".

[55] Dispõe o Código Penal: "Art. 92. São também efeitos da condenação: I – a perda de cargo, função pública ou mandato eletivo: a) quando aplicada pena privativa de liberdade por tempo igual ou superior a um ano, nos crimes praticados com abuso de poder ou violação de dever para com a Administração Pública; b) quando for aplicada pena privativa de liberdade por tempo superior a 4 (quatro) anos nos demais casos. (...). Parágrafo único – Os efeitos de que trata este artigo não são automáticos, devendo ser motivadamente declarados na sentença".

INFRAÇÕES E SANÇÕES ADMINISTRATIVAS NA LEI N. 13.303/16

Correta foi a decisão do Tribunal de Contas da União ao declarar inidônea pelo prazo de 1 (um) ano, com fundamento no art. 88, III, da Lei n. 8.666/93, cuja redação é idêntica ao art. 84, III, da Lei n. 13.303/2016, empresa que, dolosamente, declarou-se como Empresa de Pequeno Porte (EPP), para fazer uso indevido do tratamento diferenciado e favorecido dispensado a elas em licitações, por força da Lei Complementar 123/2006:

> REPRESENTAÇÃO. UTILIZAÇÃO INDEVIDA DO DIREI-TO DE PREFERÊNCIA DE CONTRATAÇÃO PARA MI-CROEMPRESA OU EMPRESA DE PEQUENO PORTE. OITIVA. REJEIÇÃO DAS JUSTIFICATIVAS. FRAUDE NA LICITAÇÃO. DECLARAÇÃO DE INIDONEIDADE PARA LICITAR E CONTRATAR COM A ADMINISTRAÇÃO PÚBLICA FEDERAL.[56]

O bem jurídico tutelado pela norma é a respeitabilidade e a probidade nas contratações públicas. A infração ao art. 84, III, da Lei n. 13.303/2016 pode ser cometida por ação ou omissão, mas apenas na modalidade dolosa, pois, evidentemente, não se é inidôneo por negligência e sim por má-intenção.

4. AS SANÇÕES ADMINISTRATIVAS PREVISTAS NA LEI N. 13.303/2016

Para os que cometerem as infrações acima mencionadas, a Lei n. 13.303/2016 prevê três espécies de sanções a serem impostas após o devido processo legal, observado o princípio da proporcionalidade.

4.1 Advertência

A advertência, prevista no art. 83, I, é a penalidade mais branda da Lei n. 8.666/93. De acordo com Edmir Netto de Araújo, ela possui

---

[56] TCU, Plenário, Processo 011.672/2011-0, Acórdão n. 1173/2012, rel. Min. José Mucio Monteiro, j. 16.05.2012.

FRANCISCO ZARDO

"natureza moral", "consistindo em uma 'reprimenda ou admoestação por escrito'".[57] Por ser a sanção mais branda ela deve ser reservada, dentro de um juízo de proporcionalidade, às infrações mais leves.

Para Joel de Menezes Niebuhr, "a advertência não deveria ser encartada no rol das sanções administrativas, porquanto, evidentemente, em sua essência, ela não é uma espécie de sanção".[58] Segundo ele, como a advertência deve ser precedida do contraditório, o tempo necessário para a conclusão do processo retira-lhe a eficácia[59], de modo que esta penalidade só faria sentido se pudesse "ser produzida imediatamente, porque somente assim ela se presta a evitar danos maiores".[60]

Discorda-se desse raciocínio. Correta, ao nosso ver, é a posição de Marçal Justen Filho, para o qual a advertência presta-se a dois efeitos peculiares. O primeiro é a "submissão do particular a uma fiscalização mais atenta"[61], em virtude do descumprimento anterior das obrigações contratuais. O segundo é o alerta (ou a advertência) de que em caso de reincidência a sanção será agravada.

Portanto, longe de concluirmos por sua inutilidade, entende-se, ao revés, que a advertência poderia ser adotada com mais frequência, como resultado de uma fiscalização mais intensa da execução do contrato administrativo, em que a administração identificasse as infrações com maior acuidade e agisse antes destas atingirem maiores proporções.

4.2 As multas

A multa consiste na imputação do pagamento de determinada quantia em dinheiro pelo atraso ou pela inexecução da avença. Segundo Flávio Amaral Garcia, "a multa administrativa deve ser prevista no

---

[57] *Curso de Direito Administrativo*. 5ª ed. São Paulo: Saraiva, 2010, p. 962.

[58] *Licitação pública e contrato administrativo*. 2ª ed. Belo Horizonte: Fórum, 2012, p. 974.

[59] *Licitação pública e contrato administrativo*. 2ª ed. Belo Horizonte: Fórum, 2012, p. 975.

[60] *Licitação pública e contrato administrativo*. 2ª ed. Belo Horizonte: Fórum, 2012, p. 974.

[61] JUSTEN FILHO, Marçal. *Comentários à Lei de Licitações e Contratos Administrativos*. 11ª ed. São Paulo: Dialética, 2005, p. 622.

INFRAÇÕES E SANÇÕES ADMINISTRATIVAS NA LEI N. 13.303/16

contrato para as infrações médias, e é a única penalidade que pode ser aplicada cumulativamente com as demais"[62], a teor do arts. 82, §1º, e 83, §2º, da Lei n. 13.303/2016.

No art. 82, a Lei das Estatais prevê o pagamento de "multa de mora". "Mora é demora", na expressão de Orlando Gomes, "atraso, impontualidade, violação do dever de cumprir a obrigação no *tempo devido*".[63] Daí a previsão legal de que a multa de mora será devida pelo "atraso injustificado na execução do contrato".

Conquanto o atraso também seja uma forma de inadimplemento[64], o art. 83, II, prevê uma sanção de multa específica para a hipótese de "inexecução total ou parcial". De acordo com Joel de Menezes Niebuhr, essa seria uma multa compensatória.[65] Entendemos, porém, que nem sempre será assim.

A multa compensatória, também denominada multa ressarcitória ou cláusula penal, tem a finalidade de compensar os prejuízos decorrentes do inadimplemento. Por meio dela, ensina Orlando Gomes, "as partes de um contrato fixam, de antemão, o valor das perdas e danos que por acaso se verifiquem em consequências da inexecução culposa da obrigação".[66] Trata-se, portanto, de uma multa com a finalidade de reparar danos.

Ocorre que a Lei n. 13.303/2016 não diz ser essa a finalidade da multa prevista no art. 83, II. Ademais, a reparação de danos é assegurada pelo art. 76 da Lei das Estatais, independente da aplicação de sanções.

Assim, com frequência a multa a que alude o art. 83 terá a natureza do que, em Direito Civil, denomina-se multa simples ou cláusula penal pura e que, segundo Orlando Gomes, "consiste numa soma a pagar a

---

[62] GARCIA, Flávio Amaral. *Licitações e contratos administrativos*: casos e polêmicas. 4ª ed. São Paulo: Malheiros, 2016, p. 394.

[63] *Obrigações*. São Paulo: Forense, 1961, p. 185.

[64] GOMES, Orlando. *Obrigações*. São Paulo: Forense, 1961, p. 150.

[65] *Licitação pública e contrato administrativo*. 2ª ed. Belo Horizonte: Fórum, 2012, p. 975.

[66] *Obrigações*. São Paulo: Forense, 1961, p. 185.

título de *pena* pela infração de certos deveres contratuais", não se relacionando com "a obrigação do ressarcimento".[67] Trata-se, portanto, de multa com finalidade punitiva, como a multa que é aplicada no Direito Criminal.[68]

Ao tratar da multa punitiva no âmbito das concessões de serviço público, Marçal Justen Filho afirma que ela tem "natureza administrativo-penal, com puro cunho punitivo".[69] "A multa não se destinará, então, a recompor os efeitos patrimoniais danosos do inadimplemento de uma prestação. Será estritamente orientada a punir o sujeito que adotou condutas reprováveis".[70]

Caberá, pois, à luz do caso concreto, identificar que espécie de multa está prevista no contrato. De acordo com Marçal Justen Filho, "a multa ressarcitória tem de ser proporcionada à dimensão das perdas e danos verificados, enquanto a multa punitiva deve relacionar-se com a gravidade da infração praticada".[71]

Ato contínuo, caberá aplicar-lhe o regime jurídico correspondente. A multa compensatória segue basicamente o regime de direito privado. A multa punitiva, o regime jurídico de direito sancionador, no qual a sanção é consequência de uma conduta típica, antijurídica e culpável. Uma das mais relevantes implicações diz respeito à transmissibilidade.

---

[67] *Obrigações*. São Paulo: Forense, 1961, p. 176.

[68] Para Ruy Cirne Lima a multa administrativa possui natureza mista: "Da feição indenizatória e, simultaneamente, penal da multa, enquanto pena administrativa, evidencia-se, para logo, a conjunção que, de regra, nas sanções administrativas, se opera da sanção restitutiva, própria do direito privado, com a sanção substitutiva, própria do Direito Criminal" (LIMA, Ruy Cirne. *Princípios de Direito Administrativo*. 7ª ed. São Paulo: Malheiros, 2007, p. 588).

[69] *Teoria geral das concessões de serviço público*. São Paulo: Dialética, 2003, p. 463.

[70] *Teoria geral das concessões de serviço público*. São Paulo: Dialética, 2003, p. 463. Em sentido diverso: "A multa administrativa é uma penalidade pecuniária que tem como finalidade compensar o dano causado pelo particular à Administração com a prática da infração" (TRF4, 4ª Turma, AC 5001994-65.2011.404.7106, rel. p/ Acórdão Loraci Flores de Lima, D.E. 19.12.2012).

[71] *Teoria geral das concessões de serviço público*. São Paulo: Dialética, 2003, p. 463.

INFRAÇÕES E SANÇÕES ADMINISTRATIVAS NA LEI N. 13.303/16

Como anota Marçal Justen Filho, "o sucessor responde pela multa ressarcitória, tendo em vista sua natureza estritamente patrimonial. Já a multa punitiva norteia-se pelo princípio da personalidade da sanção: o falecimento do infrator importa a extinção da multa punitiva. Não se transmite, por sucessão, a multa punitiva".[72]

Outra decorrência do caráter punitivo da multa é sua submissão ao princípio da vedação ao confisco.[73] Segundo Celso Antônio Bandeira de Mello, "por muito grave que haja sido a infração, as multas não podem ser 'confiscatórias', isto é, de valor tão elevado que acabem por compor um verdadeiro confisco".[74] Caso isso se configure, o valor da multa pode ser reduzido pelo Poder Judiciário, conforme já decidiu o Superior Tribunal de Justiça: "O art. 86, da Lei n. 8.666/93, impõe multa administrativa pela mora no adimplemento do serviço contratado por meio de certame licitatório, o que não autoriza sua fixação em percentual exorbitante que importe em locupletamento ilícito dos órgãos públicos".[75]

Precisamente como forma de evitar a aplicação de multas desproporcionais é que, em obediência ao arts. 69, IV, e 82 da Lei n. 13.303/2016, as empresas públicas e sociedades de economia mista devem atentar para: "(i) a necessidade de previsão no contrato ou no ato convocatório das principais condutas passíveis de ensejar sua aplicação; (ii) a necessidade de gradação do seu percentual; (iii) sua aplicação deve considerar o *quantum* já executado do objeto contratual; (iv) distinguir se a infração foi de uma obrigação assessoria ou principal".[76]

---

[72] *Teoria geral das concessões de serviço público*. São Paulo: Dialética, 2003, p. 464.

[73] Nesse sentido: "O percentual da multa deve ser adequado à natureza e à gravidade da infração, sob pena de ofender o princípio da vedação ao confisco" (TRF4, 1ª. AC 2003.70.04.005878-8, relator Leandro Paulsen, D.E. 16.05.2012).

[74] *Curso de Direito Administrativo*. 17ª ed. São Paulo: Malheiros, 2004, p. 756.

[75] STJ, 1ª Turma, REsp 330.677/RS, rel. Min. José Delgado, DJ. 04.02.2002. No mesmo sentido: TJPR, 5ª Câmara Cível, Apelação 1.335.705-6, rel. Des. Carlos Mansur Arida, J. 09.06.2015.

[76] GARCIA, Flávio Amaral. *Licitações e contratos administrativos*: casos e polêmicas. 4ª ed. São Paulo: Malheiros, 2016, p. 395.

FRANCISCO ZARDO

Uma vez aplicada, a multa poderá ser descontada da garantia prestada pelo contratado. Caso a garantia não seja suficiente, a multa poderá ser descontada dos valores eventualmente devidos a ele. Se, ainda assim, remanescer um crédito em favor da estatal, este deverá ser cobrado judicialmente por meio de ação ordinária de cobrança (arts. 82, §2º e 83, §1º).

4.3 Suspensão temporária do direito de licitar e contratar com a entidade sancionadora

A terceira e última sanção prevista na Lei n. 13.303/2016 é a "suspensão temporária de participação em licitação e impedimento de contratar com a entidade sancionadora, por prazo não superior a 2 (dois) anos" (art. 83, III). Trata-se da sanção mais severa, que produz efeitos *pro futuro*, isto é, para além do prazo de vigência do contrato e, portanto, deve ser reservada para as infrações de maior gravidade.

Em boa hora o legislador pôs fim, ao menos nas contratações realizas pelas estatais, à polêmica que ainda hoje subsiste no âmbito da Lei n. 8.666/93 quanto à extensão da pena de suspensão prevista no art. 87, III.

São três as correntes. A primeira, representada pelo Superior Tribunal de Justiça, entende que a Administração Pública é una e que, assim, a pena de suspensão inabilita o sujeito para contratar com qualquer órgão público do país.[77] A segunda corrente, composta por importantes doutrinadores, sustenta que aquele que "for suspenso temporariamente será assim tratado perante os órgãos, entidades e unidades administrativas concernentes ao Poder Público que lhe aplicou a sanção".[78] Logo, um empresa

---

[77] STJ, 2ª Turma, REsp n. 151.567/RJ, rel. Min. Francisco Peçanha Martins, DJ. 14/04/03; STJ, 2ª Turma, REsp n. 174.274/SP, rel. Min. Castro Meira, DJ. 22/11/04; STJ, 1ª Seção, MS 19.657/DF, rel. Min. Eliana Calmon, DJ. 23/08/2013.

[78] SANTOS, Márcia Walquíria Batista dos. "Sanções administrativas. Suspensão temporária e declaração de inidoneidade. Extensão". *In:* DI PIETRO, Maria Sylvia Zanella *et al. Temas polêmicos sobre licitações e contratos.* 5ª ed. São Paulo: Malheiros, 2006, p. 338. No mesmo sentido: DIAS, Eduardo Rocha. *Sanções administrativas aplicáveis a*

INFRAÇÕES E SANÇÕES ADMINISTRATIVAS NA LEI N. 13.303/16

suspensa por um órgão da União estará impedida de licitar com todo e qualquer órgão ou entidade da Administração Pública Federal. A terceira corrente, representada pelo Tribunal de Contas da União e da qual fazemos parte[79], defende que "os efeitos da sanção estabelecida no art. 87, III, da Lei n. 8.666/1993 são adstritos ao órgão ou entidade sancionador".[80]

É este o sentido do art. 83, III, da Lei n. 13.303/2016. Assim, se a Caixa Econômica Federal impuser a um de seus contratantes a suspensão, a pena produzirá efeitos somente perante ela, entidade sancionadora. E nem poderia ser diferente.

Consoante o magistério de Marcelo Madureira Prates, um dos limites materiais à imposição de sanções administrativas é a pertinência entre a pena imposta e as atribuições desempenhadas pela autoridade que a aplica, "de maneira que a autoridade administrativa sancionadora somente possa restringir direitos que estejam relacionados à esfera das suas competências".[81] Isso significa que o presidente da Caixa Econômica Federal não pode impor a um profissional sanção que o impeça de contratar, por exemplo, com o Poder Judiciário do Estado do Paraná. Com efeito, não lhe compete interferir nas contratações realizadas por outro Poder.

De acordo com Joel de Menezes Niebuhr, trata-se de uma decorrência "do princípio federativo e da consequente autonomia

---

licitantes e contratados. São Paulo: Dialética, 1997, p. 105; PEREIRA Jr., Jessé Torres. *Comentários à Lei de Licitações e Contratações da Administração Pública* .7ª ed. Rio de Janeiro: Renovar, 2007, pp. 857-859; MUKAI, Toshio. *Licitações e contratos administrativos*. 7ª ed. Saraiva: São Paulo, 2006, p. 197; FURTADO, Lucas Rocha. *Curso de licitações e contratos administrativos*. Belo Horizonte: Fórum, 2007, p. 451; DI PIETRO, Maria Sylvia Zanella. *Direito Administrativo*. 23ª ed. São Paulo: Atlas, 2010, p. 273; FERREIRA, Daniel. *Sanções Administrativas*. São Paulo: Malheiros, 2001, p. 171; MARQUES NETO, Floriano de Azevedo. "Extensão das sanções administrativas de suspensão e declaração de inidoneidade". *Boletim Licitação e Contratos*, vol. 10, p. 487-491, 1997.

[79] ZARDO, Francisco. *Infrações e sanções em licitações e contatos administrativos*: com as alterações da Lei Anticorrupção (Lei 12.846/2013). São Paulo: Revista dos Tribunais, 2014, p. 177.

[80] TCU, Acórdão n. 504/2015-Plenário, rel. Min. Weder Oliveira, Data da sessão 11.03.2015.

[81] *Sanção administrativa geral*: anatomia e autonomia. Coimbra: Almedina, 2005, p. 125.

FRANCISCO ZARDO

administrativa dos entes federativos, prescrições encartadas nos artigos 1º e 18 da Constituição Federal. Em virtude de tais preceitos, cumpre concluir que um ente federativo não pode ser obrigado a aceitar penalidade imposta por outro".[82]

Mencione-se, por derradeiro, que dois anos é o prazo máximo da penalidade, não o mínimo, descabendo sua fixação automática por tal período. Ao revés, o prazo da sanção deve ser exaustivamente motivado, à luz circunstâncias agravantes e atenuantes presentes no caso concreto.

4.4 A retroatividade da lei penal mais benéfica e a extinção da declaração de inidoneidade

O art. 83 da Lei n. 13.303/2016 basicamente repete os termos do art. 87 da Lei n. 8.666/93. No entanto, deixou de contemplar a pena de declaração de inidoneidade, a qual, assim, foi excluída do âmbito das licitações e contratos celebrados por empresas estatais.

Além de impedir a aplicação futuras sanções desta natureza, a supressão desta espécie de pena tem o efeito imediato de extinguir as declarações de inidoneidade vigentes por fatos relacionados à licitações e contratos administrativos celebrados com empresas estatais.

Tal consequência decorre do princípio da retroatividade da lei penal mais benéfica, prevista no art. 5º, XL, da Constituição Federal que dispõe: "a lei penal não retroagirá, salvo para beneficiar o réu". Como se mencionou anteriormente, esta garantia incide sobre o direito administrativo sancionador, diante da unidade do *ius puniendi* estatal.[83]

---

[82] *Licitação pública e contrato administrativo.* 2ª ed. Belo Horizonte: Fórum, 2012, p. 985. No mesmo sentido: GARCIA, Flávio Amaral. *Licitações e contratos administrativos*: casos e polêmicas. 4ª ed. São Paulo: Malheiros, 2016, p. 399; PEREIRA, César A. Guimarães. "Sanções Administrativas na Lei das Empresas Estatais". *In:* JUSTEN FILHO, Marçal (coord.). *Estatuto Jurídico das Empresas Estatais.* São Paulo: Revista dos Tribunais, 2016, p. 553.

[83] Esta opinião é partilhada por: PEREIRA, César A. Guimarães. "Sanções Administrativas na Lei das Empresas Estatais". *In:* JUSTEN FILHO, Marçal (coord.). *Estatuto Jurídico das Empresas Estatais.* São Paulo: Revista dos Tribunais, 2016, p. 557.

INFRAÇÕES E SANÇÕES ADMINISTRATIVAS NA LEI N. 13.303/16

Eis a razão pela qual divergimos da solução ventilada pelos Professores Edgar Guimarães e José Anacleto Abduch Santos. Segundo eles, embora a Lei n. 13.303/2016 não preveja a sanção de declaração de inidoneidade, seria possível "a instauração de um processo administrativo punitivo por meio do qual se comprove a prática de atos ilícitos e se reconheça a inidoneidade do sujeito".[84]

Ao nosso ver, a solução esbarra na garantia constitucional de que não "há crime sem lei anterior que o defina, nem pena sem prévia cominação legal" (CF, art. 5º, XXXIX). Como a Lei n. 13.303/2016 não contempla a declaração de inidoneidade, esta sanção não pode ser aplicada nas licitações e contratos por ela regidos.

A aplicação subsidiária do art. 87, III, da Lei n. 8.666/93 não é admissível. Primeiro, porque quando a Lei n. 13.303/2016 pretendeu fazer incidir sobre as disposições de direito sancionador da Lei n. 8.666/93 ela o fez de modo expresso, no art. 41: *"Aplicam-se às licitações e contratos regidos por esta Lei as normas de direito penal contidas nos arts. 89 a 99 da Lei nº 8.666, de 21 de junho de 1993"*.

Ademais, como é sabido, a analogia *in malam partem* é vedada no direito punitivo. Sobre o tema, confira-se a doutrina de Nelson Hungria, que embora relativa ao Direito Penal, amolda-se perfeitamente ao caso em tela, pelas razões já expostas:

A fonte única do Direito Penal é a norma legal. Não há Direito Penal vagando fora da lei escrita. Não há distinguir, em matéria penal, entre *lei* e *direito*. *Sub specie juris*, não existe *crime* 'sem lei anterior que o defina', nem *pena* 'sem prévia cominação legal. *Nullum crimen, nulla poena sine praevia lege poenali*. A lei penal é, assim, um *sistema fechado*: ainda que se apresente omissa ou lacunosa, não pode ser *suprida* pelo arbítrio judicial, ou pela analogia, ou pelos 'princípios gerais do direito', ou pelo *costume*. Do ponto de vista de sua aplicação pelo juiz, pode-se mesmo dizer que a lei penal não tem *lacunas*. Se estas existem sob o prisma da *política criminal*

---

[84] *Lei das Estatais*: comentários ao regime jurídico licitatório e contratual da Lei 13.303/2016. Belo Horizonte: Fórum, 2016, p. 279.

(ciência pré-jurídica), só uma lei penal (sem efeito retroativo) pode preenche-las. Pouco importa que alguém haja cometido um fato antissocial, excitante da reprovação pública, francamente lesivo do *minimum* de moral prática que o direito penal tem por função assegurar, com suas reforçadas sanções, no interesse da ordem, da paz, da disciplina social.[85]

A doutrina de Direito Administrativo sufraga esta posição, conforme se infere do magistério de Romeu Felipe Bacellar Filho, para quem "é proibido o emprego da analogia ou da interpretação com efeitos extensivos para incriminar algum fato ou tornar mais severa a punição"[86]. Esta também é a orientação do STJ: "Como se trata de aplicação de penalidades, é se utilizar de um princípio geral de direito, que cuida da vedação da analogia em desfavor do sancionado".[87]

E não se objete que esse raciocínio fomenta a impunidade, dificulta o combate à corrupção ou deixa o poder público vulnerável aos maus prestadores de serviços. Esse raciocínio é o que mais se harmoniza ao texto da Lei n. 13.303/2016 e às normas constitucionais de repartição de competência, além de propiciar que cada órgão público afaste os contratantes indesejados de sua esfera de atuação.

Caso se entenda que determinado prestador de serviço não reúne condições de contratar com nenhum órgão público, em virtude de condutas inidôneas que praticou, o ordenamento jurídico oferece como alternativa a Lei n. 8.429/92, também conhecida como Lei de Improbidade Administrativa, que prevê entre suas sanções a "proibição de contratar com o Poder Público" por até 10 anos (art. 12). Assim, basta que a empresa estatal interessada ajuíze uma *ação de improbidade administrativa* com fundamento no art. 17 da Lei n. 8.429/92 e requeira a aplicação da aludida sanção. Imposta pelo Poder Judiciário e coberta

---

[85] HUNGRIA, Nelson; DOTTI, René Ariel. *Comentários ao Código Penal.* 6ª ed. vol. I. tomo I. Rio de Janeiro: GZ, 2014, p. 5.

[86] *Processo Administrativo Disciplinar.* 2ª ed. São Paulo: Max Limonad, 2003, p. 176.

[87] STJ, 2ª Turma, REsp 1.216.190/RS, rel. Min. Mauro Campbell Marques, DJ. 14.12.2010.

INFRAÇÕES E SANÇÕES ADMINISTRATIVAS NA LEI N. 13.303/16

pelo manto da coisa julgada, não haverá sombra de dúvidas acerca da abrangência geral dessa sanção a todos os Poderes e entidades federadas.

Outra alternativa é aplicação, pelo Tribunal de Contas da União, da sanção prevista no art. 46 da Lei n. 8.443/92, segundo o qual *"verificada a ocorrência de fraude comprovada à licitação, o Tribunal declarará a inidoneidade do licitante fraudador para participar, por até cinco anos, de licitação na Administração Pública Federal"*.[88]

Como se vê, o ordenamento jurídico oferece diversos instrumentos para o combate à corrupção, o qual pode ser eficazmente realizado sem o sacrifício de garantias fundamentais.

5. O RITO PROCESSUAL

O art. 40 da Lei n. 13.303/2016 dispõe que as estatais deverão editar regulamento interno de licitações e contratos de cada estatal, o qual deverá disciplinar o procedimento de aplicação de penalidades (inciso VIII). Evidentemente, tal regulamento deverá observar os princípios constitucionais aplicáveis aos processos administrativos e a Lei n. 9.784/99.

Enquanto isso não ocorrer, entende-se como pertinente a adoção do rito processual previsto no Capítulo IV da Lei n. 12.846/2013 e, em especial, no Decreto n. 8.420/2015, respeitado o prazo de defesa de 10 (dez) dias úteis, previsto no art. 83, §2º, na Lei n. 13.303/2016. A analogia se justifica porque o processo previsto na aludidas normas visa apurar condutas similares às descritas na Lei das Estatais.

Tanto é assim que, em determinadas situações, a apuração será conjunta, segundo o rito do Decreto n. 8.420/2015. É o que dispõe o seu art. 12: "Os atos previstos como infrações administrativas à Lei n. 8.666, de 21 de junho de 1993, ou a outras normas de licitações e

---

[88] "É constitucional o art. 46 da Lei n. 8.443/1992, que institui sanção de inidoneidade a particulares por fraude a licitação, aplicável pelo TCU". (STF, Tribunal Pleno, MS 30788/MG, rel. Min. Luís Roberto Barroso, DJ. 04.08.2015).

contratos da administração pública que também sejam tipificados como atos lesivos na Lei n. 12.846, de 2013, serão apurados e julgados conjuntamente, nos mesmos autos, aplicando-se o rito procedimental previsto neste Capítulo".

Um ponto importante, para oportuna reflexão, são as dificuldades práticas desta apuração conjunta. A responsabilidade prevista na Lei n. 12.846/2013 é objetiva (art. 1º) e a responsabilidade prevista na Lei n. 13.303/2016 é subjetiva[89], o que poderá conturbar a instrução processual.[90] Ademais, a natureza diversa das responsabilidades apuradas conjuntamente pode conduzir à decisões contraditórias e injustas, como a condenação da pessoa jurídica com base na Lei n. 12.846/2013 e sua absolvição com base na Lei n. 13.303/2016 pela falta de dolo ou culpa, sendo esta, aliás, um dos motivos de nossas reservas quanto à responsabilização objetiva prevista na Lei Anticorrupção.

Outro ponto que suscita preocupação é a compatibilidade do art. 38, IV a VIII, da Lei n. 13.303/2016 com os princípios do contraditório, da ampla defesa e da intranscedência das penas (CF, art. 5º, XLV), o qual, segundo a jurisprudência do Supremo Tribunal Federal, "impede que sanções e restrições de ordem jurídica superem a dimensão estritamente pessoal do infrator".[91]

Os aludidos incisos do art. 38 impedem que participem de licitações empresas que tenham sócios, administradores ou diretores relacionados à outras empresas suspensas ou inidôneas. Sem embargo das

---

[89] STF, 1ª Turma, RMS 31972/DF, rel. Min Dias Toffoli, DJ. 12.02.2014.

[90] Nesse sentido: "A denunciação à lide do servidor público nos casos de indenização fundada na responsabilidade objetiva do Estado não deve ser considerada como obrigatória, pois impõe ao autor manifesto prejuízo à celeridade na prestação jurisdicional. Haveria em um mesmo processo, além da discussão sobre a responsabilidade objetiva referente à lide originária, a necessidade da verificação da responsabilidade subjetiva entre o ente público e o agente causador do dano, a qual é desnecessária e irrelevante para o eventual ressarcimento do particular" (STJ, 1ª Turma, REsp 1089955/ RJ, rel. Min. Denise Arruda, DJe 24.11.2009).

[91] STF, Pleno, ACO 1848/ AgR, rel. Min. Celso de Mello, DJe. 06/02/2015. No mesmo sentido: STJ, 2ª Turma, REsp 1251697/PR, rel. Min. Mauro Campbell Marques, DJe 17.04.2012.

INFRAÇÕES E SANÇÕES ADMINISTRATIVAS NA LEI N. 13.303/16

indesejáveis proporções que este amplo rol de impedimentos pode alcançar, o que chama a atenção é a restrição de direito imposta a determinada pessoa jurídica em decorrência de pena que foi aplicada a outra empresa, em processo do qual ela não participou.

Evidentemente, a criação de empresas de fachada para contornar sanções deve ser coibida. Porém, não nos parece razoável impedir uma empresa de celebrar contratos com estatais apenas porque um de seus diretores trabalhou em pessoa jurídica declarada inidônea (art. 38, VIII), sem sequer averiguar se este diretor concorreu para o fato ou se, ao revés, ele mudou de companhia justamente por discordar das práticas da anterior.[92]

6. O PRAZO PRESCRICIONAL

Assim como a Lei n. 8.666/93, a Lei n. 13.303/2016 não dispõe sobre o prazo prescricional. Como a regra é a prescritibilidade (CF, art. 37, §5º)[93], cabe ao intérprete recorrer à analogia, como autoriza o art. 4º da Lei de Introdução às normas do Direito Brasileiro (Decreto–Lei n. 4.657/42).

Sufragando a posição de Marçal Justen Filho, "aplica-se ao caso, por aproximação, o prazo prescricional de cinco anos para as ações de titularidade da Fazenda Pública".[94]

7. O ACORDO DE LENIÊNCIA

Embora o art. 17 da Lei n. 12.846/2013 refira-se apenas à Lei n. 8.666.93, é evidente que o acordo de leniência é extensível às sanções previstas nas Leis n. 10.520/2002 e 12.462/2011 e, mais recentemente, à Lei n. 13.303/2016. E não apenas a elas, mas também às leis estaduais

---

[92] Nesse sentido: GUIMARÃES, Edgar; SANTOS, José Anacleto Abduch. *Lei das Estatais*: comentários ao regime jurídico licitatório e contratual da Lei 13.303/2016. Belo Horizonte: Fórum, 2016, p. 121.

[93] STF, Pleno, MS n. 20.069/DF, rel. p/Acórdão Min. Moreira Alves, DJ. 02.09.77.

[94] *Comentários à Lei de Licitações e Contratos Administrativos*. 11ª ed. São Paulo: Dialética, 2005, p. 1389.

FRANCISCO ZARDO

e municipais de licitações, tais como a Lei n. 15.608/2007, do Estado do Paraná, e a Lei n. 6.544/89, do Estado de São Paulo. Esse é o pensamento de Sidney Bittencourt, para quem "é inconteste a incidência da interpretação extensiva, pelo que valerá a regra também para as hipóteses de sanções das outras normas que versem sobre o mesmo tema".[95]

Primeiro, pela aplicação do princípio *ubi eadem ratio ibi eadem legis dispositio*. Isto é, onde existe a mesma razão, aí se aplica o mesmo dispositivo legal. Segundo, porque a lacuna do art. 17 da Lei n. 12.846/2013 foi suprida pelo art. 28 do Decreto n. 8.420/2015, que a regulamentou e dispôs: "O acordo de leniência será celebrado com as pessoas jurídicas responsáveis pela prática dos atos lesivos previstos na Lei n. 12.846, de 2013, e dos ilícitos administrativos previstos na Lei n. 8.666, de 1993, *e em outras normas de licitações e contratos*, com vistas à isenção ou à atenuação das respectivas sanções, desde que colaborem efetivamente com as investigações e o processo administrativo".

8. A DETRAÇÃO PENAL EM CASO DE SUSPENSÃO CAUTELAR

Rejeita-se a possibilidade de se impor a suspensão do direito de licitar e contratar antes da instrução e do julgamento do processo punitivo. De *lege ferenda* até se poderia cogitar da suspensão como providência acauteladora a ser aplicada, "na iminência de danos irreparáveis"[96], antes ou durante[97] o processo administrativo. Atualmente, à míngua de previsão legal, esse raciocínio é inviável, sob pena de ofensa ao princípio da legalidade. Como observa Marcelo Madureira Prates, "é imperioso que a possibilidade de antecipação da sanção administrativa venha expressa em ato normativo, não podendo jamais resultar de uma

---

[95] *Comentários à Lei Anticorrupção*. São Paulo: Revista dos Tribunais, 2014, pp. 117/118.

[96] MOREIRA, Egon Bockmann. *Processo administrativo*: princípios constitucionais e a Lei 9.784/99. 4ª ed. São Paulo: Malheiros, 2010, p. 331.

[97] CARVALHO FILHO, José dos Santos. *Processo administrativo* (Comentários à Lei 9.784 de 29/1/1999). 4ª ed. Rio de Janeiro: Lumen Juris, 2009, p. 233.

INFRAÇÕES E SANÇÕES ADMINISTRATIVAS NA LEI N. 13.303/16

livre opção da autoridade administrativa sancionadora".[98]

Como, porém, na prática isso tem sido observado, é indispensável que, ao final do processo, o tempo de suspensão seja abatido de eventual penalidade desta natureza. Assim, se, por exemplo, a pessoa jurídica foi apenada com a suspensão do direito de licitar por 24 (vinte e quatro) meses e, no curso do processo, ficou cautelarmente suspensa por 6 (seis) meses, restarão apenas 18 (dezoito) meses a serem cumpridos.

Entendimento contrário faria com que a empresa ficasse suspensa por prazo superior não só à sanção aplicada, mas ao próprio limite legal (art. 83, III), em manifesta ofensa aos princípios da proporcionalidade e da legalidade.

Nesse sentido, confira-se o pensamento de Luiz Henrique Pandolfi Miranda:

> A fim de que o Estado não abuse de seu poder-dever de punir, utilizando-se da medida cautelar como um aumento de pena não previsto em lei, advoga-se a aplicação da detração no âmbito das medidas cautelares em processo administrativo, reduzindo-se, portanto, o período da suspensão cautelar do direito de licitar e contratar da pena eventualmente aplicada ao final do processo, o que deve restar explícito na decisão que julgar esse procedimento.[99]

O fundamento legal da detração no âmbito das sanções em licitações e contratos é a aplicação analógica do art. 42 do Código Penal, segundo o qual "computam-se, na pena privativa de liberdade e na medida de segurança, o tempo de prisão provisória (...)".

---

[98] *Sanção Administrativa Geral*: anatomia e autonomia. Coimbra: Almedina, 2005, p. 204.

[99] "Medidas cautelares no processo administrativo sancionador: uma análise da possibilidade de suspensão cautelar do direito de uma pessoa licitar e contratar com a Administração Pública". *Revista da Controladoria Geral da União*. Brasília, Ano V, n. 8, out. 2010, p. 27.

CONCLUSÃO

Ao longo do presente texto, buscou-se apresentar um panorama sobre os princípios que devem inspirar a apuração das infrações e a aplicação das sanções em licitações e contratos nas empresas estatais. Tanto as infrações quanto as sanções quais foram examinadas minuciosamente. Muitos das lacunas presentes na Lei n. 8.663/93 sobre o tema persistem na Lei n. 13.303/2016, como o estabelecimento do rito de apuração e do prazo prescricional. Outas foram corrigidas, como a obrigação de tipificar no contrato as infrações, as respectivas sanções e o valor das multas.

Novidade interessante foi a especificação da extensão da pena de suspensão do direito de licitar, pondo fim à polêmica existente e trazendo segurança jurídica tanto para as autoridades quanto para os acusados. No presente trabalho, também foram examinadas questões polêmicas, como a detração e a extinção das sanções de inidoneidade em vigor, com base no princípio da retroatividade da lei mais benéfica.

Espera-se que tais considerações possam contribuir para a boa aplicação da Lei n. 13.303/2016, ainda recente, bem como para a aproximar as sanções em licitações e contratos administrativos dos direitos e garantias fundamentais insculpidos na Carta de 1988. Afinal, "o ideal de justiça não constitui anseio exclusivo da atividade jurisdicional. Deve ser perseguido também pela Administração".[100]

REFERÊNCIAS BIBLIOGRÁFICAS

ALMEIDA, Fernando Dias Menezes de. *Contrato administrativo*. São Paulo: Quartier Latin, 2012.

AMARAL, Diogo Freitas do. *Curso de Direito Administrativo*, 3ª ed. vol. I. Coimbra: Almedina, 2010.

ARAGÃO, Alexandre Santos de. *Curso de Direito Administrativo*. Rio de Janeiro: Forense, 2012.

---

[100] STJ, 3ª Seção, MS n. 12.991/DF, rel. Min. Arnaldo Esteves Lima, DJe. 03.08.2009.

INFRAÇÕES E SANÇÕES ADMINISTRATIVAS NA LEI N. 13.303/16

ARAÚJO, Edmir Netto. *Curso de Direito Administrativo*. 5ª ed. São Paulo: Saraiva, 2010.

BACELLAR FILHO, Romeu Felipe. *Processo Administrativo Disciplinar*. 2ª ed. São Paulo: Max Limonad, 2003.

BANDEIRA DE MELLO, Celso Antônio. *Curso de Direito Administrativo*. 17ª ed. São Paulo: Malheiros, 2004.

BARROSO, Luís Roberto. *Interpretação e Aplicação da Constituição*. 6ª ed. São Paulo: Saraiva, 2008.

BINENBOJM, Gustavo. *Uma teoria do Direito Administrativo*: direitos fundamentais, democracia e constitucionalização. 2ª ed. Rio de Janeiro: Renovar, 2008.

BINENBOJM, Gustavo. "O direito administrativo sancionador e o estatuto constitucional do poder punitivo estatal". *Revista de Direito Administrativo Contemporâneo*. São Paulo, vol. 11, p. 14, ago/2014.

BITENCOURT, Cezar Roberto. *Direito penal das licitações*. São Paulo: Saraiva, 2012.

BITTENCOURT, Sidney. *Comentários à Lei Anticorrupção*. São Paulo: Revista dos Tribunais, 2014.

CARVALHO FILHO, José dos Santos. *Processo administrativo* (Comentários à Lei 9.784 de 29/1/1999). 4ª ed. Rio de Janeiro: Lumen Juris, 2009.

CORREIA, José Manuel Sérvulo. *Legalidade e autonomia contratual nos contratos administrativos*. Coimbra: Almedina, 2003.

DIAS, Eduardo Rocha. *Sanções administrativas aplicáveis a licitantes e contratados*. São Paulo: Dialética, 1997.

DI PIETRO, Maria Sylvia Zanella. *Direito Administrativo*. 23ª ed. São Paulo: Atlas, 2010.

FERREIRA, Daniel. *Sanções administrativas*. São Paulo: Malheiros, 2001.

_____. *Teoria geral da infração administrativa a partir da Constituição Federal de 1988*. Belo Horizonte: Fórum, 2009.

FURTADO, Lucas Rocha. *Curso de licitações e contratos administrativos*. Belo Horizonte: Fórum, 2007.

GARCIA, Flávio Amaral. *Licitações e contratos administrativos*: casos e polêmicas. 4ª ed. São Paulo: Malheiros, 2016.

GARCÍA DE ENTERRÍA, Eduardo; FERNÁNDEZ, Tomás-Ramón. *Curso de Derecho Administrativo*. 9ª ed. vol. 2. Madrid: Civitas, 2004.

GOMES, Orlando. *Obrigações*. 1ª ed. São Paulo: Forense, 1961.

GÓMEZ TOMILLO, Manuel; SANZ RUBIALES, Íñigo. *Derecho Administrativo Sancionador*. Parte General. Teoria General y Práctica Del *Derecho Penal Administrativo*. 2ª ed. Navarra: Arazandi/Thomson Reuters, 2010.

GUIMARÃES, Edgar; SANTOS, José Anacleto Abduch. *Lei das Estatais*: comentários ao regime jurídico licitatório e contratual da Lei 13.303/2016. Belo Horizonte: Fórum, 2016.

HOUAISS, Antônio; VILLAR, Mauro de Salles. *Dicionário Houaiss da Língua Portuguesa*. Rio de Janeiro: Objetiva, 2001.

HUNGRIA, Nelson; DOTTI, René Ariel. *Comentários ao Código Penal*. 6ª ed. vol. I. tomo I. Rio de Janeiro: GZ, 2014.

JUSTEN FILHO, Marçal. "Concessões de serviços públicos e as multas por inadimplemento do concessionário". *Informativo de Licitações e Contratos* (ILC), Curitiba, n. 100, pp. 492–509, jun. 2002.

_____. *Curso de Direito Administrativo*. 3ª ed. São Paulo: Saraiva, 2008.

_____. *Curso de Direito Administrativo*. 8ª ed. Belo Horizonte: Fórum, 2012.

_____. *Comentários à Lei de Licitações e Contratos Administrativos*. 11ª ed. São Paulo: Dialética, 2005.

_____. *Comentários à Lei de Licitações e Contratos Administrativos*. 17ª ed. São Paulo: Revista dos Tribunais, 2016.

_____. *Teoria geral das concessões de serviço público*. São Paulo: Dialética, 2003.

LIMA, Ruy Cirne. *Princípios de Direito Administrativo*. 7ª ed. São Paulo: Malheiros, 2007.

MARQUES NETO, Floriano de Azevedo. "Extensão das sanções administrativas de suspensão e declaração de inidoneidade". *Boletim Licitação e Contratos*, vol. 10, pp. 487–491, 1997.

INFRAÇÕES E SANÇÕES ADMINISTRATIVAS NA LEI N. 13.303/16

MEIRELLES, Hely Lopes. *Licitação e Contrato Administrativo*. 12ª ed. São Paulo: Malheiros, 1999.

MELLO, Rafael Munhoz de. *Princípios constitucionais de Direito Administrativo Sancionador:* as sanções administrativas à luz da Constituição Federal de 1988. São Paulo: Malheiros, 2007.

MIRANDA, Luiz Henrique Pandolfi. "Medidas cautelares no processo administrativo sancionador: uma análise da possibilidade de suspensão cautelar do direito de uma pessoa licitar e contratar com a Administração Pública". *Revista da Controladoria Geral da União*. Brasília, CGU Ano V, n. 8, p. 27, out. 2010.

MOREIRA, Egon Bockmann; BAGATIN, Andreia Cristina. "Contratos administrativos, direito à greve e os 'eventos de força maior'". *In*: DI PIETRO, Maria Sylvia Zanella; SUNDFELD, Carlos Ari (coord.). *Doutrinas Essenciais de Direito Administrativo*. vol. IV. São Paulo: Revista dos Tribunais, 2012.

MOREIRA, Egon Bockmann. *Processo Administrativo*: princípios constitucionais e a Lei 9.784/99. 4ª ed. São Paulo: Malheiros, 2010.

_____. "Desenvolvimento Econômico, Políticas Públicas e Pessoas Privadas (Passado, presente e futuro de uma perene transformação)". *Revista da Faculdade de Direito da UFPR*, Curitiba, n. 46, p. 90, 2007.

MOTTA, Fabrício. *A função normativa da administração pública*. Belo Horizonte: Fórum, 2007.

MUKAI, Toshio. *Licitações e contratos administrativos*. 7ª ed. Saraiva: São Paulo, 2006.

NIEBUHR, Joel de Menezes. *Licitação pública e contrato administrativo*. 2ª ed. Belo Horizonte: Fórum, 2012.

NIETO, Alejandro. *Derecho Administrativo Sancionador*. 4ª ed. Madrid: Tecnos, 2005.

OLIVEIRA, José Roberto Pimenta. *Os princípios da razoabilidade e de proporcionalidade no direito administrativo brasileiro*. São Paulo: Malheiros, 2006.

PEREIRA, César A. Guimarães. "Sanções administrativas na Lei das Empresas Estatais". *In*: JUSTEN FILHO, Marçal (coord.). *Estatuto Jurídico das Empresas Estatais*. São Paulo: Revista dos Tribunais, 2016.

FRANCISCO ZARDO

PEREIRA JÚNIOR, Jessé Torres. *Comentários à Lei de Licitações e Contratações da Administração Pública*. 7ª ed. Rio de Janeiro: Renovar, 2007.

PRADO, Luis Regis. *Direito Penal Econômico*. 2ª ed. São Paulo: Revista dos Tribunais, 2007.

PRATES, Marcelo Madureira. *Sanção Administrativa Geral*: anatomia e autonomia. Coimbra: Almedina, 2005.

SANTOS, Márcia Walquíria Batista dos. "Sanções administrativas. Suspensão temporária e declaração de inidoneidade". *In*: DI PIETRO, Maria Sylvia Zanella *et al*. *Temas polêmicos sobre licitações e contratos*. 5ª ed. São Paulo: Malheiros, 2006.

SILVA, Clarissa Sampaio. *Direitos fundamentais e relações especiais de sujeição*: o caso dos Agentes Públicos. Belo Horizonte: Fórum, 2009.

SUNDFELD, Carlos Ari. *Direito Administrativo Ordenador*. São Paulo: Malheiros, 2003.

_____; CÂMARA, Jacintho Arruda. "A proibição de contratar com o poder público e seus efeitos sobre os grupos empresariais". *In*: SUNDFELD, Carlos Ari; JURKSAITIS, Guilherme Jardim. *Contratos públicos e Direito Administrativo*. São Paulo: Malheiros, 2015.

ZARDO, Francisco. *Infrações e sanções em licitações e contatos administrativos*: com as alterações da Lei Anticorrupção (Lei 12.846/2013). São Paulo: Revista dos Tribunais, 2014.

_____. "A Aplicação dos Princípios de Direito Penal ao Direito Administrativo Sancionador". *In*: BUSATO, Paulo César; SÁ, Priscilla Placha; SCANDELARI, Gustavo Britta. *Perspectivas das Ciências Criminais*: Coletânea em homenagem aos 55 anos de atuação profissional do Prof. Dr. René Ariel Dotti. Rio de Janeiro: GZ, 2016.

Informação bibliográfica deste texto, conforme a NBR 6023:2002 da Associação Brasileira de Normas Técnicas (ABNT):

ZARDO, Francisco. "Infrações e sanções administrativas na Lei n. 13.303/16". *In*: DAL POZZO, Augusto; MARTINS, Ricardo Marcondes (Coord.). *Estatuto jurídico das empresas estatais*. São Paulo: Editora Contracorrente, 2018, pp. 271-312. ISBN. 978.85-69220.39-8.

O CONTROLE DAS EMPRESAS ESTATAIS

MARIA HERMÍNIA PENTEADO PACHECO E SILVA

Sumário: Introdução. 1. A fiscalização externa e sua extensão (artigos 85 a 90 da Lei n. 13.303/2016). 2. Dos sujeitos fiscalizados. 3. Dos Órgãos Fiscalizadores: Da fiscalização pelo Estado e pela Sociedade. 3.1 O papel do Tribunal de Contas. 3.2 O papel dos órgãos de controle interno das três esferas de governo. 3.3 O papel da sociedade no controle das empresas estatais e sociedades de economia mista. 4. Abrangência e limites do controle. 5. Meios para a divulgação dos dados das empresas estatais e subsidiar o seu controle. 5.1 O amplo acesso aos documentos e informações das Entidades Estatais. Conclusões. Referências Bibliográficas.

INTRODUÇÃO

A recente promulgação da Lei n. 13.303, de 30 de junho de 2016 e a edição do Decreto Regulamentar n. 8.945 de 27 de dezembro de 2016, que disciplinaram o estatuto jurídico da Empresa Pública (EP) e Sociedade de Economia Mista (SEM), dedica um capítulo específico ao seu controle, atribuindo tal mister ao Estado e à sociedade.

MARIA HERMINIA PENTEADO PACHECO E SILVA

A Lei trouxe em seu bojo modificações substanciais no que diz respeito à sua governança, objetivando dar maior transparência e profissionalismo à sua gestão, o que certamente acabará por refletir em seu controle.

Neste sentido, foi robustecido o controle societário conferido às empresas estatais e sociedades de economia mista, no que se refere à capacidade dos acionistas de acompanhar e supervisionar as atividades de seus administradores, impondo-se regras de governança e maior transparência.

Com efeito, a determinação para que sejam observadas as regras de governança já se encontram previstas no início da lei, como se extrai de seu artigo 6º estabelecendo que *o estatuto da empresa pública, da sociedade de economia mista e de suas subsidiárias deverá observar regras de governança corporativa, de transparência e de estruturas, práticas de gestão de riscos e de controle interno, composição da administração e, havendo acionistas, mecanismos para sua proteção, todos constantes desta Lei.*

À vista destas exigências, impostas pela novel lei, espera-se seja aperfeiçoado seu controle interno, realizado pelos órgãos societários.

Quanto ao controle externo, que será a seguir tratado, desempenham papel relevante na fiscalização dessas entidades os órgãos de controle interno de cada esfera de governo, os Tribunais de Contas competentes e a própria coletividade, mas é possível se afirmar que não há mudanças tão acentuadas nesta seara.

O capitulo compreendido entre os artigos 85 ao 90 trata da fiscalização realizada por órgãos que não compõem a estrutura íntima da sociedade.

Os artigos aludidos dispõem a quais órgãos de controle as entidades estão sujeitas, tratando ainda dos sujeitos fiscalizados.

Com efeito, o texto legal em comento estabelece quais são os sujeitos fiscalizados, dispondo que as sociedades de economia mista de caráter e constituição transnacional, no que se refere aos atos de gestão e aplicação do capital nacional, independentemente de estarem incluídos

314

O CONTROLE DAS EMPRESAS ESTATAIS

ou não em seus respectivos atos e acordos constitutivos, também estão sujeitos ao controle.

A lei também estabelece qual a extensão do controle a ser exercido, dispondo sobre limites a serem observados no desempenho deste mister bem como os instrumentos e informações que deverão ser disponibilizadas aos órgãos fiscalizadores.

Espera-se que tais órgãos fiscalizadores consigam aprimorar o controle destas entidades, conferindo efetividade às mudanças propostas.

1. A FISCALIZAÇÃO EXTERNA E SUA EXTENSÃO (ARTIGOS 85 A 90 DA LEI N. 13.303/2016)

As empresas públicas e sociedades de economia mista já eram submetidas a um controle externo mesmo antes da promulgação da Lei n. 13.303/16.

Pelo sistema até então existente, tal controle era atribuído aos Tribunais de Contas, o controle político exercido pelo Poder Legislativo, o controle exercido pelo Ministério Público, o controle regulatório exercido pela Comissão de Valores Mobiliários e o controle jurisdicional exercido pelo Poder Judiciário.

Sujeitavam-se, ainda, ao controle pelo órgão a que estão vinculados, o que foi mantido pela atual lei.

A nova lei assim, deu ênfase a alguns pontos que não eram tão claros, quanto aos limites e extensão da fiscalização, bem como quanto aos sujeitos fiscalizados.

Consoante disposto no artigo 85 da Lei n. 13.303/ 16, a fiscalização e controle das Empresas Públicas e Sociedades de Economia Mista foi atribuída aos órgãos de controle externo e interno das 3 (três) esferas de governo, estando sujeita a fiscalização inclusive aquelas entidades domiciliadas no exterior, quanto à legitimidade, à economicidade e à eficácia da aplicação de seus recursos, sob o ponto de vista contábil, financeiro, operacional e patrimonial.

2. DOS SUJEITOS FISCALIZADOS

Vê-se, desta forma, que se trata de um controle amplo a que estão sujeitos a empresa pública, a sociedade de economia mista, e suas subsidiárias, englobando toda e qualquer empresa pública e sociedades de economia mista da União, dos Estados, do Distrito Federal e dos Municípios que explore atividade econômica de produção ou comercialização de bens ou de prestação de serviços, ainda que a atividade econômica esteja sujeita ao regime de monopólio da União ou seja de prestação de serviços, abrangendo, inclusive as entidades domiciliadas no exterior.

O texto constitucional já dava os contornos da atuação dos Tribunais de Contas em face aos integrantes da chamada administração indireta.

> Art. 70. A fiscalização contábil, financeira, orçamentária, operacional e patrimonial da União e das entidades da administração direta e indireta, quanto à legalidade, legitimidade, economicidade, aplicação das subvenções e renúncia de receitas, será exercida pelo Congresso Nacional, mediante controle externo, e pelo sistema de controle interno de cada Poder.
>
> Parágrafo único. Prestará contas qualquer pessoa física ou jurídica, pública ou privada, que utilize, arrecade, guarde, gerencie ou administre dinheiros, bens e valores públicos ou pelos quais a União responda, ou que, em nome desta, assuma obrigações de natureza pecuniária. (Redação dada pela Emenda Constitucional n. 19, de 1998).

Assim dispõe o artigo 71, II da Constituição Federal:

> O controle externo, a cargo do Congresso Nacional, será exercido com o auxílio do Tribunal de Contas da União, ao qual compete:
>
> (...)
>
> II – julgar as contas dos administradores e demais responsáveis por dinheiros, bens e valores públicos da administração direta e

O CONTROLE DAS EMPRESAS ESTATAIS

indireta, incluídas as fundações e sociedades instituídas e mantidas pelo Poder Público federal, e as contas daqueles que derem causa a perda, extravio ou outra irregularidade de que resulte prejuízo ao erário público;

Contudo, apesar da dicção constitucional, tal norma era interpretada com restrições no que se referia às sociedades de economia mista e outras entidades da administração indireta, entendendo que quando aplicáveis disposições de direito privado, o TCU não teria competência para fiscalizar suas operações, concluindo que, quando não estivesse presente o envolvimento de dinheiro essencialmente público não seria cabível o controle.

O Supremo Tribunal Federal em votos proferidos no MS 23.627/DF, MS 23.875/DF e 25.092- DF professava esse entendimento, no sentido de que o controle externo a cargo do TCU, exercido sobre tais entidades sujeitava-se a limitações.

O posicionamento consolidado nos Mandados de Segurança aludidos foi revertido por meio de voto proferido no MS 25.181/DF, pelo voto condutor do Ministro Marco Aurélio Mello.

Merece destaque trecho extraído do referido voto, que assim deixou assentada a competência dos Tribunais de Contas:

> Tudo recomenda que se dê a maior eficácia possível, considerados atos de administrador que, em última análise, é escolhido pelo Poder Público, aos textos reveladores da preservação da coisa pública. O momento é de busca de mudança de postura, aprimorando-se as instituições. O crivo do Tribunal de Contas da União, a par de autorizado constitucionalmente, somente apresenta aspectos altamente positivos, servindo de alerta àqueles que são guindados aos cargos de direção das sociedades estatais e que, por vezes, atuam com menosprezo à impiedosa vida econômico-financeira, incidindo no vezo, diz o ditado popular, de cumprimentar com o chapéu alheio, sem o risco de uma glosa futura. Tenha-se presente a sempre possível submissão da erronia, na apreciação implementada pela Corte de Contas, ao Judiciário.

MARIA HERMINIA PENTEADO PACHECO E SILVA

> Sob qualquer ângulo em que seja examinada a matéria, não surge óptica obstaculizadora da fiscalização, no que se faz voltada, frise-se, ao bom trato do bem público, da lisura exemplar no emprego do capital que, em última análise, é da coletividade.
>
> Com a edição da Lei sob comento, se dúvidas ainda existiam a respeito de quais entidades sujeitavam-se ao controle externo, pode-se afirmar que elas não mais persistem, pois o texto legal é claro a respeito daqueles que se sujeitam à fiscalização externa do Tribunal de Contas.
>
> Parece claro que a sujeição ao controle externo pelas Cortes de Contas abrange tanto as entidades prestadores de serviço público como aquelas vocacionadas ao exercício da atividade econômica.
>
> Por outro lado, cabe ressaltar que não está incluído neste controle as empresas privadas com participação minoritária do Poder Público, afinal, tais empresas não se enquadram no conceito de empresa pública ou sociedade de economia mista, ademais, os bens destas empresas possuem natureza privada.
>
> Os recursos públicos são aportados a título de integralização do capital social ou aquisição de cotas ou ações, passando tais valores a integrar o patrimônio da companhia privada. O Estado, em contrapartida passa e deter participações societárias minoritárias nessas atividades.
>
> Assim, em relação às empresas privadas nas quais o Estado figura tão somente como acionista minoritário, sem deter o controle societário, não haverá fiscalização direta do Tribunal de Contas, considerando o não enquadramento dessas companhias na Administração Pública considerando-se, ainda a ausência de recursos públicos a serem fiscalizados.[1]

Todavia, como aponta Felipe Machado Guedes, isso não quer dizer que inexista qualquer tipo de fiscalização da Corte de Contas sobre as empresas participadas, lembrando que as participações públicas minoritárias se tratam de contrapartida ao aporte de recursos públicos

---

[1] GUEDES. Felipe Machado. *A atuação do estado na economia como acionista minoritário-possibilidades e limites.* São Paulo: Almedina, 2015, p. 265.

O CONTROLE DAS EMPRESAS ESTATAIS

nessas companhias, consistindo em investimento estatal, que resultou na aquisição e posterior incorporação dessas participações ao patrimônio público.

É sob tal perspectiva, da Administração Pública como aplicadora e gestora de recursos públicos que motivará o controle externo sobre a atuação do Estado na economia como acionista minoritário. Ou seja, o controle do TCU sobre as empresas participadas é indireto, sendo o seu foco as entidades administrativas proprietárias de participações minoritárias em sociedades privadas.[2]

A conclusão alcançada por Felipe Machado Guedes é no sentido de que

> a atuação da Corte de Contas consiste em verificar se a Administração Pública, no trato de suas participações minoritárias, está agindo em conformidade com os princípios e regras que regem a atividade administrativa. Por sua vez, a fiscalização do Estado sobre as empresas privadas nas quais detém participação será realizada dentro das normas de Direito Societário que garantem o direito dos acionistas minoritários fiscalizarem a gestão dos negócios sociais.[3]

Como exemplo da interpretação que o Tribunal de Contas da União vem adotando em relação ao tema da abrangência de sua ação fiscalizadora sobre a participação minoritária da União em empresas privadas, merecem ser lembradas decisões expedidas ao fiscalizar a atuação do BNDES.[4]

---

[2] *A atuação do estado na economia como acionista minoritário-possibilidades e limites.* São Paulo: Almedina, 2015, p. 265.

[3] *A atuação do estado na economia como acionista minoritário-possibilidades e limites.* São Paulo: Almedina, 2015, p. 267

[4] Relator: Acórdão n. 30.089/2014-Plenário. Relator: JOSÉ JORGE. Ementa: "Solicitação do Congresso Nacional, no sentido de que seja apurada a regularidade de operações de crédito entre o BNDES e o grupo JBS/Friboi. Realização de auditoria de conformidade. Recusa de entrega de parte da documentação solicitada pelo TCU,

Dessume-se da leitura da decisão proferida sob o n. 30.089/2014 pela E. Corte de Contas da União que a participação societária auferida pela BNDESPAR, subsidiária do BNDES, por meio da emissão de debêntures, conversíveis em ações, alcançando, aproximadamente, o percentual de 24,59 do capital da Friboi/JBS justifica a atuação fiscalizadora do TCU impondo a disponibilização de documentos para sua apreciação, que, no caso, não gozam do sigilo bancário:

> Assim, revendo meu posicionamento adotado quando do exame preliminar do feito, constato que o BNDES se sujeita, de forma direta, à Lei n. 12.527/2011, o que significa que merece provimento o pedido do autor na condenação do réu na obrigação de fazer, consistente em tornar públicas, nos termos da Lei n. 12.527/2012, todas as atividades de financiamento e apoio a programas, projetos, obras e serviços de entes públicos ou privados, que envolvam recursos públicos, realizadas por si ou por intermédio de outras pessoas jurídicas por ele instituídas.

Ademais, em face dos amplos poderes de investigação conferidos ao Ministério Público – art. 129, incisos VI, VIII, da Constituição Federal, e art. 8º, incisos II e IV, e § 2º, da Lei Complementar n. 75/1993 –, e levando-se em consideração que o BNDES é uma empresa pública federal, que gerencia recursos públicos, é patente que o autor tem direito de acesso às informações que forem solicitadas ao réu em procedimento de sua competência.

Para subsidiar tal entendimento é possível invocar-se o disposto na Lei Orgânica do Tribunal de Contas da União editada pela Lei

---

por alegada necessidade de observância de sigilo bancário e/ou empresarial. Expedição de determinação impondo ao BNDES a disponibilização da documentação demandada pelo TCU e de alerta sobre as consequências do não atendimento a essa requisição. Interposição pelo BNDES e BNDES participações s.a. do pedido de reexame ora sob análise. Conhecimento do recurso. Conclusão no sentido de que a natureza pública dos recursos administrados pelo BNDES e entidades controladas não se compatibiliza com a pretendida reserva de informações. Considerações sobre a competência constitucional atribuída ao tribunal para exercício do controle externo. Não provimento. Manutenção da decisão atacada em seus exatos termos. Ciência aos interessados".

O CONTROLE DAS EMPRESAS ESTATAIS

n. 8.443/1992, em seu artigo 5º estabelece um rol daqueles que se submetem à sua jurisdição:

Art. 5º A jurisdição do Tribunal abrange:

I – qualquer pessoa física, órgão ou entidade a que se refere o inciso I do art. 1º desta Lei, que utilize, arrecade, guarde, gerencie ou administre dinheiros, bens e valores públicos ou pelos quais a União responda, ou que, em nome desta, assuma obrigações de natureza pecuniária;

II – aqueles que derem causa a perda, extravio ou outra irregularidade de que resulte dano ao Erário;

III – os dirigentes ou liquidantes das empresas encampadas ou sob intervenção ou que de qualquer modo venham a integrar, provisória ou permanentemente, o patrimônio da União ou de outra entidade pública federal;

IV – os responsáveis pelas contas nacionais das empresas supranacionais de cujo capital social a União participe, de forma direta ou indireta, nos termos do tratado constitutivo.

V – os responsáveis por entidades dotadas de personalidade jurídica de direito privado que recebam contribuições parafiscais e prestem serviço de interesse público ou social;

VI – todos aqueles que lhe devam prestar contas ou cujos atos estejam sujeitos à sua fiscalização por expressa disposição de Lei;

VII – os responsáveis pela aplicação de quaisquer recursos repassados pela União, mediante convênio, acordo, ajuste ou outros instrumentos congêneres, a Estado, ao Distrito Federal ou a Município;

VIII – os sucessores dos administradores e responsáveis a que se refere este artigo, até o limite do valor do patrimônio transferido, nos termos do inciso XLV do art. 5º da Constituição Federal;

IX – os representantes da União ou do Poder Público na Assembleia Geral das empresas estatais e sociedades anônimas de cujo capital a União ou o Poder Público participem, solidariamente, com os membros dos Conselhos Fiscal e de Administração, pela prática de atos de gestão ruinosa ou liberalidade à custa das respectivas sociedades.

Este último inciso do artigo 5º, IX, deixa claro que o Tribunal de Contas da União poderá sindicar os representantes da União ou do Poder Público em Assembleia Geral das empresas estatais e sociedades anônimas de cujo capital a União ou o Poder Público participem, sem mencionar se neste caso a participação é majoritária ou não, solidariamente, com os membros dos Conselhos Fiscal e de Administração, pela prática de atos de gestão ruinosa ou liberalidade à custa das respectivas sociedades. Trata-se, pois, de uma fiscalização indireta nas empresas em que a União detenha capital minoritário.

O artigo 8º do Decreto n. 8.945/2016 enumera uma série de condicionantes que deverão estar presentes para que se dê a participação de empresa estatal em sociedade privada:

> Art. 8º A participação de empresa estatal em sociedade privada dependerá de:
>
> I – prévia autorização legal, que poderá constar apenas da lei de criação da empresa pública ou da sociedade de economia mista investidora;
>
> II – vinculação com o objeto social da empresa estatal investidora; e
>
> III – na hipótese de a autorização legislativa ser genérica, autorização do Conselho de Administração para participar de cada empresa.
>
> § 1º A necessidade de autorização legal para participação em empresa privada não se aplica a operações de tesouraria, adjudicação de ações em garantia e participações autorizadas pelo Conselho de Administração em linha com o plano de negócios da empresa estatal.
>
> § 2º A empresa estatal que possuir autorização legislativa para criar subsidiária e também para participar de outras empresas poderá constituir subsidiária cujo objeto social seja participar de outras sociedades, inclusive minoritariamente, desde que o estatuto social autorize expressamente a constituição de subsidiária como empresa de participações e que cada investimento esteja vinculado ao plano de negócios.
>
> § 3º O Conselho de Administração da empresa de participações de que trata o § 2º poderá delegar à Diretoria, observada a alçada

O CONTROLE DAS EMPRESAS ESTATAIS

a ser definida pelo próprio Conselho, a competência para conceder a autorização prevista no inciso III do *caput*.

§ 4º Não se aplica o disposto no inciso III do *caput* nas hipóteses de exercício, por empresa de participações, de direito de preferência e de prioridade para a manutenção de sua participação na sociedade da qual participa.

Tais condições poderão ser sindicadas pelo Tribunal de Contas, ao analisar a participação da estatal em sociedades privadas.

Por fim, vale aduzir que de acordo com o disposto no § 3º do artigo 85 da Lei n. 13.303/2016, a fiscalização ora tratada também abrange as empresas públicas e às sociedades de economia mista de caráter e constituição transnacional no que se refere aos atos de gestão e aplicação do capital nacional, independentemente de estarem incluídos ou não em seus respectivos atos e acordos constitutivos.

Segundo o disposto no artigo 47 § 3º do Decreto n. 8.945 de 27 de dezembro de 2016 os órgãos de controle externo e interno da União poderão solicitar para exame, a qualquer tempo, documentos de natureza contábil, financeira, orçamentária, patrimonial e operacional das empresas estatais sediadas no País e no exterior, obrigando-se os jurisdicionados à adoção das medidas corretivas pertinentes que, em função desse exame, lhes forem determinadas.

3. DOS ÓRGÃOS FISCALIZADORES: DA FISCALIZAÇÃO PELO ESTADO E PELA SOCIEDADE

O artigo 85 da Lei n. 13.303 de 30 de junho de 2016, ao dispor sobre o controle da empresa pública, da sociedade de economia mista e de suas subsidiárias, no âmbito da União dos Estados, do Distrito Federal e dos Municípios, atribui tal encargo aos órgãos de controle externo e interno das três esferas de governo, dispondo ainda sobre o controle atribuído à sociedade por meio de representação ao Tribunal de Contas e impugnação ao edital.

Para cumprir este mister, cabe a seguir discorrer rapidamente sobre os papéis atribuídos ao Tribunal de Contas, aos órgãos internos

323

a que as entidades fiscalizadas se vinculam e à participação atribuída à sociedade.

3.1 O papel do Tribunal de Contas

Entre os inúmeros controles que o Estado de Direito impõe à Administração Pública, afigura-se o controle exercido pelo Tribunal de Contas.

Trata-se de controle externo exercido para sindicar além da legalidade, a economicidade e eficácia da aplicação dos recursos.

A competência desse órgão vem prevista na Constituição Federal, dispondo seu art. 70 que a fiscalização contábil, financeira, orçamentária, operacional e patrimonial da União e das entidades da administração direta e indireta, quanto à legalidade, legitimidade, economicidade, aplicação das subvenções e renúncia de receitas, será exercida pelo Congresso Nacional, mediante controle externo, e pelo sistema de controle interno de cada Poder.

As atribuições do Tribunal de Contas da União estão definidas no art. 71 do Texto Constitucional, ressaltando-se que a Constituição de 1988 ampliou sua esfera de atuação, de modo que o controle externo a cargo dessas Cortes, desde a promulgação da CF/88, já não pode ser feito apenas sob o ângulo da legalidade formal, eis que abrange também a legitimidade, a economicidade, a razoabilidade e a racionalidade das ações administrativas, sobretudo considerando-se que foi introduzido no *caput* do seu art. 37 o princípio da eficiência como já mencionado.

Entre os inúmeros incisos do já referido art. 71 da Lei Maior, alguns merecem destaque. Assim, tal dispositivo em seu inciso I, atribui ao Tribunal de Contas da União a competência para apreciar as contas anuais do Chefe do Executivo, mediante emissão de parecer prévio, para posterior julgamento pelo Legislativo, e, em seu inciso II, incumbe-lhe de julgar as contas dos administradores e demais responsáveis pelo manuseio de dinheiro, bens e valores públicos da administração direta e indireta, incluídas as fundações e sociedades instituídas e mantidas pelo

O CONTROLE DAS EMPRESAS ESTATAIS

Poder Público Federal, e as contas daqueles que derem causa a perda, extravio ou outra irregularidade de que resulte prejuízo ao erário.

Também compete ao Tribunal de Contas da União realizar inspeções e auditorias de natureza contábil, financeira, orçamentária, operacional e patrimonial, nas unidades administrativas dos Poderes Legislativo, Executivo e Judiciário (CF, art. 71, IV), fiscalizar a aplicação de quaisquer recursos repassados pela União mediante convênio, acordo, ajuste ou outros instrumentos congêneres, a Estado, ao Distrito Federal ou a Município (CF, art. 71, VI).

Uma vez constatada ilegalidade ou irregularidade nas contas ou despesas analisadas, compete ao Tribunal de Contas aplicar sanções aos responsáveis, consoante previsão legal (CF, art. 71, VII), cabendo, ainda, assinar prazo para que o órgão ou entidade adote as providências necessárias ao exato cumprimento da lei, se verificar ilegalidade (CF, art. 71, IX), competindo-lhe sustar, se não atendido, a execução do ato impugnado, comunicando a decisão à Câmara dos Deputados e ao Senado Federal (CF, art. 71, X).

O poder de coação do Tribunal está baseado nas sanções que lhe cabem aplicar, a saber, aplicar multas e determinar o ressarcimento de danos causados ao erário, ambos com força de título executivo (art. 71, inciso VIII, § 3º, da CF); sancionar com a inelegibilidade a qualquer cargo público, em face de julgamento pela irregularidade das contas (art. 71, inciso II, da CF, e art. 1º, inciso I, alínea g, da LC n. 64/1990); determinar o afastamento de autoridades de seus respectivos cargos (art. 44 da Lei n. 8.443/92); anular admissões e concessões de aposentadorias e pensões (art. 71, inciso III, da CF e Súmula 6 do STF); bloquear quotas-partes dos recursos tributários das administrações municipais e estaduais.

A atuação fiscalizatória das Cortes de Contas pode se dar *a posteriori*, ou de forma concomitante, acompanhando procedimentos licitatórios e julgando representações ao edital, hipótese em que sua atuação se revela mais eficaz.

O artigo 87 da Lei sob comento determina que as empresas públicas e as sociedades de economia mista e suas subsidiárias no Brasil e exterior,

325

devem demonstrar a legalidade e a regularidade da despesa e de sua execução, nos termos do disposto na Constituição Federal.

Apesar de mais amplo que as hipóteses da Lei n. 8.666/93, a nova lei faz o alerta de que se comprovado pelo órgão de controle externo, sobre preço ou superfaturamento, respondem solidariamente pelo dano causado quem houver decidido pela contratação direta e o fornecedor ou prestador de serviço:

> Art. 30. A contratação direta será feita quando houver inviabilidade de competição, em especial na hipótese de:
> (...)
> § 2º Na hipótese do *caput* e em qualquer dos casos de dispensa, se comprovado, pelo órgão de controle externo, sobre preço ou superfaturamento, respondem solidariamente pelo dano causado quem houver decidido pela contratação direta e o fornecedor ou o prestador de serviços.

3.2 O papel dos órgãos de controle interno das três esferas de governo

As empresas públicas e as sociedades de economia mista serão ainda fiscalizadas pelos órgãos de controle interno respectivo. Tal controle é considerado interno pois realizado por órgão que integra a Administração Pública da qual a entidade sindicada faz parte, mas externo, no sentido de que a fiscalização é atribuída à órgão que não compõe sua estrutura íntima, mas integra o Poder Executivo da Unidade da Federação da qual ela faz parte.

O art. 87 em reforço ao disposto no art. 85 determina que o controle das despesas decorrentes dos contratos e demais instrumentos regidos pela Lei n. 13.303/2016 será feito pelos órgãos do sistema de controle interno e pelo tribunal de contas competente, na forma da legislação pertinente

A Lei menciona controle interno sem determinar quais órgãos estão compreendidos neste conceito, o que deve ser buscado no ordenamento jurídico de cada esfera de governo.

O CONTROLE DAS EMPRESAS ESTATAIS

A Constituição Federal, em seu artigo 74, faz um rol das finalidades almejadas pelo controle interno a ser mantido pelos Poderes Legislativo, Executivo e Judiciário.

> Art. 74. Os Poderes Legislativo, Executivo e Judiciário manterão, de forma integrada, sistema de controle interno com a finalidade de:
>
> I – avaliar o cumprimento das metas previstas no plano plurianual, a execução dos programas de governo e dos orçamentos da União;
>
> II – comprovar a legalidade e avaliar os resultados, quanto à eficácia e eficiência, da gestão orçamentária, financeira e patrimonial nos órgãos e entidades da administração federal, bem como da aplicação de recursos públicos por entidades de direito privado;
>
> III – exercer o controle das operações de crédito, avais e garantias, bem como dos direitos e haveres da União;
>
> IV – apoiar o controle externo no exercício de sua missão institucional.
>
> § 1º Os responsáveis pelo controle interno, ao tomarem conhecimento de qualquer irregularidade ou ilegalidade, dela darão ciência ao Tribunal de Contas da União, sob pena de responsabilidade solidária.
>
> § 2º Qualquer cidadão, partido político, associação ou sindicato é parte legítima para, na forma da lei, denunciar irregularidades ou ilegalidades perante o Tribunal de Contas da União.

O Ministério da Transparência, Fiscalização e Controladoria-Geral da União foi criado em 12 de maio de 2016 pela Medida Provisória 726/2016, convertida na Lei n. 13.341 de 29.09.2016.As competências da extinta Controladoria-Geral da União (CGU) foram transferidas para tal Ministério, como se pode depreender da leitura do artigo 18 da Lei aludida.[5] Verificando-se as principais funções no exercício do controle

---

[5] "Art. 18. Ao Ministro de Estado da Transparência, Fiscalização e Controladoria-Geral da União – CGU, no exercício da sua competência, incumbe, especialmente: I – decidir, preliminarmente, sobre as representações ou denúncias fundamentadas que receber, indicando as providências cabíveis; II – instaurar os procedimentos e processos

externo como realização de inspeções, abertura de sindicâncias, declarar ou promover a nulidade de processo administrativo.

Verifica-se, desta feita que foi atribuído ao Ministério da Transparência, Fiscalização e Controladoria-Geral da União (CGU) do Governo Federal a responsabilidade para realizar atividades relacionadas à defesa do patrimônio público e ao incremento da transparência da gestão, por meio de ações de controle interno, auditoria pública, correição, prevenção e combate à corrupção e ouvidoria. Neste mister a CGU figura como Órgão Central sendo-lhe atribuída a supervisão técnica dos órgãos que compõem o Sistema de Controle Interno e o Sistema de Correição e das unidades de ouvidoria do Poder Executivo Federal, prestando, ainda, a orientação normativa necessária.

Tal atividade fiscalizatória, como poderá implicar na aplicação de eventual sanção, como todo o processo restritivo de direitos deverá obedecer aos princípios do contraditório e da ampla defesa.

---

administrativos a seu cargo, constituindo comissões, e requisitar a instauração daqueles que venham sendo injustificadamente retardados pela autoridade responsável; III – acompanhar procedimentos e processos administrativos em curso em órgãos ou entidades da administração pública federal; IV – realizar inspeções e avocar procedimentos e processos em curso na administração pública federal, para exame de sua regularidade, propondo a adoção de providências ou a correção de falhas; V – efetivar ou promover a declaração de nulidade de procedimento ou processo administrativo e, se for o caso, a imediata e regular apuração dos fatos mencionados nos autos e na nulidade declarada; VI – requisitar procedimentos e processos administrativos já arquivados por autoridade da administração pública federal; VII – requisitar a órgão ou entidade da administração pública federal ou, quando for o caso, propor ao Presidente da República que sejam solicitados as informações e os documentos necessários a trabalhos do Ministério da Transparência, Fiscalização e Controladoria-Geral da União – CGU; VIII – requisitar aos órgãos e às entidades federais servidores e empregados necessários à constituição das comissões referidas no inciso II, e de outras análogas, bem como qualquer servidor ou empregado indispensável à instrução do processo; IX – propor medidas legislativas ou administrativas e sugerir ações que visem evitar a repetição de irregularidades constatadas; X – receber as reclamações relativas à prestação de serviços públicos em geral e promover a apuração do exercício negligente de cargo, emprego ou função na administração pública federal, quando não houver disposição legal que atribua a competência a outros órgãos; e XI – desenvolver outras atribuições de que o incumba o Presidente da República".

O CONTROLE DAS EMPRESAS ESTATAIS

3.3 O papel da sociedade no controle das empresas estatais e sociedades de economia mista

Inicialmente vale a pena lembrar que a Constituição, chamada de "Constituição Cidadã" viabiliza e fomenta o controle da Administração Pública pela sociedade por vários meios e instrumentos jurídicos.

É possível que a sociedade, organizada em associações ou grupos de interesse comum ingressem com ações coletivas questionando a atuação das empresas estatais, constatado, por exemplo, danos ao meio ambiente, ao consumidor ao patrimônio público[6]

A nova Lei, contudo, ao tratar do controle externo realizado pela sociedade prevê, no artigo 87 da Lei em seu parágrafo primeiro estabelece que qualquer cidadão é parte legítima para impugnar edital de licitação por irregularidade na aplicação da Lei em comento, devendo protocolar o pedido até 5 (cinco) dias úteis antes da data fixada para a ocorrência do certame.

Este instrumento de controle já estava previsto no artigo 41 § 1º da Lei n. 8.666/93, possibilitando a qualquer cidadão impugnar edital de licitação por irregularidade na aplicação do diploma legal de licitação, devendo protocolar o pedido até 5 (cinco) dias úteis antes da data fixada para a abertura dos envelopes de habilitação, devendo a Administração julgar e responder à impugnação em até 3 (três) dias úteis, sem prejuízo da faculdade prevista no § 1º-do art. 113. Tal dispositivo legal, por usa vez, trata da representação ao Tribunal de Contas ou a órgãos integrantes do controle interno, contra irregularidades detectadas no edital ou no procedimento licitatório.

O artigo 87, § 1º e § 2º da Lei n. 13.303/2016 reproduz os termos previstos na Lei n. 8666/93, também conferindo a qualquer licitante, contratado ou pessoa física ou jurídica o direito de formular representação endereçada ao tribunal de contas ou aos órgãos integrantes do sistema de controle interno contra irregularidades na aplicação do texto legal em epígrafe.

---

[6] Constituição Federal, art. 5º XVII, XVIII, XIX, XXI.

O Decreto n. 8.945/2016 ao regulamentar a Lei n. 13.303/2016 atribui em seu artigo 47,§ 1ºlegitimidade para qualquer cidadão impugnar edital de licitação por irregularidade quanto à aplicação do disposto na Lei n. 13.303, de 2016, devendo protocolar o pedido no prazo de cinco dias úteis anteriores à data fixada para a ocorrência do certame, devendo a entidade julgar e responder à impugnação no prazo de três dias úteis, sem prejuízo do disposto no § 2º.

Em acréscimo, o § 2º do artigo 47 acima mencionado deixa claro que qualquer licitante, contratado ou pessoa física ou jurídica poderá representar aos órgãos de controle externo e interno da União contra irregularidades quanto à aplicação do disposto neste Decreto.

4. ABRANGÊNCIA E LIMITES DO CONTROLE

Na fiscalização dos atos das empresas públicas e sociedades de economia mista a abrangência do controle é bastante ampla, estabelecendo o artigo 85 da lei que tais entidades serão sindicados quanto à sua legitimidade, economicidade, eficácia da aplicação de seus recursos, sob o ponto de vista contábil, financeiro, operacional e patrimonial.

Tal determinação referente ao âmbito de abrangência do Tribunal de Contas já constava do artigo 70 da Constituição Federal.

Como se depreende da leitura do dispositivo legal acima mencionado a fiscalização é mais ampla do que a *legalidade*, abrangendo o que se entende por juridicidade ou legitimidade.

Observa Juarez Freitas que o Estado deve zelar para que suas escolhas sejam legítimas, caracterizando-as como:

> (...) aquelas que consagram e concretizam o direito fundamental à boa administração pública, que pode ser assim compreendido: trata-se do direito fundamental à administração pública eficiente e eficaz, proporcional cumpridora de seus deveres, com transparência, motivação, imparcialidade e respeito à moralidade, à participação social e à plena responsabilidade por suas condutas

O CONTROLE DAS EMPRESAS ESTATAIS

omissivas e comissivas a tal direito corresponde o dever de a administração pública observar, nas relações administrativas, a cogência da totalidade dos princípios constitucionais que a regem.[7]

O princípio da legalidade evoluiu, abandonando a antiga compreensão fechada e simplista utilizada nas origens do Direito Administrativo. Com a evolução do Estado, o cumprimento da legalidade já não mais se prestava apenas a vigiar e punir, nem tampouco a executar pontualmente a lei, mas de igual forma a instalar meios de desenvolvimento social (o planejamento estatal da economia) e aos particulares (os direitos de segunda dimensão; os direitos sociais).

Sob tal cenário, a Administração Pública deve obediência não só ao texto normativo, como também à norma construída a partir do texto. "O princípio da legalidade passa a exigir a compreensão do todo do ordenamento jurídico e a inserção da conduta cogitada, de forma harmônica, nesse universo e de seu contexto sócio econômico".[8]

O novo enfoque atribuído ao princípio da legalidade em face do Direito Administrativo foi reconhecido no âmbito da Lei n. 9.784/1999, que regula o processo administrativo no âmbito da Administração Pública federal, que, em seu artigo 2º, impõe o dever da Administração de atuar em seus processos administrativos conforme "a lei e o Direito".

O controle da legitimidade vai além da legalidade formal, exigindo um exame de sua pertinência com a finalidade legalmente prevista como justificadora da prática do ato.

Adilson de Abreu Dallari entende ser esta uma tendência do atual Direito Administrativo:

> No momento atual, à luz da evolução até agora experimentada, é possível identificar algumas tendências, parte das quais já estão

---

[7] *Discricionariedade administrativa e o direito fundamental à boa administração pública*. São Paulo: Malheiros, 2007, p. 20.

[8] FREITAS, Juarez. *Discricionariedade administrativa e o direito fundamental à boa administração pública*. São Paulo: Malheiros, 2007, p. 58.

> sendo concretizadas. Em primeiro lugar, cabe referir a orientação no sentido de não se admitir, apenas, a mera legalidade formal; a simples submissão do ato praticado à hipótese contida no mandamento legal. Agora, exige-se mais que isso: é preciso verificar a legitimidade do ato praticado; sua pertinência, sua conformidade com a finalidade legalmente prevista como justificadora da prática do ato em exame (...).

Aliás, o mero enunciado abstrato da norma é insuficiente para a perfeita e completa compreensão de seu conteúdo, pois, como se sabe, o texto legal comporta uma pluralidade de interpretações. A melhor interpretação será aquela que, diante do caso concreto, revelar-se a mais apta à realização do objetivo almejado pela lei.[9]

A Lei n. 13.303/2016 ao dispor sobre a fiscalização externa, diz que o controle é abrangente, alcançando além da legitimidade a *economicidade e a eficácia da aplicação dos recursos* pelas entidades sindicadas, sob o ponto de *vista contábil, financeiro operacional e patrimonial.*

A economicidade e a eficácia na aplicação de recursos podem ser resumidas na chamada eficiência, que hodiernamente figura como princípio explícito no *caput* do artigo 37 da Constituição Federal de 1988 a partir da EC 19/98, devendo ser interpretado e entendido, eis que foi alçado como vetor da atuação administrativa.

Mesmo antes da Emenda, já era passível de ser extraída do texto constitucional e admitida como norma implícita no sistema. Trata-se de um princípio jurídico autônomo, mas contribui, ao mesmo tempo, para o reforço dos demais.

Afirma-se que a administração pública deve perseguir a eficiência, cabendo indagar o que se deve compreender neste comando, tendo em conta a imprecisão de seu conceito.

---

[9] "Os poderes administrativos e as relações jurídico-administrativas". *Revista de Informação Legislativa*, Brasília, ano 36, n. 141, jan/mar 1999, p. 80. Disponível em https://www2.senado.leg.br/bdsf/bitstream/handle/id/451/r141-06.pdf?sequence=4. Acesso em 16.11.2016.

O CONTROLE DAS EMPRESAS ESTATAIS

A determinação do conceito de eficiência na Administração Pública não se vincula à obtenção de menores custos financeiros, pois não há identidade entre menor custo financeiro e maior eficiência.

Tal princípio está ligado à obtenção de melhores resultados, tanto na definição, como o modo de obtenção destes resultados, que devem ser sindicáveis, como exigência deste princípio. Entretanto, ele não deve ser entendido apenas como maximização do lucro, mas como um melhor exercício das missões de interesse coletivo que incumbe ao Estado, vocacionado a obter a maior realização prática possível das finalidades do ordenamento jurídico, com os menores ônus possíveis, tanto para o próprio Estado, especialmente de índole financeira, como para as liberdades dos cidadãos.

Quando houver incompatibilidade entre a eficiência econômica e certos valores fundamentais, deverá adotar-se a solução que preserve ao máximo todos os valores e finalidades consagrados pelo Estado Social Democrático de Direito, mesmo que isso implique a redução da eficiência econômica.[10]

Segundo Maria Sylvia Zanella Di Pietro o princípio da eficiência apresenta dois aspectos: o modo de atuação do agente público, do qual se espera o melhor desempenho possível de suas atribuições, para lograr os melhores resultados e o modo de organizar, estruturar, disciplinar a Administração Pública, também com o mesmo objetivo.[11]

Celso Antônio Bandeira de Mello afirma que o princípio da eficiência deve ser compreendido como uma faceta de um princípio mais amplo, tratado pelo Direito italiano: o princípio da boa administração. Destaca, reportando-se às lições de Guido Falzone, que esse último significa:

> desenvolver a atividade administrativa 'do modo mais congruente, mais oportuno e mais adequado aos fins a serem alcançados, graças

---

[10] ARAGÃO, Alexandre Santos de. "O princípio da eficiência". *Revista de Direito Administrativo*, Rio de Janeiro, vol. 237, pp. 1-20, jul./set. 2004, p. 3.

[11] *Direito Administrativo*. 29ª ed. Rio de Janeiro: Editora Forense. 2016, p. 114.

à escolha dos meios e da ocasião de utilizá-los, concebíveis como os mais idôneos para tanto'.[12] Tal dever, como assinala Falzone 'não se põe simplesmente como um dever ético ou como mera aspiração deontológica, senão como um dever atual e estritamente jurídico'.[13-14]

Registra Diogo de Figueiredo Moreira Neto que:

> (...) com o desenvolvimento dos conceitos da administração pública gerencial, que revelam grande influência do pragmatismo do direito público anglo-saxônico, passou-se a reconhecer não ser o bastante a prática de atos que, simplesmente, estejam aptos a produzir os resultados juridicamente dele esperados, atendendo apenas ao conceito clássico de eficácia. Exigiu-se mais: que esses atos fossem praticados com tais qualidades intrínsecas de excelência, de modo a possibilitarem o melhor atendimento possível das finalidades para ele previstas em lei.
>
> (...)
>
> Entendida, assim, a eficiência administrativa, como a melhor realização possível da gestão dos interesses públicos, posta em termos de plena satisfação dos administrados com os menores custos para a sociedade, ela se apresenta, simultaneamente, como um atributo técnico da administração, como uma exigência ética

---

[12] FALZONE, Guido. *Il dovere di buona amministrazione*. Milão: Giuffrè, 1953, p. 64 *apud* BANDEIRA DE MELLO, Celso Antônio. *Curso de direito administrativo*. 31ª ed. São Paulo: Malheiros, 2014, p. 125.

[13] FALZONE, Guido. *Il dovere di buona amministrazione*. Milão: Giuffrè, 1953, p. 87 *apud* BANDEIRA DE MELLO, Celso Antônio. *Curso de direito administrativo*. 31ª ed. São Paulo: Malheiros, 2014, p. 125.

[14] BANDEIRA DE MELLO, Celso Antônio. *Curso de direito administrativo*. 31ª ed. São Paulo: Malheiros, 2014, p. 125. Juarez Freitas afirma que o direito fundamental à "boa administração pública, pode ser assim compreendido: trata-se do direito fundamental à administração pública eficiente e eficaz, proporcional cumpridora de seus deveres, com transparência, motivação, imparcialidade e respeito à moralidade, à participação social e à plena responsabilidade por suas condutas omissivas e comissivas. A tal direito corresponde o dever de a administração pública observar, nas relações administrativas, a cogência da totalidade dos princípios constitucionais que a regem". (*Discricionariedade administrativa e o direito fundamental à boa administração pública*. São Paulo: Malheiros, 2007, p. 20).

O CONTROLE DAS EMPRESAS ESTATAIS

a ser atendida, no sentido weberiano de resultados, e, coroando a relação, como uma característica jurídica exigível, de boa administração dos interesses públicos.[15]

A Constituição Federal atribui à eficiência grande importância em vários dos seus dispositivos, preocupando-se com a exigência de eficiência de vários modos, tratando-se de norma cogente para os Poderes Públicos, e, portanto, capaz de invalidar os atos desconformes ao aludido comando.

Sendo assim, a eficiência projetada na *economicidade e a eficácia da aplicação dos recursos,* sob o ponto de *vista contábil, financeiro operacional e patrimonial* poderá ser apreciada pelos órgãos de controle, buscando mecanismos práticos indicadores da capacidade de o agente bem realizar a atividade das entidades da administração indireta.

Carlos Ari Sundfeld e Jacintho Arruda Câmara[16] professam o entendimento que a competência interventiva, de comando a ser exercida pela Corte de Contas diz respeito à fiscalização de conformidade, que abrange a atuação financeira da Administração em sentido amplo. Advertem, contudo, que não se deve expandir esse tipo de análise para qualquer decisão tomada no âmbito da atuação administrativa geral dos entes fiscalizados.

Ao final, concluem os autores que a atuação fiscalizatória do Tribunal de Contas sobre a Administração Pública deve envolver basicamente sua atuação de índole financeira em sentido amplo, não sendo sua atribuição fazer revisão compulsória dos atos administrativos em geral.

Ainda quanto à extensão do controle merece destaque o disposto no artigo 87, *caput,* da Lei referida que estabelece que o controle das despesas decorrentes dos contratos e demais instrumentos disciplinados

---

[15] *Curso de direito administrativo.* 31ª ed. São Paulo: Malheiros, 2014, p. 117.

[16] "Competências de controle dos Tribunais de Contas: possibilidades e limites". *In:* SUNDFELD, Carlos Ari (coord.). *Contratações públicas e seu controle.* São Paulo: Malheiros Editores, 2013, p. 190.

pelo texto legal em tela será feito pelos órgãos do sistema de controle interno e pelo tribunal de contas competente, na forma da legislação pertinente, ficando as empresas públicas e as sociedades de economia mista responsáveis pela demonstração da legalidade e da regularidade da despesa e da execução, nos termos da Constituição.

O § 3º do citado artigo 87 deixa claro que para subsidiar sua função fiscalizadora, os tribunais de contas e os órgãos integrantes do sistema de controle interno poderão solicitar para exame, a qualquer tempo, documentos de natureza contábil, financeira, orçamentária, patrimonial e operacional das empresas públicas, das sociedades de economia mista e de suas subsidiárias no Brasil e no exterior, obrigando-se, os jurisdicionados, à adoção das medidas corretivas pertinentes que, em função desse exame, lhes forem determinadas.

O artigo 89 cuida de dar balizas para extensão do controle interno exercido pelo órgão a que ditas entidades se vinculam estabelecendo que o exercício da supervisão por vinculação da empresa pública ou da sociedade de economia mista, pelo órgão a que se vincula, não pode ensejar a redução ou a supressão da autonomia conferida pela lei específica que autorizou a criação da entidade supervisionada ou da autonomia inerente a sua natureza, nem autoriza a ingerência do supervisor em sua administração e funcionamento, devendo a supervisão ser exercida nos limites da legislação aplicável.

Ainda deixando claro a delimitação da atuação e extensão da fiscalização de que o Capítulo III da Lei em comento restou consignado em seu artigo 90, que as ações e deliberações do órgão ou agente de controle não podem implicar interferência na gestão das empresas públicas e das sociedades de economia mista a ele submetidas nem ingerência no exercício de suas competências ou na definição de políticas públicas.

O art. 49 ao regulamentar a Lei n. 13.303/2016 estabelece, em adendo que o exercício da supervisão feita pelo Ministério ao qual a empresa estatal esteja vinculada não pode ensejar a redução ou a supressão da autonomia conferida pela lei específica que autorizou a criação da empresa estatal supervisionada ou da autonomia inerente a sua natureza,

O CONTROLE DAS EMPRESAS ESTATAIS

nem autoriza a ingerência do Ministério supervisor em sua administração e seu funcionamento, devendo a supervisão ser exercida nos limites da legislação aplicável, com foco na realização de políticas públicas transparentes e em harmonia com o objeto social da empresa estatal vinculada e com as diretrizes do Plano Plurianual

Na prática é possível que haja tal interferência, pois o órgão de controle em atuação tão ampla poderá acabar interferindo no gerenciamento dessas entidades quando exercer sua atividade fiscalizadora, não obstante a vedação legal. Cabe aos interessados zelar para que tais limites e extensões sejam observados, valendo-se, se for o caso, de medidas judiciais para assegurar que a ação fiscalizatória dos órgãos ora tratados observe os ditames legais.

5. MEIOS PARA A DIVULGAÇÃO DOS DADOS DAS EMPRESAS ESTATAIS E SUBSIDIAR O SEU CONTROLE

A Lei em comento pretende garantir a ampla publicidade e transparência na veiculação das informações relativas às entidades estatais nela albergadas.

Cumpre lembrar que tal desiderato já poderia estar sendo cumprido em face da Lei n. 12.527 de 18.11.2011 chamada de "lei de acesso às informações". Embora vigente e objetivando garantir o acesso a informações tal como previsto no inciso XXXIII do artigo 5°, no artigo 37, $\S3^{\circ}$, II e no $\S 2^{\circ}$ do artigo 216 do Texto Constitucional, e já sendo cogente para as autarquias, fundações públicas, empresas públicas e sociedades de economia mista e demais entidades controladas direta ou indiretamente pela União, Estados, Distrito Federal e Municípios, é possível afirmar que a transparência nas informações dessas Entidades está aquém do desejável, em sua extensão e dimensão.

Vários exemplos podem ser dados para ilustrar esta assertiva.

Compulsando o trabalho designado "Brasil, BNDES y proyectos de inversión con implicancias en la Amazonía", elaborado por Ricardo Verdum, verifica-se que tal entendimento é compartilhado pelo autor,

337

enfatizando a dificuldade em se obter dados sobre os empréstimos realizados pelo Banco de fomento, eis que, oficialmente, todas suas operações estariam acessíveis e seriam transparentes.[17]

Na mesma trilha informação publicada em site chamado "Canal Ibase" sobre o assunto:

Queríamos algo bem simples: listar todos os investimentos do Banco Nacional de Desenvolvimento Econômico e Social (BNDES),

---

[17] Vale a pena transcrever as dificuldades que o autor se deparou para elaborar seu trabalho: "Para poder preparar los cuadros que aquí presentamos con información sobre financiamiento e inversiones BNDES en la Amazonía Continental, utilizamos un gran grupo de documentos y la página web del banco (ver lista de fuentes en la sección final). Nuestra experiencia en este primer intento exploratorio de obtener información oficial o confiable acerca de los proyectos financiados por BNDES, especialmente para actividades realizadas fuera del Brasil, nos ha llevado a concluir que aún existen barreras al acceso público a información de este tipo. Esto contrasta con la actual posición del gobierno brasileño de defender el derecho de la sociedad a acceder a información pública. Desafortunadamente, la Ley de Acceso a la Información Pública del Brasil, n. 12.527/2011, no ha logrado garantizar suficiente transparencia en las actividades BNDES en América Latina. Cabe mencionar que esta falta de transparencia en la aprobación de préstamos para proyectos no sólo en la región amazónica, sino también en otras biomas, es una amenaza para la integridad de los bosques, las comunidades indígenas, rurales y tradicionales, así como para todo el médio ambiente. Esta situación ha puesto límites a la confirmación del Banco de su respaldo a ciertos proyectos que, de acuerdo a la información de fuentes secundarias, implican su participación. Este efecto incrementa, una vez más, la necesidad de garantizar que la institución tenga en realidad una política de transparencia. Los cuadros incluidos en este informe están aún incompletos precisamente por las dificultades enfrentadas para obtener información de una fuente oficial. Otro ejemplo de falta de acceso público a la información fue una respuesta a una pregunta de Oriana Rey, de Amigos de la Tierra (Friends of the Earth) acerca de operaciones directas e indirectas contratadas con BNDES en los últimos 5 años para proyectos de infraestructura y minería en América Latina, excluyendo al Brasil. Oriana recurrió al Sistema de Información Ciudadana (Sistema Eletrônico do Serviço de Informações ao Cidadão – e-SIC), y la respuesta que obtuvo de este servicio acerca de BNDES contrasta fuertemente con la información mostrada en los cuadros siguientes." (Trabalho publicado no Peru-Lima, novl. 2013, Asociación Ambiente y Sociedad de Colombia; Centro de Derechos Económicos y Sociales de Ecuador; Centro de Estudios para el Desarrollo Laboral y Agrario de Bolivia; Instituto Brasileiro de Análises Sociais e Econômicas de Brasil; Derecho, Ambiente y Recursos Naturales de Perú. Disponível em http://www.vigilamazonia.com/uploads/files/55e545206aee 61cb85b701dc602a25f4.pdf. Acesso em 10.08.2014.

O CONTROLE DAS EMPRESAS ESTATAIS

em projetos de infraestrutura na região amazônica. Ou seja, apenas uma fração do desembolso total, mas uma parte importante para entendermos a estratégia e os impactos reais deste banco público cujo objetivo é fomentar o desenvolvimento. Chegamos à triste conclusão: o BNDES é tão pouco transparente que é impossível que um cidadão saiba o que acontece com os bilhões e bilhões de reais que impulsionam a infraestrutura brasileira e a expansão de empresas nacionais no exterior.[18]

A nova Lei confere aos Órgãos Fiscalizadores a possibilidade de terem acesso irrestrito aos documentos sigilosos.

5.1 O amplo acesso aos documentos e informações das Entidades Estatais

O § 1º da Lei n. 13.303/2016 confere aos Órgãos de controle amplo acesso para a realização de sua atividade fiscalizatória, outorgando-lhe acesso irrestrito aos documentos e às informações necessárias à realização dos trabalhos, abrangendo, inclusive, os documentos classificados como sigilosos, nos termos da Lei n. 12.527 de 18 de novembro de 2011, que trata da Lei de Acesso à Informação.

O grau de confidencialidade, entretanto, será atribuído pelas empresas públicas e sociedades de economia mista, no ato de entrega dos documentos e informações solicitados, tornando-se o órgão de controle com o qual foi compartilhada a informação sigilosa, responsável pela manutenção de seu sigilo. É o que dispõe o § 2º do artigo 85 da Lei n. 13.303/2016.

Reforça tal determinação o artigo 45 do Decreto n. 8.945 de 27 de dezembro de 2016, que em seu § 1º estabelece que para a realização da atividade fiscalizatória de que trata o *caput* do artigo referido os órgãos de controle deverão ter acesso irrestrito aos documentos e às informações necessárias à realização dos trabalhos, inclusive aqueles classificados como

---

[18] Disponível em http://www.canalibase.org.br/bndes-para-exportacao/. Acesso em 10.08.2014.

sigilosos pela empresa estatal, nos termos da Lei n 12.527, de 2011, Lei de Acesso à Informação.

O § 2º do artigo 45 do Decreto regulamentador diz também que o grau de confidencialidade será atribuído pelas empresas estatais no ato de entrega dos documentos e das informações solicitados, tornando-se o órgão de controle com o qual foi compartilhada a informação sigilosa corresponsável pela manutenção do seu sigilo.

O artigo 86 da Lei em comento estabelece em seu § 4º que as informações que sejam revestidas de sigilo bancário, estratégico, comercial ou industrial serão assim identificadas, respondendo o servidor administrativa, civil e penalmente pelos danos causados à empresa pública ou à sociedade de economia mista e a seus acionistas em razão de eventual divulgação indevida.

Cabe a regulamento definir os critérios do que devem ser classificadas informações sujeitas a sigilo estratégico, comercial ou industrial (artigo 86, § 5º).

Para subsidiar a atividade fiscalizatória ora tratada, o artigo 86 *"caput"* da Lei em referência estabelece que as informações das empresas públicas e das sociedades de economia mista relativas a licitações e contratos, inclusive aqueles referentes a bases de preços, constarão de bancos de dados eletrônicos atualizados e com acesso em tempo real aos órgãos de controle competentes.

As entidades estatais também deverão disponibilizar em seu sítio eletrônico suas demonstrações contábeis auditadas, inclusive em formato eletrônico editável.

Segundo estabelecido no artigo 86, §2ºe §3º da Lei mencionada, as atas e demais expedientes oriundos de reuniões, ordinárias ou extraordinárias, dos conselhos de administração ou fiscal das empresas públicas e das sociedades de economia mista, inclusive gravações e filmagens, quando houver, deverão ser disponibilizados para os órgãos de controle sempre que solicitados, no âmbito dos trabalhos de auditoria, tratando-se, contudo, de acesso restrito e individualizado,

O CONTROLE DAS EMPRESAS ESTATAIS

justamente, por eventualmente albergar informação sigilosa ou estratégica da empresa.

No que diz respeito a veiculação de informações sobre a execução de contratos e de seu orçamento, o artigo 88, *caput* da Lei n. 13.303/2016 estabelece que as empresas públicas e as sociedades de economia mista deverão disponibilizar para conhecimento público, por meio eletrônico, informação completa mensalmente atualizada sobre a execução de seus contratos e de seu orçamento, admitindo-se retardo de até 2 (dois) meses na divulgação das informações.

O dispositivo legal referido obriga ampla publicidade, também por meio eletrônico de todas as informações atualizadas sobre a execução dos contratos dos seus orçamentos, além dos atos e contratos mencionados no artigo 86 já referido,[19] devendo constar prazos, cronogramas de execução, ocorrências, pagamentos efetuados, aplicação de sanções, recebimento de objeto ou rescisões.

No que diz respeito à disponibilização de informações contratuais de perfil estratégico ou contempladas por segredo industrial, ela se encontra prevista no artigo 88, parágrafo §1º e § 2º:

> §1º A disponibilização de informações contratuais referentes a operações de perfil estratégico ou que tenham por objeto segredo industrial receberá proteção mínima necessária para lhes garantir confidencialidade.
>
> § 2º O disposto no § 1º não será oponível à fiscalização dos órgãos de controle interno e do tribunal de contas, sem prejuízo da responsabilização administrativa, civil e penal do servidor que der causa à eventual divulgação dessas informações.

As disposições acima vêm reproduzidas no § 4º do artigo 46 estabelecendo que as informações que sejam revestidas de sigilo bancário,

---

[19] GUIMARÃES, Edgar; SANTOS, José Anacleto Abduch. *Lei das Estatais*: comentários ao regime jurídico licitatório e contratual da Lei n. 13.303/2016. Belo Horizonte: Fórum, 2017, p. 309.

estratégico, comercial ou industrial serão assim identificadas, respondendo o servidor responsável pela atividade fiscalizatória administrativa, civil e penalmente pelos danos causados à empresa estatal e a seus acionistas em razão de eventual divulgação indevida.

A lei autoriza que as informações que tenham este perfil estratégico, revistam-se de um sigilo mínimo, para garantir sua confidencialidade, eis que muitas das entidades de que trata a lei sob comento exercem atividade econômica, em regime de mercado ou produzem inovações tecnológicas de importante repercussão industrial, sendo que a divulgação de dados desta natureza poderá causar prejuízos.

Como ressaltam Edgar Guimarães e José Anacleto Abduch Santos a lei autoriza que informações relativas a tais relações jurídico-contratuais revistam-se de certo sigilo, quando disserem respeito a operações de perfil estratégico ou que tenham objeto segredo industrial, sendo fundamental que o regulamento interno de licitações e de contratações contenha disposições e requisitos para classificar as contratações que envolvam operações com perfil estratégico ou cujo objeto possa ser albergado por segredo industrial.[20]

É franqueado acesso a todas as informações relativas às contratações promovidas pelas estatais aos órgãos de controle interno e externo, ainda que sigilosas, mas ficam responsabilizados no âmbito penal, civil e administrativa que tenha dado causa ao vazamento de informações confidenciais.

CONCLUSÕES

A Lei n. 13.303/2016 e seu Decreto Regulamentador n. 8.945/2016 trouxeram mudanças acentuadas no que diz respeito à governança, transparência e profissionalismo da gestão das entidades estatais, estabelecendo regras mais precisas para sua administração e para seus órgãos societários.

---

[20] *Lei das Estatais*: comentários ao regime jurídico licitatório e contratual da Lei n. 13.303/2016. Belo Horizonte: Fórum, 2017, p. 310.

O CONTROLE DAS EMPRESAS ESTATAIS

Quanto ao controle externo, a nova disciplina legal não trouxe alterações acentuadas como se pode concluir da leitura dos artigos 85 a 90 das aludida Lei.

A fiscalização ora tratada abrange a empresa pública, a sociedade de economia mista, suas subsidiárias, da União, Estados e dos Município, que explore atividade econômica de produção ou comercialização de bens ou de prestação de serviços, ainda que a atividade econômica seja sujeita ao regime de monopólio da União, ou seja de prestação de serviços, alcançando, inclusive, as entidades domiciliadas no exterior.

A fiscalização externa foi atribuída aos Tribunais de Contas, ao controle pelo Ministério ou órgão aos quais a entidade se ache vinculado bem como à coletividade.

O papel atribuído ao Tribunal de Contas já vinha contemplado na Constituição Federal, em seu artigo 70 e seguintes.

O controle também foi atribuído aos órgãos de controle interno das três esferas de governo. Na União, quem realiza tal controle é o Ministério da Transparência, Fiscalização e Controladoria-Geral da União.

Tal atividade fiscalizatória, como poderá resultar na aplicação de sanções, deve se atentar aos princípios do contraditório e da ampla defesa.

O controle destas entidades pela sociedade se dá por meio da impugnação do edital de licitação por representação ao instrumento convocatório, que deverá ser protocolado até cinco dias úteis da data fixada para a ocorrência do certame.

A abrangência do controle é bastante ampla, alcançando não somente a legalidade como a legitimidade, a economicidade e a eficácia da aplicação dos recursos, sob o ponto de vista contábil, financeiro, operacional e patrimonial.

Há, todavia, limites que devem ser observados na ação controladora, estabelecendo o artigo 89 da Lei em comento que tal atividade não poderá ensejar a redução ou a supressão da autonomia conferida pela lei que autorizou a criação da entidade supervisionada ou da autonomia inerente à sua natureza, não autorizando a ingerência do supervisor em sua administração e funcionamento.

Os dispositivos legais referentes ao estatuto jurídico da empresa pública, da sociedade de economia mista e de suas subsidiárias pretende garantir ampla publicidade e transparência na atuação destas entidades.

É possível tem acesso a documentos considerados sigilosos, cabendo a Decreto específico definir o que está incluído no conceito de sigilo estratégico, comercial ou industrial.

As empresas públicas deverão atribuir o grau de confidencialidade nas informações por elas oferecidas, tornando-se o órgão de controle com o qual foram compartilhadas responsável pela manutenção do sigilo.

Foi atribuído às entidades ora tratadas o dever de manter bancos de dados eletrônicos atualizados e com acesso em tempo real relativas as suas licitações e contratos, inclusive referentes às bases de preços.

Verifica-se, dos dispositivos de lei referidos que o objetivo legal é conduzir a uma mudança de cultura, propiciando uma gestão competente destas entidades, enfatizando a transparência e publicidade em sua gestão.

O controle externo a ser exercido pelos órgãos controladores citados não deve perder de vista o fim colimado pelas chamadas entidades estatais, que foram criadas por lei, como um braço da Administração tendo em vista um interesse público específico a perseguir.

O controle é um instrumento, um meio para garantir que tal fim seja alcançado, devendo obedecer às balizas legais para que não haja ingerência indevida na entidade fiscalizada.

Na atuação controladora, os órgãos deverão garantir a ampla defesa e o contraditório.

Deve-se procurar uma atuação fiscalizadora coordenada entre os diferentes órgãos a quem foi atribuída tal função, evitando-se a sobreposição de sanções e determinações desnecessárias.

O CONTROLE DAS EMPRESAS ESTATAIS

REFERÊNCIAS BIBLIOGRÁFICAS

ARAGÃO, Alexandre Santos de. "O princípio da eficiência". *Revista de Direito Administrativo*. Rio de Janeiro, vol. 237, pp. 1-20, jul./set 2004.

BANDEIRA DE MELLO, Celso Antônio. *Curso de direito administrativo*. 31ª ed. São Paulo: Malheiros, 2014.

CÂMARA, Jacintho Arruda; SUNDFELD, Carlos Ari. "Competências de Controle dos Tribunais de Contas – Possibilidades e Limites". *In*: SUNDFELD, Carlos Ari (coord.). *Contratações públicas e seu controle*. São Paulo: Malheiros Editores, 2013.

DALLARI, Adilson Abreu. "Os poderes Administrativos e as relações jurídico-administrativas". *Revista de Informação Legislativa*. Brasília, vol. 36, n. 141, jan/mar 1999. Disponível em https://www2.senado.leg.br/bdsf/bitstream/handle/id/451/r141-06.pdf?sequence=4. Acesso em 16.11.2016.

DI PIETRO, Maria Sylvia Zanella. *Direito Administrativo*. 29ª ed. Rio de Janeiro: Editora Forense. 2016.

FALZONE, Guido. *Il dovere di buona amministrazione*. Milão: Giuffrè, 1953.

FREITAS, Juarez. *Discricionariedade administrativa e o direito fundamental à boa administração pública*. São Paulo: Malheiros, 2007.

GUEDES, Felipe Machado. *A atuação do estado na economia como acionista minoritário: possibilidades e limites*. São Paulo: Almedina, 2015.

GUIMARÃES, Edgar; SANTOS, José Anacleto Abduch. *Lei das Estatais*: comentários ao regime jurídico licitatório e contratual da Lei n. 13.303/2016. Belo Horizonte: Editora Fórum, 2016.

MOREIRA NETO, Diogo de Figueiredo. *Curso de Direito Administrativo*. Rio de Janeiro: Forense, 2012.

Informação bibliográfica deste texto, conforme a NBR 6023:2002 da Associação Brasileira de Normas Técnicas (ABNT):

PACHECO E SILVA, Maria Hermínia Penteado. "O controle das empresas estatais". *In*: DAL POZZO, Augusto; MARTINS, Ricardo Marcondes (Coord.). *Estatuto jurídico das empresas estatais*. São Paulo: Editora Contracorrente, 2018, pp. 313-345. ISBN. 978.85-69220.39-8.

GASTOS COM PUBLICIDADE
E INCENTIVO

RICARDO MARCONDES MARTINS

Sumário: 1. Artigo 93 da Lei n. 13.303/16. 2. Princípio da contenção de despesa no período antecessor às eleições (art. 93, §2º). 3. Limite de gastos com publicidade e incentivo (art. 93, *caput* e §1º). Referências bibliográficas.

1. ARTIGO 93 DA LEI N. 13.303/16

A Lei n. 13.303/16, no artigo 93, impõe limites aos gastos das empresas estatais com *publicidade* e com *incentivo*. O primeiro limite consta do *caput*: as despesas com publicidade e patrocínio da empresa pública e das sociedades de economia mista não ultrapassarão, em cada exercício, o limite de 0,5% da receita operacional bruta do exercício anterior. O §1º admite a extensão desse limite até 2% da receita bruta do exercício anterior por proposta da diretoria da EP ou da SEM, desde que cumpridas duas exigências: a) for justificada por "parâmetros de mercado do setor específico da atuação da empresa ou sociedade"; b) for "justificada pelo respectivo Conselho de Administração". O segundo limite desdobra-se em dois e consta do §2º, por força do qual a EP e a SEM não podem realizar, no ano de eleição para cargos do ente federativo a que estejam vinculadas, despesas com publicidade e patrocínio que excedam: a) a média dos gastos nos 3 últimos anos que antecedem o pleito; b) os gastos do ano imediatamente anterior à eleição.

2. PRINCÍPIO DA CONTENÇÃO DE DESPESA NO PERÍODO ANTECESSOR ÀS ELEIÇÕES (ART. 93, §2º)

O segundo limite decorre do princípio da contenção de despesas no período antecessor às eleições. O motivo é óbvio: evitar que os governantes se utilizem das receitas públicas para obtenção de apoio eleitoral e impedir a geração de despesas a serem liquidadas pelo próximo governante. Várias regras da Lei de Responsabilidade Fiscal (Lei Complementar n. 101/00) concretizam esse princípio: o parágrafo único do artigo 21 impõe nulidade ao aumento de despesa com pessoal realizado nos 180 dias anteriores ao final do mandato; o §4º do artigo 23 e o §3º do artigo 31 impõem a aplicação imediata das sanções previstas para a não observância dos limites previstos, respectivamente, com gasto de pessoal e com a dívida consolidada, quando ela ocorrer no primeiro quadrimestre do último ano do mandato; o artigo 38, IV, letra "b" proíbe operação de crédito por antecipação de receita no último ano do mandato; o artigo 42 proíbe criar nos dois últimos quadrimestres do mandato restos a pagar sem disponibilidade de caixa. O princípio e as regras que o concretizam são de fundamental importância, pois asseguram o respeito à moralidade administrativa, à higidez democrática e à responsabilidade fiscal.

Ainda que as empresas estatais possuam autonomia, é inegável a possibilidade de interferência do Chefe do Executivo a que estão vinculadas. Por isso, há risco concreto de que as receitas das empresas estatais sejam ilicitamente utilizadas com propósitos eleitoreiros. Para evitar isso, o artigo 93, §2º, não impede a realização de despesas com publicidade e incentivo no ano anterior ao pleito, mas impede que sejam aumentados. Nos termos expostos, dois são os limites: os gastos não podem ultrapassar o que foi gasto no ano imediatamente anterior, nem ultrapassar a média dos gastos dos três últimos exercícios.

GASTOS COM PUBLICIDADE E INCENTIVO

3. LIMITE DE GASTOS COM PUBLICIDADE E INCENTIVO (ART. 93, *CAPUT* E §1º).

Em relação ao primeiro limite – 0,5% ou 2% da receita operacional bruta –, impõe-se uma crítica: andou mal o Legislador ao submeter ao mesmo limite as despesas com publicidade e as despesas com incentivo. Os motivos de ambas exigem tratamento diferenciado. O *incentivo* é um típico exercício de *fomento administrativo*.[1] A própria Constituição, em vários dispositivos, determina ao Estado que realize o fomento, por exemplo: em relação ao turismo (artigo 180); à agricultura (artigo 187); à cultura (artigo 215); ao desporto (artigo 217, IV); ao desenvolvimento tecnológico (artigo 218). O incentivo, nesses casos, já está fundamentado constitucionalmente. É perfeitamente legítimo que o Poder Público se valha da empresa estatal para realizá-lo. Suponha-se, a título de exemplo, que o Banco do Brasil decida investir em determinado esporte, destinando recursos à seleção brasileira. Trata-se de típico fomento estatal: a utilização da empresa como instrumento para ajudar o desenvolvimento desportivo. Incentivar o desporto é, pois, algo que encontra expresso apoio na Constituição.

A realização de publicidade é bem mais problemática. Oportuno lembrar o comando do §1º do artigo 37 da CF/88: a publicidade dos atos, programas, obras, serviços e campanhas dos órgãos públicos deve ter caráter educativo, informativo ou de orientação social, dela não podendo constar nomes, símbolos ou imagens que caracterizem promoção pessoal de autoridades ou servidores públicos. O dispositivo aplica-se aos "órgãos públicos" e, por isso, não se estende às empresas estatais. É admissível que a empresa estatal realize publicidade para aumentar sua própria *imagem-atributo*[2] ou valorizar os bens que produz

---

[1] Sobre o conceito de fomento vide: MARTINS, Ricardo Marcondes. "Acesso à informação e transparência nas parcerias voluntárias". *In:* MOTTA, Fabrício; MÂNICA, Fernando Borges; OLIVEIRA, Rafael Arruda. *Parcerias voluntárias com o terceiro setor:* as inovações da Lei n. 13.019/14. Belo Horizonte: Fórum, 2017, p. 266 ss.

[2] Luiz Alberto David Araujo diferencia a imagem-retrato da imagem-atributo nestes termos: "Dessa maneira, podemos afirmar que existem duas imagens no texto constitucional: a primeira, a imagem-retrato, decorrente da expressão física do indivíduo; a segunda, a imagem-atributo, como o conjunto de características apresentados

ou os serviços que realiza. Quer dizer: a publicidade não precisa ter caráter educativo, informativo ou de orientação social, pode ser puramente "promocional".

Quando a publicidade se dá em veículos públicos, ela, regra geral, é feita sem custos; quando se dá em veículos privados, ela exige contraprestação financeira. Dito isso, sublinha-se: regra geral, sempre que a publicidade exigir contraprestação financeira do Estado, sua realização pressupõe prévia *licitação*, cujo processo é disciplinado na Lei Federal n. 12.232/10. É muito difícil, nesse caso, apesar de possível em teoria, configurar-se uma hipótese de inexigibilidade de licitação. Tanto é verdade que o Legislador proibiu expressamente a contratação direta de serviços de publicidade no inciso II do artigo 25 da Lei n. 8.666/93, proibição que foi mantida no Estatuto das Empresas Estatais (Lei n. 13.303/16, artigo 30, inciso II). Logo, em obstáculo à contratação direta há o peso do princípio formal que dá primazia às ponderações do legislador, de modo que sua realização, na prática, é *quase* impossível.

Não basta, porém, o respeito ao dever licitatório para que os gastos com publicidade sejam considerados válidos. Milhões de reais são gastos pelo Poder Público atualmente com publicidade em rádio e televisão, sem críticas da comunidade jurídica. No Estado brasileiro, gastos com publicidade tornaram-se uma forma "legítima" de que o Governante se vale para "comprar a imprensa". Por óbvio, essa prática deve ser revista. Todo gasto de publicidade – mesmo o realizado pelas empresas estatais – deve pressupor a *ponderação* das circunstâncias fáticas e jurídicas. No Estado Social não há recursos suficientes para satisfazer de forma ótima todas as necessidades públicas. Uma leitura correta da Constituição vigente, porém, impõe ao Estado o dever de garantir o *mínimo vital*, independente da vontade da maioria parlamentar.[3] Enquanto esse mínimo não é garantido, todos os gastos com publicidade são de duvidosa constitucionalidade.

---

socialmente por determinado indivíduo". (ARAUJO, Luiz Alberto David. *A proteção constitucional da própria imagem*. Belo Horizonte: Del Rey, 1996, pp. 31/32). As pessoas jurídicas não têm imagem-retrato, mas tanto elas como seus produtos e serviços possuem imagem-atributo.

[3] *Cf.* MARTINS, Ricardo Marcondes. *Teoria jurídica da liberdade*. São Paulo: Contracorrente, 2015, pp. 152-154.

GASTOS COM PUBLICIDADE E INCENTIVO

A publicidade estatal, quando importar em gastos públicos, deve ser previamente submetida à rigorosa *ponderação*. Ela só será válida quando passar pelo teste da *proporcionalidade*, vale dizer, quando o interesse público satisfeito por meio da publicidade for superior ao interesse público que seria satisfeito com o emprego dos recursos em outras finalidades. Em suma: os gastos com publicidade exigem verificar o grau de omissão estatal na realização de outros interesses públicos e, numa análise comparativa, constatar se a omissão obsta ou não a publicidade pretendida.

Os condicionamentos constitucionais aos gastos de publicidade decorrentes da proporcionalidade aplicam-se não apenas aos órgãos públicos, mas, também, a todas as empresas estatais. O dinheiro gasto com uma empresa estatal para promover sua própria imagem ou a de seus produtos ou serviços poderia ser utilizado para outras finalidades públicas. Reitera-se: ela não é presidida pela lógica da empresa privada. Esta visa à obtenção do lucro, e a promoção da imagem-atributo é um importante instrumento para realização de sua finalidade principal. A empresa estatal visa aos imperativos da segurança nacional ou ao relevante interesse coletivo. Não se presta a obter mais e mais dinheiro, mas sim a contribuir com o Estado para que este cumpra suas missões constitucionais. Numa didática comparação: um banco privado será mais *eficiente* quanto mais superávit econômico obtiver no final do exercício e, pois, quanto maior for a distribuição de lucro aos seus acionistas. Um banco público, ao contrário, será mais eficiente quanto mais contribuir para o Estado realizar seus deveres constitucionais, v. g., quanto mais fomentar a agricultura brasileira, a aquisição de casas populares por pessoas de baixa renda, o desenvolvimento do esporte brasileiro, a diminuição da pobreza e da marginalização.

Dito isso, é mister enfatizar: o limite estabelecido no *caput* do artigo 93 – de 0,5% ou, nos termos do §1º, de 2% da receita operacional bruta do exercício anterior –, em relação aos gastos de publicidade, é bastante oportuno, mas pode ser, ainda assim, excessivo. Não é possível, sem atentar contra a Constituição, aceitar que até esse limite todo gasto com publicidade seja válido. Caso o mínimo existencial não esteja garantido, é possível concluir que qualquer gasto com publicidade, regra geral, seja inconstitucional. Ressalvam-se apenas as campanhas imprescindíveis para salvaguardar a vida e a saúde das pessoas. Assim, o estabelecimento do limite de gastos com publicidade não é um salvo-conduto para gastos até o referido limite. Pelo contrário: é de supor que, no presente momento histórico, os gastos, mesmo até o limite legal, sejam desproporcionais e, por isso, inconstitucionais.

O raciocínio, por evidente, não pode ser estendido aos gastos com incentivo. Daí a conclusão: submeter ao mesmo limite os gastos com publicidade e os gastos com incentivo é impedir, de modo desarrazoado, que a empresa estatal exerça o fomento administrativo preconizado pela Constituição. É, em tese, possível que os limites sejam desproporcionais aos incentivos desejados pelo constituinte. Por evidente, para incentivar a agricultura, o desenvolvimento tecnológico, o desporto, a cultura etc. o Estado precisa de dinheiro. Não há porque limitar as fontes do fomento estatal aos tributos. É perfeitamente válido que o Estado se valha do superávit econômico das empresas estatais para realizar o incentivo preconizado pela Constituição. Posto isso, os limites estabelecidos no *caput* e no §1º do referido artigo 93 podem constituir um inválido obstáculo ao fomento administrativo constitucionalmente estabelecido. Em síntese: regra geral, os limites são excessivos para os incentivos e insuficientes para a publicidade.

REFERÊNCIAS BIBLIOGRÁFICAS

ARAUJO, Luiz Alberto David. *A proteção constitucional da própria imagem*. Belo Horizonte: Del Rey, 1996.

MARTINS, Ricardo Marcondes. "Acesso à informação e transparência nas parcerias voluntárias". *In*: MOTTA, Fabrício; MÂNICA, Fernando Borges; OLIVEIRA, Rafael Arruda. *Parcerias voluntárias com o terceiro setor*: as inovações da Lei n. 13.019/14. Belo Horizonte: Fórum, 2017, pp. 263-298.

_____. *Teoria jurídica da liberdade*. São Paulo: Contracorrente, 2015.

Informação bibliográfica deste texto, conforme a NBR 6023:2002 da Associação Brasileira de Normas Técnicas (ABNT):

MARCONDES MARTINS, Ricardo. "Gastos com publicidade e incentivo". *In*: DAL POZZO, Augusto; MARTINS, Ricardo Marcondes (Coord.). *Estatuto jurídico das empresas estatais*. São Paulo: Editora Contracorrente, 2018, pp. 347-352. ISBN. 978.85-69220.39-8.

VACATIO LEGIS DA LEI N. 13.303/16

RICARDO MARCONDES MARTINS

Sumário: Artigos 91 e 97 da Lei n. 13.303/16. Referências bibliográficas.

ARTIGOS 91 E 97 DA LEI N. 13.303/16

A Lei n. 13.303/16 entrou em vigência, *ex vi* do artigo 97, na data de sua publicação, ou seja, em 01.07.2016. No artigo 91, *caput*, porém, atribuiu às empresas estatais existentes o prazo de 24 meses para que promovam as adaptações necessárias à adequação ao disposto no Estatuto, prazo que terminará em 30.06.2018.[1] Isso não significa que todos os dispositivos da lei só serão aplicáveis nesse prazo. Muitos deles não necessitam de adaptações para serem aplicados e, por isso, não se submetem à regra do artigo 91 e, sim, à regra do artigo 97. Um bom exemplo é dado por Alexandre dos Santos Aragão: os requisitos de nomeação dos dirigentes têm incidência imediata.[2] Em relação às licitações

---

[1] A contagem dos prazos de vacância dá-se de acordo com o estabelecido no §1º do art. 8º da Lei Complementar 95/98, com a redação dada pela LC 07/01: incluem-se a data da publicação e a do último dia do prazo, entrando em vigor no dia subsequente à sua consumação integral.

[2] *Cf.* ARAGÃO, Alexandre Santos de. "Regime jurídico das empresas estatais".

e contratos administrativos, há regra específica, prevista no §3º do artigo 91: permanecem regidos pela legislação anterior os processos licitatórios e os contratos celebrados até 30.06.18.

Para a União, o Decreto Federal n. 8.945/16 estabeleceu, no artigo 71, que o regime de licitações e contratos da Lei n. 13.303/16 é autoaplicável, exceto em relação à: I – procedimentos auxiliares das licitações, de que tratam os artigos 63 a 67 da Lei n. 13.303, de 2016; II – procedimento de manifestação de interesse privado para o recebimento de propostas e projetos de empreendimentos, de que trata o § 4º do artigo 31 da Lei n. 13.303, de 2016; III – etapa de lances exclusivamente eletrônica, de que trata o § 4º do artigo 32 da Lei n. 13.303, de 2016; IV – preparação das licitações com matriz de riscos, de que trata o inciso X do *caput* do artigo 42 da Lei n. 13.303, de 2016; V – observância da política de transações com partes relacionadas, a ser elaborada, de que trata o inciso V do *caput* do artigo 32 da Lei n. 13.303, de 2016; e VI – disponibilização na internet do conteúdo informacional requerido nos artigos 32, § 3º, 39, 40 e 48 da Lei n. 13.303, de 2016. Nessas hipóteses, faz-se necessária a edição de um "regulamento interno de licitações e contratos", que deve ser editado até 30.06.18. O §2º do artigo 71 afirma ser permitida a utilização da legislação anterior à Lei n. 13.303/16 aos procedimentos licitatórios e aos contratos celebrados até a edição do referido regulamento interno ou até 30.06.18, caso o regulamento não tenho sido editado até essa data. Quer dizer: segundo o Decreto, as regras de licitação e contratos não discriminadas nos incisos do referido artigo 71 tem aplicação imediata. A entidade, porém, pode optar por somente as aplicar após a edição de seu regulamento interno ou após 30.06.18, caso ele não tenha sido editado até essa data. Como o Decreto não impôs a aplicação, mas a facultou, não violou o artigo 91, §3º, da Lei n. 13.303/16.

Há controvérsia: segundo Joel de Menezes Niebuhr, mesmo que as empresas estatais queiram se submeter às regas de licitação e contrato

---

CAMPILONGO, Celso Fernandes; GONZAGA, Alvaro de Azevedo; FREIRE, André Luiz (coord.). *Enciclopédia jurídica da PUC/SP*. São Paulo: Pontifícia Universidade Católica de São Paulo, 2017. Disponível em https://enciclopediajuridica.pucsp.br/verbete/44/edicao-1/regime-juridico-das-empresas-estatais. Acesso em 15.03.17.

VACATIO LEGIS DA LEI N.13.303/16

da Lei n. 13.303/16 antes de 30.06.18, não podem fazê-lo. De seu entendimento, infere-se que, para ele, o artigo 71 do Decreto Federal 8.945/16 é ilegal.[3] Sem desprestigiá-lo, discorda-se: a *vacatio* dá-se em prol das estatais e não contra elas. Assim, se tiverem condições de aplicar as normas da Lei n. 13.303/16 antes de 30.06.18, não há razão plausível para impedi-las.

Faz-se, porém, necessário fixar três ressalvas. Primeira: pelos argumentos expostos neste estudo, as regras de licitação e contratos da Lei n. 13.303/16 não se aplicam às prestadoras de serviço público, realizadoras de obras públicas e exercentes de função pública. Estas, contrafações de autarquias, continuarão regidas pelas Leis ns. 8.666/93, 10.520/02 e 12.462/11, ou seja, pelas leis de licitação que regem a Administração direta, autárquica e fundacional. Segunda: nem todas as licitações e contratos das empresas estatais exploradoras de atividade econômica submeter-se-ão, mesmo após 30.06.18, à Lei n. 13.303/16. Quando os contratos não demandem a "desenvoltura requerida para a normal, ágil e fluida exploração da atividade econômica"[4], continuarão sendo regidas pelas Leis n. 8.666/93, 10.520/02 e 12.462/11, pois inexistirá razão jurídica para afastá-las. Terceira: as regras de licitação e contrato da Lei n. 13.303/16 dão-se em prol da empresa estatal, para facilitar-lhes as contratações, tendo em vista a exploração da atividade econômica; por definição, são menos rígidas que a legislação que rege a Administração direta. Por isso, a própria empresa estatal, mesmo após a edição de seu regulamento interno ou após 30.06.18, pode submeter-se às Leis n. 8.666/93, 10.520/02 e 12.462/11. Vale dizer: as regras de

---

[3] "Aspectos destacados do novo regime de licitações e contratações das estatais". *Revista Colunistas Direito do Estado*, n. 209, 08.07.2016. Disponível em: http://www. direitodoestado.com.br/colunistas/joel-de-menezes-niebuhr/aspectos-destacados-do-novo-regime-de-licitacoes-e-contratacoes-das-estatais. Acesso em 15.03.17. Nas palavras dele: "licitações iniciadas ou contratos celebrados dentro do período de 24 meses a contar da publicação da Lei n. 13.303/2016 seguem a legislação tradicional, não devem seguir, *ainda que as estatais queiram*, o novo regime de licitações e contratos". (Grifo nosso).

[4] *Cf.* BANDEIRA DE MELLO, Celso Antônio. *Curso de direito administrativo*. 33ª ed. São Paulo: Malheiros, 2016, Cap. IV-§72, pp. 213/214.

licitação e contratos da Lei n. 13.303/16 só se aplicam caso a própria empresa estatal não deseje se submeter às normas que regem a administração direta, autárquica e fundacional. O afastamento das Leis ns. 8.666/93, 10.520/02 e 12.462/11 pela Lei n. 13.303/16 é – nas hipóteses em que estiver presente o critério da busca por uma mais ágil contratação em decorrência da exploração da atividade econômica – *facultativo* e não obrigatório.

REFERÊNCIAS BIBLIOGRÁFICAS

ARAGÃO, Alexandre Santos de. "Regime jurídico das empresas estatais". CAMPILONGO, Celso Fernandes; GONZAGA, Alvaro de Azevedo; FREIRE, André Luiz (coord.). *Enciclopédia jurídica da PUC/SP.* São Paulo: Pontifícia Universidade Católica de São Paulo, 2017. Disponível em: https://enciclopediajuridica.pucsp.br/verbete/44/edicao-1/regime-juridico-das-empresas-estatais. Acesso em 15.03.17.

BANDEIRA DE MELLO, Celso Antônio. *Curso de direito administrativo.* 33ª ed. São Paulo: Malheiros, 2016.

NIEBUHR, Joel de Menezes. "Aspectos destacados do novo regime de licitações e contratações das estatais". *Revista Colunistas Direito do Estado*, n. 209, 08.07.2016. Disponível em http://www.direitodoestado.com.br/colunistas/joel-de-menezes-niebuhr/aspectos-destacados-do-novo-regime-de-licitacoes-e-contratacoes-das-estatais. Acesso em 15.03.17.

Informação bibliográfica deste texto, conforme a NBR 6023:2002 da Associação Brasileira de Normas Técnicas (ABNT):

MARCONDES MARTINS, Ricardo. "*Vacatio legis* da Lei n. 13.303/16". *In*: DAL POZZO, Augusto; MARTINS, Ricardo Marcondes (Coord.). *Estatuto jurídico das empresas estatais*. São Paulo: Editora Contracorrente, 2018, pp. 353-356. ISBN. 978-85-69220.39-8.

OS PROCEDIMENTOS AUXILIARES DE LICITAÇÃO NA LEI DE RESPONSABILIDADE DAS EMPRESAS ESTATAIS

JOÃO NEGRINI NETO

Sumário: Introdução. 1. A pré-qualificação permanente. 2. O cadastramento. 3. O registro de preços. 4. O catálogo eletrônico de padronização de compras, serviços e obras. Conclusão. Referências bibliográficas.

INTRODUÇÃO

A Lei Nacional n. 13.303/16, no propósito de dar concreção ao dispositivo do parágrafo 1º do art. 173 CF, dispõe sobre o estatuto jurídico das empresas estatais que explorem atividade econômica.

Em seu Título II trouxe os procedimentos aplicáveis às licitações de contratos e convênios dessas pessoas jurídicas. Também previu hipóteses de exceção de licitação, bem como os procedimentos a serem observados na sua realização.

Nesse contexto, também dispôs no seu artigo 63 sobre o que se denominou "procedimentos auxiliares das licitações". Dentre eles foram apresentados quatro: a) a pré-qualificação permanente; b) o cadastramento; c) o sistema de registro de preços e d) o catálogo eletrônico de padronização.

Todos esses procedimentos, como veremos adiante, retratam experiência análoga a outras já desde há muito utilizadas em certames licitatórios realizados sob a égide de outros diplomas legais, como a Lei Federal n. 8.666/93, que cuida das normas de licitações e contratos administrativos aplicáveis à todas as pessoas jurídicas integrantes da administração pública direta e indireta.

Há um dado comum entre esses quatro procedimentos auxiliares de licitação: o fato de que todos eles, em maior ou em menor medida, buscam imprimir uma maior eficiência aos atos de contratar e expedir ordens de fornecimento.

Realmente eles permitem uma boa eficientização do procedimento de contratação, seja porque encurtam etapas dos procedimentos licitatórios tradicionais, seja porque, se bem utilizados, permitem uma economia de procedimentos que podem se revelar bastante complexos e demorados, como os de aferição da capacitação técnica das empresas interessadas em contratar com tais órgãos da administração.

No contexto das empresas estatais, os procedimentos auxiliares enunciados pela assim chamada Lei de Responsabilidade das Empresas Estatais ganham ainda mais relevância. Eficiência, deve-se dizer, tornou-se elemento chave às empresas do Estado que atuam concorrencialmente em um mercado cada vez mais competitivo no qual estão inseridas.

A busca por maior competitividade e espaço no mercado de concorrência exige das empresas estatais que, sem escapar às normas que as obrigam – como a todos as pessoas administrativas do Estado – a se submeter a certames licitatórios para contratarem, adotem procedimentos menos dispendiosos de contratação, ainda mais relevante quando considerado que a padronização se tornou o princípio primordial na identificação de objetos. Quer dizer, padronizando, as aquisições se tornam mais fáceis e, portanto, mais ágeis e econômicas.

OS PROCEDIMENTOS AUXILIARES DE LICITAÇÃO NA LEI...

Os procedimentos auxiliares, nesse sentido, estabelecem pré-requisitos imprescindíveis para dinamizar as contrações empreendidas pelas empresas públicas e sociedades de economia, sobretudo diante de aquisições rotineiras, padrões, sob pena de oferecer a concorrentes dessas empresas vantagens que o ordenamento concorrencial não alberga.

Com efeito, a utilização desses procedimentos auxiliares de licitação sempre deve ser a eficientização da contratação. Jamais poderá implicar obstáculo ao acesso de interessados na disputa licitatória. Devem eles ser encarados como mecanismos legais de facilitação dos expedientes de contratação, não de resistência.

1. A PRÉ-QUALIFICAÇÃO PERMANENTE

Na linha dessa premissa que nos parece fundamental para abordar o tema dos procedimentos auxiliares, o primeiro procedimento previsto como complementar a esse tipo de licitações é o da pré-qualificação permanente.

Trata-se de um procedimento anterior à licitação destinado a identificar a existência de eventuais fornecedores no mercado que reúnam condições de habilitação para o fornecimento de um bem ou serviço.

A legislação confere boa margem de discricionariedade às empresas públicas e sociedades de economia mista, de tal sorte que essa avaliação poderá ser realizada com base em vários critérios definidos no instrumento de pré-qualificação. Dentre eles, destacamos a complexidade técnica da obra ou do serviço, os prazos previstos para a sua duração, os locais e as condições da contratação, ou mesmo a complexidade das exigências técnicas e de qualidade.

A lei em comento também permite que a empresa pública e a sociedade de economia mista restrinjam a participação de suas licitações futuras aos fornecedores ou produtos já previamente qualificados, nas condições estabelecidas em regulamento próprio.

É dizer, desde haja fornecedores pré-qualificados para uma determinada contratação, a lei permite que uma licitação de escolha do fornecedor seja restrita àqueles que previamente já tenham demonstrado a sua capacitação para tanto.

Ainda a pré-qualificação poderá ser parcial ou total, contendo alguns ou todos os requisitos de habilitação ou técnicos necessários à contratação, e terá validade de 1 (um) ano, no máximo, podendo ser atualizada a qualquer tempo.

Na pré-qualificação aberta de produtos, poderá ser exigida a comprovação de qualidade.

O procedimento vislumbrado pela lei das empresas públicas e sociedades de economia possui bastante semelhança com aquele previsto no artigo 114 da Lei Federal n. 8.666/93, que permite ao ente da administração pública realizar uma pré-qualificação de participantes de um dado certame em um momento que antecede à própria licitação:

> Art. 114. O sistema instituído nesta Lei não impede a pré-qualificação de licitantes nas concorrências, a ser procedida sempre que o objeto da licitação recomende análise mais detida da qualificação técnica dos interessados.
>
> § 1º A adoção do procedimento de pré-qualificação será feita mediante proposta da autoridade competente, aprovada pela imediatamente superior.
>
> § 2º Na pré-qualificação serão observadas as exigências desta Lei relativas à concorrência, à convocação dos interessados, ao procedimento e à análise da documentação.

Há, todavia, algumas distinções entre a pré-qualificação das licitações regidas pela Lei n. 13.303/16 e pela Lei n. 8.666/93. A primeira e, talvez, mais importante delas é exatamente a faculdade outorgada pelo legislador aos gestores de empresas públicas ou companhias de economia mista a fazer em caráter permanente. Ou seja, não necessariamente a pré-qualificação deve pressupor o lançamento de um certame subsequente.

OS PROCEDIMENTOS AUXILIARES DE LICITAÇÃO NA LEI...

A segunda é que no regime geral das contratações públicas, a pré-qualificação somente será adotada nos casos em que o objeto da licitação recomende uma análise mais detida da capacitação técnica dos interessados. Ou seja, nos casos em que o objeto da contratação se revista de considerável vulto e ou complexidade. Portanto, trata-se que procedimento bastante restrito no regime jurídico das contratações públicas regidas pela lei de licitações e contratos administrativos.

No regime das empresas estatais e sociedades de economia mista, contudo, a mesma exigência de complexidade não parece incidir. Isso permite que essas empresas lancem mão de tal procedimento para restringir a aquisição de um dado produto e serviço, independentemente de sua complexidade ou vulto. Nesse sentido, no âmbito das empresas estatais, ele poderá ser adotado em maior escala com vistas a uma maior agilidade de futuras contratações.

A terceira grande distinção é que no modelo tradicional das licitações regidas pela Lei n. 8.666/93, o procedimento de pré-qualificação deverá se procedido na modalidade de concorrência. Como se saber, a adoção dessa modalidade implica uma maior dificuldade para a administração no lançamento do procedimento em comento, como o respeito ao prazo mínimo de trinta dias para a veiculação do edital de pré-qualificação, o respeito a todos os prazos legais de recurso dos interessados, dentre outros que, sem embargo de sua importância, não se coadunam com a dinâmica de atuação empresarial das empresas do Estado.

O procedimento da Lei das Estatais sugere prescindir desses mesmos trâmites burocráticos da modalidade de concorrência. Até mesmo pelo seu caráter permanente, poderá ser realizado independentemente de uma disputa entre interessados, não necessitando, portanto, a princípio, perquirir esses mesmos procedimentos.

Demais disto, não parece ser prudente supor que as contratações efetuadas pelas empresas estatais devam se sujeitar aos mesmos rigores procedimentais exigidos pela modalidade concorrência, sob pena de inabilitar sua atuação empresarial.

Mas, em verdade, ambos as leis, a da Lei Geral de Licitações e Contratos e a da Lei das Estatais, o procedimento de pré-qualificação se presta para finalidade de pré-selecionar determinados fornecedores detentores das competências técnicas ou financeiras estatuídas pela administração para serem seus pretensos fornecedores.

2. O CADASTRAMENTO

O segundo procedimento auxiliar previsto na Lei das Estatais é o do cadastramento. Consoante a disposição do artigo 65 do Estatuto Jurídico das Empresas Estatais, elas poderão manter registros para fins de habilitação de pretensos fornecedores que serão validos pelo prazo máximo de um ano.

Os registros cadastrais devem ser amplamente divulgados e colocados à disposição de todos os interessados. Devem ser balizados por um regulamento que pode conter inclusive uma análise de desempenho anterior da empresa em suas contratações.

O procedimento apresenta grande semelhança com outro previsto na Lei de Licitações e Contratos: a tomada de preços, prevista no §2° do artigo 22:

> Art. 22. São modalidades de licitação:
>
> II – tomada de preços;
>
> § 2º Tomada de preços é a modalidade de licitação entre interessados devidamente cadastrados ou que atenderem a todas as condições exigidas para cadastramento até o terceiro dia anterior à data do recebimento das propostas, observada a necessária qualificação.

Da mesma forma com que ocorre no procedimento de tomada de preços, deverão as empresas públicas e sociedades de economia mista manterem um procedimento objetivo de registro a fim de permitir acesso a todos os eventuais interessados em dele se socorrerem, com a previsão inclusive de apresentação de defesa, como todos os meios e recursos inerentes ao contraditório e ampla defesa.

OS PROCEDIMENTOS AUXILIARES DE LICITAÇÃO NA LEI...

3. O REGISTRO DE PREÇOS

Na sequência dos procedimentos auxiliares de licitação, a Lei trata do sistema de registro de preços. Cuida-se de instituto que foi introduzido no ordenamento jurídico por meio da Lei n. 8.666/93, em um momento no qual a padronização tornou-se elemento importante nas aquisições das pessoas estatais, e que se tornou, ao longo do tempo, um dos mecanismos mais úteis de que dispõe a Administração Pública para a realização de contratações de forma ágil e eficiente. Marçal Justen Filho, ao identificar um regime jurídico do sistema de registro de preço, anota[1]:

O registro de preços é um contrato normativo, constituído como um cadastro de produtos e fornecedores, selecionados mediante licitação, para contratações sucessivas de bens e serviços, respeitados lotes mínimos e outras condições previstas no edital.

Com efeito, o sistema de registro de preço surge diante da necessidade de a Administração recorrentemente ter de contratar determinados objetos, com o escopo de conferir maior dinamismo ao procedimento de contratação pelos órgãos administrativos. O sistema oferece base de dados de contratados que, reconhecidamente, já oferecem à contratante os objetos pretendidos em exato momento. Está intimamente vinculado ao princípio da padronização, assim enunciado no art. 15 da Lei n. 8.666/1993.[2]

Sem embargo, através do sistema de registro de preço, concede-se à Administração-contratante a possibilidade de, por meio de uma única licitação – que identificará as pessoas habilitadas a contratar com a Administração determinados objetos – promover, por um determinado período (que a lei prescreve ser de um ano), contratações de forma mais imediata.

---

[1] *Comentários à Lei de Licitações e Contratos Administrativos.* 17ª ed. São Paulo: Editora Revista dos Tribunais, 2016, p. 309.

[2] Art. 15. As compras, sempre que possível, deverão:

I – atender ao princípio da padronização, que imponha compatibilidade de especificações técnicas e de desempenho, observadas, quando for o caso, as condições de manutenção, assistência técnica e garantia oferecidas;

II – ser processadas através de sistema de registro de preços;

Isso porque a adoção de um sistema como o do registro de preço não viola a regra da licitação: as empresas contratadas por meio do sistema de registro de preços válido (isto é, cujos dados ainda se prestam a oferecer as informações atuais, que reflitam o momento específico dos preços sustentados pelo mercado[3]) e desde que o objeto seja basicamente o mesmo, são plenamente habilitadas – técnica e documentalmente – para contratar com a Administração Pública.

Trata-se, portanto, de um sistema que apresenta diversas vantagens, principalmente no que pertine à redução de trâmites burocráticos que são exigidos em cada certame licitatório para contratar serviços e compras que, em verdade, são rotineiros por parte da Administração. Alguns chegam a defender que a adoção do sistema de registro de preço constitui-se uma decisão necessária, e que, portanto, não há margem para a atuação discricionária da autoridade pública para determinar ou não o seu afastamento.[4]

Mais uma vez, a opção pela desburocratização e agilidade dos procedimentos de contratação ganha ainda mais relevância no contexto das empresas estatais. Permitir que elas se valham de tal procedimento é contribuir para que atuem no mercado de concorrência longe de entraves burocráticos que prejudicam suas existências competitivas.

Um outro fator que pode ser considerado no caso do sistema de registro de preço é que ele pode ser aproveitado por qualquer órgão estatal. Tal fato permite, por assim dizer, o compartilhamento de registros entre os órgãos contratantes. No caso das empresas estatais, pode ser um elemento importante a empresas que contratam os mesmos objetos, ainda que não executem atividades comerciais semelhantes.

---

[3] Aliás, a própria lei enfatiza a obrigatoriedade de serem desenvolvidos mecanismos de controle e atualização periódicos dos preços registrados. Cabe anotar, ainda, que, diferentemente da Lei n. 8.666/1993, a Lei das Empresas Estatais não limita o tempo de validade do registro de preço. A Lei Geral, lembra-se, prescreve, em eu artigo 15, § 3º, III, que a validade do registro não poderá ser superior a um ano.

[4] Vide JUSTEN FILHO, Marçal. *Comentários à Lei de Licitações e Contratos Administrativos*. 17ª ed. São Paulo: Editora Revista dos Tribunais, 2016, p. 308.

OS PROCEDIMENTOS AUXILIARES DE LICITAÇÃO NA LEI...

No ponto, uma discussão que parece ser oportuna é se os registros de preços só poderão ser compartilhados por empresas estatais ou se poderão aproveitar as bases de dados oferecidos pelos demais órgãos da Administração Pública. Isso porque, com a edição da nova lei, haveria uma dicotomia insuperável que separa o procedimento de licitação que regula as contratações do conjunto das empresas do Estado e outro procedimento pertinente a todos os demais órgãos da Administração Pública.

Evidentemente que, enquanto as empresas estatais não se ajustam ao estatuto erigido em 2016 – uma vez que a lei concede o prazo de 24 meses para que assim procedam, nos termos do art. 91 – não se pode negar a elas a possibilidade de colher nos registros de outros órgãos informações para que dinamizem suas contratações em face das necessidades.

Todavia, mesmo percorrido o tempo de adequação à nova Lei, não é ilegal a possibilidade de ainda as empresas estatais se recorrerem a registros de preços colhidos em dados de órgãos da Administração direta e autarquias. Vale dizer, todos os procedimentos que, sem desrespeitar a regra da licitação, forem úteis à atuação empresarial das estatais podem ser utilizados sem constrangimentos.

Por fim, embora se possa dizer que a adoção de um sistema de registro de preços seja autoaplicável às empresas estatais, é certo que decreto regulamentador esclarecerá de forma mais eficaz a nova organização desses procedimentos concernentes às empresas públicas e sociedades de economia mista.

Tanto que o art. 66 da Lei n. 13/303/2016, *in verbis*, enfatiza que ato emanado do poder será o responsável por tratar do sistema de registro de preço destinado às licitações enunciadas no estatuto:

> Art. 66. O Sistema de Registro de Preços especificamente destinado às licitações de que trata esta Lei reger-se-á pelo disposto em decreto do Poder Executivo e pelas seguintes disposições:
>
> § 1º Poderá aderir ao sistema referido no *caput* qualquer órgão

ou entidade responsável pela execução das atividades contempladas no art. 1º desta Lei.

§ 2º O registro de preços observará, entre outras, as seguintes condições:

I – efetivação prévia de ampla pesquisa de mercado;

II – seleção de acordo com os procedimentos previstos em regulamento;

III – desenvolvimento obrigatório de rotina de controle e atualização periódicos dos preços registrados;

IV – definição da validade do registro;

V – inclusão, na respectiva ata, do registro dos licitantes que aceitarem cotar os bens ou serviços com preços iguais ao do licitante vencedor na sequência da classificação do certame, assim como dos licitantes que mantiverem suas propostas originais.

4. O CATÁLOGO ELETRÔNICO DE PADRONIZAÇÃO DE COMPRAS, SERVIÇOS E OBRAS

Por fim, no elenco dos procedimentos auxiliares de licitação, a Lei das Empresas Estatais se dedicou a tratar do catálogo eletrônico de padronização de compras, serviços e obras. No bojo da evolução do princípio da padronização, o qual basicamente fez surgir a necessidade da adoção dos precitados procedimentos auxiliares de padronização como instrumentos eficazes para a realização de aquisições rotineiras e imprescindíveis da Administração Pública.

O catálogo eletrônico de padronização foi pela primeira vez referido na Lei do Regime Diferenciado de Contratações (RDC). Nos termos do art. 109 do Decreto n. 7.581/2011, "o Catálogo Eletrônico de Padronização é o sistema informatizado destinado à padronização de bens, serviços e obras a serem adquiridos ou contratados pela administração pública".

Trata-se, portanto, de instrumento atinente à organização interna da Administração Pública na definição de bens, serviços e obras que poderão ser contratados, bem como na conformação de modelos de instrumentos convocatórios, minutas de contratos e termos de referência

OS PROCEDIMENTOS AUXILIARES DE LICITAÇÃO NA LEI...

e projetos referência. O catálogo eletrônico não depende, destarte, de qualquer relacionamento anterior externo com os particulares. É referência apenas para a Administração, que fica responsável por gerir esse sistema com vistas a definir os traços delineadores dos certames licitatórios a serem lançados.

O que a Lei das Empresas Estatais fez ao tratar do catálogo eletrônico de padronização foi replicar as normas na Lei do RDC. Desse modo, fica confiado às empresas estatais a possibilidade de estabelecer um sistema informatizado para definir a padronização de itens a serem adquiridos em disputas licitatórias.

Ademais, apenas permite-se que o catálogo em comento seja utilizado em licitações cujo critério seja o menor preço ou maior desconto e "deverá conter toda a documentação e todos os procedimentos da fase interna da licitação, assim como as especificações dos respectivos objetos, conforme disposto em regulamento" (art. 67, parágrafo único).

CONCLUSÃO

Louvável a intenção do legislador. O sentido da Constituição Federal ter previsto a adoção de um regime jurídico de licitações e contratos distinto às empresas estatais em relação aos demais entes da administração, é permitir, por meio da simplificação de determinados expedientes, que elas participem do mercado econômico em uma situação de maior igualdade com as empresas regidas pelo direito privado que não estão sujeitas aos mesmos controles e entraves burocráticos do que as pessoas jurídicas que manejam os recursos públicos, mas às regras de livre concorrência.

Em razão disso, muito embora a legislação assim não obrigue, parece-nos válido concluir que esses procedimentos deverão ser utilizados na maior medida do possível, sempre que se prestarem a esse propósito de facilitar o procedimento de contratação, tal como existe imposição legal, por exemplo, no caso da Lei federal das licitações (n. 8.666/1993) ao determinar que, sempre que possível, o procedimento de compra deve ser realizado por meio de registro de preços.

A bem da verdade, os procedimentos auxiliares de licitação dependem de complementação a ser realizada por ato do Poder Executivo. Assim como ocorreu com a Lei do RDC, é um decreto que melhor esclarecerá tais procedimentos. A própria lei é enfática em afirmar que os procedimentos em questão obedecerão a critérios claros e objetivos definidos em regulamento (Art. 63, parágrafo único).

Em demais trechos da seção, também se observa referências a este decreto. Provavelmente, muito do que foi decretado para o RDC servirá de base para a regulamentação da Lei das Estatais nesse ponto. As análises serão mais aprofundadas quando da edição desse decreto, uma vez que a única regulamentação expedida até agora para tratar da Lei n. 13/303/2016 – o Decreto Presidencial n. 8.945/2016 – não se dedicou a versar sobre os procedimentos auxiliares de licitação.

De qualquer modo, o tratamento que a Lei das Empresas Estatais faz dos procedimentos de licitação revela que estes instrumentos postos em favor da Administração se consolidaram efetivamente na legislação brasileira. Confere-se à Administração-contratante, se bem utilizados, a possibilidade de imprimir maior eficiência em licitações que deve realizar para suas contratações.

E como foi exaustivamente ressaltado ao longo do texto, no caso das empresas estatais, cujo cenário revela uma tentativa cada vez maior de profissionalização, de serem mais competitivas no âmbito das atividades econômicas e dos serviços públicos, a adoção de procedimentos auxiliares de licitação para aquisições é certamente um importante instrumento para que as empresas públicas e sociedades de economia mista possam efetivamente atender aos objetivos que o ordenamento jurídico delas exigem.

REFERÊNCIAS BIBLIOGRÁFICAS

GUIMARÃES, Edgar; SANTOS, José Anacleto Abduch. *Lei das Estatais:* comentários ao regime jurídico licitatório e contratual da Lei n. 13.303/2016 – Lei das Estatais. Belo Horizonte: Fórum, 2017.

OS PROCEDIMENTOS AUXILIARES DE LICITAÇÃO NA LEI...

JUSTEN FILHO, Marçal. *Comentários à Lei de Licitações e Contratos Administrativos*. 17ª ed. São Paulo: Editora Revista dos Tribunais, 2016.

MEIRELLES, Hely Lopes. *Licitação e Contrato Administrativo*. 14ª ed. São Paulo: Malheiros Editores, 2006.

MOREIRA, Egon Bockmann; GUIMARÃES, Fernando Vernalha. *Licitação Pública – LGL e o Regime Diferenciado de Contratação – RDC*. São Paulo: Malheiros Editores, 2012.

SUNDFELD, Carlos Ari; SOUZA, Rodrigo Pagani. *Contratações Públicas e seu Controle*. São Paulo: Malheiros, 2013.

Informação bibliográfica deste texto, conforme a NBR 6023:2002 da Associação Brasileira de Normas Técnicas (ABNT):

NEGRINI NETO, João. "Os procedimentos auxiliares de licitação na lei de responsabilidade das empresas estatais". *In*: DAL POZZO, Augusto; MARTINS, Ricardo Marcondes (Coord.). *Estatuto jurídico das empresas estatais*. São Paulo: Editora Contracorrente, 2018, pp. 357-369. ISBN. 978.85-69220.39-8.

NOTAS

NOTAS

NOTAS

NOTAS

NOTAS

NOTAS

A Editora Contracorrente se preocupa com todos os detalhes de suas obras!
Aos curiosos, informamos que esse livro foi impresso no mês de Maio
de 2018, em papel Polén Soft, pela Gráfica R.R. Donnelley.